Rainer Marr, Karin Steiner

Personalabbau in deutschen Unternehmen

GABLER EDITION WISSENSCHAFT

Rainer Marr, Karin Steiner

Personalabbau in deutschen Unternehmen

Empirische Ergebnisse zu Ursachen, Instrumenten und Folgewirkungen

Unter Mitarbeit von Florian Schloderer

Deutscher Universitäts-Verlag

Bibliografische Information Der Deutschen Bibliothek
Die Deutsche Bibliothek verzeichnet diese Publikation in der Deutschen
Nationalbibliografie; detaillierte bibliografische Daten sind im Internet über
<http://dnb.ddb.de> abrufbar.

1. Auflage Juli 2003

Alle Rechte vorbehalten
© Deutscher Universitäts-Verlag/GWV Fachverlage GmbH, Wiesbaden 2003

Lektorat: Brigitte Siegel / Annegret Eckert

Der Deutsche Universitäts-Verlag ist ein Unternehmen der
Fachverlagsgruppe BertelsmannSpringer.
www.duv.de

Umschlaggestaltung: Regine Zimmer, Dipl.-Designerin, Frankfurt/Main
Druck und Buchbinder: Rosch-Buch, Scheßlitz
Gedruckt auf säurefreiem und chlorfrei gebleichtem Papier
Printed in Germany

ISBN 3-8244-7869-2

Vorwort

Das vorliegende Buch ist das Ergebnis eines mehrjährigen Forschungsprojektes des Instituts für Personal- und Organisationsforschung der Universität der Bundeswehr München, welches durch die *Fritz-Thyssen-Stiftung zur Förderung der Wissenschaft* sowie den *Daimler-Benz-Fonds im Stifterverband für die Deutsche Wissenschaft e.V.* großzügig unterstützt wurde. Der Druck dieser Arbeit wurde aus Mitteln der *Universität der Bundeswehr München* gefördert.

Unser besonderer Dank gebührt darüber hinaus den *Teilnehmern der beiden großen empirischen Untersuchungen* sowie all denjenigen, die durch *wichtige Hinweise* zur theoretischen und praktischen Konzeption des Forschungsprojektes beigetragen haben.

Für die wertvolle Mitarbeit an dem Forschungsprojekt danken wir besonders *Herrn Dipl.-Kfm. Florian Schloderer.*

Rainer Marr
Karin Steiner

 Leitfaden für den (eiligen) Leser:

Dem interessierten Praktiker, der sich einen **raschen Überblick** über die wesentlichen Ergebnisse der umfassenden empirischen Untersuchung verschaffen möchte, sind vor allem die **Kapitel 2.4.3** (Stand der Forschung: Folgewirkungen von Personalabbau - Zusammenfassung der wichtigsten Ergebnisse), **Kapitel 5.3** (Merkmale des Personalabbaus in deutschen Unternehmen – Zusammenfassung und Bewertung), **Kapitel 6.4** (Wirkungen des Personalabbaus – Zusammenfassung der Ergebnisse) und **Kapitel 6.5** (Bewertung und Interpretation der Ergebnisse) sowie das **Kapitel 7** (Zusammenfassendes Fazit: Gestaltung eines 'folgenminimalen' Trennungsmanagements) empfohlen. Für eine Übersicht des zugrundegelegten Bezugsrahmens vgl. **Abbildung 4–9**: Theoretischer Bezugsrahmen – Gesamtüberblick.

In Kapitel 6 werden die direkten und indirekten Effizienzwirkungen von Personalabbau identifiziert und erklärt. Bezogen auf die wichtigsten Wirkungskomponenten und unter Berücksichtigung des vorgestellten Maßnahmenspektrums werden jeweils konkrete **Handlungsempfehlungen für ein 'folgenminimales' Trennungsmanagement** skizziert – vgl. hierzu insbesondere die durch das nebenstehende Symbol gekennzeichneten **'Managementboxen'**.

Inhaltsverzeichnis

Verzeichnis der Abbildungen

Verzeichnis der Managementboxen

1 Rekorde ohne Glanz: Umfassender Personalabbau als dauerhaftes Merkmal deutscher Unternehmen

Betrachtet man die Wirtschafts- und Beschäftigungsdaten der vergangenen Jahre, so ist zu erkennen, daß die Entwicklung des Beschäftigungsvolumens, abgesehen von gewissen Schwankungen, durch einen stetigen Rückgang geprägt ist. Aufgrund der schwachen Konjunktur lassen auch die Personalplanungen der Unternehmen für das **Jahr 2003** mit deutlich mehr Abbauabsichten als Einstellungsvorhaben keine Entspannung auf dem Arbeitsmarkt erwarten. Gemäß der regelmäßigen DIHK-Konjunkturumfrage zu den Beschäftigungsabsichten deutscher Unternehmen planen 33 Prozent der befragten Unternehmen für das Jahr 2003 eine Reduzierung der Zahl der Beschäftigten, 61 Prozent planen eine Beibehaltung und nur 9 Prozent eine Aufstockung des Personalbestandes (vgl. hierzu auch Abbildung 1–1). Besonders gravierend fällt laut DIHK der geplante Rückgang der Beschäftigung in den größeren Unternehmen aus:

> "Die Streichungspläne fallen bei den Großunternehmen drastischer aus als bei den kleineren Unternehmen. Der Mittelstand büßt jedoch seine Rolle als Stabilisator auf dem Arbeitsmarkt mehr und mehr ein: Per saldo ist auch bei den kleinen und mittleren Unternehmen ein verstärkter Trend zum Personalabbau festzustellen. Über alle Unternehmensgrößen hinweg übertrifft der Anteil der Unternehmen mit Abbauplänen deutlich den Anteil einstellungswilliger Unternehmen. Damit deutet sich unabhängig von der Unternehmensgröße für das nächste Jahr ein Stellenabbau auf ganzer Breite an."[1]

Als Bestimmungsgrößen für diese Entwicklung nennt das DIHK unter anderem die schwierige Lage der Binnenwirtschaft mit einer nur geringen Auslastung der vorhandenen Personalkapazitäten. Das anziehende Exportgeschäft soll mit dem bestehenden Personal oder durch arbeitssparende Rationalisierungen bewältigt werden. Die Personalplanungen der Unternehmen verschlechterten sich auch unter dem Eindruck hoher Tarifabschlüsse und zu erwartender Steigerungen bei den Sozialabgaben. Zwar versuchen

---

[1] DIHK (2002: 68). Noch ungünstigere Werte für die Beschäftigungsaussichten wurden zuletzt 1996 realisiert.

die Unternehmen, die ihren Personalbestand reduzieren müssen, durch Ausnutzen der natürlichen Fluktuation Entlassungen zu vermeiden. "Sollte die konjunkturelle Flaute andauern, wären mehr Unternehmen zu Personalfreisetzungen veranlaßt. Bereits heute zeichnet sich ab, daß im nächsten Jahr vor allem die Kreditinstitute nicht auf betriebsbedingte Kündigungen verzichten können."[2]

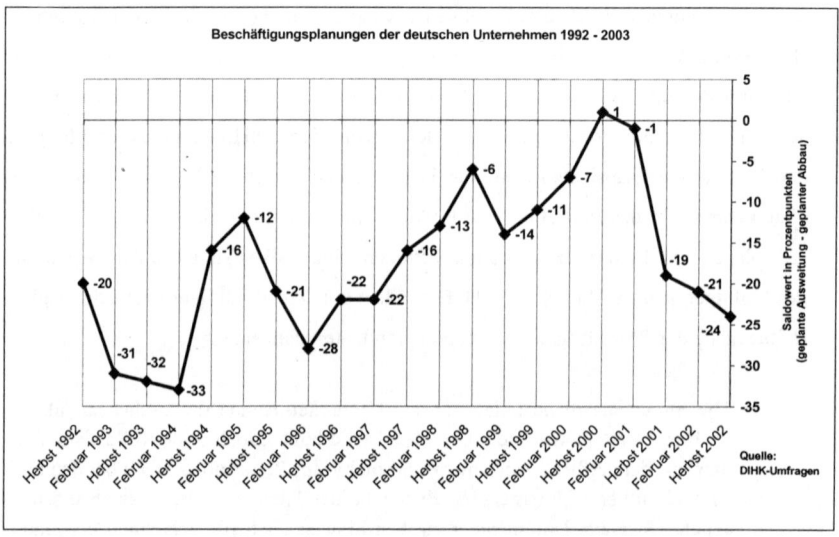

Abbildung 1-1:   Beschäftigungsplanungen in deutschen Unternehmen 1992 – 2003
(Quelle: DIHK-Konjunkturumfrage Herbst 2002)

Insbesondere in den **Jahren 1995/96** – der Initiierungsphase für das hier beschriebene Forschungsvorhaben – waren die Schlagzeilen von großzahligem Stellenabbau quer durch alle Branchen und Unternehmensarten, verpackt in Restrukturierungs- oder Kostensenkungsprogramme, beherrscht. Neben bestimmten Industriezweigen waren auch öffentliche Einrichtungen, Länder und Kommunen und selbst die Kirchen und Gewerkschaften gleichermaßen betroffen. In zahlreichen Mitteilungen stand der aktuelle Personalabbau in direktem Gegensatz zu verbesserten betriebswirtschaftlichen Erfolgszahlen. Trend- und Zukunftsforscher sprachen von einem fundamentalen Wandel in der globali-

---

[2]   DIHK (2002: 67).

sierten Arbeitswelt, gar vom "Ende der Arbeitsgesellschaft", vom "Weg in die Entlassungsgesellschaft".[3]

Steigende Arbeitslosenzahlen, ausgehend von einem hohen Niveau, waren auch das dominante Problemfeld des **Jahres 1997**. Noch Anfang **1998** wurde – trotz eines deutlichen Aufschwungs der sonstigen wirtschaftlichen Kennzahlen – ein "historischer Höchststand in der Geschichte der Bundesrepublik Deutschland" verkündet, "vergleichbar nur mit der Spätphase der Weimarer Republik."[4] Erst mit einem kräftigeren Aufschwung der Konjunktur in den Jahren **1999** bis **2000** stieg die Beschäftigung mit ca. 1,5 Millionen zusätzlichen Arbeitsplätzen deutlich, wofür in erster die Dienstleistungsbereiche verantwortlich zeichneten.[5] Diese positive Entwicklung ist allerdings mit dem Konjunkturabschwung seit Herbst 2000 wieder zu Ende gegangen.

Die Betrachtung dieser Zahlen macht deutlich, daß Personalabbau angesichts der anhaltenden Arbeitsmarktprobleme in den meisten Industrienationen und der Tatsache, daß die bislang eingesetzten wirtschaftspolitischen Instrumente auch bei günstiger gesamtwirtschaftlicher Situation die hohe Arbeitslosigkeit nicht endgültig zu beheben vermögen, ein überdauerndes und sensibles Problemfeld darstellt. Insbesondere die in den letzten Jahren stark gewachsene Bedeutung von Fusionen und die damit verbundenen Effizienzvorstellungen – meist als Synergieeffekte deklariert – machen Rationalisierungen und Restrukturierungen zu einem allgegenwärtigen Phänomen, wobei häufig die erwarteten Synergiegewinne vor allem in Form einzusparender Arbeitsplätze anfallen.

Die **Ursachen für diese Entwicklung** – dazu zählen unter anderem der derzeitige umfassende Strukturwandel vieler Wirtschaftsbereiche, technische aber auch organisatori-

---

[3] Vgl. beispielsweise: SCHROIFF (1996), HORX (1997, 1996), RADERMACHER u.a. (1999), BERGMANN (1997), HENSCHE u. WISMER (1997), ALEWELL (2000) sowie die Studien der Zukunftskommission der FRIEDRICH-EBERT-STIFTUNG (1998), des DGB (1996: Die Zukunft der Arbeit im globalisierten Kapitalismus) oder die Ergebnisse des 2. Zyklus der von der HYPOVEREINSBANK durchgeführten Kempfenhausener Gespräche (1996-1998) etc.

[4] SOZIALPOLITISCHE UMSCHAU Nr. 2/98 vom 12.01.98.

[5] DIW-Wochenbericht 45/01. Diese Entwicklung kennzeichnet den anhaltenden Strukturwandel von einer industriegeprägten zu einer dienstleitungsorientierten Wirtschaft. Die Zunahme der Erwerbstätigkeit in diesem Zeitraum ist zu einem großen Anteil auf die Ausweitung der sog. geringfügigen Beschäftigung zurückzuführen, die gerade im Dienstleistungsbereich besonders ausgeprägt ist.

sche Rationalisierungsbemühungen sowie insbesondere auch ein gewisser 'Paradig-
menwechsel' des Managements in den neunziger Jahren[6] – sind komplex und sollen an
dieser Stelle nicht weiter vertieft werden.[7]

Anhand der **Entwicklung der Personalkosten** kann dabei deutlich gemacht werden,
daß das Problem personeller Überkapazität oftmals nicht allein in der absoluten Zahl der
Mitarbeiter[8] begründet liegt, sondern vielmehr in der langfristigen Planung von Beleg-
schafts- oder Personalkostenstrukturen:

> Im Bemühen, dem internationalen Konkurrenzdruck durch eine stärkere Profes-
> sionalisierung des Managements entgegenzuwirken, wuchs in vielen Unterneh-
> men der Akademikeranteil für Zentralbereiche, Planungsstäbe etc. sehr stark an.
> Zusammen mit der Sorge, nicht den besten Führungsnachwuchs zu bekommen,
> wurde das monetäre Anreizinstrumentarium aktiv eingesetzt. Als Folge drängten
> immer mehr Akademiker in die Unternehmen, während die Zahl der Facharbei-
> ter zurückging. Da es häufig versäumt wurde, dieser Qualifikationsverschiebung
> durch eine Anpassung der jeweiligen Einkommensstrukturen Rechnung zu tra-
> gen, wuchs der Kostenblock des Managements im Vergleich zum operativen Be-
> reich ständig, ohne daß diesem ein entsprechender Anstieg der Management-
> wertschöpfung gegenübersteht.

Vielfach kam es als Reaktion auf diese Entwicklungen in den letzten Jahren zu vielge-
staltigen, nicht immer besonders reflektiert wirkenden Umstrukturierungsbemühungen,
angefangen von Lean Management bis hin zur kompletten Restrukturierung oder einem
'Reengineering' der Geschäftsprozesse. Selbst Unternehmen mit einer sehr guten Ertragslage fühlen sich zum Teil gezwungen, zur Sicherung ihrer internationalen Wettbewerbsfähigkeit in großem Umfang Stellen abzubauen oder ins Ausland zu 'exportieren'.[9]

---

[6]   Z.B. die (Neu-) Besinnung auf den Shareholder-Value Ansatz oder die "Lean-Management-
       Illusion" MARR (2000: 129 ff.); vgl. zu den "Moden & Mythen des Organisierens" KIESER (1996).

[7]   Zu den Ursachen und Zielen von Personalabbau vgl. die Kapitel 4.2.3 und 5.1.3.

[8]   Zur besseren Lesbarkeit und Übersichtlichkeit werden im gesamten Text lediglich männliche
       Wortformen bei Begriffen wie Mitarbeiter, Vorgesetzter, Arbeitnehmer, Betroffener etc. verwen-
       det. Selbstverständlich sind damit weibliche Mitarbeiterinnen, Vorgesetzte, Arbeitnehmerinnen,
       Betroffene etc. gleichbedeutend eingeschlossen.

[9]   Vgl. hierzu beispielsweise MARTENS U. MÜLLER (1997) oder MARTENS (1997).

Ebenso wie das Gefüge von Ursachen und Auslösern für Personalabbau sind auch dessen **Folgewirkungen** vielfältig und betreffen verschiedene Ebenen[10]: Neben den Folgen, die sich für den *individuell* von Personalabbau Betroffenen aus einem Verlust seines Arbeitsplatzes ergeben – angefangen von materiellen Einbußen bis hin zu psycho-
sozialen Beeinträchtigungen, wie z.b. Familienproblemen oder gesellschaftlicher Diskriminierung –, müssen auch die schwerwiegenden *gesamtgesellschaftlichen Effekte*
berücksichtigt werden, die aus einem 'Verzicht' auf die Nutzung des Erwerbspotentials
von aktuell 4,6 Millionen Arbeitslosen resultieren[11]. Diese Effekte beschränken sich
nicht allein auf die gesellschaftlichen Kosten der Arbeitslosigkeit, wie Lohnsteuer- und
Sozialversicherungsausfälle, Zahlungen für Arbeitslosenunterstützung sowie steigende
Ausgaben für die soziale Absicherung.[12] Es stellt sich auch die Frage, welches Ausmaß
an Arbeitslosigkeit gesellschaftlich noch als zumutbar empfunden wird und inwieweit
Prognosen einer 20:80-Prozent-Gesellschaft (20% der Erwerbstätigen leisten die gesamte Wertschöpfung, der 'Rest' wird subventioniert)[13] das gesamte gesellschaftliche Werte-
und Normensystem irreversibel verändern.

Für die hier vorliegende Untersuchung liegt das Hauptaugenmerk jedoch auf einer Betrachtung der **Wirkungen von Personalabbau auf unternehmensbezogener Ebene**,
insbesondere der Frage, welche wettbewerbswirksamen Effekte sich ergeben können.
Nicht selten wird der ökonomische Erfolg von Personalabbaumaßnahmen durch nicht
berücksichtigte gegenläufige Effekte beeinträchtigt: Den Personalkosteneinsparungen
stehen hohe Aufwendungen für Sozialpläne und Abfindungszahlungen gegenüber,
(kurzfristige) Produktivitätssteigerungen werden durch eine Zunahme von Krankenstand und Fluktuation kompensiert, das bisherige Vertrauensverhältnis zwischen
Arbeitnehmer und Arbeitgeber weicht einer neuen Unverbindlichkeit und Unsicherheit,
was das System der unternehmerischen Effizienz nachhaltig beeinträchtigen kann.

---

[10] Vgl. zu den folgenden Darstellungen WAGNER (1992: Sp. 1551 f.).

[11] Stand März 2003. Quelle: Statistisches Bundesamt Deutschland (http://www.statistik-bund.de).

[12] Gemäß einer Berechnung des Instituts für Arbeitsmarkt- und Berufsforschung betrugen die Ge-
samtkosten für den Staat DM 40.075 pro Arbeitslosen (Staatliche Ausgaben und Einnahmeausfäl-
le.

[13] Vgl. zu derartigen 'Prognosen' beispielsweise RIFKIN (1995): "The End of Work."

Verglichen mit dem Forschungsstand in der Volkswirtschaftslehre, wo die wirtschafts-politische Beeinflussung von Beschäftigung und Arbeitslosigkeit höchsten Stellenwert einnimmt, sowie dem Bereich der Rechts- und Sozialwissenschaften (z.B. Kündigungs-schutz bzw. Arbeitslosenforschung), präsentiert sich in der personal- bzw. betriebswirt-schaftlichen Forschung der Themenkomplex Personalabbau als 'Stiefkind'. Dabei kann aber die Handhabung hoher Arbeitslosigkeit nicht ausschließlich dem Staat bzw. volks-wirtschaftlichen Gestaltungsüberlegungen überlassen werden. Da Arbeitsplätze vor al-lem in den Unternehmen entstehen bzw. abgebaut werden, trägt die Summe aller Unter-nehmen als wichtige Subsysteme der Gesellschaft zentrale Verantwortung, der sich die Betriebswirtschaftslehre als anwendungsorientierte Wissenschaft nicht entziehen darf, indem sie sich einseitig als 'Wachstums-Wissenschaft' begreift.[14]

Es verwundert daher, daß das Thema Personalabbau und dessen Folgewirkungen den Ehrgeiz der betriebswirtschaftlichen Forschung bislang nur in sehr geringem Maße auf sich zu ziehen vermochte. Diese Arbeit versucht daher, die von den Autoren so emp-fundene Lücke etwas zu schließen.

---

[14]   Für eine zusammenfassende Darstellung der unterschiedlichen Forschungsschwerpunkte im Zu-sammenhang mit dem Untersuchungsobjekt 'Personalabbau' und den Schwerpunkten der bisheri-gen betriebs- und personalwirtschaftlichen Forschung vgl. Kapitel 2.

2 Personalabbau:
Ein Problem der Kapazität, nicht der Köpfe

Bei einer detaillierten Betrachtung der Ursachen und Einflußfaktoren für die oben kurz skizzierten Entwicklungen (vgl. hierfür detailliert auch Kapitel 4.2.3) wird deutlich, daß das Problemfeld 'Personalabbau' nicht durch eine Analyse einzelner Freisetzungsaktionen oder Massenentlassungen abgedeckt werden kann. Vielmehr muß zunächst abgegrenzt werden, inwieweit das zugrundeliegende Problem durch eine der zentralen personalwirtschaftlichen Funktionen – nämlich der Steuerung der Personalkapazität – bestimmt wird.

2.1 Personalabbau als Desinvestitionsentscheidung

Ziel einer langfristigen strategischen Personalplanung ist es, Personalbedarfsschwankungen frühzeitig zu ermitteln und Überkapazitäten im Personalbestand, die nicht strategiebedingt sind, z.B. aus Flexibilitätsüberlegungen, von vornherein zu vermeiden. Im Rahmen der Personalbedarfsplanung werden dazu periodenbezogen Personalbedarf und Personal-Istbestand ermittelt und verglichen. Aus ökonomischer Sicht dient Personalabbau dazu, personelle Über- bzw. Fehlkapazitäten zu beseitigen, um ein gestörtes Gleichgewicht zwischen qualitativem und quantitativem Leistungsbedarf und Leistungsangebot seitens der Mitarbeiter wieder herzustellen. Bei einem *Über*angebot von Arbeitskraft entstehen personelle Leerkosten, d.h. den durch die betreffenden Mitarbeiter verursachten Kosten stehen keine marktfähigen Leistungsbeiträge gegenüber. Personelle *Fehl*kapazitäten entstehen dann, wenn Mitarbeiterqualifikation und Stellenanforderung nicht übereinstimmen.[15]

Die Entscheidung, Personal im oben genannten Sinne abzubauen, ist ihrem Wesen nach also eine **Desinvestitionsentscheidung**. Aus betriebswirtschaftlicher Sicht steht das

---

[15] Inwieweit diese streng ressourcenorientierte Perspektive (Optimierung des Arbeitskraftpotentials) mit den verschiedenen Ursachen und Zielsetzungen eines Personalabbaus zusammenhängt wird an anderer Stelle betrachtet (vgl. hierzu Kapitel 4.2.3).

Potential und nicht die Person des betroffenen Arbeitnehmers im Vordergrund.[16] Mit dem Begriff 'Potential' soll dabei der aktuelle und künftige Beitrag des Mitarbeiters zur Leistung des Gesamtsystems umrissen werden. Jeder Mitarbeiter verkörpert für das Unternehmen einen Wert, der durch seine Leistungs*fähigkeit* und Leistungs*bereitschaft* bestimmt wird. Die Ermittlung dieses Wertes ist verständlicherweise nicht einfach. Sie beinhaltet zwei wesentliche Aspekte, den Zukunftsaspekt und den Integrationsaspekt.

Mit dem **Zukunftsaspekt** ist angesprochen, daß in dem einer Abbauentscheidung zugrundeliegenden Kosten-Nutzen-Kalkül auch *zukünftige Leistungsbeiträge* – gewissermaßen in ihrer abdiskontierten Form – Berücksichtigung finden sollten. Es geht also um eine Projektion dessen, was ein Mitarbeiter für die Organisation künftig wert sein könnte, z.B. aufgrund seines in der Vergangenheit gesammelten Know-hows oder seiner Kenntnis sozialer Verflechtungen innerhalb des Unternehmens bzw. zu den externen Kunden.

Der **Integrationsaspekt** fordert, daß bei einem Kosten-Nutzen-Vergleich den direkten Personalkosten nicht eine künstlich individualisierte Leistungsgröße gegenüber gestellt wird. Vielmehr sollte auch die durch einen Personalabbau verursachte Leistungsminderung des *Gesamtsystems* berücksichtigt werden, wobei verschiedene Bezugsbereiche für die Leistungserfassung abgegrenzt werden können, wie z.B. die Leistung in einer Arbeitsgruppe oder in einem bestimmten Ressort. Ursachen für diese Leistungsminderung des Gesamtsystems können in einer Unterbrechung der Informationskette oder einer Zunahme des Widerstandes gegen Veränderungen liegen.[17] Die Mitarbeiter erbringen neben reinen Sachleistungen auch Anpassungsleistungen, Integrationsleistungen (Investitionen in Kulturentwicklung) sowie Stabilitätsleistung (Balance zwischen Stabilität und Flexibilität).

---

[16]   Das Objekt eines Personalabbaus nach diesem Verständnis ist also eine Reduzierung betrieblich relevanter menschlicher Arbeitsleistung, nicht die Freisetzung spezieller Mitarbeiter. Vgl. hierzu auch BERTHEL (1995).

[17]   Beispielsweise verbessert der "Kauf" eines neuen Mittelstürmers nicht automatisch die Leistung der Mannschaft.

Für die Ermittlung des Wertes von **Humankapital** kann beispielsweise der Wert vergangener Aufwendungen, also z.B. die Kosten für Einarbeitung, Erfahrungsvermittlung, Weiterbildung, etc. zugrunde gelegt werden. Gedanklich könnte mit jedem Mitarbeiter ein Investitionswert verknüpft sein, dessen vollständige Abschreibung die Folge einer entsprechenden Abbauentscheidung wäre.[18] Berücksichtigt man dies, so wiegt der Verlust an Human Value möglicherweise viel schwerer als der angestrebte Effekt einer Einsparung an Personalkosten. Der Humankapital-Ansatz könnte daher einen möglichen Gegenpol zur 'Shareholder Value'-Diskussion bieten. Ein einfache Kostenanlyse besagt noch nichts über den Wert von Mitarbeitern. Es kann – betriebswirtschaftlich gesehen – viel effizienter sein, materielles Anlage- oder Umlaufvermögen zu veräußern, als das Humanpotential durch nicht sehr genau abgewogene Abbauentscheidungen zu vermindern.[19]

Bereits hier wird deutlich, daß Personalabbau – auch und gerade aus betriebswirtschaftlicher Sichtweise – ein Problemfeld darstellt, das keineswegs auf eine möglichst optimale Handhabung der 'Freisetzung' einzelner 'überflüssig' gewordener Mitarbeiter oder Mitarbeitergruppen reduziert werden kann. Vielmehr müssen diese Begriffe (Personalabbau, Freisetzung etc.) und die dahinter stehenden Konzepte in den größeren Zusammenhang der Steuerung von Personalkapazitäten eingeordnet werden.

---

[18] "Wie mit allen anderen Investitionsobjekten sind auch mit dem Produktionsfaktor Arbeit die gleichen Rentabilitätsüberlegungen verbunden, die gerade im Rahmen personeller Maßnahmen aufgrund ökonomischer, sozialpolitischer sowie gesetzlich-tarifvertraglicher Zwänge beachtet werden müssen." HABBEL u. POSTH (1975a: Sp.1456).

[19] Vgl. für einen Überblick zur Humanvermögensrechnung SCHMIDT (1982), MARR (1982) und MARR u. SCHMIDT (1992). Neuere Ansätze zur Bewertung des Humankapitals sind der zentrale Bezugspunkt der Diskussion zu einem "Management des Intellektuellen Kapitals".

2.2 Steuerung der Personalkapazität: Zentrale Begriffsabgrenzung

> Die Personalkapazität wird bestimmt durch die **Zahl der Beschäftigten,**
> deren **Qualifikation,** die **Zeit** ihres Einsatzes sowie **Arbeitsort** und **-disposition)**

Personalkapazitätssteuerung beinhaltet demnach die Gesamtheit von Maßnahmen, welche auf eine Veränderung des mitarbeitergebundenen Leistungsangebots innerhalb eines unternehmerischen Aufgabenbereichs abzielen. Diese Veränderung kann inhaltlich auf quantitativer, qualitativer, zeitlicher und örtlicher Ebene erfolgen.[20]

Differenziert man nach der *Veränderungsrichtung,* so kann man unterscheiden in:

(a) **kapazitätserweiternde Maßnahmen** (=Personalaufbau), wie z.b. Personalbeschaffung, Personalentwicklung; Unternehmen, die kapazitätserweiternde Maßnahmen durchführen, investieren in ihre Personalkapazität;

(b) **kapazitätsreduzierende Maßnahmen** (=Personalabbau), wie z.b. interne und externe Personalfreisetzung oder die Reduzierung von Arbeitszeit; kapazitätsreduzierende Maßnahmen sind gleichzeitig Desinvestitionen der Personalkapazität;

(c) hinzu kommen noch Maßnahmen, mit dem Ziel einer höheren **Flexibilität des Einsatzes von Personalkapazität,** wie z.b. Arbeitskräftepools oder flexible Arbeitszeitmodelle.

Kombiniert man die beiden Dimensionen Maßnahmeninhalt und Veränderungsrichtung, so ergibt sich das in der folgenden Abbildung dargestellte *Gesamtspektrum* der Personalkapazitätssteuerung.

---

[20] Die Leistungsdisposition der eingesetzten Mitarbeiter ist dabei einer Steuerung nur sehr bedingt zugänglich und soll daher im weiteren ausgeklammert bleiben.

Gesamtspektrum der Personalkapazitätssteuerung				
Inhalt / Richtung	**quantitative Ebene** (Zahl der Beschäftigten, Personalbestand)	**zeitliche Ebene** (Arbeitszeit)	**örtliche Ebene** (Arbeitsort)	**qualitative Ebene** (Qualifikation)
Personalaufbau ⇧	Personalbeschaffung	individuelle und kollektive Arbeitszeitverlängerung (z.B. Mehrarbeit, Überstunden, Urlaubsregelungen etc.)	horizontale und vertikale Versetzungen	Personalentwicklung
Personalabbau ⇩	Personalfreisetzung	Verminderung der Kapazitätsnutzungsdauer individuelle und kollektive Arbeitszeitreduzierung (z.B. Mehrarbeit, Überstunden, Urlaubsregelungen etc.)	Kapazitätsverlagerung aus Überhang- in Bedarfsbereiche; inner- und zwischenbetriebliche Arbeitnehmerüberlassung; rechtliche Ausgliederung von Unternehmensbereichen	(nur indirekt: z.B. Umschulung, Anpassungs- und Veränderungsfortbildung, Maßnahmen zur Förderung der beruflichen Neuorientierung)[21]
Flexibilisierung* ⇩	z.B. interne Arbeitsmärkte, Arbeitskräftepools, Leiharbeit	z.B. flexible Perioden- und Lebensarbeitszeitmodelle	z.B. neue Unternehmensstrukturen (Netzwerke, Kooperationsformen, virtuelle Unternehmen etc.)	z.B. Einsatz externer Experten/Berater; Diversifikation der Personalstruktur (Unterscheidung in Stamm- und Randbelegschaft)

*Personalpolitische Flexibilisierungsstrategien[22]

Abbildung 2-1:   Gesamtspektrum der Personalkapazitätssteuerung

Schwerpunkt der vorliegenden Betrachtung bilden vorrangig die unter dem Begriff **'Personalabbau'** zusammengefaßten Maßnahmen zur Reduzierung von Personalkapazität.

---

[21]   Eine weitgefaßte Analyse der Ansätze zur Förderung der beruflichen Neuorientierung vor dem Hintergrund von Personalabbau und Restrukturierungen ist Thema eines Forschungsprojektes der UNIVERSITÄT-GESAMTHOCHSCHULE SIEGEN und des INSTITUTS ARBEIT UND TECHNIK (IAT), Gelsenkirchen. (Vgl. hierzu auch Kapitel 2.4.2).

[22]   Zu einem Überblick "Neuer Beschäftigungsformen" vgl. z.B. PICHERT u. STEINER (2002).

Als wichtige **Schlüsselbegriffe** für die weiteren Ausführungen sind zunächst die Begriffe *Personalabbau, Folgewirkungen des Personalabbaus* und *Trennungsmanagement* inhaltlich abzugrenzen.

♦ Personalabbau

Auch wenn sich in der Literatur für das gesamte Problemspektrum des Personalabbaus keine einheitlichen Begriffsauffassungen durchgesetzt haben[23], so wird in der Regel zwischen verschiedenen **Ebenen** der Abbauproblematik unterschieden.

Wie bereits aus Abbildung 2-1 ersichtlich wird, umfaßt **Personalabbau** – als Gegensatz zu Personalaufbau oder Personalbeschaffung[24] – das gesamte Spektrum von quantitativ, qualitativ, zeitlich und örtlich orientierten Maßnahmen, die dazu dienen, Personalkapazität zu reduzieren (*weite Begriffsauffassung*):

Die **quantitative** Dimension von Personalabbau betrachtet vorrangig eine Verringerung der Zahl der Beschäftigten, sei es auf dem Wege der Entlassung, der Förderung freiwilligen Ausscheidens, eines Outplacements, der Unterstützung von Vorruhestandsregelungen oder durch die Nichtnachbesetzung von aus Altersgründen bzw. durch Fluktuation freiwerdender Stellen mit der Folge einer Aufgabenumverteilung (=Personalfreisetzung).

Daneben bieten sich Alternativen für eine Steuerung bzw. eine Reduzierung personeller Kapazitäten auch auf der qualitativen, zeitlichen und örtlichen Dimension.

Aus **zeitlicher** Perspektive geht es um eine – kurz- oder langfristige – Verminderung der Kapazitätsnutzungsdauer, die beispielsweise durch eine Verkürzung der Regelarbeitszeit, durch Arbeitszeitflexibilisierung oder durch Kurzarbeit erreicht werden kann.

---

[23]   Zur Problematik der inhaltlichen Abgrenzung vgl. beispielsweise RKW (1996: 185 f.). Ein ausführlicher Überblick der verschiedenen Begriffsabgrenzungen in Theorie und Praxis mit teilweise deutlichen inhaltlichen Überschneidungen und Widersprüchen findet sich bei SEISL (1998: 31 f.).

[24]   "Die Personalbeschaffung hat das Sachziel, Personal zur Beseitigung einer personellen Unterdeckung nach Anzahl (quantitativ), Art (qualitativ), Zeitpunkt und Dauer (zeitlich) sowie Einsatzort (örtlich) bereitzustellen." HENTZE (1994: 217). Beide – Personalbeschaffung und Personalabbau – sind der Sache nach miteinander verflochten, bedingen bzw. ergänzen sich wechselseitig. HABBEL u. POSTH (1975a: Sp. 1455).

Auf der **örtlichen** Dimension steht eine Kapazitätsverlagerung aus Überhang- in Bedarfsbereiche im Vordergrund. Neben Versetzungen sowie Formen der inner- oder zwischenbetrieblichen Arbeitnehmerüberlassung könnte auch eine vollständige rechtliche Ausgliederung ins Auge gefaßt werden.

Auf **qualitativer** Ebene geht es – als Reaktion auf Funktionsverluste oder gravierende Funktionsverschiebungen – um eine Anpassung der Qualifikationsstruktur durch Höher- oder Umqualifizierung.

Das sich aus dieser weiten Begriffsauffassung ableitende **Spektrum an Gestaltungsmaßnahmen** wird ausführlich in Kapitel 1 dargestellt, wobei bereits hier auf die Unterscheidung in ('klassische') Maßnahmen zur Reduzierung der Personalkapazität, Maßnahmen zur Prävention von Personalabbau sowie flankierende Maßnahmen der Abfederung von Personalabbau hingewiesen werden soll.[25]

Für die folgenden Überlegungen zu Ursachen, Rahmenbedingungen und Gestaltungsalternativen von Personalabbau soll aber insbesondere der **mengenmäßige** Aspekt einer Reduzierung von Personalkapazität in den Mittelpunkt gestellt werden, wie er beispielsweise in der folgenden *engen Begriffsauffassung* definiert wird:

> "Personalabbau wird deutlich durch eine rückläufige quantitative Personalstandsentwicklung, wie sie insbesondere im Quervergleich zwischen bestimmten Referenzstichtagen erkennbar wird und dabei zugleich die entsprechenden Zeiträume markiert."[26]

Gegenstand eines Personalabbaus ist die Reduzierung von Personalkapazitäten, nicht nur die Beseitigung von *Überkapazitäten*. Der Begriff der 'Überkapazität' ist nicht unproblematisch, da er das Vorhandensein eines Referenzpunkts der optimalen Personalkapazität voraussetzt. Es soll nicht ausgeschlossen werden, daß Unternehmen auch dann Personal abbauen, wenn trotz fehlender Leerkapazitäten vergleichsweise zu hohe Personalkosten diagnostiziert werden. Darin wird auch die Notwendigkeit einer engen in-

---

[25]   Zeitlich, örtlich und qualitativ orientierte Maßnahmen finden ihren Einsatz insbesondere bei der Prävention und 'Abfederung' von Personalabbau.

[26]   WAGNER (1992: Sp. 1546).

strumentellen und prozessualen Verzahnung der Planung von Personalabbauprozessen mit der allgemeinen Unternehmens- und Personalplanung ersichtlich.[27]

Ein Abbau personeller Kapazitäten sollte stets im Einklang mit den Unternehmenszielen erfolgen, was die Frage nach den Wirkungen dieses Prozesses auf das Gesamtsystem in den Vordergrund rückt.

◆ 'Folgewirkungen' von Personalabbau

Die Auswirkungen eines Personalabbaus – im hier zugrundegelegten Begriffsverständnis – können auf verschiedenen Ebenen betrachtet werden, was sich auch im breiten Spektrum der Forschungsrichtungen widerspiegelt, welche Personalabbau problematisieren (z.B. volkswirtschaftliche und wirtschaftspolitische Überlegungen oder die psychologisch und soziologisch fundierte Arbeitslosenforschung; vgl. hierzu Kapitel **2.4.1**).

Bereits in Kapitel 1 wurde kurz skizziert, daß Personalabbau sowohl auf der **individuellen** Ebene, also für die unmittelbar von einer Personalabbaumaßnahme Betroffenen, als auch auf der *gesamtwirtschaftlichen* Ebene, also für die gesamte Volkswirtschaft, aber auch damit zusammenhängend für das gesellschaftliche Wertesystem, gravierende Folgen auslöst.

Das Hauptaugenmerk der vorliegenden Überlegungen liegt aber in einer Betrachtung und Analyse der Wirkungen von Personalabbau auf der **unternehmensbezogenen** Ebene, insbesondere in Hinblick auf mögliche positive und/oder negative Veränderungen der Effizienz des Unternehmens. Hierzu erfolgt in Kapitel 4.1.1 zunächst eine Diskussion von Personalabbau aus einer Perspektive des Interessenausgleichs, wobei die gegenseitigen Beziehungen im dualen Zielsystem ökonomischer und sozialer Effizienz[28] auf-

---

[27]   Zum engen Zusammenhang von Personalabbau mit der Personalplanung vgl. insbesondere DRUMM u. SCHOLZ (1988) sowie das RKW-Handbuch Personalplanung, (RKW, 1996). Eine ausgeweitete Perspektive, nämlich durch "Systematisches Beschäftigungs-Management" Kostensteuerung und Beschäftigungssicherung zu integrieren, ist zur Zeit Gegenstand eines Forschungsprojektes der Bertelsmann Stiftung, BERTELSMANN-STIFTUNG (1999).

[28]   Zwischen den beiden zentralen Zielkomponenten wirtschaftlicher Organisationen - ökonomische und soziale Effizienz – besteht zumindest teilweise eine Konkurrenzbeziehung, die eine systemische Berücksichtigung der Interessen aller Organisationsmitglieder notwendig macht. MARR u. STITZEL (1979: 57 ff.). Vgl. hierzu auch ausführlich Kapitel 4.2.

gezeigt werden. Dieses Zielsystem bildet die Bewertungsgrundlage für die Entwicklung eines theoretischen Bezugsrahmens, mit dem sich die Wechselwirkungen von prozessualen und instrumentellen Gestaltungsalternativen des Personalabbaus in Beziehung setzen lassen. Bei der Analyse der Folgewirkungen von Personalabbau werden folgende **Wirkungsebenen** unterschieden:

Zunächst ist der Frage nachzugehen, inwieweit die Unternehmen ihre unmittelbar mit dem Personalabbau verfolgten **Ziele** (z.b. Senkung von Personalkosten, Steigerung der Personalleistung etc.) im Regelfall erreichen. Darüber hinaus ist zu untersuchen, ob der Personalabbau kurz- bzw. langfristig individuelle oder kollektive **Verhaltensveränderungen** bei den verbleibenden Arbeitnehmern oder Veränderungen in der Organisation auslöst, die zu einer Verschlechterung des wechselseitigen Systems der ökonomischen und sozialen Effizienz des Unternehmens führen können. Zuletzt wird der Versuch unternommen, den Gesamterfolg von Personalabbau anhand allgemeiner **Erfolgsgrößen**, wie z.b. Arbeitszufriedenheit oder Entwicklung des Unternehmenswerts, zu bewerten. Oberziel im Sinne des Interessenausgleichs ist die Wiederherstellung und/oder Sicherung der langfristigen Überlebensfähigkeit des Unternehmens.

♦ **'Trennungsmanagement'**

Im Rahmen der vorliegenden Arbeit umfaßt ein konzeptionell geplantes **'Trennungsmanagement'** die Handhabung notwendiger Personalkapazitätsanpassungen unter Berücksichtigung:

    a) einerseits **instrumenteller** Komponenten
       (= optimale Kombination präventiver, kapazitätsreduzierender und flankierender Maßnahmen des Personalabbaus) und

    b) andererseits **prozessualer** Komponenten
       (= Planung, Durchführung und Kontrolle des Abbauprozesses; Kommunikation, Mitwirkung, Anpassung der Bestimmungsgrößen des Unternehmens) sowie

    c) der auf verschiedenen Ebenen ansetzenden **Folgewirkungen** (Wirkungen auf Individuum, Gruppe und Organisation).

Unter Bezugnahme auf SEISL (1998: 31) soll der Ausdruck 'Trennungsmanagement' "'nicht im üblichen euphemistischen Jargon'[29] verstanden werden; auch eine spezifische Definition ist damit nicht verbunden." 'Trennung' soll vielmehr auf das Problem einer Reduzierung des Personalbestandes hindeuten, während 'Management' ein möglichst ganzheitliches, nicht-deterministisches Vorgehen meint, bei dem es um die Handhabung einer (überindividuellen) Verminderung der personellen Kapazität eines Unternehmens geht.

2.3 Empirisches Forschungsprojekt des Instituts für Personal- und Organisationsforschung

Das Institut für Personal- und Organisationsforschung der Universität der Bundeswehr München – unterstützt durch die Fritz-Thyssen-Stiftung zur Förderung der Wissenschaft und den Daimler-Benz-Fonds im Stifterverband für die Deutsche Wissenschaft e.V. – hat im Rahmen eines mehrjährigen Forschungsprojektes die Folgewirkungen von Personalabbau auf Unternehmen und die verbleibenden Mitarbeiter untersucht.

2.3.1 Zielsetzung und Vorgehensweise

Zielsetzung des Forschungsprojektes

Die Aufmerksamkeit, die das Thema in der Öffentlichkeit findet, resultiert aus dem besonderen Spannungsverhältnis von ökonomischer und sozialer Effizienz: Unternehmen bauen Personal ab, um ihre ökonomische Effizienz zu steigern; gleichzeitig resultieren daraus häufig negative Konsequenzen sowohl für die Arbeitnehmer wie auch für die Gesellschaft insgesamt.

---

[29]   Zitiert aus LECHNER u. REITER (1991: 81) mit Bezug auf den Ausdruck 'Freisetzung'. Zur Benutzung euphemistischer Bezeichnungen verweist SEISL (1998: 31) weiterhin auf ein Zitat von ELSIK (1994: 258 f.): "Besonders beliebt sind Euphemismen (Frei(!)stellung, Anpassung, Restrukturierung), die Nutzung positiver Konnotationen (Schlanke(!) Organisation) oder nicht zuletzt der intensive Gebrauch von Anglizismen (Outplacement, Inplacement, Business Reengineering, Outsourcing etc.). Wem auch Downsizing noch nicht recht ist, kann Rightsizing verwenden." Auch im angelsächsischen Sprachgebrauch werden negative Konnotationen gerne vermieden und Begriffe wie 'consolidating', resizing', 'rebalancing', 'reallocating', 'building down' geprägt. CAMERON u.a. (1993: 25).

Während in den USA umfassende Forschungsarbeiten zu den Folgewirkungen von Personalabbau existieren, gibt es im deutschsprachigen Raum trotz der großen gesellschaftlichen Relevanz dieser Themenstellung kaum empirische Untersuchungen, welche die Folgewirkungen von Personalabbau auf Unternehmen und Arbeitnehmer untersuchen.[30] Dies mag daran liegen, daß Forscher in der Vergangenheit vor einer empirischen Untersuchung von Personalabbau aufgrund drohender Widerstände durch die Praxis zurückschreckten. Eine mögliche Ursache für diese Widerstände kann aus einer "... irrtümlichen Angst vor der Offenlegung eines Fehlverhaltens resultieren, es kann aber auch Folge einer allgemeineren, nach wie vor in der Leistungsgesellschaft vorherrschenden negativen Stigmatisierung der Schrumpfung gegenüber dem Wachstum sein."[31]

Mit Hilfe dieser Untersuchung soll deshalb ein Beitrag zur Beseitigung dieses Forschungsdefizits geleistet werden, indem folgende **Fragestellungen** untersucht werden:

- *Auf welche Weise wird in deutschen Unternehmen Personal abgebaut?* Zur Beantwortung dieser Frage soll eine empirische Bestandsaufnahme durchgeführt und ein Überblick über das Forschungsfeld gegeben werden.

- *Welche Folgewirkungen gehen vom Personalabbau auf das Unternehmen und die Arbeitnehmer aus? Inwieweit beeinflussen situative Rahmenbedingungen sowie die instrumentellen und prozessualen Gestaltungsalternativen die ökonomische und soziale Effizienz des Unternehmens?* Hierzu wird ein Bezugsrahmen entwickelt, der geeignet ist die Wechselbeziehungen von Situation, Gestaltung und Effizienzwirkungen theoretisch und empirisch zu untersuchen.

- *Wie können Personalabbauprozesse in Zukunft so gestaltet werden, daß die negativen Folgewirkungen für Unternehmen und Arbeitnehmer möglichst minimiert werden können?* Hier geht es um die Erarbeitung von konkreten **Handlungsempfehlungen**, welche Maßnahmen möglichst ergriffen und welche besser vermieden werden sollten.

---

[30]   Einige ganz aktuelle Arbeiten und Studien, die parallel zu diesem Projekt entstanden sind, untermauern diese These eher. Vgl. hierzu Kapitel 2.4.2.

[31]   WELGE u. HÜTTEMANN (1993: 63) und die dort angegebene Literatur.

Durch das *Aufzeigen der relevanten Aktionsparameter* (Instrumente und Prozesse des Personalabbaus), *der zu beachtenden Restriktionen* (z.b. rechtliche Rahmenbedingungen) und *der zu erreichenden Zielgrößen* ('folgenminimaler' Personalabbau) soll die Basis gelegt werden für ein systematisches Konzept eines umfassenden Trennungsmanagements zur Sicherung der Überlebensfähigkeit des Unternehmens.

Aufbauend auf den bei der empirischen Analyse gewonnenen Erkenntnissen (z.b. Bestimmung der Erfolgsparameter einer Kapazitätsanpassung) und vor dem Hintergrund des theoretischen Bezugsrahmens sollen **Gestaltungsempfehlungen für die Wirtschaftspraxis** erarbeitet werden, die sowohl die *ökonomische wie auch die soziale Effizienz notwendiger Personalabbauprozesse verbessern helfen* und gleichzeitig einen Beitrag zur *Verbesserung der 'gesellschaftlichen Effektivität'* wandlungsbedürftiger Umschichtungsprozesse des 'Faktors Arbeit' bei Akzeptanz eines *Prinzips unternehmerischer Verantwortung* leisten.

Um diesem Zielbündel gerecht zu werden und wissenschaftliche Lücken zu schließen, muß die Diskussion um Personalabbau unter Berücksichtigung verschiedener Interessenpositionen auf ein umfassenderes wissenschaftliches Fundament gestellt werden. Als Ausgangspunkt für das methodische Vorgehen dient die Entwicklung eines umfassenden Bezugs- und Analyserahmens (Kapitel 3 und 4), der die inhaltliche und konzeptionelle Grundlage für die Erhebung und Analyse der in den Kapiteln 5 und 6 dargestellten empirischen Ergebnisse bildet.

Vorgehensweise und Aufbau des Buches

Nach einer kurzen Einführung in die Problematik und anhaltende Brisanz von Personalabbau in deutschen Unternehmen (**Kapitel 1**) erfolgen eine Abgrenzung der zentralen Begriffe, eine Darstellung des empirischen Forschungsprojektes des Instituts für Personal- und Organisationsforschung sowie ein Überblick über den Stand der Forschung zu Personalabbau und möglichen Folgewirkungen mit der Ableitung der zentralen Forschungshypothesen (**Kapitel 2**).

Die im **Kapitel 3** dargestellten Maßnahmen zur Kapazitätssteuerung und Gestaltung von Personalabbauprozessen bilden den Schwerpunkt eines den Erfolg von notwendigen Abbauprozessen sichernden und unerwünschte Nebenwirkungen vermeidenden Trennungsmanagements.

Die dabei zu berücksichtigen situativen Merkmale, wie z.b. Ursachen und Ziele des Personalabbaus, spezifische Unternehmenssituation etc. sowie die für eine Bewertung der Effizienz und Effektivität des gesamten Personalabbaus notwendigen Erfolgskriterien sind Gegenstand des **Kapitels 4.**

Die empirisch erhobenen Merkmale des Personalabbaus in deutschen Unternehmen werden in **Kapitels 5** dargestellt. Gesucht ist eine Antwort auf die Frage "Wie wird in Deutschland Personal abgebaut?". Dazu erfolgt eine detaillierte Analyse der situativen Rahmenbedingungen personalabbauender Unternehmen sowie des dafür eingesetzten Maßnahmenspektrums auf Basis einer breit angelegten Befragung deutscher Unternehmen.

Erfolg und Effizienz von Personalabbau werden im **Kapitel 6** betrachtet, wobei zwischen direkten und indirekten Wirkungsebenen differenziert werden muß. Die verschiedenen Folge- und Nebenwirkungen von Personalabbau werden detailliert auf mögliche Zusammenhänge mit den eingesetzten Maßnahmen sowie den situativen Rahmenbedingungen untersucht. Neben den Ergebnissen der Unternehmensbefragung fließen hierfür auch die Erkenntnisse einer vertiefenden Befragung der Mitarbeiter eines unmittelbar von einem umfassenden Personalabbauprozeß betroffenen Unternehmens ein. Die jeweiligen empirischen Ergebnisse und Zusammenhänge bilden die Grundlage für die Ableitung von Implikationen und Handlungsempfehlungen für ein 'folgenminimales' Trennungsmanagement, dessen wichtigste Erfolgsfaktoren im **Kapitel 7** kurz zusammengefaßt werden.

2.3.2 Bezugsrahmen

Da es für den Personalabbau und dessen Wirkungen – wie im folgenden noch gezeigt wird – nur in einzelnen Teilbereichen empirisch und/oder theoretisch fundierte Modelle gibt, mußte zunächst ein umfassender **theoretischer Bezugsrahmen** entwickelt werden. Mit dessen Hilfe sollen Thesen über die Zusammenhänge zwischen den Abbaualternativen (als personalwirtschaftliche Gestaltungsparameter) und ihren prognostizierbaren

Wirkungen auf das Gestaltungsziel (ein effizientes Trennungsmanagement) entwickelt werden.

Der **Bezugsrahmen,** dessen einzelne Bestandteile in den nächsten Kapiteln noch näher betrachtet werden, setzt sich aus folgenden Elementen zusammen:

- Den zentrale Bezugspunkt für die vorliegende Studie bilden die in dem Feld **'Maß- nahmenanalyse'** systematisierten instrumentellen und prozessualen Gestaltungspa- rameter des Personalabbaus, die auch untereinander in Wechselbeziehungen stehen (vgl. hierzu Kapitel 3).

- Abgeleitet aus dem Oberziel einer 'langfristigen Sicherung der Überlebensfähigkeit des Unternehmens' wird eine **'Wirkungsanalyse'** auf das duale Zielsystem ökono- mischer und sozialer Effizienz bezogen. Dabei ist auch auf die Problematik einer eindeutigen Ursachen-Wirkungsanalyse zwischen einzelnen Gestaltungsalternativen und möglichen Folgewirkungen sowie auf die Schwierigkeiten einer trennscharfen Zuordnung der Indikatoren zu den Zieldimensionen einzugehen (vgl. Kapitel 4.1).

- Die situativen Rahmenbedingungen des Unternehmens und der betroffenen Arbeit- nehmer sowie die Kontextfaktoren des Personalabbaus sind Gegenstand der **'Situa- tionsanalyse'** (vgl. Kapitel 4.2).

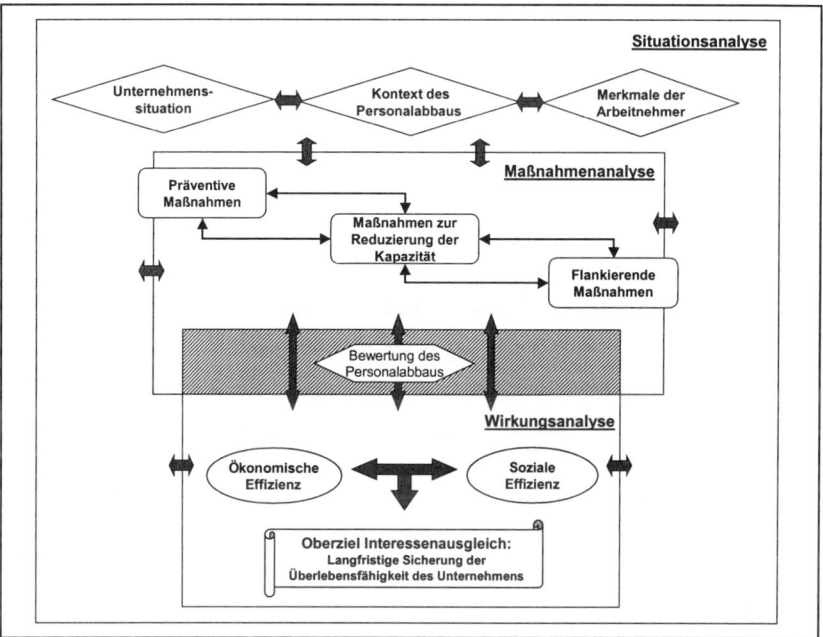

Abbildung 2-2:   Theoretischer Bezugsrahmen (Übersicht)[32]

Die Darstellung der verschiedenen Betrachtungsebenen von Personalabbau in einem umfassenden Bezugsrahmen dient dazu im Rahmen der Operationalisierung der einzelnen Bestandteile konkrete Wirkungs- und Zusammenhangshypothesen abzuleiten und bildet die konzeptionelle Grundlage für die Erhebung und Analyse der in den Kapiteln 5 und 6 dargestellten Ergebnisse der empirischen Untersuchungen.

---

[32]   Eine detailliertere Darstellung der einzelnen Analyseebenen erfolgt in den nächsten Teilkapiteln. Für eine Gesamtübersicht des theoretischen Bezugsrahmens vgl. Abbildung 4-9 .

2.3.3   Untersuchungsdesign und Datenerhebung

Aufbau der empirischen Untersuchung

Aufgrund der für Deutschland weitgehend neuartigen Fragestellung und des Fehlens einer umfassenden, in sich geschlossenen theoretischen Basis bot sich für die empirische Untersuchung ein **mehrstufiges Verfahren** und der Einsatz verschiedener **explorativer Forschungsmethoden und -perspektiven** an. Um die umfangreiche Haupterhebung fundiert realisieren zu können, fand im Vorfeld eine mehrstufige empirisch-qualitative Exploration statt. Die zweigeteilte großzahlig-quantitative Haupterhebung hatte das Ziel, den komplexen Untersuchungsgegenstand aus sich ergänzenden Forschungsperspektiven ('Blick von oben' und 'Blick von unten') zu betrachten.

Ein Überblick über die Phasen des Forschungsprozesses und die eingesetzten Erhebungsinstrumente ist in Abbildung 2-3 dargestellt:

	Zeitraum	Erhebungsinstrument	Methodik / Ziel
Empirisch-qualitative Exploration	10/93 bis 04/94	**Explorative Voruntersuchungen** im Rahmen eines Studienprojektes des Instituts für Personal- und Organisationsforschung "Personalfreistellung – Eine Analyse von Einflußgrößen und Gestaltungsansätzen"	Expertenbefragung / Fragebogen an 260 Unternehmen ➜ Prüfung der Relevanz der Fragestellung, Identifizierung von Schwerpunkten
	06/97 bis 01/98	**Entwicklung und Evaluierung des theoretischen Bezugsrahmens**	Expertengespräche ➜ Relevanz und Vollständigkeit des Bezugsrahmens; Hypothesengenerierung
	07/97	**Attributexploration** bezüglich relevanter Faktoren der 'Sozialen Effizienz'	schriftliche Expertenbefragung (Adequacy-Importance-Modell) ➜ Ableitung von Attributen zur Messung 'sozialer Effizienz'
Haupterhebungen	02/98	**Erhebung 1:** Mitarbeiterbefragung	Schriftliche Mitarbeiterbefragung (820 MA, Vollerhebung) ➜ 'Tiefenuntersuchung'
	03/98	**Erhebung 2:** Unternehmensbefragung	Schriftliche Unternehmensbefragung (3000 Unternehmen) ➜ 'Breitenuntersuchung'

Abbildung 2-3:   Überblick über die Phasen / Teilschritte der Untersuchung

Forschungsanordnung und Datenerhebung

Nachdem in den ersten Phasen des Forschungsprozesses geklärt wurde, welche Aspekte des Problemfeldes 'Personalabbau' berücksichtigt werden sollen, mußten den theoretischen Konstrukten und Begriffen beobachtbare Sachverhalte (=Indikatoren) zugeordnet werden, um eine großzahlige Messung zu ermöglichen. Neben der Operationalisierung ist vor allem die Entscheidung für die geeignetsten Untersuchungsformen und -perspektiven sowie die Auswahl der Untersuchungsobjekte von Bedeutung.[33]

Bei der **Forschungsanordnung** mußte berücksichtigt werden, daß es zur Untersuchung der Folgewirkungen von Personalabbau in Deutschland keine geeigneten Primärdaten gibt, weshalb Sekundäranalysen nicht durchgeführt werden können. Demzufolge erfolgte die Datengewinnung mittels *quantitativer Primärerhebungen* in Form von *Felderhebungen*. Quantitative Verfahren ermöglichen mit vertretbarem Aufwand grundsätzlich besser vergleichbare Ergebnisse aus großzahligen Untersuchungen als qualitative Verfahren. Eine Abwägung der Vor- und Nachteile der verschiedenen Erhebungsmethoden ließ die Wahl auf die Form der *schriftlichen, standardisierten Befragung* fallen. Mündliche Befragungen (Interviews) schieden als Instrument für die Haupterhebungen aufgrund der ausdrücklichen Zielsetzung einer breit angelegten, großzahligen Erhebung aus, da sie mit deutlich höherem zeitlichen Aufwand verbunden sind. Ein weiterer wesentlicher Faktor ist, das es lediglich durch eine standardisierte Befragung (Fragebogen) möglich ist, den Befragten völlige Anonymität zu gewähren; ein Aspekt der sich bei den Voruntersuchungen als äußerst wichtig erwiesen hatte. Die beiden großzahligen empirischen Erhebungen erfolgten zu einem einzigen Erhebungszeitpunkt mit Hilfe eines sog. *Ex-post-facto-Designs.*[34]

---

[33]   Ausführlich zum Ziel und Ablauf empirischer Forschungsprozesse vgl. SCHNELL u.a. (1993: 117 ff.) oder BORTZ u. DÖRING (1995: 35 ff.).

[34]   Prinzipiell kann die Qualität von empirischen Ergebnissen maximiert werden, indem die Erhebung in Form eines Vorher-Nachher-Designs erfolgt. Jedoch erschien die Umsetzung eines derartigen Designs aus folgenden Gründen nicht möglich: Die Durchführbarkeit einer Vorher-Erhebung wurde als schlecht eingeschätzt, da Personalabbauprozesse häufig erst kurz vor deren Beginn bekanntgegeben werden. Die Wahrscheinlichkeit, daß dieselben Unternehmen, die an der Vorher-Erhebung teilgenommen haben, auch an der Nachher-Erhebung teilnehmen würden, wurde aufgrund der Brisanz der Themenstellung für gering gehalten. Personalabbauprozesse erfolgen häufig nicht innerhalb einer kurzen Zeitspanne, sondern ziehen sich u.U. über mehrere Jahre hinweg.

Neben der Untersuchungsform betrifft die zweite wesentliche Entscheidung im Rahmen der Forschungsanordnung die *Untersuchungsperspektive*. Aufgrund des weiten Spektrums der möglichen Einflußfaktoren und Wechselwirkungen, die im Zusammenhang mit Personalabbau zu berücksichtigen sind, bietet sich eine mehrdimensionale Untersuchungsperspektive an, die geeignet ist, die verschiedenen Betrachtungsebenen (Individuum, Gruppe, Organisation) adäquat abzubilden. Insbesondere die Sichtweise der von Personalabbau indirekt betroffenen, im Unternehmen verbleibenden Mitarbeiter steht im Forschungsmittelpunkt; Ziel ist aber ebenso eine Evaluierung von – die Entwicklungsfähigkeit des gesamten Unternehmens beeinflussende – betrieblichen Erfolgsgrößen. Da nicht davon auszugehen war, daß es eine hinreichend große Anzahl von Informanden geben würde, die sowohl die subjektiven Empfindungen und Veränderungen in einer Phase des Personalabbaus nachempfinden können und gleichzeitig eine objektive Beurteilung des Erfolges dieser Maßnahmen treffen können, erfolgte die Datengewinnung durch **zwei unabhängige, komplementäre Untersuchungen**, die im folgenden kurz dargestellt werden.

a) Unternehmensbefragung (März 1998)

Zielsetzung der im März durchgeführten schriftlichen Unternehmensbefragung war in erster Linie der Versuch einer möglichst umfassenden **Bestandsaufnahme** hinsichtlich des **Status-quo von Personalabbau in Deutschland**. Dabei sollte zum einen geprüft werden, inwieweit sich die verschiedenen Elemente des theoretischen Bezugsrahmens hinsichtlich ihrer Relevanz und Bedeutung praktisch validieren lassen. Gleichzeitig sollte der Bezugsrahmen durch eine Untersuchung der Einflußfaktoren und Zusammenhänge zwischen den verschiedenen Variablen inhaltlich angereichert werden. Durch eine Analyse der verschiedenen Wirkungsebenen des Personalabbaus soll ermöglicht wer-

---

Allerdings ist anzumerken, daß sich insbesondere die Unternehmensbefragung, die sich inhaltlich und methodisch an die jährlich von der American Management Association durchgeführten Erhebungen anlehnt (vgl. AMA-Research 1997, 1998 u.a.), auch für eine spezielle Abwandlung des Paneldesigns, die sog. 'Trendanalyse' oder 'replikativer Survey', eignet. Dabei werden Variablen bei verschiedenen Erhebungseinheiten, die aber über dieselben Auswahlverfahren ermittelt werden, mittels gleicher Operationalisierung zu verschiedenen Zeitpunkten erhoben, um so neben aktuellen Querschnittsanalysen auch Entwicklungen im Zeitablauf zu messen. Vgl. hierzu ausführlich SCHNELL u.a. (1993: 253 ff.).

den, betroffenen Unternehmen konkrete Handlungsempfehlungen bezogen auf unterschiedliche Unternehmenssituationen anzubieten.

Die Unternehmensbefragung orientiert sich inhaltlich an der im Kapitel 2.4.2 dargestellten **Studie der American Management Association** (AMA), wobei das ursprüngliche Ziel, eine direkte Vergleichbarkeit der deutschen und amerikanischen Daten herzustellen, zu Gunsten einer weit breiter gefächerten Perspektive dieses Forschungsprojektes aufgegeben wurde. Für die Konzeption der Untersuchung wurden außerdem die vorhandenen Studien des Instituts für Arbeitsmarkt- und Berufsforschung (IAB) berücksichtigt[35], die allerdings inhaltlich nur sehr geringe Überschneidung mit der hier untersuchten Fragestellung aufweisen.

Die Erhebung erfolgte durch eine schriftliche Befragung mittels eines **standardisierten Fragebogens**.[36] Da davon auszugehen war, daß sowohl die äußerst sensible Themenstellung sowie eine allgemeine 'Übermüdung' deutscher Unternehmen angesichts einer großen Fülle – häufig nicht sehr seriöser – empirischer Befragungen[37] den Zugang zu geeigneten Untersuchungsobjekten außerordentlich erschweren würden, wurde der Konzeption und Durchführung der Erhebung besondere Aufmerksamkeit gewidmet. Für eine detaillierte Charakteristik der Erhebung sowie zum Aufbau des Fragebogens vgl. Anhang B2.

Die **angestrebte Grundgesamtheit** der Untersuchung sind deutsche Unternehmen, die in den Jahren 1994 bis 1998 Personalabbau durchgeführt haben. Allerdings existiert keine Urliste dieser Zielgruppe, sodaß für die Durchführung der Untersuchung ein anderer Weg beschritten werden mußte. Aus forschungsökonomischen Gründen erfolgte

---

[35]   Vgl. vor allem O.V. / IAB BETRIEBSPANEL (1991): "Das IAB-Betriebspanel - Ansatz und Aufbau" sowie O.V. / IAB BETRIEBSPANEL (1994) oder BELLMANN u. KÖLLING (1997). Für eine Übersicht interessanter Veröffentlichungen des Instituts für Arbeitsmarkt- und Berufsforschung (IAB) vgl. auch Anhang A2.

[36]   Dieser Fragebogen wurde – begleitet durch ein persönliches Anschreiben des Instituts für Personal- und Organisationsforschung – per Post direkt an die entsprechenden Verantwortlichen des Personalbereichs versandt. Dieses Vorgehen hat den Vorteil, daß die Befragten dadurch die Möglichkeit haben, in Ruhe über die Beantwortung der Fragen nachzudenken und im Einzelfall noch benötigte Informationen einzuholen.

[37]   Vgl. hierzu beispielsweise DRUMM (2000).

daher eine Einschränkung der **Auswahlgesamtheit**[38], also der Menge aller Unternehmen, die eine prinzipielle Chance haben, in die Stichprobe zu gelangen, nach folgenden Gesichtspunkten:

▪ Angestrebt wurde zum einem eine möglichst ausgewogene Auswahl von Unternehmen verschiedener Größenklassen, wobei insbesondere dem häufigen Defizit vergleichbarer Studien begegnet werden sollte, worin kleine und mittlere Unternehmen stark unterrepräsentiert sind.

▪ Weiterhin sollte ein möglichst breiter Querschnitt über verschiedene Branchen erreicht werden, da vermutet werden kann, daß beispielsweise vom Branchenumfeld (wachsende vs. schrumpfende Sektoren) oder von den jeweiligen branchenabhängigen Sozialpartnerschaften unterschiedliche Impulse auf die Bedeutung und Gestaltung von Personalabbauprozessen ausgehen.

Als **Auswahlgesamtheit** wurden dafür zunächst "Die Großen 500"-Unternehmen nach SCHMACKE 1997/98[39] ausgewählt, mit dem Ziel, damit vor allem die nach Umsatz und Erfolg bedeutendsten deutschen Unternehmen abzudecken, sowie eine breite Abdeckung unterschiedlicher Branchen zu erreichen. Dazu kommen weitere Unternehmen, verschiedener Größen und Branchen, die sich durch ein besonders engagiertes und innovatives Personalmanagement auszeichnen und als solche Teilnehmer des "Münchner Personalforums" sind.[40] Insbesondere um dem Ziel einer Abdeckung kleinerer und mittlerer Unternehmen Rechnung zu tragen, kam als dritte Auswahleinheit eine Vollerhebung bei den Mitgliedern des Bundes Katholischer Unternehmer (BKU) hinzu.[41] Im ganzen wurden im März 1998 **2946 Fragebögen** versandt (**gezogene Stichprobe**):

---

[38]   Allgemein zu Auswahlverfahren und Stichprobenabgrenzung vgl. SCHNELL u.a. (1993: 279 ff.).

[39]   SCHMACKE, E. (1998, Hrsg.): Die Großen 500 auf einen Blick: Deutschlands Top-Unternehmen mit Anschriften, Umsätzen und Management, Ausgabe 1997/1998, Neuwied u.a.: Luchterhand 1998.

[40]   Das vom INSTITUT FÜR PERSONAL- UND ORGANISATIONSFORSCHUNG durchgeführte Münchner Personalforum dient dem Dialog zwischen Wissenschaft und Praxis und findet in ein- bis zweijährigen Abständen an der Universität der Bundeswehr München statt. Für nähere Information vgl. folgende Homepage: http://www.muenchner-personalforum.de.

[41]   **Für die freundliche Unterstützung durch die Überlassung der Adreßdaten sowie das gemeinsam verfaßte persönliche Anschreiben an die BKU-Mitglieder sei insbesondere dem Vorsitzenden des Bundes Katholischer Unternehmer, Herrn Werner Then, sowie dem Bundesgeschäftsführer, Herrn Willibert Kurth sehr herzlich gedankt.**

- Fragebögen an "Große 500-Unternehmen": 864 Unternehmen[42]
- Fragebögen an "Personalforum-Unternehmen": 982 Unternehmen
- Fragebögen an "BKU-Unternehmen": 1100 Unternehmen

Insgesamt haben in einem Zeitraum von vier Wochen **235 Unternehmen** an der Fragebogenaktion teilgenommen, wovon 155 Unternehmen Personal abgebaut haben bzw. gerade abbauten (= 66 Prozent). Dies entspricht einer **Rücklaufquote** bezogen auf die angeschriebenen Unternehmen von rund *8 Prozent*. Die Rücklaufquote in bezug auf die Unternehmen mit Personalabbau, die mit dem Fragebogen angesprochen wurden, dürfte *deutlich über diesem Wert liegen*, denn es muß berücksichtigt werden, daß weder für die Auswahlgesamtheit noch für die gezogene Stichprobe Informationen darüber vorlagen, ob für sie das Untersuchungsfeld Personalabbau Relevanz aufweist. Da sowohl im Anschreiben als auch im Fragebogen selbst ausdrücklich auf das Problemfeld Personalabbau hingewiesen wird, ist anzunehmen, das ein Großteil derjenigen Unternehmen, die über keinerlei Vorerfahrung mit Personalabbau verfügten, den Fragebogen entweder überhaupt nicht beantwortet hat, oder ihn nicht zurückgesandt hat, weil lediglich der erste Frageblock bis zur Filterfrage (I.9) beantwortet werden konnte. Zahlreiche Anrufe, Briefe und E-Mails unmittelbar nach Versand des Fragebogens bestätigen diese Annahme.[43] Die zeitliche Verteilung des Rücklaufs (rund 50% des Rücklaufs traf innerhalb der ersten 5 Arbeitstage ein) legte zwar nahe, die Rücklaufquote durch eine Nachfaßaktion zu erhöhen, aus forschungsökonomischen und methodischen Gründen[44] mußte darauf allerdings verzichtet werden.

---

[42] Insbesondere bei den "Große 500-Unternehmen" wurden häufig mehrere unabhängige Teilbereiche angeschrieben, da anzunehmen ist, daß gerade größere Unternehmen keine über alle Teilbereiche einheitliche Personalkapazitätsstrategie verfügen.

[43] **Den Teilnehmern an der Befragung, die sich persönlich an das Forscherteam wandten, um ihre Nicht-Teilnahme zu begründen oder zu entschuldigen sei an dieser Stelle ebenso herzlich gedankt wie allen Teilnehmern, die die Mühe, den Fragebogen auszufüllen auf sich genommen haben.**

[44] Wie noch weiter unten erläutert wird, hatten Maßnahmen zur Wahrung der Anonymität höchste Priorität, so daß es nicht möglich gewesen wäre, die Nachfaßaktion gezielt an diejenigen Unternehmen zu richten, die bisher noch nicht geantwortet hatten.

Die folgende Abbildung faßt das Vorgehen nochmals zusammen:

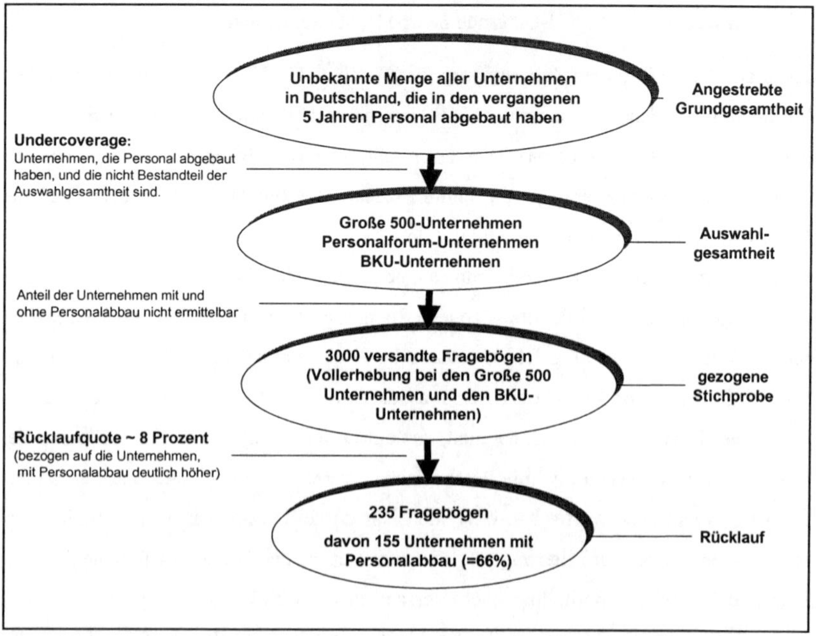

Abbildung 2-4:   Angestrebte Grundgesamtheit, Auswahlgesamtheit, Stichprobe und
                  Rücklauf

Im Anschreiben persönlich adressierte **Ansprechpartner** für die Befragung waren Personalverantwortliche auf oberster Ebene (im folgenden Personalleiter) sowie Inhaber
oder Mitglieder von Vorstand oder Geschäftsführung bzw. deren Assistenten, da davon
ausgegangen wurde, daß diese sowohl bezüglich der situativen Bedingungen des Personalabbaus, der Maßnahmen und des Ablaufs des Personalabbauprozesses sowie über die
verschiedenen Wirkungen des Personalabbaus den umfassendsten Überblick verfügen:

> Der Fragebogen wurde zu 61 Prozent durch die *Personalleitung*, zu 32 Prozent
> durch den *Vorstand bzw. die Geschäftsführung* sowie zu 7 Prozent durch *sonsti-
> ge Funktionsträger* beantwortet.

Die Beantwortung des Fragebogens sollte im Zweifelsfall für den jeweiligen **Verantwortungsbereich** und nicht für das Gesamtunternehmen erfolgen, da anzunehmen ist,
daß gerade größere Unternehmen keine über alle Teilbereiche einheitliche Personalka-

pazitätsstrategie verfolgen ("Unternehmen im Unternehmen") bzw. die Befragten am besten über ihren Teilbereich Auskunft geben können:

> Die Befragten gehören zu 54 Prozent der *Zentrale oder Hauptverwaltung eines verzweigten Unternehmens oder Konzerns*, zu 17 Prozent einem *Teilbereich bzw. einer Niederlassung eines verzweigten Unternehmens oder Konzerns* (17%) und zu 29 Prozent einem *unabhängigen, eigenständigen Unternehmen ohne Niederlassungen an anderen Standorten* an.

Die für die folgenden Auswertungen besonders interessante **Teilstichprobe der perso-nalabbauenden Unternehmen**[45] (N=155) setzt sich zu 38,7 Prozent aus den Große 500-Unternehmen (im folgenden 'Große 500'), zu 29,7 Prozent aus BKU-Unternehmen (im folgenden 'BKU') und zu 31,6 Prozent aus "Personalforum"-Unternehmen zusammen (vgl. die folgende Abbildung) und bilden damit ein möglichst breites Spektrum unterschiedlicher Größenklassen ab.[46]

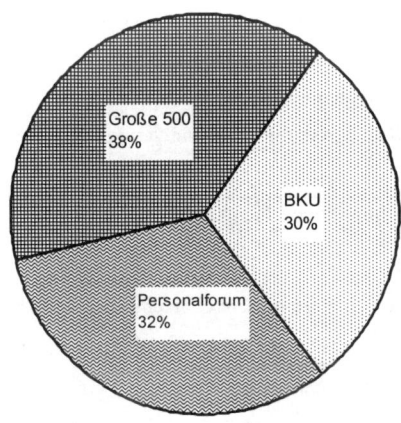

n = 155

Abbildung 2-5:   Zusammensetzung der Teilstichprobe abbauender Unternehmen

---

[45] Die gesamte Stichprobe wird im Kapitel 5.1.1 noch einmal für die Betroffenheit einzelner Branchen durch Personalabbau herangezogen (vgl. hierzu Abbildung 8–6).

[46] *BKU-Unternehmen* haben im Mittel 50 bis 500 Arbeitnehmer (Größenklasse 2). Die Unternehmen der Teilstichprobe *Personalforum* liegen im Mittel in der Größenklasse 3 (500 bis 5000 Arbeitnehmer) und die *Großen 500-Unternehmen* befindet sich überwiegend in Größenklasse 4 (über 5000 Arbeitnehmer).

Konsequenzen für die Ergebnisdarstellung:

Die Auswahl der zu untersuchenden Unternehmen orientierte sich an dem Kriterium einer breiten Größenabdeckung vom kleinen Handwerksunternehmen bis zum diversifizierten Konzern. Da nicht überprüft werden kann, inwieweit die Stichprobe als **statistisch repräsentativ** für die Gesamtheit der deutschen Unternehmen betrachtet werden kann, wurde bei den folgenden Ausführungen auch auf den **statistischen Schluß** auf diese Gesamtheit verzichtet. **Die beobachteten Ergebnisse beziehen sich stets auf diejenigen Unternehmen, die an der Befragung teilgenommen haben.**

Die gewonnen Daten wurden am Institut für Personal- und Organisationsforschung zunächst per EDV erfaßt und mit Hilfe der Statistiksoftware Statistical Package for the Social Sciences (SPSS) for Windows, des Tabellenkalkulationsprogramms MS-Excel sowie des Datenbankprogramms MS-Access **ausgewertet.**

Eine erste **Zusammenfassung** der wichtigsten Ergebnisse dieser Untersuchung erfolgte in einem im Dezember 1998 veröffentlichten Kurzbericht.[47] Dieser Kurzbericht wurde allen an der Umfrage beteiligten Unternehmen zur Verfügung gestellt und kann auch im Internet als PDF-Dokument heruntergeladen und vervielfältigt werden:

http://www.Trennungsmanagement.de

Auf dieser Seite wird auch über die weiteren Forschungsaktivitäten im Zusammenhang mit den Themen Steuerung der Personalkapazität, Wirkungen von Personalabbau und Konzeption eines Trennungsmanagements berichtet.

b) Mitarbeiterbefragung (Februar 1998)

Als Ergänzung bzw. Vertiefung der Unternehmensbefragung führte das Institut für Personal- und Organisationsforschung im Februar 1998 eine Befragung der Mitarbeiter

---

[47]   Rainer MARR, Karin STEINER, Florian SCHLODERER (1998): Folgewirkungen von Personalabbau –
Ergebnisse einer Unternehmensbefragung des Instituts für Personal- und Organisationsforschung
im März 1998, München-Neubiberg 1998.

eines Münchner Unternehmens[48], welches nach einer Eingliederung in einen Großkonzern Ende der 80er Jahre bereits einen kontinuierlichen Personalabbau zu verzeichnen hatte (von rund 1400 Mitarbeitern im Jahr 1989 auf rund 700 Mitarbeiter 1996). Die aktuelle 'Welle' des Personalabbaus fiel auf die Jahre 1996 bis 1998 mit einem Zielvolumen von ca. 30% Kapazitätsreduzierung und bildet den Bezugspunkt für die Untersuchung.[49]

Gemäß der oben diskutierten Forschungsanordnung und der Zielsetzung einer komplementären Betrachtung des Forschungsfeldes 'Personalabbau' sollte durch diese Erhebung vor allem die **Perspektive der Mitarbeiter** untersucht werden, die zwar im Unternehmen verbleiben, aber unmittelbare Erfahrungen mit einem Personalabbauprozeß gesammelt haben. Das wichtigste Unterscheidungskriterium bildete dabei die Zughörigkeit der befragten Mitarbeiter zur Gruppe der *Führungskräfte*[50] bzw. *Nicht-Führungskräfte*, da untersucht werden sollte, ob sich diese beiden Gruppen in der Wahrnehmung des Personalabbauprozesses in den einzelnen Punkten unterscheiden. Sofern deutliche Unterschiede in der Bewertung auftreten, müssen auch die entsprechenden Aspekte der Unternehmensbefragung kritisch hinterfragt werden, da diese nahezu ausschließlich aus der Perspektive von Führungskräften - und eben nicht von allen Mitarbeitern - beantwortet wurden.

Inhaltlich orientiert sich diese Untersuchung am in Kapitel 2.4.2 beschriebenen Forschungsprogramm von CAMERON, FREEMAN, MISHRA u.a. Damit sollte zum einen ermittelt werden, inwieweit die anglo-amerikanischen Ergebnisse sich auch für deutsche

---

[48] An dieser Stelle möchten wir dem **verantwortlichen Personalleiter und seinen Mitarbeitern**, die diese Untersuchung sehr wesentlich unterstützt und gefördert haben, den **Damen und Herren des Betriebsrats**, die sich sowohl an der Überarbeitung des Fragebogens sowie an der internen 'Werbung' für die Beteiligung an der Umfrage engagiert beteiligt haben, all unseren **Gesprächspartnern**, von denen wir wichtige Hintergrundinformation zu den Umständen des Personalabbauprozesses erhalten haben und, nicht zuletzt, bei allen **Mitarbeitern**, die uns im Fragebogen Auskunft über ihre persönliche Beurteilung des Personalabbauprozesses gegeben haben, sehr **herzlich danken**.

[49] Dabei ist allerdings der bereits vorausgegangene kontinuierliche Schrumpfungsprozeß ebenfalls zu berücksichtigen.

[50] Die unternehmensspezifischen Bezeichnungen der Führungsebenen waren im Originalfragebogen enthalten.

Unternehmen bestätigen lassen. Zum anderen konnte ein bereits in mehreren Untersuchungen bewährtes Instrumentarium eingesetzt werden, welches bei den an den Umfragen beteiligten Mitarbeitern auf eine breite Akzeptanz gestoßen ist. (Die Rücklaufquote der von CAMERON durchgeführten Mitarbeiterbefragungen bei insgesamt 30 Unternehmen der amerikanischen Automobilbranche betrug 51 Prozent von 3908 verteilten Fragebögen.[51]) Auch in der wissenschaftlichen Diskussion fanden die Vorgehensweise und die Ergebnisse des Forschungsprogramms von CAMERON u.a. breite Anerkennung, wie zahlreiche Veröffentlichungen, in denen darauf Bezug genommen wird, belegen.[52]

Analog zum Vorgehen von CAMERON u.a. erfolgte die Befragung der betroffenen Mitarbeiter mittels eines **standardisierten Fragebogens**, mit überwiegend geschlossenen Antwortmöglichkeiten. Mit diesem Fragebogen sollten – neben einigen Informationen zur Person – vor allem die persönliche Bewertung des Abbauprozesses und eine Einschätzung der daraus resultierenden Folgewirkungen erhoben werden. Begleitend hierzu erfolgten Interviews mit den verantwortlichen Personalleitern, mit Mitgliedern des Betriebsrates sowie einigen Führungskräften über die Situation des Unternehmens vor, während und nach dem Personalabbau und die Vorgehensweise beim Personalabbau. Für eine detaillierte Charakteristik der Erhebung sowie zum Aufbau des Fragebogens vgl. Anhang B3.[53]

Da der Objektbereich für diese Teiluntersuchung – Mitarbeiter, die nach einem Personalabbauprozeß im Unternehmen verbleiben – eindeutig abgrenzbar war, bot sich für die Datengewinnung eine **Vollerhebung bei den 695 Mitarbeitern** des Unternehmens an. Insgesamt haben sich 320 Mitarbeiter an der Umfrage beteiligt, was einer Rücklaufquote von **46 Prozent** entspricht.[54] Zur Betrachtung der signifikanten Bewertungsunter-

---

[51]   Eine detaillierte Beschreibung von Untersuchungsdesign, Datenerhebung und –auswertung, sowie den wichtigsten empirischen Ergebnissen und Schlußfolgerungen findet sich bei CAMERON u.a. (1993: 31 ff.).

[52]   Vgl. beispielsweise GOLEMBIEWSKI (1999) oder KINNIE u.a. (1998).

[53]   Alle unternehmensbezogenen Formulierungen – auch in den Anschreiben und weiteren Unterlagen – wurden gemäß einer Vereinbarung mit dem untersuchten Unternehmen anonymisiert.

[54]   Laut einer empirischen Studie "Benchmarks zur Mitarbeiterbefragung" von TÖPFER u. GABEL (2000) u.a. zur Akzeptanz von Mitarbeiterbefragungen liegt diese Rücklaufquote zwar geringfügig

schiede zwischen Führungskräften und Nicht-Führungskräften wurden zwei Teilstichproben gebildet.[55]

2.4 Stand der Forschung: Personalabbau und seine Folgewirkungen in der aktuellen Literatur

Um das Forschungsfeld 'Personalabbau' gemäß der in Kapitel 2.3.1 dargestellten Zielsetzung abgrenzen zu können, soll zunächst kurz das gesamte **Spektrum der möglichen Perspektiven und Forschungsrichtungen** aufgezeigt werden. Verschiedene wissenschaftliche Traditionen, wie die Volkswirtschafts- und Betriebswirtschaftslehre sowie Sozial- und Rechtswissenschaften, liefern wichtige Erkenntnisse für die Analyse der Zusammenhänge und Wirkungen von Personalabbauprozessen.

Zur theoretischen und empirischen Fundierung möglicher 'Folgewirkungen von Personalabbau' aus betriebswirtschaftlicher Perspektive sind insbesondere die Erkenntnisse und Fragestellungen der theoretischen und praxisorientierten betriebs- und personalwirtschaftlichen Diskussion sowie aktuelle empirische Forschungsbemühungen zu berücksichtigen. Dabei ist u.a. kritisch zu prüfen, inwieweit sich die Ergebnisse der anglo-amerikanischen 'Downsizing'-Forschung auf Deutschland übertragen lassen (Kapitel 2.4.2).

Als Abschluß dieser Darstellungen, die lediglich einen Überblick über das Feld der aktuellen Literatur vermitteln sollen, werden die wichtigsten **Ergebnisse** hinsichtlich möglicher unternehmensbezogener **Folgewirkungen** aus den Perspektiven von Individuum, Gruppe und Organisation **zusammengefaßt** und die **Forschungshypothesen** für die weiteren Untersuchungen abgeleitet (Kapitel 2.4.3). Die Defizite des derzeitigen

---

unterhalb des häufigsten Wertes (51-60% Rücklaufquote); angesichts der besonderen Umstände und Themenstellung kann die Befragung aber durchaus als Erfolg gewertet werden.

[55] Die Gesamtstichprobe von 320 beantworteten Fragebögen teilt sich auf in 223 Fragebögen von Nicht-Führungskräften und 97 von Führungskräften. Die durchschnittliche Führungskraft ist männlich (98%), zwischen 41 und 50 Jahre alt (49%) und hat unterhaltspflichtige Familienangehörige (83%). Er hat eine technisch/naturwissenschaftliche Ausbildung (83%) mit Hochschulabschluß, ist seit 10 bis 20 Jahren im Betrieb (45%), hat durchschnittlich dreimal den Arbeitsplatz gewechselt und hat keine persönliche Vorerfahrung mit Personalabbau (56%). Seine Wahrscheinlichkeit, woanders Arbeit zu finden, schätzt er gering ein (39%), und er erwägt gelegentlich, das Unternehmen zu verlassen (54%).

Standes der Forschung aus unserer Sicht sowie ein **Resümee** für die weiteren Überlegungen für das Forschungsprojekt (Kapitel 2.4.4) runden das Kapitel ab.

2.4.1 'Personalabbau' als wissenschaftliches Untersuchungsobjekt

Die folgende kurze Darstellung der Ursprünge der wissenschaftlichen Debatte um das Forschungsfeld 'Personalabbau' in Volkswirtschaftslehre, Soziologie und Psychologie sowie Betriebswirtschafts- und Managementlehre zeigt deutlich, daß es sich beim Personalabbau um ein komplexes Problem handelt, welches zum Gegenstand unterschiedlichster wissenschaftlicher Disziplinen geworden ist.

a) Volkswirtschaftslehre

Die Volkswirtschaft setzt sich bereits frühzeitig mit Fragen der Beschäftigung und des Arbeitsmarktes auseinander. Personalabbau stellt dabei einen Teilaspekt des Beschäftigungsproblems dar[56]. Die interessierenden Fragestellungen sind vor allem die *Gründe der Arbeitslosigkeit*, die *Arten der Arbeitslosigkeit* sowie die *Maßnahmen zu deren Bekämpfung*.

Als klassische Basishypothese gilt, daß der Einsatz von Kapital und der technische Fortschritt zu einer Verdrängung von Arbeitsplätzen führen[57]. Diese 'Freisetzungseffekte' werden überwiegend als positiv beurteilt, da die kurzfristig freigesetzten Arbeitnehmer längerfristig durch eine gestiegene Nachfrage auf effizienteren Arbeitsplätzen wieder in den Produktionsprozeß eingegliedert werden können[58].

Mit der Weltwirtschaftskrise kommt es in der Volkswirtschaft zu einem Umdenken von Allokations- hin zu Beschäftigungsproblemen. KEYNES argumentiert, daß sich das Vollbeschäftigungsgleichgewicht bei einem Rückgang der gesamtwirtschaftlichen

---

[56]   Die Höhe der Arbeitslosigkeit hängt nach BARRO (1986: 278) unter anderem von der Rate der neu aufgenommenen und der beendeten Arbeitsverhältnisse (= Personalabbau) ab. Personalabbau ist zudem Ursache wie Wirkung anderer volkswirtschaftlicher Größen.

[57]   In diesem Zusammenhang taucht auch erstmals der Begriff 'Arbeiterfreisetzung' RICARDO (1951) auf, womit die Verdrängung von Arbeitsplätzen durch maschinelle Investitionen gemeint ist. HABBEL u. POSTH (1975b: Sp.1558 ff.).

[58]   Vgl. POPPE (1988: 2 ff.) und die dort angegebene Literatur.

Nachfrage aufgrund starrer Löhne nicht automatisch einstellt.[59] Die Ursachen einer längerfristigen oder sogar dauerhaften Arbeitslosigkeit können konjunkturell, strukturell oder friktionell sein[60].

Schwerpunktmäßig beschäftigt sich die Volkswirtschaftslehre bis heute vor allem mit Gründen und den meist daraus resultierenden Arten von Arbeitslosigkeit sowie mit wirtschaftspolitischen Maßnahmenempfehlungen zu deren Bekämpfung. Ein auf aktuellen Daten beruhendes umfassendes Gutachten "Ursachen und Wege zur Bekämpfung der Arbeitslosigkeit" von ZIMMERMANN u.a. (1999) betont vor allem die Notwendigkeit einer stärkeren Flexibilisierung der gesamtwirtschaftlichen und gesetzlichen Rahmenbedingungen.[61]

Ohne die Diskussion an dieser Stelle weiter zu vertiefen, kann der Beitrag der Volkswirtschaft für das hier skizzierte Forschungsvorhaben anhand der folgenden Aspekte bewertet werden: Einerseits reduziert die Volkswirtschaft menschliches Verhalten auf eine einfache Produktionsfunktion unter restriktiven Verhaltensannahmen[62]. Gerade beim Personalabbau tritt aber insbesondere die *irrationale* Seite des Menschen noch wesentlich stärker als unter normalen Umständen in den Vordergrund, so daß die volkswirtschaftlichen Modelle gänzlich zu versagen scheinen. Jedoch liefern sie andererseits wichtige Anhaltspunkte für die externen Ursachen eines Personalabbaus, deren Kenntnis die Wahl von folgenoptimalen Maßnahmen ermöglichen könnte.

b) Soziologie und Psychologie

Durch die Weltwirtschaftskrise und die damit einhergehende Erhöhung der Arbeitslosigkeit kommt es auch in den Sozialwissenschaften zu einer Schwerpunktverlagerung: Mit der 1931/1932 durchgeführten und 1933 veröffentlichten Untersuchung "Die Ar-

---

[59]   KEYNES (1936): The general theory of employment, interest and money.

[60]   Vgl. WACHTEL (1989: 353 ff.)

[61]   Z.B. Erleichterung von Selbständigkeit, Arbeitszeitflexibilisierung, Verbesserung der Qualifikation, Förderung von Bürgerarbeit etc.

[62]   Nur selten wird der Versuch unternommen, realitätsnahe Annahmen zu treffen, wie z.b. die adaptiven Erwartungen im Rahmen der Phillipskurvendiskussion

beitslosen von Marienthal"[63] wird die Arbeitslosenforschung begründet, die sich anfangs vor allem mit den Folgen der 'finanziellen Misere' beschäftigt. In den 80er Jahren werden ergänzende Aspekte wie kognitive Prozesse und Attributionsmuster von Arbeitslosen, Schuldzuschreibungen etc. aufgegriffen.[64]

Die inhaltlichen Schwerpunkte der jüngeren Arbeitslosenforschung beschreibt SEISL wie folgt[65]:

- Beschreibung und Erklärung der Folgewirkungen von Kurz- und/oder Langzeitarbeitslosigkeit auf finanzieller, sozialer, psychischer und physischer Ebene des Individuums;

- Erarbeitung differenzierender Faktoren, die das Ausmaß dieser Wirkungen bestimmen (z.B. Persönlichkeitsfaktoren, demographische Daten, finanzielle Lage, Einstellung zur Arbeit etc.);

- Evaluierung von Faktoren, welche die Wiedereinstellungschancen bzw. die Dauer von Arbeitslosigkeit zu bestimmen versuchen;

- konkrete Ansatzpunkte zur Reintegration von Arbeitslosen bzw. zur Unterstützung wirtschaftspolitischer Maßnahmenempfehlungen;

- Fragestellungen zur gesellschaftlichen Diskriminierung von Arbeitslosen.

Einheitlich für diese Forschungsschwerpunkte ist eine inhaltliche Orientierung an den Wirkungen von Erwerbslosigkeit, die nach dem Zeitpunkt des Verlustes des Arbeitsplatzes einsetzen. Erst seit wenigen Jahren etabliert sich auch eine Betrachtung der "anderen Seite" der Erwerbslosigkeit, nämlich des Zeitraums vor dem Verlust der Erwerbstätigkeit. Dabei sind insbesondere die Phasen des Übergangs von 'Arbeitsplatzsicherheit' zu 'Arbeitsplatzunsicherheit' und 'Antizipation des Verlustes' von Bedeutung, da sie für die Betroffenen mit jeweils sehr unterschiedlichen psychischen Anforderungen verbunden sind.[66]

---

[63]   JAHODA, M.; LAZARSFELD, P.; ZEISEL, H. (1933, 1975): Die Arbeitslosen von Marienthal. Ein soziographischer Versuch über die Wirkungen langanhaltender Arbeitslosigkeit, Frankfurt am Main 1975 (Ursprünglich 1933).

[64]   KIRCHLER (1991: 147). Eine ausführliche Darstellung der "Vier Perioden sozialwissenschaftlicher Erwerbslosigkeitsforschung" findet sich bei MOHR (1997: 22 ff.). Für die angelsächsische thematische Schwerpunktverlagerung in ähnliche Richtung vgl. LEANA u. FELDMAN (1992: 3 ff.).

[65]   SEISL (1998: 55 f.). Vgl. hierzu auch FRESE u. MOHR (1978b)

[66]   Vgl. hierzu insbesondere MOHR (1997: 22 ff.).

Die Beiträge zur Forschung über *Arbeitsplatzunsicherheit* lassen sich drei Bereichen sozialwissenschaftlicher Forschung zuordnen[67]:

- arbeitspsychologische Feldstudien über Stressoren in der Arbeitswelt;
- Erwerbslosigkeitsforschung, die Arbeitsplatzunsicherheit als zentrale unabhängige Variable darstellt und ihre Folgen für das Individuum untersucht, sowie
- organisationspsychologische Untersuchungen zur Änderungen der innerbetrieblichen Kommunikation, der Organisation der Arbeit und des Leistungsverhaltens in Zeiten ökonomischer Gefährdung des Unternehmens.[68]

Insbesondere die beiden letztgenannten Forschungsrichtungen sind für die vorliegende Arbeit von Bedeutung, zumal hierzu auch schon eine Reihe empirischer Untersuchungen vorliegt.

c) Betriebswirtschafts- und Managementlehre

Aufgrund der von Aufbruch geprägten wirtschaftlichen Rahmenbedingungen der unmittelbaren Nachkriegszeit nahm vor allem das Feld der Personalbeschaffung in der sich etablierenden Personalwirtschaft einen breiten Raum ein.[69] In dieser Wachstumsphase entstanden auch die gesetzlichen Rahmenbedingungen, welche die Steuerung der Personalkapazität bis heute stark beeinflussen (z.B. Kündigungsschutzgesetz, Mitbestimmungsrecht, Betriebsverfassungsgesetz etc., vgl. hierzu auch Kapitel 4.2.4). Auch die durch die Ölkrisen der 70er Jahre ausgelöste Verschlechterung der konjunkturellen Lage und der damit verbundene Anstieg der Arbeitslosigkeit bewirkte keine intensivere Auseinandersetzung mit der Personalabbauproblematik seitens der betriebs- und personalwirtschaftlichen Forschung. Neben einer Darstellung des Abbauinstrumentariums nimmt lediglich eine praxisorientierte Diskussion zu den gesetzlichen Handlungsspielräumen (z.B. bezüglich der Gestaltung von Sozialplänen) breiten Raum ein.

Bei Betrachtung der internationalen wirtschaftlichen Entwicklungen der letzten Jahre (Konjunkturrückgang, struktureller Wandel etc.) verwundert es, daß vor allem in der

---

[67]   MOHR (1997:131 ff.).

[68]   Ein ausführlicher Überblick über individuumsbezogene Untersuchungen zur Arbeitsplatzunsicherheit als unabhängige Variable findet sich bei MOHR (1997: 140ff.). Zusammenfassend läßt sich ein Zusammenhang von Arbeitsplatzunsicherheit und psycho-sozialer Befindlichkeit feststellen.

[69]   HABBEL u. POSTH (1975a, Sp. 1455).

deutschen betriebswirtschaftlichen Literatur die mit personellen Überkapazitäten und Personalabbau verbundenen Probleme bisher kaum problematisiert wurden. Zwar werden seitens der theoretischen wie auch pragmatisch geleiteten Literatur – die Personalkapazität stark beeinflussende – Konzepte wie die Konzentration auf das Kerngeschäft, Lean Management, Outsourcing, Business (Process) Reengineering etc. empfohlen[70], ohne jedoch (insbesondere in der deutschsprachigen Literatur) den Aspekt der Schrumpfung intensiver zu analysieren. Eine Ausnahme bildet die wissenschaftliche Beschäftigung mit dem Themenkomplex 'Krise' bzw. 'Krisenmanagement', die aufgrund ihrer möglichen Bedeutung für das Forschungsprojekt im folgenden Kapitel mit thematisiert wird.

Das Ergebnis der fächerübergreifenden Betrachtung ist Abbildung 2–6 zusammengefaßt:

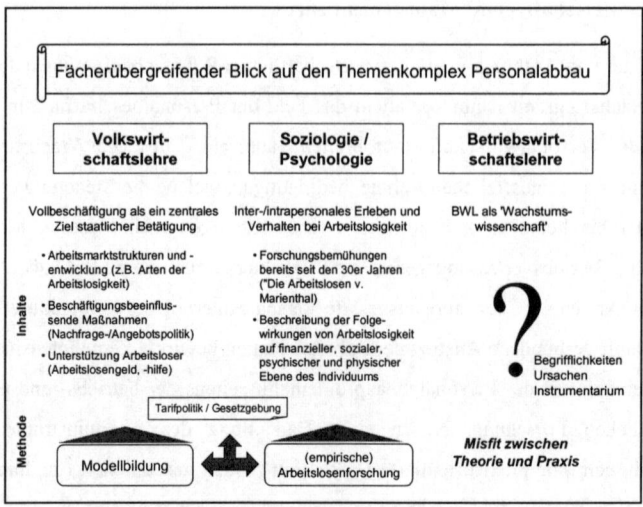

Abbildung 2-6:   Fächerübergreifender Blick auf den Themenkomplex Personalabbau

Inwieweit die Betriebs- und vor allem die Personalwirtschaftslehre einen Beitrag dazu leisten kann, die unterschiedlichen Fragestellungen bezüglich der betrieblichen Folgen von Personalabbau zu lösen, soll im folgenden Abschnitt diskutiert werden.

---

[70]   Zum Teil 'Modeerscheinungen' wurden diese Ansätze gerade in Deutschland auch häufig unreflektiert aus den USA übernommen. Vgl. hierzu beispielsweise KIESER (1996).

2.4.2   Aktuelle Forschung zu den betrieblichen Folgen von Personalabbau

Im folgenden werden zunächst die verschiedenen Richtungen der deutschsprachigen Literatur zu (den Folgewirkungen von) Personalabbau kurz skizziert. Dem folgt ein Überblick über wichtige empirische Untersuchungen zu diesem Thema. Dabei werden vor allem die umfassenden anglo-amerikanische Forschungsbemühungen analysiert, insbesondere hinsichtlich ihrer eine Übertragbarkeit einschränkenden Aspekte.

Deutschsprachige Literatur über Personalabbau

Die deutschsprachige Literatur der 90er Jahre ist im wesentlichen durch eine praxisorientierte Diskussion instrumenteller Aspekte des Personalabbaus geprägt, wobei sich das Abbauinstrumentarium seit Anfang/Mitte der 70er Jahre nur unwesentlich erweiterte. Schwerpunkt der Betrachtung bilden zum einen die **rechtlichen Rahmenbedingungen**[71] und zum anderen eine am entscheidungsorientierten Ansatz ausgerichtete Diskussion des **Auswahlprocederes bei Personalabbaumaßnahmen.** Die Betrachtung 'neuerer Ansätze', wie z.B. Beschäftigungsgesellschaften oder interne Arbeitskräftepools, bleibt zumeist Fallstudien vorbehalten und findet im Rahmen theoretischer Überlegungen oder in Lehrbüchern kaum Berücksichtigung.[72]

Die betriebs- und personalwirtschaftlichen **Lehrbücher und Standardwerke** widmen dem Themenkomplex Personalabbau eine äußerst untergeordnete Rolle, wie eine – rein quantitative – im Rahmen einer Vorstudie zu diesem Projekt durchgeführte Analyse ergab.[73] Auch wenn sich heute sicher andere Zahlenverhältnisse ergäben, so muß doch kritisiert werden, daß sich die Diskussion weiterhin hauptsächlich auf die instrumentellen und rechtlichen Aspekte beschränkt[74] (zu den dabei vorgenommenen Begriffsab-

---

[71]   Die diesbezüglichen Grundlagen sind in Kapitel 4.2.4 dargestellt. Für eine Übersicht relevanter Literatur vgl. Anhang A2.

[72]   Einen Verweis auf aktuelle Beispiele findet sich in der Literaturübersicht in Anhang A2.

[73]   Vgl. hierzu den Ergebnisbericht eines Studienprojektes von MARR u. SEISL (1994).

[74]   Ausnahmen bilden MARR u. STITZEL (1979: 355 f.), die Personalfreistellungmaßnahmen auch unter Konflikt- und Effizienzaspekten betrachten. Für eine ausführliche Diskussion dieser Thematik vgl. Kapitel 4.1.

grenzungen und Strukturierungen der Alternativen des Personalabbaus vgl. ausführlich Kapitel 3.1). Auch ist der enge inhaltliche Zusammenhang der Wirkungsrichtungen der Personalkapazitätssteuerung, der sich vor allem in den Überlegungen zur Flexibilisierung personalwirtschaftlicher Funktionen spiegelt, noch kaum *als solcher* thematisiert.

Die Funktion eines Bindegliedes kommt vor allem der **Personalplanung** zu, die mit der Plangröße 'Personalbedarf' (hinsichtlich erforderlicher Qualifikation und Anzahl benötigter Mitarbeiter) die informatorische Grundlage für die personalwirtschaftlichen Funktionen der Bereitstellung und Freistellung von Arbeitnehmern darstellt.[75] Wichtige Beiträge zur Interdependenz von Personalplanung und Abbauproblematik liefern beispielsweise[76]:

- RKW: Rationalisierungs-Kuratorium der Deutschen Wirtschaft (1996): RKW-Handbuch Personalplanung;
- DRUMM, H.; SCHOLZ, C. (1988): Personalplanung, Planungsmethoden und Methodenakzeptanz;
- POSTH, M. (1983): Personalplanung als Hilfsmittel zur Bewältigung von Personalanpassungen bei Rationalisierungen und strukturellen Veränderungen;
- SADOWSKI, D. (1981): Zum Verhältnis von Personalplanung und betrieblicher Beschäftigungspolitik;
- SCHOLL, W.; BLUMSCHEIN, H. (1979): Personalplanung und Personalpolitik in der Rezession - eine empirische Studie;
- WÄCHTER, H. (1974a): Langfristige Personalplanung unter der Erwartung schrumpfender Betriebsgröße.

Die **theoriegeleitete ökonomische Diskussion** beschäftigt sich vor allem mit entscheidungstheoretischen Ansätzen zur Auswahl und 'optimalen' Gestaltung von Abbaualternativen. Einige Beispiele hierfür:

- Eine "transaktionskostentheoretische Analyse der Personalfreisetzung" sowie "Fehlsteuerungen durch hektischen Personalabbau in der Krise" sind Schwerpunkte der Untersuchungen von EIGLER (1996 und 1997).

---

[75]   EIGLER (1996: 124).

[76]   Zwar ist die Personalplanung das wohl noch häufigste Erkenntnisobjekt empirischer personalwirtschaftlicher Forschung, wobei allerdings die Personal*freistellung*splanung weitgehend vernachlässigt wird. Vgl. hierzu DRUMM (1993) .

- Überlegungen zum Zusammenhang von Personalabbau bzw. bestimmten Personalabbauarten mit dem wirtschaftlichen Erfolg des Unternehmens finden sich beispielsweise bei FRIEDRICH U. HINTERHUBER (1994).

- In eine ähnliche Richtung gehen die Überlegungen von SADOWSKI (1991) zu "Humankapital und Organisationskapital - Zwei Grundkategorien einer ökonomischen Theorie der Personalpolitik in Unternehmen".

- FRÖHLING U. HAIBER (1995) beleuchten die Frage "Lohnt sich der Abbau von Leistungsträgern eines Unternehmens aus betriebswirtschaftlicher Sicht?"

Die umfangreiche **praxisorientierte Literatur** stellt vor allem die verschiedenen Instrumente und Maßnahmen des Personalabbaus in den Vordergrund und/oder thematisiert die rechtlichen Rahmenbedingungen. Dazu entstanden in den letzen Jahren zahlreiche Veröffentlichungen in den relevanten Fachzeitschriften[77] sowie eine Reihe von pragmatisch-praxisorientierten Handbücher.[78] Einen besonderen Raum nimmt das relativ neuartige Instrument 'Outplacement' ein, womit eine Reihe von Maßnahmen zusammengefaßt werden, die dabei helfen sollen, Arbeitnehmer (in der Praxis meist beschränkt auf die Gruppe der Führungskräfte) aus dem Unternehmen hinaus in eine andere Beschäftigung zu vermitteln.[79]

Wie bereits oben dargestellt, kommt aus dem Bereich der Allgemeinen Betriebswirtschaftslehre vor allem der wissenschaftlichen und praxisorientierten Beschäftigung mit dem Themenkomplex 'Krise' bzw. **'Krisenmanagement'** eine Sonderfunktion zu, da einige Überschneidungen bzw. Kausalzusammenhänge mit dem Aspekt Personalabbau zu verzeichnen sind.[80] Neben der Unterscheidung der verschiedenen Krisenarten und

---

[77]   Ohne detailliert auf einzelne Beiträge eingehen zu wollen, sei insbesondere auf die personalwirtschaftlichen Fachzeitschriften verwiesen, wie Personal, Personalwirtschaft, Personalführung u.a.

[78]   Vgl. hierzu beispielsweise SCHWEDES (1986), KUNISCH (1989), SCHAUB (1989), KADEL (1990), HUNOLD (1992), MÜLLER (1992), HASE u.a. (1992), HOSS u. JANSEN (1994), BÖCKLY (1995).

[79]   Für eine ausführliche Analyse der Outplacement-Literatur und ihrer Bedeutung für die Beschäftigung mit Folgewirkungen von Personalabbau vgl. SEISL (1998: 67 ff.). Interessante Beiträge zum Thema Outplacement sind im Anhang A2 zusammengefaßt.

[80]   Von einer Unternehmenskrise wird dann gesprochen, wenn die Existenz und die Erfolgs- bzw. Überlebenschancen eines Unternehmens bedroht sind. Zu einer ausführlichen begrifflichen und inhaltlichen Auseinandersetzung mit "Personalentwicklung und Personalerhaltung in der Unternehmungskrise" vgl. HERTIG (1996). Weitere wichtige Vertreter der Krisenliteratur, die allerdings nur im Ansatz auch personalwirtschaftliche Fragestellungen des Personalabbaus thematisieren sind GAUGLER (1995), MAYER (1995), STRATEMANN (1994), SCHOLZ (1994) oder OECHSLER (1994).

-ursachen, ist vor allem die Diskussion der Maßnahmen zur Begegnung von Krisen von Relevanz. Allerdings werden dabei nur selten explizit die Möglichkeiten des Einsatzes personalwirtschaftlicher Instrumente berücksichtigt. Eine Ausnahme stellt die – empirisch unterlegte – Arbeit von HERTIG (1996) zur "Effektivität und Effizienz ausgewählter personalwirtschaftlicher Maßnahmen des Krisenmanagements" dar.[81]

Eine Analyse von SEISL (1998: 56 ff.) hinsichtlich für die Themenstellung 'Personalabbau' relevanter **empirischer personalwirtschaftlicher Forschung** kam zu dem Ergebnis, daß in diesem Bereich ein großes qualitatives und quantitatives Defizit zu verzeichnen ist. "Wissenschaftler beschäftigen sich lieber mit dem Management des Wachstums und setzen sich somit keiner 'ethisch umstrittenen' Diskussion aus."[82] Neben der bereits oben skizzierten, auf empirische Untersuchungen zurückgreifenden, Arbeitslosenforschung werden von ihr insbesondere drei empirische Studien herausgestellt, die sich aus betriebswirtschaftlicher Perspektive mit dem Thema 'Wirkungen des Personalabbaus' auseinandersetzen[83]:

- Die Studie von FALKE U.A. (1981) zu "Kündigungspraxis und Kündigungsschutz in der Bundesrepublik Deutschland" beschäftigt sich mit Fragen nach dem quantitativen Ausmaß von (außer-)ordentlichen sowie betriebsbedingten Kündigungen in Deutschland, den betroffenen Zielgruppen, den Ursachen des Personalabbaus, den Reaktionen und Verhaltensweisen des Betriebsrates, der Klagebereitschaft der Gekündigten, Abfindungszahlungen sowie einer Beurteilung der bestehenden gesetzlich und tariflich gegebenen Rahmenbedingungen .
- Die Studie von WEIBER U. STOCKERT (1987) "Rechtseinflüsse auf Personalentscheidungen - eine konfirmatorische Analyse" bewegt sich an der Schnittstelle zwischen Rechts-, Verhaltens- und Wirtschaftswissenschaften und thematisiert den von unternehmerischen Entscheidungsträgern *wahrgenommenen* Handlungsspielraum für die Gestaltung und den Einsatz personeller Steuerungsmaßnahmen im Unterschied zum *objektiv gegebenen* (aufgrund der rechtlichen Rahmenbedingungen) Handlungsspielraum.

---

[81]   Der Schwerpunkt liegt auf den Bereichen Personalentwicklung und Personalerhaltung (Motivation).

[82]   SEISL (1998: 93). Für einen allgemeinen Überblick "Tendenzen und Ergebnisse empirischer Personalforschung der 90er Jahre in West-Deutschland" vgl. SACKMANN u. ELBE (2000).

[83]   Für eine detaillierte Darstellung der Untersuchungen vgl. SEISL (1998: 59 ff.). Die vierte dargestellte empirische Untersuchung (MARR u. SEISL 1994) bildet gleichzeitig eine Voruntersuchung für dieses Forschungsprojekt und wird daher an anderer Stelle vertieft.

- "Erfolgreiche Unternehmensführung in schrumpfenden Branchen" ist der Titel einer umfassenden Studie von WELGE U. HÜTTEMANN (1993), die eine Ausnahmestellung in der deutschen Literatur einnimmt, indem sie zum einen umfassende amerikanische Literaturquellen zu den Themenbereichen 'Downsizing' und 'Decline' berücksichtigt und zum anderen auch die Folgewirkungen von Personalabbau auf das Unternehmen explizit problematisiert.[84]

Daneben gibt es noch einer Reihe aktueller Untersuchungen und Veröffentlichungen zu Themengebieten, die gewisse Überschneidungen zum Themenkomplex 'Folgewirkungen des Personalabbaus' aufweisen. Beispielhaft seien folgende Arbeiten genannt:

- HEMMER (1997) "Sozialpläne und Personalanpassungsmaßnahmen: eine empirische Untersuchung" des Instituts der deutschen Wirtschaft;
- "Betriebliche Faktoren des Krankenstandes" sind Gegenstand einer Untersuchung von BUTTLER U. BURKERT (1998);
- LIEBER (1995): Personalimage - Explorative Studien zum Image und zur Attraktivität von Unternehmen als Arbeitgeber;
- KRYSTEK, BECHERER U. DEICHELMANN (1995a und 1995b): Innere Kündigung: Ursachen, Wirkungen und Lösungsansätze auf Basis einer empirischen Untersuchung.

Einige ganz aktuelle Veröffentlichungen über interessante empirische Projekte, die parallel zur vorliegenden Studie entstanden sind, sollen ebenfalls genannt werden:

- Eine Integration der bisher weitgehend isolierten Behandlung der beiden personalwirtschaftlichen Teilfunktionen 'Personalfreisetzung' und 'Personalentwicklung' war Ziel eines breit angelegten empirischen Forschungsprojekts der UNIVERSITÄT-GESAMTHOCHSCHULE SIEGEN und des INSTITUTS ARBEIT UND TECHNIK (IAT) am Wissenschaftszentrum Nordrhein-Westfalen mit dem Thema "Förderung der beruflichen Neuorientierung bei Personalabbau".[85]
- PICOT, FREUDENBERG U. GASSNER: Ergebnisse des Forschungsprojektes 'Anreiz zu Wandel', wobei insbesondere die von GASSNER (1999) bearbeitete Fragestel-

---

[84] Zu den Ergebnissen der Untersuchungen zur Personalführung in der Situation der Schrumpfung (thematisiert werden die Probleme des Einsatzes der damit verbundenen Konsequenzen von Personalabbaumethoden sowie des Einflusses des Anreizsystems auf die Anpassung des Unternehmens) vgl. insb. S. 114 ff. bei WELGE u. HÜTTEMANN (1993).

[85] Den Forschungsschwerpunkt bildete die Untersuchungen des Outplacement-Programms, der Existenzgründungsförderung und der betrieblichen Optimierungsmaßnahmen der Firma Case, deren Traktorenwerk in Neuss als Folge eine konzernweiten Restrukturierungsprozesses im Juni 1997 stillgelegt wurde und deren verbleibende ca. 1.000 Mitarbeiter ihren Arbeitsplatz verloren haben. Zu den Ergebnissen bzw. detaillierten Beschreibungen vgl. u.a. BERTHEL u. KNEERICH (1998) sowie STRICKER (1999).

lung "Implementierung organisatorischer Veränderungen – Eine mitarbeiterorientierte Perspektive" von Interesse ist.

- V. BAECKMANN (1998) beschäftigte sich – aus organisationspsychologischer
  Perspektive – mit "Downsizing – zwischen unternehmerischer Notwendigkeit
  und individueller Katastrophe" und berücksichtigt dabei vor allem die Gefühle
  und Empfindungen der von Personalabbau direkt oder indirekt Betroffenen.

- Auch BERNER (1999) thematisiert die "Reaktionen der Verbleibenden auf einen
  Personalabbau" in seiner Dissertation, die im wesentlichen auf dem Forschungsprogramm von BROCKNER u.a. basiert[86]. Ebenso wie V. BAECKMANN betont er
  die Notwendigkeit einer an den amerikanischen Forschungsschwerpunkten orientierten, empirischen Überprüfung für den deutschsprachigen Raum. Beide Autoren berichten ausführlich über die Schwierigkeiten, vor allem des Zugangs zu
  geeigneten Untersuchungsobjekten, die eine Realisierung ihrer jeweiligen empirischen Zielsetzungen nur sehr eingeschränkt erlaubten.[87]

Insgesamt läßt sich festhalten, daß der Themenkomplex Personalabbau vor allem in der
relevanten betriebs- und personalwirtschaftlichen Diskussion lange Zeit eher als 'Stiefkind' zu betrachten war und sich im wesentlichen auf eine Darstellung von Ursachen
und Instrumenten des Personalabbaus beschränkt. Die oben genannten jüngeren Arbeiten könnten aber einen gewissen Orientierungswandel signalisieren.

SEISL (1998: 92) konstatiert:

"Hinsichtlich der nicht direkt praxisorientierten Veröffentlichungen bleibt zusammenfassend ein Defizit an theoretischer Fundierung, eine mangelnde ganzheitliche bzw. sich jenseits entscheidungstheoretischer Paradigmen bewegende
Themenbehandlung, eine größtenteils unkreative und kaum innovative Behandlung des Freisetzungsinstrumentariums, eine mangelnde Integration und Durchführung empirischer Forschungsbemühungen, eine fehlende interdisziplinäre
Ausrichtung sowie insbesondere die Nicht-Berücksichtigung bzw. Nicht-
Behandlung der Folgewirkungen von Entlassungen auf die diese durchführenden
Organisationen zu kritisieren."

---

[86]   Vgl. hierzu ausführlich das folgende Kapitel.

[87]   Vgl. hierzu V. BAECKMANN (1998, 180 ff.) sowie BERNER (1999: 156 ff.). V. BAECKMANN gelang
       der Zugang zu den Untersuchungsobjekten "... zunächst über informelle Kontakte mit der Hoff-
       nung auf eine selbstinitiierte Weiterausdehnung des Probandenkreises ..." (S. 94) bzw. über eine
       Akquise im "privaten" Rahmen (S. 182). Statt einer eigenen Untersuchung greift BERNER auf die
       ihm überlassenen Ergebnisse einer von einem Unternehmen bereits selbst durchgeführten telefoni-
       schen Mitarbeiter-Befragung zurück.

Anglo-amerikanische Downsizing-Literatur

Im Gegensatz zu den deutschen Forschungsschwerpunkten[88] nimmt die Forschung um 'Decline' sowie 'Downsizing' im anglo-amerikanischen Sprachraum bereits seit Anfang der 80er Jahre einen wichtigen Stellenwert ein[89], wobei in beiden Diskussionssträngen auch explizit die Folgewirkungen auf die Organisation bzw. die in der Organisation verbleibenden Mitarbeiter thematisiert werden. Während unter 'Decline' eher die negativen Konsequenzen einer mangelhaften Anpassung an die Umwelt subsumiert werden (passiv, dysfunktional, kein Kausalzusammenhang mit Personalabbau) so ist unter 'Downsizing' eine beabsichtige Personalkapazitätsreduzierung mit dem Ziel einer Effizienzsteigerung bei wissentlicher oder unwissentlicher Beeinflussung der Arbeitsprozesse zu verstehen.[90] 'Downsizing' entspricht somit dem inhaltlichen Fokus der vorliegenden Arbeit.[91]

Bezüglich des Phänomens 'Downsizing' lassen sich zwei, beide in Deutschland eher unterrepräsentierte, **Forschungsrichtungen** unterscheiden:

(1) Zum einen gibt es, vor allem in den USA, eine auf eine breite Datenbasis gegründete langfristige Analyse der **Entwicklung von Beschäftigung und Personalabbau**, wobei nicht nur die Rahmenbedingungen und Gestaltungsalternativen, sondern auch die Folgewirkungen, die von Personalanpassungen *in den Unternehmen* ausgelöst werden, Berücksichtigung finden. Großzahlige deutsche Untersuchungen, wie z.B. das IAB-Betriebspanel zur Beschäftigungs- und Unternehmensentwicklung, konzentrieren sich

---

[88] Ein kritischer Vergleich der deutschen personalwirtschaftlichen Grundorientierung mit der des amerikanischen Human Ressource Managements ist Gegenstand einer Untersuchung von BÜCHL u. GMÜR (1994), die von SEISL (1998: 80 f.) auch auf der Bereich der Freistellungsliteratur erweitert wurde (insb. Abb. 3-7).

[89] Als Auslöser wird häufig der Beitrag von WHETTEN (1980) "Organizational Decline; A neglected Topic in Organizational Science" genannt. Vgl. hierzu auch den Sammelband "Readings in organizational decline. Frameworks, research, and prescriptions" von CAMERON u.a. (1988).

[90] CAMERON u.a. (1993: 25 ff.). Downsizing wird weiterhin von den Begriffen 'Growth-in-Reverse', 'Non-Adaption' und 'Layoffs' abgegrenzt. Letztere umfassen lediglich das Instrument (individuelle oder kollektive) Entlassungen, wobei diese analytische Trennung von vielen Autoren nicht strikt eingehalten wird.

[91] Für einen umfassenderen Überblick vgl. beispielsweise die bereits oben erwähnte Arbeit von SEISL (1998: 74 ff.).

dagegen stärker auf die Folgewirkungen der Beschäftigungsentwicklung auf gesamtwirtschaftlicher und gesellschaftlicher Ebene.[92]

(2) Einen zweiten Schwerpunkt der Forschungsaktivitäten bildet die theoretisch und empirisch fundierte Forschung zu den individuellen und unternehmensbezogenen **Folgen des Downsizing**. Themengebiete wie 'Strategic Downsizing', 'Survivor Syndrome' oder 'Layoff Survivor Sickness' nehmen breiten Raum in der wissenschaftlichen Literatur ein. Es haben sich einige Forschungs'schulen' entwickelt, die sich intensiv und langjährig mit diesen Fragestellungen beschäftigen.

Ohne den Anspruch zu erheben, das gesamte Spektrum aktueller und themenrelevanter anglo-amerikanischer Literatur abbilden zu können, soll im folgenden ein kurzer Überblick über einige für dieses Forschungsprojekt besonders interessante Arbeiten gegeben werden.

(1) Die Ergebnisse der AMA-Studien zum Downsizing

Große Bedeutung in der amerikanischen Downsizing-Literatur[93] kommt dem jährlichen, von der American Management Association durchgeführten "AMA Survey on Downsizing, Job Elimination and Job Creation" zu. Diese Studie, die bereits seit 1987 jährlich bei den rund 1300 Mitgliedsunternehmen der American Management Association durchgeführt wird, beschränkte sich die ersten Jahre auf Informationen bezüglich Entlassungen und Personalabbau. Seit 1995 werden auch zusätzliche Aspekte des 'Personalaufbaus' (Job Creation) berücksichtigt.[94] Neben allgemeinen Trends zur Entwicklung

---

[92]   Zu Methodik und Ergebnissen des IAB-Betriebspanel (einer jährlich bei 4500 Betrieben durchgeführten Erhebung durch das Institut für Arbeitsmarkt- und Berufsforschung (IAB) der Bundesanstalt für Arbeit) vgl. insbesondere BELLMANN u. KÖLLING (1997), BELLMANN (1995) sowie O.V. / IAB BETRIEBSPANEL (1991 u.a.).

[93]   Die Daten der Studien werden von verschiedenen Forschern für weitere Analysen und Erklärungen verwendet. Vgl. beispielsweise MADRICK (1995) oder LAWRENCE u. MITTMAN (1991).

[94]   Bezeichnenderweise – angesichts der hervorragenden wirtschaftlichen Entwicklung der USA in den letzten Jahren – hat sich für das Jahr 1998 auch der Titel der Untersuchung geändert in "Staffing and Structure Survey". Die Kurzberichte zu den Ergebnissen der letzten 3 Jahre stehen im Internet unter http://www.amanet.org/survey.htm zur Verfügung.

Die Autoren möchten dem Director of Management Studies, ERIC ROLFE GREENBERG, für die Überlassung weiterer Details zum AMA-Report 1996 danken.

von Beschäftigung (Job Creation, Job Elimination, Downsizing[95]) – differenziert nach Beschäftigtengruppen[96] – werden vor allem die Ursachen und Ziele des Personalabbaus, die kurz- und langfristigen Folgewirkungen sowie das Spektrum an Abbaumaßnahmen, Vermeidungsstrategien und begleitenden Angeboten detailliert untersucht. Einen wichtigen Raum nimmt darüberhinaus die Prognose und Planung zukünftiger Personalmaßnahmen ein.

Eine **Übersicht** der Folgewirkungen von Personalabbau – unterschieden nach unmittelbaren Wirkungen (innerhalb eines Jahres) und langfristigen Wirkungen (länger als ein Jahr) bieten die Abbildung 2-7 und Abbildung 2-8:

The after-effects of job elimination as reported by all respondent firms that have cut jobs at least once in the '90s:	Immediate (up to one year)			
	Increase	No Change	Decrease	No Answer
Employee morale	4%	23%	**69%**	5%
Absenteeism	8%	**74%**	10%	9%
Resignations/ voluntary departures	42%	43%	7%	8%
Employee turnover	36%	**48%**	8%	8%
Disability claims	13%	**73%**	5%	9%
Training budgets	23%	**39%**	31%	7%
Training activities	29%	**33%**	29%	8%
Operating expenses	11%	26%	**54%**	9%
Worker productivity	30%	**47%**	15%	8%
Quality of products and services	23%	**62%**	7%	8%
Quality of customer relations	23%	**58%**	12%	8%
Operating profits	**43%**	32%	12%	14%
Shareholder value	**34%**	29%	8%	29%

Abbildung 2-7:   Kurzfristige Folgewirkungen von Downsizing[97]

---

[95]   Downsizing wird hierbei als "net decrease in the company workforce" definiert, bezogen also auf die Zahl der Beschäftigungsverhältnisse. AMA RESEARCH (1998: 1).

[96]   Die Differenzierung des "Employee level" (z.B. in exempt und nonexempt) ist aufgrund der unterschiedlichen gesetzlichen und inhaltlichen Bedingungen nur eingeschränkt auf Deutschland übertragbar.

[97]   Quelle (Abbildung 2-7 und Abbildung 2-8): AMERICAN MANAGEMENT ASSOCIATION 1997.

The after-effects of job elimination as reported by all respondent firms that have cut jobs at least once in the '90s:	Long-term (beyond one year)			
	Increase	No Change	Decrease	No Answer
Employee morale	18%	38%	28%	16%
Absenteeism	6%	67%	9%	19%
Resignations/ voluntary departures	27%	48%	9%	17%
Employee turnover	23%	48%	11%	18%
Disability claims	8%	66%	7%	19%
Training budgets	33%	34%	16%	17%
Training activities	37%	32%	15%	17%
Operating expenses	15%	28%	39%	18%
Worker productivity	41%	36%	5%	18%
Quality of products and services	34%	44%	4%	18%
Quality of customer relations	33%	43%	6%	18%
Operating profits	46%	25%	8%	21%
Shareholder value	37%	23%	5%	36%

Abbildung 2-8:   Langfristige Folgewirkungen von Downsizing

(2) Individuelle und organisatorische Folgen von 'Downsizing'

▪ Eine dominierende Position bei der theoretischen und empirischen Konzeptionalisierung von 'Downsizing' kommt der Forschungsgruppe um KIM S. CAMERON zu, die sich bereits seit Anfang der 80er Jahre umfassend mit der Thematik beschäftigt.[98] Insbesondere der Beitrag von CAMERON/ FREEMAN/ MISHRA (1993): "**Downsizing and redesigning organizations**" bietet einen hervorragenden Überblick über die theoretische Bedeutung von 'Downsizing' und thematisiert die Fragen nach

(1) den Strategien und Grundhaltungen bei der Implementierung von Downsizing,

(2) den organisatorischen Wirkungen des Downsizing und leitet daraus

(3) Empfehlungen für 'Best Practices' von Downsizing ab.

Dazu wird Bezug genommen auf eine mehrjährige empirische Untersuchung (Zeitraum 1987-1990) und vorausgegangene Studien zu den 'Organizational Dysfuncti-

---

[98]   Weitere Forscher dieser 'Schule': SARAH J. FREEMAN, ANEIL K. MISHRA, KAREN E. MISHRA, GRETCHEN SPREITZER u.a. Für einen Gesamtüberblick relevanter Beiträge von CAMERON u.a. vgl. Anhang A1.

ons of Decline' (CAMERON 1987B). Für eine ausführliche Darstellung der wichtigsten Ergebnisse des Forschungsprogramm von Cameron u.a. vgl. Anhang A1.[99]

- Gewissermaßen im Anschluß an die Untersuchungen von CAMERON u.a. positionieren sich die Arbeiten von A.K. MISHRA, K.E. MISHRA und G. SPREITZER, die vor allem die Zusammenhänge zwischen den bereits untersuchten Downsizing-Strategien (Workforce Reduction, Organization Redesign und Systemic Change) und den Folgewirkungen für die Verbleibenden thematisieren, mit Schwerpunkt auf Auswirkungen auf gegenseitiges Vertrauen, Arbeitsmoral[100], Motivation, Streß und Gerechtigkeit.[101]

- Die (vor allem) individuellen Effekte auf Arbeitsunsicherheit, Leistungsbereitschaft, Commitment, Gerechtigkeitsempfinden und Schuldbewußtsein (survivor's guilt) sind Schwerpunkt der – ebenfalls auf langjährigen empirischen Untersuchungen basierenden – Forschungsgruppe um JOEL BROCKNER.[102] Zentraler Ansatzpunkt der Untersuchungen ist ein **konzeptionelles Modell der Reaktion der Verbleibenden** (survivors') auf einen Personalabbau[103], welches die Zusammenhänge zwischen den durch Personalabbau (*layoffs*) ausgelösten psychologischen Zuständen (*psychological states*), wie z.B. Arbeitsunsicherheit, Wahrnehmung positiver Ungleichheit, Wut oder Erleichterung und daraus resultierenden Ergebnissen (*outcomes*), wie z.B. Veränderungen der Einstellung zur Arbeit (*work attidudes*) und zur Modifikation des Arbeitsverhaltens (*work behavior*) untersucht. Die tatsächlichen Einflüsse des Personalabbaus auf die psychologischen Zustände, die Einstellung und das Verhalten werden durch eine Reihe von sog. Moderator-Variablen (*moderator variables*) be-

---

[99] **Die Autoren möchten sich an dieser Stelle sehr herzlich bei** KIM CAMERON, SARAH FREEMAN **und** ANAIL MISHRA **für ihre freundliche Unterstützung sowie die zur Verfügung gestellten Originalfragebögen bedanken.**

[100] Im Original 'Empowerment' definiert als "We define empowerment as a proactive orientation to one's work. Empowered employees experience a sense of meaning, competence, and personal control over their environment." MISHRA u.a. (1998: 5).

[101] Vgl. hierzu MISHRA u. MISHRA (1994); MISHRA u. SPREITZER (1998); MISHRA u.a. (1998) sowie SPREITZER u. MISHRA (1999).

[102] Für eine Übersicht relevanter Beiträge vgl. Anhang A1.

[103] Vgl. hierzu insbesondere BROCKNER (1988: 215 ff.) sowie BROCKNER u.a. (1988).

beeinflußt, wie z.B. die Art der Arbeit, die situativen Bedingungen des Betroffenen, die formale und informelle Organisation sowie Umweltbedingungen.

- Breiten Raum nimmt, wie bereits oben erwähnt, die Erforschung des sog. "Survivor Syndrom' ein: Neben den Ergebnissen von BROCKNER u.a. sind insbesondere die Beiträge von NOER (1993A, 1993B, 1996), ISABELLA (1989), DOHERTY U. HORSTED (1995, 1996), THORNHILL U.A. (1996), COUDRON (1996), TOMBOUGH U. WHITE (1990) sowie GREENHALGH U. JICK (1989) zu erwähnen.

- Vor allem die prozessuale Ausformung von **Downsizing-Plänen** ("... downsizing as a process to be planned with a strategic focus on what should be done before, during, and after downsizing", LABIB U. APPELBAUM (1994: 72), sowie die Komponenten eines 'Survivor Support'-Plans sind Gegenstand der Untersuchungen von NADIA LABIB und STEVEN APPELBAUM u.a.[104] Die kanadische Forschergruppe um STEVEN APPELBAUM beschäftigt sich darüber hinaus in verschiedenen Fallstudien mit den Folgewirkungen auf die 'Survivor' von Downsizing.[105]

- Theoretische Analysen und empirische Untersuchungen zum (wirtschaftlichen und organisatorischen) Erfolg von Downsizing-Projekten sind Thema der Arbeiten von KARAKE (1997 u. 1998), BIRK U. GRIES (1997); BAILY U.A. (1996), CASCIO (1993) u.a.

(3) Zur Übertragbarkeit der amerikanischen Ergebnisse

Die anglo-amerikanische Downsizing-Literatur leistet einen herausragenden Beitrag für das vorliegende Forschungsvorhaben. In ihr finden sich eine Vielzahl unterschiedlicher theoretischer Modelle und deren empirische Überprüfung.

Allerdings ist eine unreflektierte Übertragung der Forschungsergebnisse auf Deutschland problematisch. Der Personalabbau in den USA erfolgt nämlich vor dem Hinter-

---

[104]   LABIB u. APPELBAUM (1993 u. 1994) und APPELBAUM u.a. (1987). Zur strategischen Zielsetzung
         und Planung von Downsizing-Prozessen vgl. beispielsweise auch BAND u. TUSTIN (1995) oder
         DREW (1994).

[105]   APPELBAUM u.a. (1997 und 1998).

grund anderer Rahmenbedingungen als in Deutschland. Im folgenden soll dies beispielhaft anhand des Unterschiedes der **Arbeitsmarktstrategien** und **arbeitsbezogenen
Werte** zwischen Deutschland und den USA gezeigt werden.

Zunächst bestehen zwischen den Arbeitsmarktstrategien zum Ausgleich des Arbeitsmarktes in Deutschland und den USA erhebliche Unterschiede[106]. Während die Ameri-
kaner durch eine Anpassung des Reallohnniveaus und der Reallohnstruktur an die vorhandene Arbeitsproduktivität einen Arbeitsmarktausgleich herbeizuführen suchen, setzen die Deutschen auf eine Produktivitätsniveau- und Produktivitätsstrukturanpassung
an die Reallohnverhältnisse. In Deutschland werden deshalb im Gegensatz zu den USA
vermehrt aktive Beschäftigungsinstrumente in Form von Qualifizierungsmaßnahmen
eingesetzt und passive Beschäftigungspolitik in Form von Transferzahlungen durchgeführt[107]. Die Analyse der Arbeitsmarktstrategie ist wichtig, weil deren Ausgestaltung
erhebliche Auswirkungen auf die Bestimmung einzelner Personalabbaumaßnahmen
durch das entlassende Unternehmen und somit auf die Folgewirkungen hat.

Darüber hinaus gibt es signifikante kulturelle Unterschiede zwischen einzelnen Län-
dern, welche Auswirkungen auf die Wirkung einzelner Personalabbaumaßnahmen und
deren Folgen haben könnten. Ohne auf die Problematik der Typologisierung und Typo-
logisierbarkeit von Kulturen näher einzugehen, sei an dieser Stelle auf die vielzitierte
Untersuchung von HOFSTEDE verwiesen, der **arbeitsbezogene Werte** unterschiedlicher
Länder anhand der Dimensionen Individualismus, Machtdistanz, Risikobereitschaft und
Maskulinität positioniert. Deutschland unterscheidet sich von den USA erheblich durch
eine geringere Risikobereitschaft und einen geringeren Individualismus[108]. Kulturelle
Unterschiede müssen deshalb explizit berücksichtigt werden, da diese Auswirkungen

---

[106]   Vgl. hierzu auch die sog. Beschäftigungswunder in USA, Neuseeland, Niederlanden, Großbritan-
        nien.

[107]   Zu "Amerikanisches Job-Wunder versus deutsches Produktivitätswunder: Ein Vergleich der Ar-
        beitsmarktstrategien" vgl. BIRK u. GRIES (1997: 99 ff.) .

[108]   Vgl. HOFSTEDE (1980), insbes. S. 223 und S. 324.

auf die Auswahl, Durchsetzbarkeit und Effizienz von Personalabbaumaßnahmen haben.[109]

2.4.3 Folgewirkungen von Personalabbau: Zusammenfassung der wichtigsten Ergebnisse

Nachdem – wie in den vorherigen Kapiteln kurz skizziert – das Spektrum an Perspektiven zum Forschungsfeld 'Wirkungen des Personalabbaus' dargestellt wurde, soll im folgenden eine **Synthese der wichtigsten Ergebnisse** bezogen auf mögliche Auswirkungen von Personalabbau vorgenommen werden. Dabei sind sowohl deutschsprachige als auch anglo-amerikanische Ergebnisse ebenso wie die verschiedenen Forschungsrichtungen berücksichtigt. Durch die hier vorgestellten individuellen, kollektiven und organisatorischen (Moderator-)Variablen sollen mögliche Wirkungszusammenhänge der verschiedenen Aspekte des Personalabbaus (Maßnahmen, Situationsbedingungen und Folgewirkungen) aufgezeigt und erklärt sowie die wesentlichen **Forschungsfragen und -hypothesen** abgeleitet werden (zur Darstellung der vermuteten Zusammenhänge in einem theoretischen Bezugsrahmen vgl. Kapitel 4).

Das Hauptaugenmerk liegt auf einer Betrachtung der Folgewirkungen auf *unternehmensbezogener Ebene*. Primär **betriebswirtschaftliche Zusammenhänge** können und müssen allerdings auch in Verbindung mit individuellen psycho-sozialen Faktoren gesehen werden. Daher müssen neben den unmittelbaren organisatorischen Veränderungen auch die wechselseitigen Beziehungen und Zusammenhänge auf der Ebene von Individuen und Gruppen berücksichtigt werden, wobei diese Darstellung keineswegs vollständig sein kann oder sämtliche Wechselwirkungen berücksichtigt.

---

[109]   Als Beispiel seien an dieser Stelle vor allem die unterschiedliche rechtliche (und soziale) Absicherung von Arbeitnehmern gegenüber dem Unternehmen genannt und auch – die darin implizierte – Grundhaltung gegenüber dem Faktor 'Arbeitskraft' (vgl. Schlagworte wie 'hire and fire' oder McJob etc.).

(1) Folgewirkungen für das Individuum

Wenn man zunächst die *Folgewirkungen für das Individuum* – in einem Unternehmen[110]–
betrachtet, dann gilt es verschiedene psychologische Schlüsselgrößen zu beachten. Besonders die aus einer Situation der Umorganisation resultierende Vermutung oder tat-
sächliche Umsetzung von Stellenabbau löst bei den Betroffenen **Unsicherheit** aus, die
sich je nach persönlichem Hintergrund und Rahmenbedingungen des Abbaus entweder
in Arbeitsplatzunsicherheit bzw. der Antizipation von Arbeitslosigkeit äußern kann.[111]

Die subjektiv wahrgenommene *Arbeitsplatzunsicherheit* im Zusammenhang mit Personalabbauprozessen entspricht der von einem Individuum empfundenen Wahrscheinlichkeit eines unfreiwilligen Arbeitsplatzverlustes. Sie wird unter anderem beeinflußt durch
die Art der Information und Kommunikation sowie durch eine individuelle Bewertung
der Unternehmenssituation.

Eine Erhöhung der Arbeitsplatzunsicherheit kann eine Reihe verschiedene Auswirkungen zur Folge haben:[112] Neben einer erhöhten psychischen Belastung, die zur Entwicklung von Streß beiträgt, läßt sich sehr häufig die Entstehung von Widerstand gegenüber
Veränderungen beobachten. Der einzelne Mitarbeiter geht in Verteidigungshaltung und
ist weniger bereit, Verantwortung und Risiken zu übernehmen, was sich besonders negativ auf die gerade in Zeiten wirtschaftlichen Drucks notwendige Fähigkeit und Bereitschaft zu Innovation und Erneuerung auswirkt.

In Bezug auf **Leistungsbereitschaft** und **Arbeitsproduktivität** kann man bei steigender Arbeitsplatzunsicherheit verschiedene Phänomene beobachten. Während es in der
Anfangsphase eines drohenden Stellenabbauprozesses durchaus zu zum Teil nicht uner-
heblichen Leistungssteigerungen bei den Mitarbeitern kommen kann, so ist diese erhöhte Produktivität meist nur von kurzer Dauer. Erklären läßt sie sich durch den Versuch,

---

[110] Potentielle Wirkungen von Personalabbau im sozialen Umfeld der Betroffenen, wie z.B. familiäre
       Belastungen, gesellschaftliche Ausgrenzung etc., können bei dieser Betrachtung nicht berücksich-
       tigt werden.

[111] Vgl. hierzu insbesondere die bereits oben zitierte Arbeit von MOHR (1997).

[112] Vgl. beispielsweise GREENHALGH u. ROSENBLATT (1984) oder ASHFORD u.a. (1989).

den eigenen Arbeitsplatz durch überdurchschnittliche Leistungen gewissermaßen zu "rechtfertigen", wobei beispielsweise häufig die krankheitsbedingte Absentismusquote sinkt. Empirische Studien zeigen, daß sich dieser Effekt mit zunehmendem Ausmaß der subjektiv empfundenen Unsicherheit umkehrt, nämlich dann, wenn sich die Unsicherheit in eine Antizipation von Arbeitslosigkeit – eine als sicher empfundene Wahrscheinlichkeit, in näherer Zukunft arbeitslos zu werden – umwandelt. Aus dieser – möglicherweise objektiv gar nicht vorhandenen – Bedrohung resultiert in der Regel eine gewisse Resignation verbunden mit einem Gefühl der Machtlosigkeit, die sich zusammen mit einem nunmehr verstärkten Auftreten von realen und psychosomatischen Erkrankungen (Absentismus) negativ auf die Produktivität auswirken.[113] Dargestellt werden kann dieser Zusammenhang an folgender Abbildung:

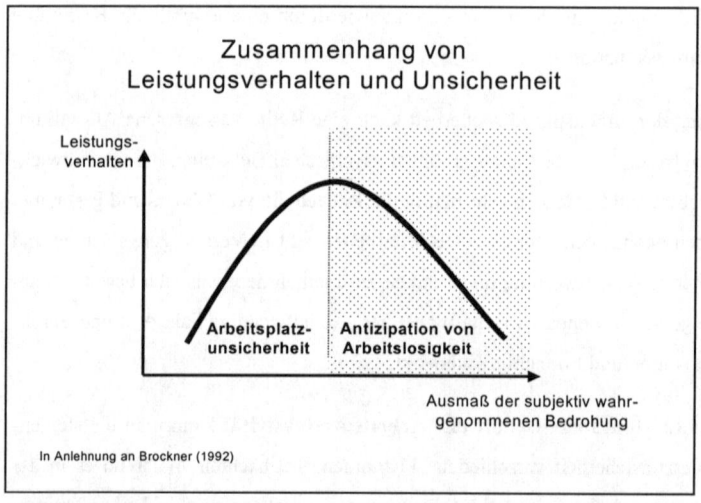

Abbildung 2-9:   Zusammenhang von Leistungsverhalten und Unsicherheit[114]

---

[113]   Vgl. zu den "Links between absenteeism and commitment during downsizing" beispielsweise SAVERY u.a. (1998) oder – allgemein – MARR (1996): "Absentismus: der schleichende Verlust an Wettbewerbspotential".

[114]   Quelle: SEISL (1998: 107). Vgl. hierzu auch BROCKNER (1992): der inverse U-förmige Kurvenverlauf zwischen wahrgenommener Arbeitsplatzunsicherheit und dem individuellen Leistungsverhalten (operationalisiert anhand des Parameters 'Anstrengung' konnte im Rahmen der empirischen Studien von BROCKNER nachgewiesen werden, BROCKNER u.a. (1992). Die Erweiterung dieser Be-

Bei zunehmendem Ausmaß subjektiv wahrgenommener Bedrohung oder Unsicherheit steigt das Leistungsverhalten zunächst bis zu dem Punkt, wo Arbeitsplatzunsicherheit in die Antizipation von Arbeitslosigkeit umschlägt.

Besonders gravierend wirkt sich dieser Effekt aus, wenn davon auch die Leistungsträger und Schlüsselpersonen eines Unternehmens betroffen sind. Gerade diese Zielgruppe kann eine im Unternehmen entstehende Unsicherheit mit "externer Sicherheit" in Form der eigenen Arbeitsmarktchancen kompensieren. Daher wird sie vermutlich nicht mit einer Leistungsminderung reagieren, sondern mit der Kündigung des Arbeitsverhältnisses. Folge ist häufig eine erhöhte Fluktuation der Höherqualifizierten und Wissensträger, die man eigentlich gerne im Unternehmen halten möchte, während die "Schlechten" bleiben, weil sie geringere Chancen haben.

Eine weitere Folgewirkung zunehmender Unsicherheit ist eine Verschlechterung des **psychologischen Verhältnisses** der Mitarbeiter zum Unternehmen. Dieses Verhältnis kann durch Konstrukte wie Commitment, Identifikation oder Loyalität operationalisiert werden, die ihrerseits wiederum stark mit der Arbeitszufriedenheit und der Leistungsbereitschaft korrelieren. Verschiedene Untersuchungen zum Zusammenhang von Commitment und Leistungsverhalten haben ergeben, daß beispielsweise das Commitment zum Unternehmen bei den Mitarbeitern am meisten sinkt, die eine starke *Beziehung zu den Opfern der Entlassungen* hatten, beispielsweise durch enge persönliche und/oder berufliche Nähe oder durch eine Ähnlichkeit der persönlichen Einstellung und Werthaltung. Dieser Effekt kommt umso stärker zum tragen, je undurchsichtiger oder ungerechter die Art des Stellenabbaus wahrgenommen wird, z.B. wegen der Auswahlkriterien für den Abbau oder der finanziellen Unterstützung der Betroffenen. Das Ausmaß von Commitment ist damit auch eng verbunden mit unternehmerischen Grundsatzentscheidungen, wie z.B. der Informations- und Kommunikationspolitik, die den Personalabbau flankiert. Je weniger Erklärungen von seiten der Entscheidungsträger gegeben werden, desto stärker sinkt das Commitment der Verbleibenden.

---

ziehung und die Differenzierung in Arbeitsplatzunsicherheit und Antizipation von Arbeitslosigkeit ist ausführlich bei SEISL (1998: 107 ff.) diskutiert.

Dieser Zusammenhang ist umso stärker,

- je vermeidbarer die Entlassungen beurteilt und
- je unfairer sie wahrgenommen werden,
- je wahrscheinlicher ein weiterer Arbeitsplatzabbau angenommen wird,
- je weniger die "Opfer" unterstützt werden und
- je stärker deren Verbundenheit zu den "Überlebenden" ist[115].

Die Folge sinkenden Commitments zur Unternehmung ist neben einer Verschlechterung der Arbeitszufriedenheit und einer zunehmenden Bereitschaft zum Wechsel des Arbeitsplatzes meist ein Sinken der Leistungsbereitschaft.

Eine weitere das individuelle Verhalten beeinflussende Folgewirkung von Maßnahmen personellen Abbaus ist eine Veränderung des **Führungsverhaltens**. Führungskräfte sind in Situationen des Personalabbaus einer starken Doppelbelastung ausgesetzt. Zum einen obliegt ihnen, in ihrer Rolle als verlängerter Arm der Unternehmensleitung, die überzeugende Vertretung und Durchsetzung der notwendigen Maßnahmen gegenüber ihren eigenen Mitarbeitern, wobei diese sie im Gegenzug oft für die mißliche Entwicklung verantwortlich machen. Zum anderen sind sie selbst von der mit der Situation des Wandels einhergehenden Unsicherheit betroffen bzw. verspüren selbst Arbeitsplatzunsicherheit. Eine empirische Untersuchung aus dem Jahre 1993 ergab folgende Veränderungen des Führungsverhaltens in Zeiten der Rezession[116] (SCHNOPP, 1993: 27 ff.):

- Zunahme von Zukunftsängsten bzw. Arbeitsplatzunsicherheit;
- das Führungsverhalten wird autoritärer: "Erpressung", also eine Androhung des Arbeitsplatzverlustes, wird als Führungsinstrument eingesetzt mit der Folge sinkenden Vertrauens seitens der Mitarbeiter;
- nach oben angepaßtes Verhalten der Führungskräfte nimmt zu; beispielsweise werden Veränderungen verstärkt nur dann realisiert, wenn sie von hierarchisch höheren Stellen stammen;
- Kreativität und innovative Ideen zur Problemlösung verlieren an Bedeutung, statt dessen wird vermehrt auf Bürokratismen zurückgegriffen;
- die Position machtbewußter Führungskräfte verbessert sich;
- gleichzeitig nimmt die Güte der Informations- und Kommunikationspolitik ab.

---

[115]   Vgl. hierzu insbesondere die Untersuchungen von BROCKNER u.a. (1985, 1987, 1988, 1993).

[116]   Vgl. hierzu sowie zum folgenden SCHNOPP (1993: 27 ff.). Für eine Beschreibung ähnlicher Folgen auf das Führungsverhalten im angelsächsischen Raum vgl. STAW u.a. (1981).

Diese Auswirkungen sind umso stärker, je höher die empfundene Machtlosigkeit des Vorgesetzten ist, die ihrerseits vom Druck der Unternehmensleitung und der herrschenden Unternehmens- bzw. Führungskultur abhängt.

(2) Folgewirkungen für die Gruppe

Neben den individuellen Folgewirkungen ist ein weiterer wichtiger Faktor die durch eine Situation des Abbaus personeller Kapazitäten hervorgerufene Veränderung der **Gruppenprozesse.** Sobald Mitarbeiter freigesetzt werden, führt dies zu einer Veränderung bestehender Strukturen und damit zu einer Neudefinition der formellen und informellen Beziehungen zwischen den Gruppenmitgliedern.

Ein besonderes Problem ist die Zunahme von **Konflikten:** Im Vorfeld von Personalabbau kann eine Vermutung – in Form von Kündigungsgerüchten – oder die Ankündigung einer bevorstehenden Verringerung der Mitarbeiterzahl Konfliktverhalten auslösen. Das kann sich entweder in einer gegen die Firmenleitung gerichteten Solidarisierung der Mitarbeiter äußern oder aber, wohl häufiger, in Form einer Konfliktumleitung in erhöhtem Wettbewerbsverhalten gegenüber Kollegen, um sich selbst in besserem Licht darzustellen und deshalb von der Personalabbaumaßnahme verschont zu bleiben.

Um die mit Personalabbaumaßnahmen verbundenen Konflikte zu vermeiden, ist es notwendig, daß die Abbauentscheidungen transparent sind, also Gerüchtebildung und Mißgunst vermieden werden. Besondere Bedeutung kommt in diesem Fall der *Informations- und Kommunikationspolitik* des Unternehmens zu. Fälle – wie in der Praxis durchaus vorgekommen –, daß Mitarbeiter von einem bevorstehenden Personalabbau zuerst aus der Presse erfahren, lösen verständlicherweise Ärger und Frustration bei den Betroffenen aus, von der Wirkung auf Image und Öffentlichkeit ganz zu schweigen. Werden diese Faktoren vernachlässigt, so verschlechtert sich zum einen das Vertrauensverhältnis der Mitarbeiter zur Unternehmensleitung, zum anderen nimmt auch das Mißtrauen unter den Kollegen zu. Dies resultiert zumeist in einer Verschlechterung des Betriebsklimas und einer Zunahme von **Informationspathologien.** Schlechte Nachrichten werden gegenüber Vorgesetzten zurückgehalten, der gegenseitige Informationsfluß wird durch Rivalität oder Mißtrauen behindert. Die Distanz der Arbeitnehmer zum mittleren und oberen Management nimmt zu. Verteilungskämpfe und "Belagerungsmentalität" führen dazu, daß Personal "gehortet" wird, was eine optimale Durchführung notwendiger Maßnahmen behindert und beispielsweise eine ökonomisch sinnvolle Neuverteilung von Personalressourcen – z.B. durch innerbetriebliche Versetzungen – verhindert. Gerade bei den intern häufig verwendeten, wenn auch meist geleugneten sogenannten "Abschußlisten" – Namenslisten mit potentiell abzubauenden Mitarbeitern – achten betroffene Abteilungsleiter meist peinlich genau darauf, nicht "zu kurz zu kommen", wodurch manche Entscheidung zum Politikum gerät, unter Vernachlässigung objektiv sinnvollerer Kriterien. Um eine als ungerecht empfundene Belastung bestimmter Bereiche abzuwenden, erfolgt der Stellenabbau nicht nach leistungsorientierten Kriterien, sondern vorrangig mit dem Ziel der Vermeidung von Konflikten.

Ein wesentlicher Faktor dabei ist auch der Druck durch **politische Interessengruppen**, die sich in Krisenzeiten meist stärker formieren und artikulieren. Dabei darf man auch auf Seiten der Gewerkschaften und Betriebsräte nicht immer von den vermeintlich solidarischsten und die Interessen *aller* von ihnen vertretenen Arbeitnehmer wahrenden Entscheidungen ausgehen: In der Vergangenheit hat sich oft gezeigt, daß Gewerkschaften und Betriebsräte Maßnahmen des Stellenabbaus bevorzugen, die gemäß den Kriterien der Sozialauswahl meist jüngere Mitarbeiter treffen, gegenüber Alternativen wie Arbeitszeit- oder Lohnkürzung, die auch ältere Mitarbeiter, die gewöhnlicherweise die Mehrheit der Vertretenen ausmachen, ebenso betreffen würden.[117] Ein prominentes Gegenbeispiel ist das Unternehmen Hewlett Packard Deutschland, wo sich im Jahr 2001 80 Prozent der insgesamt 5.700 Mitarbeiter für eine Teilnahme an dem Sparprogramm ausgesprochen haben, um ihrer Firma aus einer akuten Krise helfen.[118]

---

[117]   Vgl. LAWRENCE u. MITTMAN (1991: 34): "Unions historically have preferred layoffs, which affect mainly low-seniority workers, to work-sharing schemes or pay cuts, which also affect the high-seniority workers who dominate the union politically." Die bereits mehrfach zitierte ZEIT-Umfrage "Deutschland im Wandel" ergab zur Frage "Wären Sie eigentlich bereit, weniger zu arbeiten bei entsprechend geringerem Lohn, um dadurch gefährdete Arbeitsplätze von Kollegen zu erhalten?" eine Zustimmungsquote von insgesamt 71 Prozent. ZEIT / INFRATEST BURKE (1997: 33).

[118]   Vorgesehen war, daß die Mitarbeiter freiwillig entweder für drei Monate auf zehn Prozent Gehalt oder auf acht Tage Freizeit verzichten. Wer nicht zustimmt, erleidet keine Sanktionen. Das Einsparungspotential dabei liegt bei rund 15 Millionen D-Mark. Quelle: "Das flexible Unternehmen" Online im Internet: URL:http://www.flexible-unternehmen.de/kv0101.htm.http://www.flexible-unternehmen.de/news/ 01-08-02-03.htm.

Als Folge dieser Zunahme von opportunistischem Verhalten und des Verlustes der "Verbundenheit" zu bestehenden Strukturen ist meist eine Verschlechterung der formalen und informellen Gruppenprozesse zu beobachten, die sich negativ auf das gemeinsam zu erreichende Aufgabenergebnis auswirkt, verbunden mit einem Sinken der Arbeitszufriedenheit, da der soziale Aspekt der Beziehung zu Vorgesetzten, Mitarbeitern und Kollegen einen wichtigen Motivator darstellt. Auch dieser Effekt hängt in entscheidendem Ausmaß davon ab, inwieweit der Entlassungsprozeß als fair und die veränderten Arbeitsbedingungen als akzeptabel empfunden werden.

(3) Folgewirkungen für die Organisation

Auf der Ebene der organisatorischen Folgewirkungen soll zunächst exemplarisch auf eine mögliche Verschlechterung der **Prozesse und Abläufe** im Unternehmen eingegangen werden. Die – den Personalabbau überhaupt erst auslösenden oder ihm auf jeden Fall folgenden – Maßnahmen der Restrukturierung und Reorganisation bewirken in der Regel eine komplette Änderung bestehender Strukturen der Aufbau- und Ablauforganisation, was durchaus Verbesserungspotentiale eröffnet, aber gleichzeitig auch mit negativen Wirkungen verbunden sein kann. Beispielsweise kann eine Dezentralisierung und *Verflachung der Hierarchien* eine Reihe von positiven Effekten zur Folge haben, angefangen von der Verlagerung von Führungsverantwortung und anderen Kompetenzen nach unten bis hin zu Erweiterung des Tätigkeitsspielraums jedes Einzelnen durch 'Job Enlargement' und 'Job Enrichment'. Andererseits nimmt die individuelle Belastung durch eine Erweiterung des Entscheidungs- und Tätigkeitsspielraumes sowie gegebenenfalls noch zusätzlich eine Erhöhung der Arbeitsmenge zu. Oft müssen die nach einem Personalabbau verbleibenden Mitarbeiter ein erhöhtes Arbeitsvolumen bewältigen. Eine Fragebogenerhebung der WYATT COMPANY bei über 1000 amerikanischen Unternehmen, die insgesamt mehr als 4 Millionen Arbeitnehmer beschäftigen, ergab, daß 86% dieser Firmen in den letzten Jahren Arbeitsplätze abgebaut haben, während nur 42% auch die Arbeitsmenge reduzierten.[119] Als weiterer Effekt kommt hinzu, daß sich durch den *Wegfall von Führungspositionen* die *Entwicklungsmöglichkeiten und Aufstiegschancen des Einzelnen* verschlechtern. Auch die Betrachtung der *Prozeßabläufe* führt zu einem ähnlichen Ergebnis: Zwar werden durch die Restrukturierung bestehende Verkrustungen aufgelöst und meist wird auch der Durchgängigkeit der Prozesse insbesondere bei Konzepten wie Business Process Reengineering besser Rechnung getragen; andererseits kommt es aber aufgrund der oben beschriebenen *Informationspathologien* innerhalb der Arbeitsgruppe sowie gegenüber Vorgesetzen und Mitarbeitern zu *Friktionen im Prozeßablauf*, die eine schnelle, flexible und kundennahe Aufgabenerledigung verhindern.

Ein weiterer wesentlicher Aspekt der organisatorischen Betrachtung sind die Veränderungen der **Entscheidungsprozesse**, die häufig aus der Änderung des Führungsverhaltens sowie der unternehmerischen Grundeinstellung resultieren. In Verbindung mit einer stärkeren Zentralisierung von Entscheidungsprozessen kommt es häufig zu einer Zunahme der *Formalisierung*, d.h. einem Zurückgreifen auf festgelegte Regelinstrumente anstelle einer individuellen und problemorientierten Vorgehensweise. Mögliche Folgewirkungen liegen in einer *geringeren Berücksichtigung der Interessen der von der Entscheidung Betroffenen* sowie einer *Einschränkungen der Möglichkeiten zur Partizipation*. Das Resultat ist häufig eine Dominanz kurzfristiger Krisenorientierung: Die Langfristplanung wird vernachlässigt, ganzheitliche Wechselwirkungen bleiben unberücksichtigt, was dazu führen kann, daß anstelle einer Ursachenanalyse und -reduktion die Bekämpfung der Folgewirkungen tritt.

Als besonders kritischer Bereich soll an dieser Stelle abschließend die Gefahr des **Know-how-Verlustes** erörtert werden. Gerade Maßnahmen eines raschen Stellenabbaus gehen häufig mit einer Einbuße wertvoller Know-how- und Erfahrungsträger einher. In der Regel sind es gerade die Höherqualifizierten, die sich in Zeiten der Unsicherheit frühzeitig neuorientieren, da sie sich damit bessere Chancen auf dem Arbeitsmarkt versprechen. Um so gravierender in Bezug auf das unternehmensspezifische Know-how ist dieses Problem, da die Kenntnisse und Fähigkeiten sowie der Erfahrungsschatz der entlassenen, freiwillig gegangenen oder frühzeitig pensionierten Mitarbeiter nicht zu einem späteren Zeitpunkt in Abhängigkeit von der Auftragslage wieder beschafft werden können. So besteht die Gefahr, daß eine zu "schlanke" Organisation, die Teile ihres spezifischen Know-hows und

---

[119]   Vgl. BROCKNER (1992: 16) sowie WYATT WORKUSA (1994).

ihres "Unternehmensgedächtnisses" verloren hat[120], nicht mehr in der Lage ist, an Fortschritt und Innovation teilzuhaben oder das nach einem Wiederaufschwung der Konjunktur zum Wachstum notwendige Potential bereitzustellen.[121] Besondere Bedeutung kommt in diesem Zusammenhang auch den Kriterien der Sozialauswahl zu, welche meist mit einem Abbau jüngerer Arbeitnehmer verbunden sind. Es kann ein Effekt eintreten, der, zusammen mit der ebenfalls häufigen Förderung von Vorruhestandsregelungen, zu einem Zusammenschrumpfen der Altersstruktur führt – übrig bleibt meist eine 'Häufung' der 40-50-jährigen Mitarbeiter –, was zukünftige Krisen geradezu heraufbeschwört. Diese Struktur ist aktuell in Deutschland insbesondere in vielen Unternehmen in den neuen Bundesländern als Folge der zugrundeliegenden Restrukturierungen zu beobachten.

Im folgenden werden die wichtigsten, aus dieser Zusammenstellung abgeleiten **Forschungshypothesen** zusammengefaßt.[122]

 Managementbox 1:
Zusammenfassung der wichtigsten Forschungshypothesen zu den Folgewirkungen von Personalabbau

Folgewirkungen für das Individuum:

Im Zusammenhang mit (angekündigten) Personalabbauprozessen müssen mögliche negative Folgewirkungen auch für die vom Personalabbau nur mittelbar betroffenen, im Unternehmen verbleibenden Mitarbeiter berücksichtigt werden.

- Personalabbau löst bei den Betroffenen **Unsicherheit** aus. Diese Unsicherheit beeinflußt vor allem das individuelle Leistungsverhalten (anfängliche Steigerung und späterer Rückgang der Leistungsbereitschaft).

- Mögliche **Folgewirkungen** erhöhter Unsicherheit sind die Zunahme von psychischer Belastung und Streß, Absentismus, eine (unerwünschte) Fluktuation von Leistungsträgern, Widerstand gegenüber Veränderungen, eine geringere Innovationsneigung etc.

---

[120]   Vgl. hierzu z.B. LEHNER (2000).

[121]   Zu "Fehlsteuerungen durch hektischen Personalabbau in der Krise" vgl. EIGLER (1997: 177).

[122]   Sie bilden gleichzeitig die Grundlage für die in Kapitel 4 dargestellte Entwicklung eines Analyse- und Bewertungsrahmens. Eine Zusammenfassung der wichtigsten Ergebnisse der empirischen Untersuchungen bezogen auf diese Hypothesen erfolgt in Kapitel 6.5.

- Im Zusammenhang mit Personalabbauprozessen kommt es zu einer **Veränderung des psychologischen Verhältnisses** der Mitarbeiter zum Unternehmen. Die Folge ist häufig eine Verschlechterung von Commitment, Identifikation und Loyalität.

- Personalabbau beeinflußt das **Führungsverhalten**: Häufig erfolgt ein Rückgriff auf autoritäres, machtbewußtes Führungsverhalten. Bürokratie und Hierarchisierung nehmen zu.

Folgewirkungen für Gruppen:

Durch den Abbau oder die Umschichtung personeller Kapazitäten werden bestehende organisatorische und personale Strukturen gestört. Dies erfordert eine Neudefinition der formellen und informellen Beziehungen zwischen den Gruppenmitgliedern.

- Bereits bei der Ankündigung von Personalabbau kommt es häufig zu einer Zunahme von **Konflikten** und daraus resultierendem Wettbewerbsverhalten.

- Die **Vertrauensbeziehungen** verschlechtern sich auf allen organisatorischen Ebenen.

- Die **Distanz** der Arbeitnehmer zum mittleren und oberen Management nimmt zu.

- Die genannten Veränderungen in den Beziehungen der Mitarbeiter zueinander beeinflussen die **Zusammenarbeit** im Unternehmen und wirken sich auch auf Ebene der Organisation auf die Qualität von Prozessen und Abläufen aus.

- Aufgrund des zunehmenden **Drucks durch politische Interessengruppen** werden zum Teil solidarische Maßnahmen einer Belastungsverteilung verhindert. Dies beeinflußt vor allem das Betriebsklima und die Arbeitsmoral.

Folgewirkungen für die Organisation:

Bei jeder Veränderung der personalen Kapazitäten müssen auch die bestehenden Strukturen der Aufbau- und Ablauforganisation angepaßt werden, häufig in Form von Restrukturierungs- oder Reengineeringsprojekten. Daraus resultieren sowohl Verbesserungspotentiale als auch eine Zunahme von Belastungen für Mitarbeiter und Mitarbeitergruppen.

- **Verbesserungspotentiale** ergeben sich in der Verflachung von Hierarchien und in einer Erweiterung des Tätigkeitsspielraums durch "Job Enlargement" und "Job Enrichment".

- Daraus kann aber auch eine **Zunahme der Belastung** für einzelne Mitarbeiter und Mitarbeitergruppen resultieren, z.B. durch die Zunahme der Arbeitsmenge oder der Schwierigkeit der übertragenen Aufgaben.

- Durch Personalabbauprozesse werden die **Informationsflüsse** und damit verbunden die Qualität von Entscheidungen beeinträchtigt.

- **Veränderungen im Entscheidungsverhalten** des Unternehmens, z.B. Rückgriff auf Formalismen, geringere Partizipationsmöglichkeiten etc., wirken sich häufig in einer kurzfristigen Krisenorientierung zu lasten von Langfristplanung und Ursachenvermeidung aus.

- Schlechtere Informationsflüsse, politischer Druck sowie die stärkere Zentralisierung von Entscheidungen können zu **suboptimalen Auswahlentscheidungen** bezüglich des Abbaus und der Neuverteilung personeller Kapazitäten führen.

- Eine Gefahr des **Verlustes von personengebundenem Wissen und Know-how** liegt vor allem im raschen Stellenabbau ohne vorherige Maßnahmen der Kodifizierung und Sicherung von Wissen.

- Die **Qualität von Prozessen und Abläufen** wird durch die Verschlechterung der Informationsflüsse, geringeres Vertrauen und das Auseinanderbrechen bestehender Beziehungs- und Wissensnetzwerke beeinflußt und wirkt vor allem auf ökonomische Erfolgsgrößen, wie Unternehmenswert und Betriebsergebnis.

Ergebnis dieser voneinander nicht unabhängigen und sich gegenseitig verstärkenden Folgewirkungen eines Personalabbaus ist eine nachhaltige **Gefährdung des unternehmerisches Leistungspotentials** der durch geeignete Gegenmaßnahmen sowie einer effizienten Gestaltung des Personalabbauprozesses gegengesteuert werden sollte.

2.4.4   Zusammenfassende Bewertung und Fazit für das Forschungsprojekt

Die aktuelle Situation der empirischen Forschung läßt sich wie folgt charakterisieren:

- Zwar existiert ein breites Feld an – auch empirisch fundierter – Forschung zu einzelnen personalwirtschaftlichen Teilaspekten, wie Absentismus[123], Fluktuation[124], 'innere Kündigung'[125] etc., die durchaus auch für die hier behandelte Fragestellung relevant sind. Allerdings steht dabei nicht die konkrete Situation von Unternehmen, die Personalabbau zur Steuerung der Personalkapazität einsetzen (müssen) im Vordergrund, so daß sowohl die Kausalzusammenhänge als auch die Ergebnisse nicht ohne weiteres übertragen werden können.

- Die bisherige empirische Forschung in Deutschland zum Thema "Folgewirkungen von Personalabbau" basiert nicht auf einer ausgearbeiteten theoretischen Konzeption. Sie bleibt weitgehend 'einzelfallbezogen', so daß sich die Untersuchungsergebnisse nur sehr eingeschränkt miteinander vergleichen lassen. Im Gegensatz zu den umfassenden Forschungsprogrammen im angelsächsischen Sprachraum gibt es kaum Verbundprogramme, die auch Wechselwirkungen und Zusammenhangsanalysen berücksichtigen.

- Für die vorliegenden Forschungsfragen bieten sich insbesondere die Forschungsprogramme des Wissenschaftsteams CAMERON u.a. an. Daneben sollten – um auch für Deutschland eine breitere Wissensbasis zum Status-Quo des Personalabbaus zu

---

[123]   Vgl. zum aktuellen Stand der Forschung insbesondere den Sammelband von MARR (1996) sowie die empirische Studie zu den "Betriebliche Faktoren des Krankenstandes" von BUTTLER u. BURKERT (1998).

[124]   Vgl. hierzu insbesondere die oben erwähnten Untersuchungen von MONE (1994) sowie BROCKNER u.a. (1993). Die Ergebnisse einer empirischen Untersuchung der "Determinanten für die Bleibe- und Austrittsmotivation bei Führungskräften in der Wirtschaft" finden sich bei HAUFF u. NOWAG (1981); aus soziologischer Sicht untersucht SCHMID (1992) die "Determinanten der Kündigungsbereitschaft". Für weitere wichtige Beiträge der anglo-amerikanischen Forschung vgl. z.B. WILLIAMS u. LIVINGSTONE (1994); CANELLA u. HAMBRICK (1993); BARRICK u.a. (1994).

[125]   Hierzu sei insbesondere auf die Ergebnisse eines empirischen Forschungsprojektes von KRYSTEK u.a. verwiesen: KRYSTEK u.a. (1995a und 1995b).

ermitteln – Inhalte und Vorgehensweise der AMA-Studien auf Übertragbarkeit geprüft werden.

▪ Der Schwerpunkt der meisten empirischen Untersuchungen lag auf Großunternehmen. Dagegen sind gerade Unternehmen kleiner und mittlerer Größe für die deutsche Wirtschaft und ihren Erfolg auf dem Weltmarkt von herausragender Bedeutung. Bei der empirischen Erhebung soll daher besonderer Fokus darauf gelegt werden, auch die Schicht der kleinen und mittleren Unternehmen zu erreichen.

Die in diesem Kapitel zusammengefaßten Thesen und Wirkungszusammenhänge, die – wie bereits ausgeführt – eine **Synthese** unterschiedlichster Forschungsrichtungen und -ansätze darstellen und bisher nur zum Teil empirisch fundiert werden konnten, müssen in einen einheitlichen Analyserahmen gesetzt und so einer Operationalisierung zugänglich gemacht werden (Kapitel 4). Zunächst ist aber zu untersuchen, welche Gestaltungsspielräume und Gestaltungsinstrumente des Personalabbaus zur Verfügung stehen. Denn bereits jetzt kann davon ausgegangen werden, daß die **instrumentelle und prozessuale Gestaltung** – ebenso wie die Ursachen und Auslöser – des Personalabbaus entscheidenden Einfluß auf gewünschte und unerwünschte Folgewirkungen ausüben.

3 Trennungsmanagement 1: Maßnahmenspektrum des Personalabbaus aus instrumenteller und prozessualer Perspektive

Im folgenden Kapitel werden zunächst die **Maßnahmen und Instrumente** dargestellt und systematisiert, die Unternehmen bei der Reduzierung personeller (Über-) Kapazitäten zur Verfügung stehen. Diese Maßnahmen und ihre Gestaltungskriterien bilden den Schwerpunkt eines den Erfolg von notwendigen Personalabbauprozessen sichernden und unerwünschte Nebenwirkungen vermeidenden **Trennungsmanagements**.

Einen zweiten Schwerpunkt bildet dementsprechend die Bestimmung und Analyse der zu verfolgenden **Ziel- und Effizienzdimensionen**, ohne die eine umfassende Bewertung der einzusetzenden Maßnahmen und Gestaltungsparameter nicht möglich ist.

Darüber hinaus bilden die **situativen Rahmenbedingungen** des Unternehmens und der betroffenen Arbeitnehmer sowie die Kontextfaktoren des Personalabbaus eine wichtige Voraussetzung für sowohl die Gestaltung des Personalabbaus als auch die zu erwartende Folgewirkungen.

Neben dem 'klassischen' **Instrumentarium des Personalabbaus** (Kapitel 3.1) und den **Alternativen** zur Vermeidung oder Verminderung des Abbaubedarfs (Kapitel 3.2.) muß noch eine dritte Art von Maßnahmen betrachtet werden. Dabei stehen zum einen die konkrete Gestaltung von Personalabbauprozessen und die im Zusammenhang mit Personalabbau erforderlich werdenden Anpassungen im Unternehmen im Vordergrund. Zum anderen gilt die Aufmerksamkeit den Unterstützungsangebote für die ausscheidenden und die verbleibenden Arbeitnehmer. Gerade diese Parameter, im folgenden als **flankierende Maßnahmen** des Personalabbaus bezeichnet (Kapitel 3.3), sind es, die oftmals – vor allem wenn sie unterlassen werden – entscheidenden Einfluß auf die langfristigen Folgewirkungen des Personalabbaus im Unternehmen und bei den verbleibenden Arbeitnehmern haben.

Zur Einordnung der 'Maßnahmenanalyse' in den Gesamtbezugsrahmen vgl. den folgenden Detailausschnitt:

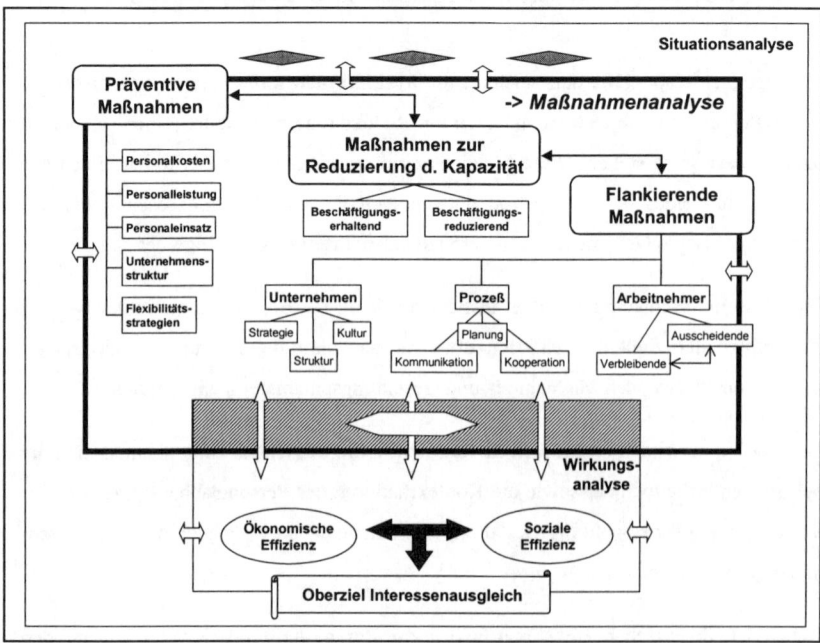

Abbildung 3-1:   Bezugsrahmen – Ausschnitt Maßnahmenanalyse

Aufgrund der dieser Arbeit zugrundeliegenden weiten Begriffsauffassung von Personalabbau ergibt sich auch ein weiteres Spektrum von Instrumenten und Maßnahmen des Personalabbaus mit höchst verschiedenen Zielsetzungen. Einen Schwerpunkt der Betrachtung bilden die 'klassischen' **Maßnahmen und Instrumente zur Reduzierung der Personalkapazität,**[126] wobei in beschäftigungsreduzierende und beschäftigungser-

---

[126]   Ähnlich wie beim Begriff 'Personalabbau', für den in der Literatur und im praktischen Gebrauch eine Vielzahl von ähnlichen oder synonymen Bezeichnungen verwendet wird, gibt es auch für die Instrumente und Maßnahmen, die für die Durchführung einer Reduktion der Personalkapazität zur Verfügung stehen, kein einheitliches Begriffssystem hinsichtlich der Abgrenzungskriterien der Maßnahmentypen sowie der Zuordnung des Maßnahmenspektrums. In der Literatur finden sich verschiedene, zum Teil nicht widerspruchsfreie Abgrenzungskriterien. Vgl. hierzu beispielsweise DRUMM u. SCHOLZ (1988: 146 f.), BERTHEL (1995: 209 ff.), BÜHNER (1997: 106 ff.), MARR u. STITZEL (1979: 350 f.), EIGLER (1996) oder HEMMER (1997a: 17 ff.).

haltende Maßnahmen unterschieden werden kann (Kapitel 3.1.1). Dagegen ist es das Ziel der sog. **präventiven Maßnahmen,** Personalabbau und vor allem Entlassungen ganz zu vermeiden bzw. – wenn dies nicht möglich ist – den Abbaubedarf zu verringern (Kapitel 3.1.2).

Die hier als dritte Art betrachtete und im folgenden als **flankierende Maßnahmen** (Kapitel 3.1.3) des Personalabbaus bezeichneten Angebote, Instrumente und Gestaltungsempfehlungen sollen dazu beitragen, Belastungen und negative Folgewirkungen der kapazitätsreduzierenden Maßnahmen zu vermeiden oder abzumildern, um – neben dem Erreichen der unmittelbaren Ziele des Personalabbaus – eine dauerhafte Sicherung der ökonomischen und sozialen Effizienz des Unternehmens und somit auch seiner Wettbewerbs- und Entwicklungsfähigkeit zu gewährleisten.[127]

In den folgenden Teilkapiteln werden die Maßnahmen

1. voneinander abgegrenzt und – in **Managementboxen** – beschreibend dargestellt und
2. hinsichtlich ihrer **Wirkungen auf die ökonomische und soziale Effizienz** des Unternehmens beurteilt.

---

[127]   Für den Fall der beiden erstgenannten Maßnahmenarten konnte auf umfangreiche theoretisch- und praxisfundierte Literatur zurückgegriffen werden. Der Bereich der flankierenden Maßnahmen mußte dagegen noch weitergehend systematisiert werden, bevor eine Analyse der möglichen Folge- und Wechselwirkungen der einzelnen Instrumente erfolgen konnte.

3.1 Maßnahmen zur Reduzierung der Personalkapazität: Personalabbau im engeren Sinn

Zur Reduzierung der Personalkapazität existieren zwei grundlegende Möglichkeiten, die im folgenden auch als 'Personalabbau im engeren Sinn' zu verstehen sind. Personalkapazität kann zum einen durch eine **Reduzierung der Zahl der Beschäftigungsverhältnisse** verringert werden. Anpassungen der Personalkapazität können aber auch durch **Veränderungen der zeitlichen Kapazität, bei Konstanz der Zahl der Beschäftigungsverhältnisse** erfolgen, durch sog. beschäftigungserhaltende Maßnahmen z.b. durch Veränderungen der Arbeits- oder Betriebszeit.[128]

3.1.1 Maßnahmen zur Reduzierung der Zahl der Beschäftigungsverhältnisse

Gemeinsames Ziel der im folgenden vorgestellten Maßnahmen ist eine Verringerung der Zahl der Beschäftigungsverhältnisse, womit aber nicht zwingenderweise eine 'aktive' Beendigung bestehender Arbeitsbeziehungen verbunden ist. Auch durch die Nutzung oder Förderung der natürlichen Fluktuation, verbunden mit einem Einstellungsstop, verringert sich die Zahl der Beschäftigten. **Vgl. Managementbox 2 auf Seite 71.**

---

[128]   Auf die Schwierigkeit einer trennscharfen Zuordnung der qualitativ oder örtlich orientierten Maßnahmen wurde bereits hingewiesen.

Managementbox 2:
Maßnahmenspektrum zur Reduzierung der Zahl der
Beschäftigungsverhältnisse

- Mit der Einführung einer **Einstellungssperre** wird versucht, die 'natürliche Fluktuation' der Mitarbeiter – z.B. bei Kündigung seitens des Mitarbeiters, Pensionierung, Krankheit etc. – durch den Verzicht auf Ersatz-/oder Neueinstellungen auszunutzen.[a] Die kapazitätsverändernde Wirkung von Einstellungsstops kann durch fluktuationsfördernde Angebote, wie z.B. finanzielle Anreize, Umschulungsmaßnahmen oder Outplacementberatung gefördert werden.

- Eine weitere Maßnahme 'ohne Kündigung' ist die **Nichtverlängerung befristeter Arbeitsverträge**[b] sowie die **Nichtübernahme von Auszubildenden.**[c]

- Die durch den Einsatz von Leih- oder Zeitarbeit erzielten kurzfristigen Flexibilitätsvorteile lassen sich durch die **Nichtverlängerung oder Kündigung von Personalleasingverträgen**[d] realisieren.

- In der Praxis bildet das **Angebot von Aufhebungsverträgen** (noch) die wohl wichtigste Beendigungsform von Arbeitsverhältnissen[e], da sie seitens des Arbeitgebers leicht steuerbar, vergleichsweise kurzfristig realisierbar und unter Umgehung von Kündigungsschutzbestimmungen und Beteiligungsrechten des Betriebsrates eingesetzt werden kann. Die Attraktivität dieses Instrumentes für die betroffenen Arbeitnehmer wird allerdings durch die Änderungen des Arbeitsförderungsgesetztes vom April 1997 wesentlich eingeschränkt.[f]

- Auch die verschiedenen Formen der **vorzeitigen Pensionierung**[g] beruhen im wesentlichen auf dem Freiwilligkeitsprinzip und ermöglichen zudem eine Freistellung faktisch unkündbarer Personengruppen, weshalb sie in der Vergangenheit auch hohe praktische Relevanz besaßen. Dagegen stehen die z.T. sehr hohen Kosten für das Unternehmen (diese können bis 2,5 Jahresgehälter betragen), der durch die personellen Strukturen eingeschränkte Adressatenkreis und die umfangreichen Mitbestimmungsrechte des Betriebsrates bei der Aushandlung der Sozialplanregelungen.[h]

- 'Ultima ratio' der dargestellten Maßnahmen zur Reduzierung der Zahl von Beschäftigungsverhältnissen sind die verschiedenen Formen der **Kündigung**, wobei im Rahmen der Kapazitätssteuerung nur die 'ordentlichen' Kündigungsformen von Relevanz sind.[i] Zur Abgrenzung der verschiedenen Kündigungsarten (Individual-, Gruppen- oder Massenentlassungen) und den jeweils zu beachtenden gesetzlichen Rahmenbedingungen vgl. beispielsweise BÜHNER (1997: 110 ff.).

Anmerkungen zur Managementbox:

a   Zu den verschiedenen Arten von Einstellungsstops (generell, relativ, qualifikationsorientiert, modifiziert, befristetet) vgl. BECKER (1988: 276).

b   Die gesetzlichen Grundlagen zum Abschluß befristeter Arbeitsverträge sind im §1ff. des Beschäftigungsförderungsgesetz (BeschFG) geregelt. Vgl. hierzu ausführlich BROX u. RÜTHERS (1999: 160 ff.).

c   Die Nichtübernahme von Auszubildenden stellt einen Sonderfall der Nichtverlängerung befristeter Arbeitsverträge dar, da für das Berufsausbildungsverhältnis der befristete Vertragsabschluß gesetzlich vorgeschrieben ist (§§14, 18 BBiG).

d   Durch Personalleasing kann ein kurzfristiger, zeitlich begrenzter Personalbedarf gedeckt werden, der durch Fehlzeiten (z.B. wegen Mutterschaft oder Krankheit) von Mitarbeitern oder durch unvorhersehbare oder saisonal bedingte Erhöhungen des Arbeitsvolumens entstanden ist. Gesetzliche Grundlage für den Einsatz von sog. Leih- oder Zeitarbeitskräften ist das Arbeitnehmerüberlassungsgesetz (AÜG). Vgl. hierzu beispielsweise BERTHEL (1995: 219 f.).

e   Hans-Böckler-Stiftung (1998: 25). Zur inhaltlichen Gestaltung von Aufhebungsverträgen, die in der Regel mit der Vereinbarung eines Abfindungsbetrages und/oder anderen Maßnahmen zur Unterstützung bei der Aufnahme eines neuen Arbeitsverhältnisses verbunden sind (z.B. Weiterbildungsmaßnahmen, Dienstleistungen einer Outplacementberatung etc.) vgl. beispielsweise KUNISCH (1989) oder WEBER (1992). Die gesetzlichen Grundlagen diskutieren BROX u. RÜTHERS (1999: 20 ff.).

f   Dazu zählen vor allem die höhere Anrechnung von Abfindungsbeträgen auf das Arbeitslosengeld sowie steuerliche Verschlechterung. Zu den Auswirkungen der 'verhängnisvollen neuen Gesetze' vgl. beispielsweise die Titelgeschichte des Manager Magazins vom Mai 1997 (FISCHER u. RISCH (1997: 196 ff.).

g   Ausführlich zu den verschiedenen Formen der vorzeitigen Pensionierung (einstufig oder mehrstufig bzw. gleitender Übergang) vgl. BERTHEL (1995: 221 ff.) und die dort angegebene Literatur. Ein relativ neues Instrument des gleitenden Übergangs ist die Altersteilzeit.

h   Die aktuellen gesetzlichen Voraussetzungen sowie Rechenbeispiele zur Umsetzung von vorzeitigen Pensionierungen sind ausführlich im Ratgeber der HANS-BÖCKLER-STIFTUNG (1998: 29 ff.) dargestellt.

i   Zu den verschiedenen Arten von Einstellungsstops (generell, relativ, qualifikationsorientiert, modifiziert, befristetet) vgl. Becker (1988: 276).

Bei der **Bewertung (der ökonomischen und sozialen Effizienz) der Maßnahmen** zur Reduzierung von Beschäftigungsverhältnissen kann hinsichtlich des Kriteriums unterschieden werden, ob damit eine **'aktive'** Beendigung bestehender Arbeitsbeziehungen verbunden ist, oder ob die Zahl der Beschäftigungsverhältnisse durch sog. **'passive'** Maßnahmen, wie z.B. Nutzung oder Förderung der natürlichen Fluktuation, verringert wird. Bei den aktiven Maßnahmen kann zusätzlich dahingehend unterschieden werden, ob die Maßnahmen **einseitig** vom Unternehmen ausgehen - unter Berücksichtigung der Mitbestimmungsrechte des Betriebsrates, aber ohne eine direkte Einbeziehung der betroffenen Arbeitnehmer – oder, ob auf individueller Ebene mit den Arbeitnehmern über ihre Bereitschaft zu einer vorzeitigen Beendigung oder inhaltlichen Veränderung des

Beschäftigungsverhältnisses verhandelt wird (**'zweiseitige'** Maßnahmen). Das Spektrum der Handlungsalternativen läßt sich daher wie folgt einordnen:

	'aktive' Maßnahmen	'passive' Maßnahmen
einseitig	■ Betriebsbedingte Kündigungen ■ Entlassung auf Zeit ■ Kündigung von Leih- oder Zeitarbeits- vertägen ■ Nichtverlängerung befristeter Arbeits- verträge ■ Nichtübernahme von Auszubildenden	■ Einstellungssperre ■ Ausnutzung der natürlichen Fluktuation
zweiseitig	■ Abschluß von Aufhebungsverträgen ■ Vorruhestandsregelungen ■ Altersteilzeit ■ Änderungskündigungen ■ Einführung von Teilzeitarbeit	

Abbildung 3-2: Spektrum der beschäftigungsreduzierenden Personalabbaumaßnahmen

Eine differenzierte Analyse dieses Maßnahmenspektrums nach den beiden Zieldimensionen

- **soziale Effizienzwirkungen** (dargestellt anhand des Kriteriums 'Härte' der Maßnahmen) und

- **ökonomische Effizienzwirkungen** (dargestellt an den Zielgrößen 'Zielgenauigkeit' und 'Reichweite' des Personalabbaus)

ergibt folgende Wirkungsvermutungen:

■ **Passive Maßnahmen**, wie z.B. die *Ausnutzung der natürlichen Fluktuation* verbunden mit einer *Einstellungssperre*, sind mit Sicherheit auf einer Skala der Sozialverträglichkeit als eher 'weiche' Maßnahmen einzuordnen, da keine bestehenden Arbeitsverhältnisse auf unfreiwilliger Basis beendet werden. Sie haben geringere imageschädigende Wirkung und sind meist ohne Beteiligung des Betriebsrates durchführbar. Aus ökonomischer Sicht sind vor allem die kaum prognostizier- und steuerbare Wirksamkeit der Maßnahmen sowie die Gefahr einer Negativauslese (es gehen diejenigen – meist hochqualifizierten – Mitarbeiter, die am Arbeitsmarkt gute Chancen haben, und die das Unternehmen eigentlich selbst halten möchte) als Risiken zu nennen. Potentielle Neubewerber werden abgeschreckt, was sich langfristig ungünstig auf die Qualifikations- und Altersstruktur des Unternehmens auswirken kann.

- Die **aktiven Maßnahmen** lassen sich dahingehend unterscheiden, ob sie einseitig vom Unternehmen ausgehen, oder – zweiseitig – die Arbeitnehmer in die Auswahl einbeziehen. Dieses Unterscheidungskriterium zielt damit in erster Linie auf die soziale Effizienzdimension ab, indem angenommen wird, daß **zweiseitige Maßnahmen** tendenziell sozial effizienter sind, da sie eine höhere Beteiligungsmöglichkeit innerhalb des personellen Wirkungskreises implizieren.[129]

- Bei den *einseitigen, unternehmensaktiven* Maßnahmen wird die Personalkapazität dadurch reduziert, daß das Unternehmen durch einen einseitigen Akt Beschäftigungsverhältnisse auflöst. Die betroffenen Arbeitnehmer werden arbeitslos, wenn sie keine Anschlußbeschäftigung in einem anderen Unternehmen finden. Die Durchsetzbarkeit und Reichweite dieser Maßnahmen ist stark von den rechtlichen Rahmenbedingungen abhängig: Während beispielsweise eine *Kündigung von Zeitarbeitsverträgen* ohne größere Probleme möglich ist, so müssen in den meisten anderen Fällen bei der Bestimmung der zu kündigenden Arbeitnehmer die Kriterien der Sozialauswahl berücksichtigt werden. Diese führen oft dazu, daß insbesondere jüngere Arbeitnehmer mit einer kurzen Betriebszugehörigkeit leichter zu kündigen sind, was sich im Sinne ökonomischer Erfolgskriterien, wie beispielsweise Leistungspotential oder Wissenserneuerung, negativ auswirken kann.

- Bei den *zweiseitigen* Maßnahmen treffen Unternehmen und Arbeitnehmer eine Vereinbarung über die Aufhebung des Beschäftigungsverhältnisses. Aufgrund eines umfassenden Kündigungsschutzes in Deutschlands müssen sich die Unternehmer die Bereitschaft der Arbeitnehmer zur Aufhebung des Beschäftigungsverhältnisses durch Gegenleistungen 'erkaufen', wie z.B. durch Abfindungszahlungen oder Pensionsfonds. Dafür kann das Unternehmen dadurch – zumindest in beschränktem Umfang – die Zielgenauigkeit der Maßnahmen planen und steuern, beispielsweise durch eine gezielte Auswahl der leistungsschwächeren Arbeitnehmer. Durch eine öffentliche Subventionierung von Vorruhestandsregelungen wird ein Ausscheiden der älteren Arbeitnehmer begünstigt.

---

[129] Vgl. zu einer Analyse und Bewertung der Mitwirkungsmöglichkeiten innerhalb des Personalabbauprozesses auch Kapitel 5.2.3.

3.1.2 Beschäftigungserhaltende Maßnahmen (Veränderungen der Arbeitszeit)

Bei den **beschäftigungserhaltenden Maßnahmen** handelt es sich um Maßnahmen zur Reduktion der Personalkapazität bei Konstanz der Zahl der Beschäftigungsverhältnisse.

In der Literatur werden unter dem Begriff der **'Internen Personalfreisetzung'** (Alternativen ohne Reduktion des Personalbestandes)[130] neben den hier dargestellten *zeitlich* orientierten Maßnahmen häufig auch *qualitativ* orientierte Maßnahmen, wie z.B. Personalentwicklung, Anpassungs- oder Aufstiegsfortbildung, Umschulung etc., sowie die *örtlich* orientierten Maßnahmen (horizontale oder vertikale Versetzungen) subsumiert. Der Fokus liegt im Folgenden lediglich auf Maßnahmen zur **Veränderung der Arbeitszeit**. Der kapazitätsbeeinflussenden Wirkung von *qualitativ* orientierten Maßnahmen kommt insbesondere bei der Umsetzung und Unterstützung von Personalabbauprozessen eine wichtige Rolle zu. Sie werden daher bei der Darstellung der flankierenden Angebote für verbleibende und ausscheidende Mitarbeiter noch gesondert betrachtet.

Veränderungen der zeitlichen Personalkapazität können durch folgende Maßnahmen realisiert werden (**Managementbox 3**).[131]

---

[130]   Vgl. z.B. BERTHEL (1995: 213 ff.).

[131]   Vgl. zum folgenden beispielsweise BLUM (1999) oder MARR (2001).

Managementbox 3:
Maßnahmenspektrum beschäftigungserhaltender Maßnahmen
(Veränderungen der Arbeitszeit)

▪ Die **Urlaubsgestaltung** (beispielsweise durch die Gewährung unbezahlten Urlaubs – z.b. im Sinne des Perspektiv-Modells von Siemens –, Sabbaticals, Verlagerung und/oder Verlängerung der Betriebsferien sowie die Gestaltung individueller Urlaubsansprüche) dient vor allem dem Ausgleich von kurzfristigen, zeitlich vorhersehbaren und/oder saisonalen Schwankungen und ist somit nur sehr beschränkt für eine dauerhafte Reduzierung von Personalkapazität geeignet.[a]

▪ Dagegen können durch den **Abbau von Mehrarbeit** (z.B. Sonderschichten, Überstunden) relativ kurzfristig und ohne Beteiligungsrechte des Betriebsrates Personalkapazitäten reduziert sowie – überproportional im Vergleich zu anderen Maßnahmen – Personalkosten eingespart werden (durch Wegfall der tariflichen Zuschläge).

▪ Auch die – allerdings der Mitbestimmung des Betriebsrates unterliegende – **Einführung von Kurzarbeit**[b] als eine vorübergehende Verkürzung der betrieblichen Arbeitszeit bietet dem Unternehmen die Möglichkeit, sich flexibel an einen zeitlichen Personalüberhang anzupassen. Entlassungen können auf diese Weise oft vermieden werden und die eingearbeitete Belegschaft steht bei einer Änderung der Kapazitätssituation sofort wieder zur Verfügung.

▪ Demgegenüber sind **dauerhafte Kürzungen der Regelarbeitszeit**, wie z.B. die Verkürzung der täglichen, monatlichen oder jährlichen Arbeitszeit aller Mitarbeiter[c], nur durch Änderung der (Haus-) Tarifverträge oder Betriebsvereinbarungen möglich, weswegen sie in der Vergangenheit ohne vollen Lohnausgleich für die (tarifgebundenen) Unternehmen kaum zu realisieren waren. "Aufgrund der zunehmenden Arbeitslosigkeit in der Bundesrepublik Deutschland sind jedoch zur Zeit in einigen Unternehmen Haustarifverträge oder Betriebsvereinbarungen über Arbeitszeitverkürzungen mit nur noch teilweisem Lohnausgleich und gleichzeitigen befristeten Arbeitsplatzgarantien geschlossen worden."[d]

Anmerkungen zur Managementbox:

a   Berthel (1995: 215 f.).

b   Die wesentlichen Grundlagen und Einsatzmöglichkeiten konjunktureller und struktureller Kurzarbeit werden im Beitrag von ENGELEN-KEFER (1992) abgegrenzt. Zu den Voraussetzungen unter den neuen gesetzlichen Bedingungen und vor allem zu den Unterstützungsmöglichkeiten dieser relativ sozialverträglichen Maßnahme vgl. insbesondere HANS-BÖCKLER-STIFTUNG (1998: 13 ff.).

c   Daneben gibt es auch noch Formen individueller Arbeitszeitverkürzungen, wie Job-Sharing, Umwandlung von Voll- in Teilzeitstellen; gleitender Übergang in den Ruhestand/Altersteilzeit, die wichtige Elemente von Flexibilisierungsstrategien im Rahmen der Prävention von Personalabbau darstellen.

d   BERTHEL (1995: 217). Bekanntestes Beispiel für die Realisierung eines derartigen Modells ist die Volkswagen AG. Vgl. hierzu auch HARTZ (1994, 1995).

Für die **Bewertung dieser Maßnahmentypen** wird davon ausgegangen, daß *temporäre* Maßnahmen der Arbeitszeitveränderung, wie z.b. kurzfristiger Abbau von Mehrarbeit (Überstunden oder Sonderschichten), grundsätzlich geringere ökonomische und soziale Belastungen auslösen als *langfristige* oder *permanente* Maßnahmen, wie z.b. Verkürzung der Betriebszeit. Ebenso können diejenigen Maßnahmen als sozial effizienter angesehen werden, die nicht an der *Regelarbeitszeit* ansetzen und damit einkommenswirksam werden, sondern an anderen Zeitkategorien, wie z.b. durch Änderungen der Urlaubszeiten. Allerdings trägt eine reine Verlängerung der Urlaubszeit bei konstantem Lohn nicht dazu bei, die Personalkostensituation zu entschärfen.

Generell sollten Maßnahmen der Arbeitszeitverkürzung als Alternative zur Beschäftigungsreduzierung berücksichtigt bzw. bevorzugt werden, da sie in der Regel mit geringeren Härten für die unfreiwillig von Personalabbau Betroffenen verbunden sind.

3.2 Präventive Maßnahmen zur Vermeidung bzw. Verminderung von Personalabbau

Im folgenden sollen vor allem diejenigen betrieblichen Maßnahmen dargestellt werden, die *kurzfristig* geeignet sind, den Druck personeller Überkapazität und die Notwendigkeit von Abbaumaßnahmen (speziell die Reduzierung von Beschäftigungsverhältnissen) zu vermindern bzw. eine Ausweitung der personellen Überkapazität zu vermeiden (**Managementbox 4**).

Managementbox 4:
Maßnahmenspektrum zur Vermeidung bzw. Verminderung von Perso-
nalabbau (Präventive Maßnahmen)

- **Minderung der Personalkosten:** Kurzfristige Kosteneinsparungen können durch die Reduzierung freiwilliger sozialer Leistungen sowie das 'Einfrie-ren' oder die Kürzung von Vergütungsbestandteilen realisiert werden.[a] Wei-tere Potentiale zur *Reduzierung* oder besseren *zeitlichen Verteilung* von Personalkosten liegen in der Kombination mit arbeitszeitbezogenen Maß-nahmen, wie z.B. dem Ersatz von monetären Mehrarbeitszuschlägen durch Freizeitausgleich, oder einer Neuausrichtung des betrieblichen Anreizsys-tems, wie z.B. einer stärkeren Betonung erfolgsabhängiger Entgeltbestand-teile.[b]

- **Erhöhung bzw. Verbesserung der Personalleistung:** Als kurzfristig rea-lisierbare Maßnahme zur Vermeidung oder Verminderung des Abbaus von Überkapazität kommt vor allem eine *Ausweitung des Aufgabenumfangs* der Arbeitnehmer in Betracht. Während bei einer rein *quantitativen* Aufgaben-erweiterung die mengenmäßige Arbeitsnachfrage erhöht wird (beispiels-weise durch die Schaffung einer Arbeitsreserve oder den Aufbau von La-ger), führen die Arbeitnehmer bei einer *qualitativen* Ausweitung zusätzlich neue Aufgaben aus, indem Aufgaben aus anderen Unternehmensteilen ü-bernommen oder die Leistungstiefe des Unternehmens erhöht wird. Maß-nahmen der *Personalentwicklung* zielen dagegen – vor allem in einer län-gerfristigen Perspektive – auf eine Erhöhung der Einsatzflexibilität der vorhandenen Belegschaft ab.

- **Veränderung des Personaleinsatzes:** Im Rahmen der Personalplanung und damit vor allem der langfristigen Vermeidung von Personalabbau spielt der Personaleinsatz eine besondere Bedeutung. Von besonders ho-hem – auch kurzfristig realisierbaren – kapazitätswirksamen Effekt sind *be-triebsinterne sowie betriebsübergreifende Versetzungen* oder *Umsetzungen*: Um einen Personalabbau i.e.S. zu vermeiden, wechseln die Arbeitnehmer auf eine freie Stelle. Der Stellenwechsel kann temporär oder permanent sein, die neue Stelle kann sich innerhalb des Unternehmens oder Konzerns oder in anderen Betrieben befinden.

- **Änderung der Unternehmensstruktur:** Gewissermaßen einen Sonderfall von personaleinsatz- und aufgabenbezogener Steigerung der Personalleis-tung bildet der – häufig im Zusammenhang mit Personalabbaumaßnahmen durchgeführte – Verkauf von Unternehmensteilen: Das Unternehmen ver-äußert einzelne Teile oder Geschäftsbereiche samt den Arbeitsplätzen, wo-bei der Arbeitsplatz des einzelnen Arbeitnehmers unverändert bleibt. Ges-taltungsalternativen sind eine Ausgründung, der Verkauf an Unterneh-mensexterne oder an die eigenen Arbeitnehmer (Management- oder Mitar-

---

beiter-buy-out). Vorteilhaft für das Unternehmen ist, daß für den Leistungserstellungsprozeß erforderliches Wissen und Erfahrungen weiterhin verfügbar bleiben.

- **Weitere Maßnahmen:** Das Spektrum der personalpolitischen Flexibilitätsstrategien umfaßt – neben den oben dargestellten quantitativen Instrumenten des Personaleinsatzes – weiterhin die Gestaltung flexibler Vergütungssysteme, die Diversifikation der Personalstruktur (Aufbau einer Stamm- und Randbelegschaft), eine gezielte Förderung von Schlüsselqualifikationen sowie flexible Perioden- und Lebensarbeitszeitmodelle.[c]

Anmerkungen zur Managementbox:

a   Bei allen Fragen der betrieblichen Lohngestaltung ist das Mitbestimmungsrecht des Betriebsrates zu berücksichtigen § 87 BetrVG. Arbeitgeberverbände und Gewerkschaften haben in den vergangenen Jahren verstärkt auf Modelle der Tariföffnung zurückgegriffen, mit Sonderregelungen für bestimmte Wirtschaftszweige oder Tarifgebiete (z.B. der Bereich Handel, Banken und Versicherungen in den neuen Bundesländern). Auf betrieblicher Ebene kann dies durch freiwillige Betriebsvereinbarungen ergänzt werden. Vgl. hierzu beispielsweise MÜLLER u. MARTIN (2000: 44).

b   Diese Maßnahmen sind zum Teil allerdings nur bedingt kurzfristig einsetzbar bzw. nur auf bestimmte Personenkreise anwendbar. Aufgrund ihres hohen Planungs- und Koordinationsaufwandes (beispielsweise für die Einrichtung von individuellen Zeitkonten oder Bonussystemen) sollten sie vielmehr im Rahmen der strategischen Personalpolitik Berücksichtigung finden.

c   Aufgrund der Sonderstellung der beiden letztgenannten Maßnahmearten und ihres komplexen Wirkungsgefüges erfolgt hier keine weiterführende Analyse. Vielmehr sei dazu auf die weiterführende Literatur verwiesen.

Bei der **Bewertung der präventiven Maßnahmen des Personalabbaus** ist sowohl eine direkte als auch eine indirekte Wirkung auf die ökonomische und soziale Effizienz zu berücksichtigen:

- Präventive Maßnahmen stellen wirtschaftliche und soziale Einschnitte für Unternehmen und Arbeitnehmern dar und beeinträchtigen die Effizienz (direkter Effekt).

- Bei präventiven Maßnahmen handelt es sich – zumindest in bestimmten Umfang – um eine Alternative zu den kapazitätsreduzierenden Maßnahmen. Durch Inkaufnahme geringerer Folgewirkungen der präventiven Maßnahmen können die größeren Folgewirkungen sog. harter Personalabbaumaßnahmen vermieden werden.

Minderung der Personalkosten:

Bei personellen Überkapazitäten erhöht sich durch eine **Senkung der Personalkosten** die Wettbewerbsfähigkeit, was sich in einer erhöhten Nachfrage und somit besseren Auslastung der Personalkapazitäten niederschlägt. Dadurch verringert sich der Personalabbaubedarf.

Maßnahmen, die an einer Reduzierung der Personalkosten ansetzen, wie beispielsweise ein Einfrieren oder eine Reduzierung der Vergütung bzw. eine Aufhebung von freiwilligen Sozialleistungen, die kurzfristig mit dem Ziel einer Vermeidung oder Verminderung von Abbaubedarf eingeleitet werden, entsprechen darüber hinaus durch ihre gleichmäßige Belastungsverteilung in starkem Maße dem Ideal von Solidarmodellen. Eine Anwendung scheint daher besonders in Zeiten akuter Unternehmenskrisen sinnvoll.

Langfristig liegt das größte Risiko derartiger Maßnahmen in der verstärkten Abwanderungsgefahr von Leistungsträgern. Mögliche negative Effekte könnten sich auch daraus ergeben, daß aufgrund eines stark ausgeprägten Besitzstandsdenkens interne Konflikte auftreten, welche die soziale Effizienz beeinträchtigen.

Erhöhung bzw. Verbesserung der Personalleistung

Eine unmittelbare Verringerung des Abbaubedarfes kann neben der Senkung der Personalkosten auch durch Maßnahmen zur Steigerung der Personalleistung erreicht werden. Dazu zählen in erster Linie qualitative Maßnahmen der Personalplanung, im Sinne einer Erhöhung der Einsatzflexibilität der vorhandenen Arbeitnehmer an verschiedenartigen Arbeitsplätzen.[132] **Personalentwicklungsmaßnahmen** zur Verbesserung der Einsatzflexibilität umfassen sowohl Maßnahmen zur Qualifizierung der Arbeitnehmer (Ausbildung, Fortbildung, Umschulung, qualifiziertes Anlernen) als auch Instrumente der Arbeitsgestaltung und Arbeitsorganisation (Job Rotation, Job Enrichment, Teamarbeit etc.). Durch eine höhere Einsatzflexibilität und Beschäftigungsfähigkeit (employability)

---

[132] Vgl. hierzu insbesondere RKW (1996: 225 ff.).

der Arbeitnehmer können sowohl ökonomische als auch soziale Erfolgswirkungen erreicht werden, beispielsweise eine gestiegene Arbeitsproduktivität durch erhöhte Arbeitszufriedenheit und Motivation oder – damit eng verbunden – eine Verbesserung der Leistungs- und somit auch der Wettbewerbsfähigkeit der Unternehmen[133]. Allerdings sind derartige Maßnahmen meist nur im Rahmen einer längerfristigen Personal(entwicklungs)planung realisierbar und eignen sich daher nur begrenzt für die *kurzfristige* Vermeidung von Personalabbau.

Im Gegensatz dazu können aufgabenbezogene Maßnahmen zur Steigerung der **Personalleistung**, wie die Ausweitung des Aufgabenumfangs der Arbeitnehmer, z.B. durch Schaffung einer Arbeitsreserve oder den Aufbau von Lager, auch kurzfristig eingesetzt werden. Zusätzliche neue Aufgaben entstehen durch eine Aufgabenumverteilung aus anderen Unternehmensbereichen oder die Selbsterstellung vormals zugekaufter Leistungen.

Während eine rein *quantitative Ausweitung* der Aufgaben lediglich dann zu negativen Begleiterscheinungen führt, wenn diese die (verbleibende) Arbeitskapazität deutlich übersteigt – Folgen können langfristig eine kontraproduktive Überlastung der Arbeitnehmer sowie eine Zunahme von Streß und Gesundheitsproblemen sein – so kann die Zunahme der Anforderungen durch den Arbeitsinhalt bei der *Übernahme zusätzlicher Aufgaben* zu einer direkten Zunahme der aufgrund des Personalabbaus ohnehin schon großen Belastungen und Störungen des Leistungserstellungsprozesses führen, da hierfür nötiges Fachwissen und Routinen oft erst erlernt werden müssen. Somit hängen die Wirkungen davon ab, inwieweit es zu einer Veränderung von Arbeitsinhalten kommt und ein Rückgriff auf vorhandene Erfahrungen und Wissen möglich ist.[134]

---

[133]   Allerdings kann erhöhte (Personal-)Produktivität auch selbst zur Ursache von Personalabbau werden. Eine Untersuchung der Fragestellung nach Prävention von Personalabbau durch Personalentwicklung soll hier jedoch nicht erfolgen Die Argumentation zeigt, daß zwischen quantitativer und qualitativer Personalkapazität eine enge Beziehung besteht, die jedoch aufgrund ihrer Komplexität Gegenstand weiterer Forschungsarbeiten sein muß. Hierbei sei besonders auf das Forschungsvorhaben "Förderung der beruflichen Neuorientierung bei Personalabbau" hingewiesen, BERTHEL u. KNEERICH (1998).

[134]   Als weitgreifende Änderung der Personalleistung können weiterhin mögliche *Veränderungen der Unternehmensstruktur* berücksichtigt werden, wie beispielsweise der *Verkauf von Unternehmens-*

Veränderung des Personaleinsatzes

Die wichtigsten Maßnahmen des **Personaleinsatzes** bilden betriebsinterne sowie betriebsübergreifende *permanente* Versetzungen. Dazu kommen noch die Möglichkeiten einer *temporären* internen oder externen Arbeitnehmerüberlassung (Leih- oder Zeitarbeit). Voraussetzung für (kollektive oder individuelle) Änderungen des **Personaleinsatzes** ist eine rechtzeitige und umfassende Unterrichtung des Betriebsrates (§ 92 BetrVG Personalplanung) bzw. eine Berücksichtigung bei Sozialplanverhandlungen (z.b. Ausgleichszahlungen für weitere Arbeitswege). Insbesondere der externe Arbeitsplatzwechsel erfordert von den Beteiligten eine erhöhte Bereitschaft zur Mobilität. Zwar könnte angenommen werden, daß diese interne Mobilität vor allem in Krisenzeiten aufgrund von Angst vor Verlust des Arbeitsplatzes zunimmt; empirische Untersuchungen ergeben allerdings häufig, daß die Mobilitätsbereitschaft auch bei drohender Arbeitslosigkeit eher gering ist.

externer Arbeitsplatz- wechsel	betriebsexterne Arbeitnehmerüberlassung	betriebsübergreifende Versetzungen
interner Arbeitsplatz- wechsel	betriebsinterne Arbeitnehmerüberlassung	betriebsinterne Versetzungen
	temporär[135]	**permanent**

Abbildung 3-3:   Prävention von Personalabbau durch personaleinsatzbezogene
                 Maßnahmen – zunehmende Folgewirkungen

Das Ausmaß der Folgewirkungen hängt unmittelbar von diesen beiden Dimensionen ab: Positive Effekte durch präventive Maßnahmen des Personaleinsatzes können sich vor allem dann ergeben, wenn die Versetzung nur temporär zum Ausgleichen einer momentanen Überkapazität eingesetzt wird. Im Idealfall lassen sich damit sogar Personalent-

---

teilen oder *Management bzw. Mitarbeiter-Buy-outs.* Für eine ausführliche Analyse hierzu vgl. z.B. GRAML (1996) oder SCHWIEN (1995).

[135]   Für eine umfassende personalökonomische Analyse der "Flexibilisierung des Personaleinsatzes durch Arbeitnehmerüberlassung" sowie aktuelle empirische Daten zur Bedeutung von Personalleasing und Zeitarbeit in Deutschland sei auf den Beitrag von FÖHR (2000) verwiesen. Beispiele für den Einsatz sozialverträglicher Arbeitnehmerüberlassung als arbeitsmarktpolitisches Instrument sind bei WEINKOPF (1995), VANSELOW u. WEINKOPF (1996) beschrieben.

wicklungsmaßnahmen, wie z.B. Job Rotation oder Um- und Weiterbildungsangebote, kombinieren.

Die negativen Wirkungen dieser Maßnahmen nehmen mit der räumlichen und zeitlichen Distanz der umgesetzten Arbeitnehmer zu (vgl. Pfeil für zunehmende Folgewirkungen in Abbildung 3-3). Die Belastung bei den verbleibenden Arbeitnehmern steigt, weil die Beziehungen zu den umgesetzten Kollegen gestört bzw. zerstört werden. Insbesondere betriebsübergreifende Versetzungen werden durch die verbleibenden Arbeitnehmer aufgrund der Härte der Maßnahme gegenüber den umgesetzten Arbeitnehmern als besonders ungerecht empfunden, weil sich deren gewohntes Umfeld völlig verändert und sich die Anfahrtswege u.U. erhöhen. Außerdem sinkt die Verfügbarkeit des Wissens und der Erfahrungen der umgesetzten Arbeitnehmer.

Auf weitergehende quantitative Maßnahmen einer Flexibilisierung des Personaleinsatzes (vgl. Abbildung 2-1, Zeile 3) wie beispielsweise interne Arbeitsmärkte[136], Arbeitskräftepools[137], gezielter Einsatz von Leiharbeit bzw. die Gründung eigener Zeitarbeitsgesellschaften etc., kann lediglich hingewiesen werden; eine vertiefende Untersuchung ihrer Ausgestaltung und Wirkungen stellt ein interessantes Feld für weitere Forschung dar.

Insgesamt wird jedoch trotz der möglichen negativen Effekte, die auch durch präventive Maßnahmen auf verschiedene ökonomische und soziale Effizienzfaktoren ausgehen können, vermutet, daß eine Überkompensation dieser Effekte durch die Vermeidung der Folgewirkungen der Personalabbaumaßnahmen i.e.S. erfolgt. Präventive Maßnahmen wären somit ein wesentlicher Bestandteil des Maßnahmenspektrums beim Personalabbau.

---

[136]   Vgl. hierzu beispielsweise WEBER (1990).

[137]   Vgl. hierzu beispielsweise WEINKOPF (1996), STRICKER (1999: 162), STRICKER (1997) oder das Beschäftigungsmosaik der Deutschen Bank.

3.3 Flankierende Maßnahmen der Abfederung des Personalabbaus

Während es für die oben dargestellten kapazitätsreduzierenden und präventiven Maßnahmen des Personalabbaus in der Literatur zahlreiche Systematisierungen und auch ausführliche Erläuterungen zur konkreten Ausgestaltung und Einsatzmöglichkeit gibt, ist das weite Feld der begleitenden und – unerwünschte Nebenwirkungen – abfedernden Maßnahmen vor allem in der deutschen Literatur praktisch überhaupt nicht behandelt. Unter dem Stichwort 'Umgang mit 'Survivor Sickness'' findet im anglo-amerikanischen Sprachraum eine breite Diskussion der theoretischen und empirischen Zusammenhänge zwischen Personalabbaustrategien und zu vermeidenden individuellen und organisatorischen Beeinträchtigungen statt, woraus eine Vielzahl von Gestaltungsempfehlungen zum Umgang mit den (verbleibenden und ausscheidenden) Arbeitnehmern aber auch zur prozessualen Umsetzung abgeleitet werden. Die folgende Darstellung und Systematisierung der Empfehlungen zur 'Abfederung' des Personalabbaus wurde daraus abgeleitet.

Die **flankierenden Maßnahmen** können nach je nach Betrachtungsebene in

- Angebote für die ausscheidenden und verbleibenden Arbeitnehmer,
- die Gestaltung des Personalabbauprozesses sowie
- Maßnahmen der Anpassung des Unternehmens

unterschieden werden.

3.3.1 Angebote für ausscheidende und verbleibende Arbeitnehmer

Es ist davon auszugehen, daß sich der Umgang mit den von Freisetzungsmaßnahmen unmittelbar betroffenen Mitarbeitern auch auf die verbleibenden Mitarbeiter auswirkt. Bezogen auf die Effekte von Personalabbau auf die 'überlebenden' Arbeitnehmer kommen beispielsweise APPELBAUM U.A. (1997: 280) zu dem Schluß:

> "A major factor influencing the effects of terminations on survivors is their perceptions of how fairly the decisions on termination were made and how these were handled. This would ultimately affect their levels of productivity and the quality of their job performance."[138]

---

[138]   Vgl. zum Zusammenhang mit der wahrgenommenen (Prozeß-) Gerechtigkeit u.a. auch GREENBERG (1990) "Surviving employees were found to be more committed to the Organization when they perceived that the terminated employees were adequately compensated and equitably treated."

 Managementbox 5:
Spektrum der flankierenden Angebote für ausscheidende und verbleibende Arbeitnehmer

- Wesentliche **Zielgruppen** flankierender Maßnahmen des Personalabbaus sind ausscheidende und verbleibende Arbeitnehmer. Die an den *verbleibenden Arbeitnehmern* ansetzenden Maßnahmen haben über eine Veränderung von deren Einstellungen und Verhalten einen direkten Einfluß auf die Folgewirkungen des Personalabbaus i.e.S. Dagegen geht von den Angeboten für die *ausgeschiedenen Arbeitnehmer* eine indirekte Wirkung aus, da sich auch aus einer Bewertung der Handlungen des Unternehmens gegenüber ihren ausgeschiedenen Arbeitskollegen Einstellungs- und Verhaltensänderungen der verbleibenden Arbeitnehmer ergeben können, wie in verschiedenen Untersuchungen zum 'Survivor Guilt' und 'Survivor Envy' nachgewiesen werden konnte.[a]

- Die flankierenden Maßnahmen können außerdem hinsichtlich des **Maßnahmeninhalts** unterschieden werden. *Kompensatorische Maßnahmen* verfolgen das Ziel einer Entschädigung der betroffenen Arbeitnehmer und setzen in erster Linie am Leistungswillen an. Dagegen soll durch *entwicklungsorientierte Maßnahmen* das Leistungspotential der betroffenen Arbeitnehmer gesteigert werden, weshalb bei diesem Maßnahmentyp das Können fokussiert wird. Aus einer Gegenüberstellung der beiden Dimensionen 'Maßnahmeninhalt' und 'Betroffene' der Maßnahmen ergibt sich das in der folgenden Abbildung gezeigte Spektrum flankierender Angebote für die Arbeitnehmer.

Anmerkungen zur Managementbox:

a   'Survivor guilt': Schuldgefühle gegenüber den Ausgeschiedenen, verletztes Gerechtigkeitsempfinden, Zunahme von (Arbeitsplatz-) Unsicherheit etc.; 'survivor envy': Überlebende haben weniger Gehalt, Rang, mehr Arbeit, Funktionen, größere Leitungsspanne, keine großzügigen Abfindungspakete etc. vgl. hierzu auch Kapitel 2.4.1.

Angebote für ausscheidende Arbeitnehmer	
Kompensationsorientierte Angebote	▪ Freiwillige Abfindungszahlungen ▪ Weitergewährung freiwilliger Sozialleistungen ▪ Weitere Zuschußzahlungen
Entwicklungsorientierte Angebote[139]	▪ Weiterbildungs- und Qualifizierungsmaßnahmen ▪ Outplacement-Beratung ▪ Kontaktbörsen / Interne Arbeitsmärkte ▪ Überführung in Beschäftigungs- und Qualifizierungsgesellschaften ▪ Existenzgründungsunterstützung ▪ Trennungsgespräche
Angebote für verbleibende Arbeitnehmer	
Kompensationsorientierte Angebote	▪ Erhöhung der fixen Vergütung ▪ Erhöhung der leistungsbezogenen / variablen Vergütungsbestandteile ▪ Beteiligung am Unternehmenserfolg / Kapitalbeteiligung ▪ Ausweitung der freiwilligen Sozialleistungen sowie sonstiger betrieblicher Vergünstigungen
Entwicklungsorientierte Angebote	▪ Beschäftigungsgarantien ▪ Weiterbildungs- und Qualifizierungsmaßnahmen ▪ Maßnahmen zur Teamentwicklung ▪ Karriereberatung ▪ Personal- und Mitarbeitergespräche ▪ Einführung von Zielvereinbarungen

Abbildung 3-4:   Maßnahmenmix flankierender Angebote für ausscheidende und verbleibende Mitarbeiter

Von diesem **Maßnahmenmix** hängt die Effizienz des Personalabbaus ab:

▪ Es kann davon ausgegangen werden, daß der Gestaltungsspielraum bei den **kompensatorischen Maßnahmen** aufgrund der gesetzlichen und tariflichen Rahmenbedingungen vor allem bei den ausscheidenden Arbeitnehmer stark eingeschränkt ist. Allerdings dürfte dieser Spielraum – insbesondere in Unternehmen, die aus einer akuten (Kosten-)Krise heraus agieren, – auch bei den verbleibenden Arbeitnehmern eingeschränkt sein. Eine zielgenaue 'Entschädigung' derjenigen Mitarbeiter und Führungskräfte, die durch den Personalabbau die höchste Belastung erleiden, verbietet sich meist aus Kosten- und Imagegründen, so daß sich in der Situation des Personalabbaus vor allem die Maßnahmen einer stärkeren Flexibilisierung und Leistungsorientierung des Anreizsystems anbieten.

- Dagegen können **entwicklungsorientierte Angebote** – speziell für verbleibende Mitarbeiter – gezielt zur Förderung des Leistungspotentials des Unternehmens eingesetzt werden. Darüber hinaus kommt ihnen eine interessante Rolle bei der aktuellen und zukünftigen Personalkapazitätsplanung zu.[140] Die diesbezüglichen Angebote an ausscheidende Arbeitnehmer erfüllen eine zweifache Funktion: Zum einen kann das Unternehmen damit demonstrieren, daß es seiner Verantwortung gegenüber den ehemaligen Mitarbeitern und der Gesellschaft – über die gesetzlichen Mindestforderungen hinaus – nachkommt;[141] zum anderen können sich gerade durch die neueren Formen entwicklungsorientierter Angebote, wie z.b. Beschäftigungs- und Qualifizierungsgesellschaften oder interne Arbeitsmärkte, auch für das Unternehmen selbst interessante Perspektiven ergeben, wie z.b. die Möglichkeit, zu einem späteren Zeitpunkt wieder auf ehemalige Mitarbeiter und deren Wissen zurückgreifen zu können.

- Insgesamt kann angenommen werden, daß die **Effizienz des Personalabbaus** mit der Anzahl und Vielfalt des Maßnahmenmix flankierender Angebote – sowohl für ausscheidende als auch für verbleibenden Arbeitnehmer – zunimmt.

---

[139]   Eine ausführliche Analyse der entwicklungsorientierten Instrumente für ausscheidende Arbeitnehmer sowie eine empirische Evaluation deren Effizienz findet sich bei BERTHEL u. KNEERICH (1998).

[140]   Eine Überschneidung zu den präventiven Maßnahmen des Personalabbau ist daher möglich; beispielsweise können Weiterbildungs- und Qualifizierungsmaßnahmen auch gezielt zur Vermeidung oder Verlagerung von Überkapazitäten eingesetzt werden.

[141]   Wie bereits oben dargestellt, ist davon auszugehen, daß gerade dieser Aspekt Einstellung und Verhalten der verbleibenden Arbeitnehmer stark beeinflußt und damit zu einem wichtigen Einflußfaktoren auf den Erfolg von Personalabbau gehört.

3.3.2   Gestaltung des Prozesses des Personalabbaus

Vor allem in der anglo-amerikanischen Downsizing-Literatur findet sich eine Vielzahl von Richtlinien und Empfehlungen zu einer optimalen Gestaltung von **Personalabbauprozessen.**[142]

"Diese Maßnahmenkataloge lassen sich leicht nachvollziehen und erscheinen logisch, wobei in den meisten Fällen keine empirische Bestätigung in Form 'harter Zahlen' vorliegt. Die den empfohlenen Maßnahmen zugrundeliegende Logik läßt sich mit den Worten umschrieben: Was den Betroffenen nützt, dient auch den Zielen der Organisation."[143]

Daraus abgeleitet werden im folgenden kritische Merkmale der **Planungsqualität,** der **Informations- und Kommunikationspolitik,** der **Mitwirkungsmöglichkeiten** der betroffenen Interessengruppen sowie der **Verhandlung zwischen den Sozialpartnern** kurz dargestellt und hinsichtlich ihrer Wirkungen auf die ökonomische und soziale Effizienz bewertet.

---

[142]   Vgl. beispielsweise BROCKNER 1992, BROCKNER U.A. 1994, NOER 1993, FELDMAN U. LEANA 1994, LABIB u. APPELBAUM (1994) oder CAMERON 1993 und 1994. Einen Überblick über die Diskussion findet sich bei SEISL (1998: 273 ff.) oder bei V. BAECKMANN (1998: 85 f.).

[143]   V. BAECKMANN (1998: 85). Dabei sind unter 'Betroffene' auch ausdrücklich diejenigen Mitarbeiter eingeschlossen, die im Unternehmen verbleiben und nach der Veränderungswelle unter neuen Bedingungen weiterarbeiten müssen.

Managementbox 6:
Gestaltungsparameter von Personalabbauprozessen – Darstellung der
wichtigsten Erfolgsfaktoren

Planung von Personalabbauprozessen: Bestimmung der Ursachen der personellen Überkapazität, umfassende Situationsanalyse im voraus (Art und Umfang des Abbaubedarfs, Rahmenbedingungen etc.), Prüfen des Bedarfs nach
externer Unterstützung, Umsetzungsplanung (z.b. 'Bombenwurf' vs. inkremen-
telles Vorgehen) etc.

Informations- und Kommunikationspolitik: frühzeitige und offene Informa-
tionspolitik, Schaffen von geeigneten Kommunikationskanälen (Unterbindung
von 'Gerüchteküchen'), Einbindung der direkten Vorgesetzten, Bereitstellung
von Ansprechpartnern zur Vermeidung von Unsicherheit etc.

Mitwirkungsmöglichkeiten der Beteiligten: frühzeitige Einbeziehung (oder
Information) in Entscheidungsfindung, Einbeziehung aller Akteure und z.b.
auch externer Interessengruppen, Prüfung und Angebot von Alternativen, Einräumen von Wahlmöglichkeiten für die betroffenen Arbeitnehmer etc.

Verhandlung zwischen den Sozialpartnern: bewußte Maßnahmen zur Sicherung der Qualität der Verhandlungen, z.b. Sachlichkeit der Argumentation,
umfassende Mitwirkungsmöglichkeiten (z.b. durch externe Moderation), Ausgleich von Interessengegensätzen (gerechte Verteilung von notwendigen 'Opfern') etc.

Bei der **Bewertung der Merkmale** von Personalabbauprozessen gilt es eine Reihe von
z.T. gegenläufigen Effizienzwirkungen zu berücksichtigen:

♦ Planungsqualität

Gegenstand der Planung von Personalabbau ist es, durch einen geeigneten Maßnahmeneinsatz den Personalabbau im Sinne einer Minimierung der Folgewirkungen zu optimieren. Die ergriffenen Maßnahmen werden eher für legitim gehalten, wenn sie nicht willkürlich festgelegt worden sind, sondern Ergebnis eines professionellen Planungsprozes-
ses sind. Die Planungsqualität nimmt zu – so wird postuliert –, wenn aufbauend auf einer umfassenden Situationsanalyse durch den Einsatz von Planungsverfahren der Personalabbaubedarf ermittelt und eine Festlegung der durchzuführenden Maßnahmen in
einem konkreten Zeit- und Maßnahmenplan erfolgt. Ein inkrementeller Personalabbau
belastet das Unternehmen über einen längeren Zeitraum und führt wahrscheinlich zu
einer größeren Verunsicherung der Arbeitnehmer; dagegen könnte ein Personalabbau 'in

einem Schritt' als sozial härter empfunden werden und mit einem nicht optimal abgestimmten Maßnahmeneinsatz verbunden sein. Im Zusammenhang mit der Planung ist auch von Interesse, inwieweit externe Berater in die Vorbereitung und Durchführung des Personalabbauprozesses einbezogen wurden und welchen Einfluß dies auf die Effizienz des Personalabbaus ausübt.

♦ **Informations- und Kommunikationspolitik**

Je offener die Informations- und Kommunikationspolitik des Unternehmens beim Personalabbau ist, desto effizienter kann dieser erfolgen, weil dadurch Unsicherheit in der Belegschaft reduziert werden kann. In den amerikanischen Studien hat sich vor allem die Einbindung der unmittelbaren Vorgesetzten als wichtiger Erfolgsfaktor ergeben, z.B. dahingehend, daß schlechte Nachrichten persönlich durch die direkten Vorgesetzten überbracht wurden und die Mitteilung nicht aus unpersönlicher Quelle erfolgte (z.b. durch die Medien oder 'per Gerüchteküche'). Bei Unterlassung von persönlicher Information werden die Handlungen des Unternehmens als besonders ungerecht aufgefaßt und das Verhältnis zwischen Vorgesetzten und (verbleibenden) Mitarbeitern verschlechtert sich.

♦ **Mitwirkungsmöglichkeit**

Über die reine Information hinausgehend ist für die Effizienz von Personalabbau weiterhin entscheidend, welche Mitwirkungsmöglichkeit den von Personalabbau Betroffenen eingeräumt wird. Der Personalabbau kann umso effizienter erfolgen, je mehr *Akteure* in den Entscheidungs- und Umsetzungsprozeß einbezogen werden. Hierbei handelt es sich nicht nur um die Arbeitnehmervertretungen, Gewerkschaften und sonstigen Interessenten, wie z.B. Arbeitsämter und Kommunen, sondern auch um den einzelnen Arbeitnehmer, dem Wahlmöglichkeiten zwischen verschiedenen Alternativen eingeräumt werden sollten. Allerdings erhöhen sich mit der Zahl der Akteure, die im Rahmen einer Maßnahme zu berücksichtigen sind, meist auch die Transaktions- und Koordinationskosten. Gleichzeitig darf aber nicht vernachlässigt werden, daß durch diese Beteiligung ein besserer Output erzielt werden könnte.[144]

♦ **Verhandlung zwischen den Sozialpartnern**

Als besonders wichtiger Aspekt – sowohl in Bezug auf die Durchführung des Personalabbauprozesses als auch zur langfristigen Aufrechterhaltung eines kooperativen Betriebsklimas – ist der Prozeß der Verhandlungen zwischen den betrieblichen Sozialpartnern zu berücksichtigen. Die Qualität des Verhandlungsprozesses wird unter anderem durch ein gemeinsames Interesse an einem schnellen Interessenausgleich und eine sachliche Argumentation geprägt und hat – so die Vermutung – einen entscheidenden Einfluß auf Qualität und Akzeptanz des Verhandlungsergebnisses. Es ist noch zu prüfen, ob ein freiwilliges Überschreiten der rechtlichen Mindestforderungen zum einen den Prozeß des Personalabbaus beschleunigt und zum anderen geringere negative Folgewirkungen auslöst. Aus der Perspektive sozialer Effizienzkriterien ist zu berücksichtigen, inwieweit die Verhandlungspartner dem Aspekt der Beschäftigungsbefähigung Vorrang gegenüber eher kompensatorischen Maßnahmen einräumen und welchen Einfluß die gemeinsame Zielsetzung einer Beschäftigungssicherung spielt.

Zusammenfassend kann die Gestaltung des Personalabbauprozesses auch unter dem Aspekt der **Prozeßgerechtigkeit** bewertet werden: Als zentralen Einflußfaktor vor allem auf die Reaktionen der Verbleibenden haben die Untersuchungen von BROCKNER u.a. die 'wahrgenommene Gerechtigkeit', bezogen zum einen auf die Gründe des Personalabbaus und zum anderen auf den Prozeß des Personalabbaus, identifiziert. Die wichtigsten Fragestellungen in diesem Zusammenhang sind[145]:

- Ist der Personalabbau gerechtfertigt und notwendig?
- Hat die Unternehmensführung die Gründe des Personalabbaus umfassend erläutert?
- 'Paßt' der Personalabbau zur bisherigen Unternehmenskultur?
- Gab es ausreichende Vorabinformation?

---

[144]   Vgl. hierzu insbesondere SEISL (1998: 62 ff.) oder die Studie von WEIBER u. STOCKERT (1987).

[145]   Nach BROCKNER (1992: 10 ff.). Vgl. zur Prozeßgerechtigkeit auch BROCKNER u. GREENBERG (1990), BROCKNER u.a. (1994), GREENBERG (1990), DAVY u.a. (1991), ORLANDO (1999), TREVINO (1992), TYLER u. BIES (1990).

- Wurden bei der Umsetzung des Personalabbaus alle Beteiligten mit Würde und Respekt behandelt?
- Wurden die 'Einschneidungen' auch von den oberen Führungsebenen geteilt?
- Wie transparent ist die Entscheidungsregel bezüglich der vom Personalabbau direkt Betroffenen?
- Gab es ausreichend Unterstützung für die Ausscheidenden?
- Hat das Unternehmen die Mitarbeiter in den Personalabbauentscheidungsprozeß miteinbezogen?

3.3.3 Anpassung organisatorischer Bestimmungsgrößen des Unternehmens

Neben der unmittelbaren Gestaltung des Personalabbauprozesses können gegebenenfalls auch Maßnahmen einer dauerhaften Anpassung wichtiger organisatorischer Bestimmungsgrößen zu den flankierenden Maßnahmen gerechnet werden, wenn diese geeignet sind die Folgewirkungen eines Personalabbaus abzuschwächen bzw. in langfristige Erfolgspotentiale umzuwandeln. Dazu zählen unter anderem grundlegende **Personalstrukturveränderungen** im Zusammenhang mit und/oder parallel zum Personalabbau beispielsweise durch eine Verringerung der Zahl der Hierarchieebenen oder durch Änderungen der Unternehmensdemographie. **Strategische Anpassungen** beziehen sich auf eine kapazitätswirksame Veränderung, Neugestaltung oder Eliminierung einzelner oder ganzer Aufgabenfelder (z.B. durch Outsourcing). **Kulturbezogene Anpassungen** können beispielsweise durch die Vermittlung einer neuen Unternehmensvision ausgelöst werden.

Ohne an dieser Stelle auf die Komplexität des weiten Spektrums der Handlungsalternativen von Personal- und Organisationsgestaltung weiter eingehen zu können, berücksichtigt die folgende Auswahl lediglich einige Aspekte, die sich in den vorhandenen Studien (vgl. Kapitel 2.4.2) als besonders bedeutsam im Zusammenhang mit Personalabbau erwiesen haben.

 Managementbox 7:
Anpassung organisatorischer Bestimmungsgrößen des Unternehmens –
Darstellung der wichtigsten Erfolgsfaktoren

Veränderungen von Unternehmensstrategie und -struktur: Veränderung, Neugestaltung oder Eliminierung einzelner Aufgaben oder ganzer Funktionsbereiche, Veränderung der Anzahl der Führungsebenen, Änderungen am Zentralisierungsgrad von Aufgaben, Outsourcing von Aufgaben und Konzentration auf das Kerngeschäft, Verschlankung / Reengineering von Prozessen, Straffung des Produktions- oder Dienstleistungsprogramms.

Veränderungen der Unternehmenskultur: Zur Diagnose von Handlungsbedarf hinsichtlich einer Anpassung der Unternehmenskultur eignen sich folgende Kontrollfragen:
- Ist den Arbeitnehmern deutlich vermittelt worden, daß der Personalabbau beendet ist (z.B. durch ein spezielles Ereignis)?
- Erwarten die Arbeitnehmer noch weitern Abbau von Personal?
- Konnte die Führung erfolgreich eine neue Vision vermitteln und eine strategische Neuausrichtung des Unternehmens bewirken?
- Gab es im Zusammenhang mit dem Personalabbau einen 'Kulturwandel' im Unternehmen?
- Hat sich im Unternehmen 'Aufbruchsstimmung' verbreitet?
- Hat sich bei den Arbeitnehmern unternehmerisches Denken und Handeln eingestellt?

Bewertung der potentiellen Chancen und Risiken derartiger Maßnahmen:

♦ **Veränderungen von Strategie und Struktur**

Restrukturierungsprogramme und strategische Neuausrichtungen können den Personalabbau sowohl positiv als auch negativ in seiner Effizienz beeinflussen. Wenn während des Personalabbaus gleichzeitig tiefgreifende Restrukturierungsprogramme durchgeführt werden, kann dies die aufgrund des Personalabbaus ohnehin schon großen Belastungen bei den Arbeitnehmern eher noch verstärken. Gleichzeitig können sie aber als Zeichen dafür dienen, daß das Unternehmen sich ernsthaft um einen Wandel zum Besseren bemüht, daß vergangene Fehler beseitigt werden, und daß damit langfristig ein positiver Akzent bezüglich der Überlebensfähigkeit des Unternehmens gesetzt wird.

◆ **Veränderungen der Unternehmenskultur**

Als entscheidender Erfolgsfaktor hat sich in verschiedenen Studien zum Prozeß des Personalabbaus die Frage erwiesen, inwieweit es gelungen ist, im Unternehmen das positive Gefühl eines 'Neuanfangs' zu vermitteln – eine wichtige Aufgabe der betroffenen Führungskräfte. Dazu sollte das Ende der Phase des Personalabbaus durch ein spezielles Ereignis klar signalisiert werden, beispielsweise einen Strategie-Workshop oder eine 'Zukunftswerkstatt'. Die Phase der allgemeinen Unsicherheit, die Personalabbauprozesse häufig begleitet (Arbeitsplatzunsicherheit, Rivalität um Erhalt des eigenen Jobs etc.), kann kurzfristig durchaus in einer höheren Leistungsbereitschaft der Arbeitnehmer resultieren. Oft stellt sich bei den Arbeitnehmern dadurch ein Mehr an 'unternehmerischem Denken und Handeln' ein. Voraussetzung für eine dauerhafte vertrauensvolle Zusammenarbeit sind aber in diesem Zusammenhang die Bemühungen zu einer Wiederherstellung eines Gefühls der Sicherheit bzw. zu einer Revitalisierung des zugrundeliegenden psychologischen Kontrakts.[146]

3.4 Zusammenfassende Bewertung

▪ Wie bereits in der Darstellung des 'State-of-the-Art' in Kapitel 2.3 betont, finden sich in der relevanten personal- und betriebswirtschaftlichen Literatur, aber auch in der praxisorientierten Diskussion bisher lediglich ausführliche Beschreibungen der verschiedenen Alternativen des Personalabbaus unter Berücksichtigung der rechtlichen Rahmenbedingungen.

▪ Die unter dem Begriff 'flankierende Maßnahmen' summierten Angebote und Gestaltungsaspekte sind bisher noch kaum hinsichtlich ihrer Ausprägungen und (Wechsel-)Wirkungen mit dem 'klassischen' Abbauinstrumentarium einerseits und den Folgen auf die organisatorische Effizienz andererseits diskutiert worden.

▪ Aufgrund der unterschiedlichen Zielsetzung und Wirkungsrichtung der einzelnen Maßnahmen lassen sich nur sehr schwer einheitliche Beurteilungskriterien festlegen, wie sich auch aus der Uneinheitlichkeit der Zuordnung der Maßnahmen zu den Kategorien ergibt. Zwar werden in Theorie und Praxis eine Reihe von Bewertungskriterien[147] – bezogen vor allem auf das 'klassische Freisetzungsinstrumentarium' – diskutiert: Anpassungspotential, Planbarkeit der Maßnahmen, zeitlicher Horizont, praktische Umsetzbarkeit etc. Diese berücksichtigen aber nur sehr unzureichend die – für diese Untersuchung zugrundegelegten – Zieldimensionen ökonomischer und sozialer Effizienz.

---

[146]   Vgl. hierzu MARR u. FLIASTER (2002a und 2002b).

[147]   Den Firmen und Ansprechpartnern, die uns zur Information ihre internen Bewertungsschemata zur Verfügung gestellt haben, sei an dieser Stelle herzlich gedankt.

4 Trennungsmanagement 2: Entwicklung eines Analyse- und Bewertungsrahmens

Um die oben dargestellten Maßnahmen zur Kapazitätssteuerung sowie die flankierenden Angebote, welche dazu dienen, den Erfolg von Personalabbau zu sichern und unerwünschte Nebeneffekte zu vermeiden, hinsichtlich ihrer möglichen funktionalen und dysfunktionalen Wirkungen bewerten zu können, ist es zunächst notwendig, die relevanten **Ziel- und Effizienzdimensionen** zu ermitteln und voneinander abzugrenzen.

Darüber hinaus gilt es zu untersuchen, inwieweit die **spezifische Situation des Unternehmens** – beispielsweise Abbauziele und Handlungsdruck, Merkmale der betroffenen Arbeitnehmer, Ressourcenausstattung etc. – den Handlungsspielraum des Unternehmens beeinflußt und auf den Erfolg des Personalabbaus einwirkt.

4.1 Ziel- und Effizienzdimensionen zur Bewertung der Wirkungen von Personalabbau

Zur Operationalisierung des Oberziels von Personalabbauentscheidungen – einem "Interessenausgleich zur langfristigen Sicherung der Überlebensfähigkeit des Unternehmens" – werden zuerst kurz die beiden zentralen Interessenschwerpunkte von Arbeitnehmern und Arbeitgebern anhand des Konfliktorientierten Ansatzes gezeigt (**Kapitel 4.1.1**). Dies dient als Grundlage für die Entwicklung eines Effizienzkonzeptes zur Bewertung der Wirkungen von Personalabbau (**Kapitel 4.1.2**). Die Betrachtung der Effizienzwirkungen erfolgt anschließend auf zwei Ebenen, zum einen durch eine Bewertung der Umsetzungsqualität von Personalabbauprozessen (**Kapitel 4.1.3.**) und zum anderen durch die Untersuchung der Wirkungen des Personalabbaus auf ökonomische und soziale Erfolgsgrößen (**Kapitel 4.1.4**). Mögliche indirekte Effizienzwirkungen, die sich sowohl funktional als auch dysfunktional auf die Zielerreichung von Personalabbauprozessen auswirken können, werden in **Kapitel 4.1.5** analysiert.

4.1.1   Personalabbau aus der Perspektive des Ausgleichs zwischen ökonomischen und sozialen Interessen

Personalabbau ist ein Ereignis, welches ein erhebliches Konfliktpotential birgt: In keiner anderen Situation prallen die Interessen zwischen Arbeitgebern und Arbeitnehmer in ähnlich starkem Umfang aufeinander. Während für die **Arbeitgeber** vor allem ökonomische Zielgrößen, wie Produktivität und Werterhalt/-steigerung, die eine langfristige Überlebensfähigkeit des Unternehmens sichern sollen, Vorrang haben, so werden durch Personalabbau sowohl ökonomische (z.B. Einkommenssicherung, Entwicklungsmöglichkeiten etc.) als auch soziale **Interessen** (z.B. Sicherheitsempfinden, Kontaktbedürfnisse etc.) **der Arbeitnehmer** nachhaltig beeinflußt.

Bisher wurden die einzelnen 'Bausteine' bei der Betrachtung von Personalabbau, wie situative Bedingungen, Gestaltungsspielräume (Maßnahmen und Instrumente) sowie mögliche Folgewirkungen lediglich isoliert betrachtet. Zusammenhangs- und Wirkungsvermutungen lassen sich aber erst aufstellen, wenn die Beurteilungskriterien präzisiert sind. Die bisher diskutierten Kriterien dabei zueinander z.T. erhebliche **Konfliktpotentiale** auf. Zwischen sozialer und ökonomischer Effizienz besteht eine wechselseitige Mittel-Zweckbeziehung (*Basiskomplementarität*) sowie in vielen Teilbereichen auch eine *Zielkonkurrenz*, so daß im Sinne eines Interessenausgleichs diejenigen Alternativen die besten sind, die sowohl Erfordernisse ökonomischer als auch sozialer Effizienz durch die Entscheidungskonsequenzen abdecken. Um einen Interessenausgleich in diesem Sinne möglich zu machen, müssen zunächst die "Erfolgskriterien des Personalabbaus" aus ökonomischer und sozialer Perspektive bestimmt werden.[148]

---

[148] Die Komplementarität und die (partielle) Zielkonkurrenz zwischen ökonomischen und sozialen Effizienzzielen ist Gegenstand des konfliktorientierten Ansatzes von MARR u. STITZEL (1979: 57 ff.), dessen wesentliche Elemente in der Abbildung 4-1 dargestellt werden.

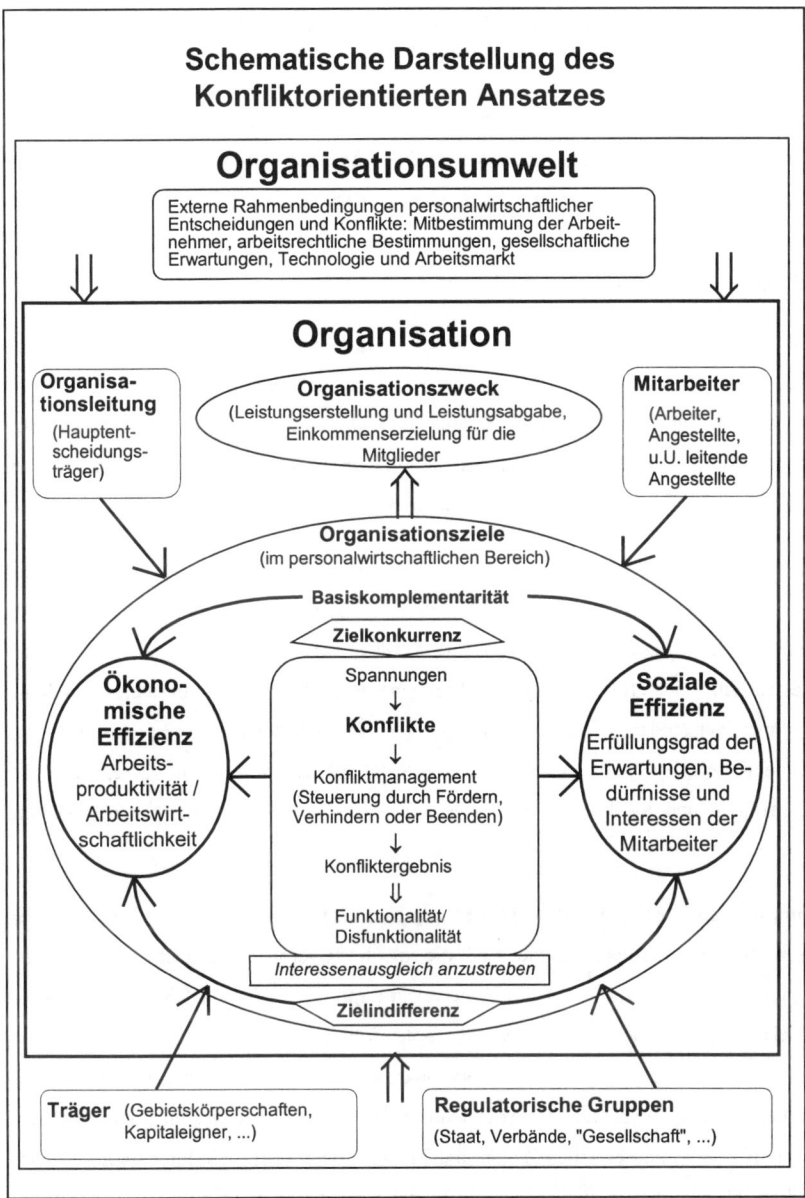

Schematische Darstellung des Konfliktorientierten Ansatzes

Organisationsumwelt

Externe Rahmenbedingungen personalwirtschaftlicher Entscheidungen und Konflikte: Mitbestimmung der Arbeitnehmer, arbeitsrechtliche Bestimmungen, gesellschaftliche Erwartungen, Technologie und Arbeitsmarkt

Organisation

Organisationsleitung (Hauptentscheidungsträger)

Organisationszweck (Leistungserstellung und Leistungsabgabe, Einkommenserzielung für die Mitglieder)

Mitarbeiter (Arbeiter, Angestellte, u.U. leitende Angestellte

Organisationsziele (im personalwirtschaftlichen Bereich)

Basiskomplementarität

Zielkonkurrenz

Ökonomische Effizienz Arbeitsproduktivität / Arbeitswirtschaftlichkeit

Spannungen
↓
Konflikte
↓
Konfliktmanagement (Steuerung durch Fördern, Verhindern oder Beenden)
↓
Konfliktergebnis
⇓
Funktionalität/ Disfunktionalität

Soziale Effizienz Erfüllungsgrad der Erwartungen, Bedürfnisse und Interessen der Mitarbeiter

Interessenausgleich anzustreben

Zielindifferenz

Träger (Gebietskörperschaften, Kapitaleigner, ...)

Regulatorische Gruppen (Staat, Verbände, "Gesellschaft", ...)

Abbildung 4-1:   Der konfliktorientierte Ansatz nach MARR u. STITZEL

4.1.2 Entwicklung eines Effizienzkonzeptes zur Bewertung der Wirkungen von Personalabbau

Um Personalabbau hinsichtlich seiner Effektivität und Effizienz beurteilen zu können, ist es zunächst notwendig, die relevanten Ziel- und Effizienzdimensionen zu ermitteln und voneinander abzugrenzen. Das Oberziel ist es, durch ein 'folgenminimales' Trennungsmanagement zur Wiederherstellung und langfristigen Sicherung der Überlebensfähigkeit des Unternehmens beizutragen.

Da es häufig nicht möglich ist, den direkten Einfluß einer Gestaltungshandlung auf eine Zielgröße zu überprüfen, wird versucht, die Komplexität der Beurteilungssituation durch die Einbeziehung von Unterzielen und Moderatorvariablen zu reduzieren, von denen angenommen werden kann, daß sie in einer Ursache-Wirkung-Beziehung zu den beiden elementaren Zieldimensionen, ökonomische und soziale Effizienz, stehen.

Zur grundlegenden Unterscheidung der beiden **Begriffe 'Effektivität'** und **'Effizienz'** im anglo-amerikanischen sowie im deutschen Sprachraum sei auf die Beiträge von SCHOLZ (1992) sowie AHN U. DYCKHOFF (1997) verwiesen. Im folgenden wird unter 'Effektivität' die grundsätzliche, zielbezogene Eignung einer organisatorischen Maßnahmen verstanden. 'Effizienz' wird dagegen als eine Relationsgröße zwischen zwei Objektkategorien (meist als Output/Input-Relation) interpretiert, mit deren Hilfe die Bewertung und Selektion einer bestgeeigneten Problemlösungsalternative ermöglicht wird.

Im Sinne einer **Effektivitätsbetrachtung** gilt es also zu analysieren, inwieweit die ausgewählten Alternativen geeignet sind, die mit ihnen verbundenen Zielsetzungen zu erreichen. Konkret geht es darum, inwieweit die mit einem Personalabbau verbundenen Zielsetzungen tatsächlich verwirklicht werden können, wobei verschiedene Zielebenen zu berücksichtigen sind. Für die Operationalisierung kann zwischen unmittelbaren Abbauzielen (z.B. Erreichung der Abbauquoten, Reduzierung der Personalkosten etc.) und längerfristigen, strategischen Zielen und Erfolgsgrößen (z.B. Wirkungen auf den wirtschaftlichen Gesamterfolg des Unternehmens) differenziert werden.

Im Folgenden liegt der Schwerpunkt auf einer **Betrachtung der Effizienz** der eingesetzten Maßnahmen des Personalabbaus unter dem **Oberziel** einer Wiederherstellung und Sicherung der kurz- und langfristigen Überlebensfähigkeit des Unternehmens. Basierend auf diesem Formalziel[149] werden geeignete Kriterien und Indikatoren zur Operationalisierung der beiden aus dem interessenausgleichs-orientierten Ansatz abgeleiteten Effizienzdimensionen, ökonomische und soziale Effizienz, gebildet.

Bereits an dieser Stelle soll darauf hingewiesen werden, daß die Effektivitäts- bzw. Effizienzbestimmung im vorliegenden Fall mit z.T. erheblichen **Problemfeldern** behaftet ist.[150] Dazu zählen vor allem die Schwierigkeit bei der Zurechnung von Wirkungen spezifischer Maßnahmen auf eine Zieldimension (*Zurechenbarkeitsproblem*) sowie das Problem einer inhaltlichen Präzisierung und Messung von Effektivitäts- oder Effizienzmerkmalen (*Konkretisierungs- und Operationalisierungsproblem*). Nicht weniger problematisch ist auch die Zusammenfassung von Effizienzindikatoren zu Merkmalskomplexen (*Aggregationsproblem*) sowie die Berücksichtigung der spezifischen Situation, die durch eine bestimmte Kombination der Kontextfaktoren des Personalabbaus sowie der Merkmale des Unternehmens und der betroffenen Arbeitnehmer geprägt ist *(Relativierungsproblem, Problem unterschiedlicher und variierender Einflußfaktoren).* Insbesondere bei der Betrachtung der sozialen Effizienzdimension ist eine normative Bewertung oder Vorbelegung einzelner Kriterien notwendig, was allerdings *Subjektivierungsprobleme* implizieren kann.[151]

Aus diesen Gründen wird das **Effizienzkonzept** der ökonomischen und sozialen Zieldimensionen sowie der diese beeinflussenden Subziele und Moderatoren im folgenden zunächst schematisch anhand der wesentlichen Merkmale und Forschungsfragen dargestellt.

---

[149] Zur Kongruenz von Zielvorgaben und Effektivitäts- bzw. Effizienzvariablen vgl. SCHOLZ (1992: Sp. 534 f.).

[150] Vgl. zur Unterscheidung der Problemfelder insb. SCHOLZ (1992: Sp. 546 ff.) sowie zusammenfassend HERTIG (1996: 107 ff.).

[151] Beispielsweise kann der durch einen Personalabbau entstehende Streß auf individueller Ebene eine als negativ empfundene Belastung des Betroffenen darstellen, während er gleichzeitig auf kollektiver Ebene auch als eine – in Maßen durchaus begrüßenswerte – Aktivierung verstanden werden kann.

Die **Entwicklung dieses Effizienzkonzeptes** ist in erster Linie als Heuristik zu verstehen, mit deren Hilfe versucht wird, das komplexe Feld der sich wechselseitig bedingenden Folgewirkungen eines Personalabbau zu strukturieren und einer Operationalisierung für eine empirische Erhebung zugänglich zu machen. Da es häufig nicht möglich ist, eine unmittelbare Effizienzwirkung empirisch zu erheben, werden stattdessen Zwischengrößen oder Moderator-Variablen herangezogen, von denen – aufgrund individueller Plausibilität und/oder anerkannter Theorien – ausgegangen werden kann, daß sie die jeweiligen Effizienzwirkungen beeinflussen.

Die jeweils **wichtigsten Einflußfaktoren** hinsichtlich dieser Merkmale sind in der folgenden Managementbox zunächst zusammenfassend kurz dargestellt. Eine detaillierte Analyse der Wirkungsvermutungen folgt im Anschluß. Vgl. hierzu auch zusammenfassend die folgende Abbildung:

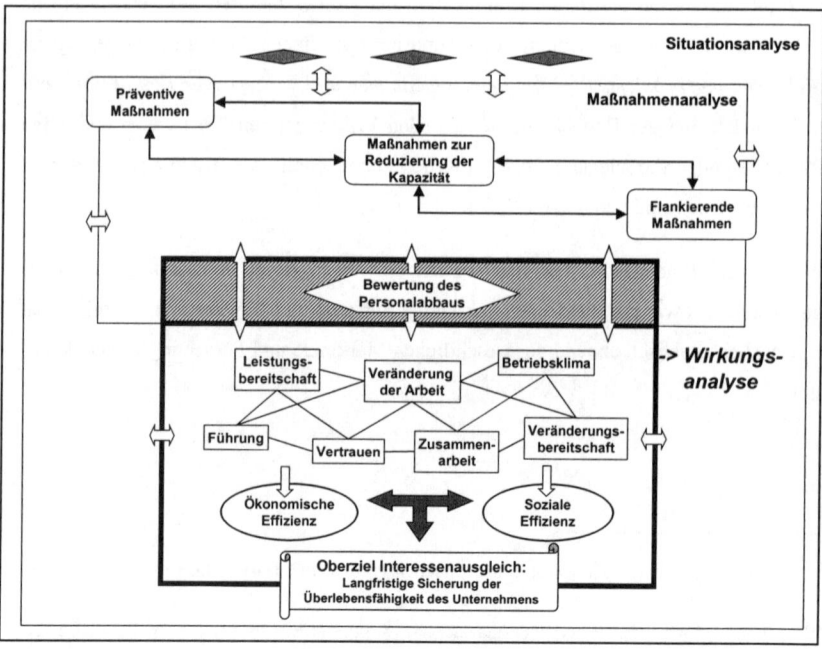

Abbildung 4-2:   Bezugsrahmen – Ausschnitt Wirkungsanalyse

 Managementbox 8:
Ziel- und Effizienzdimensionen zur Bewertung der Wirkungen von Personalabbau (Überblick):

1) **Bewertung des Erfolgs von Personalabbau(prozessen) an sich:** Zielerreichung und Zielgenauigkeit des Personalabbaus, zusammenfassende Bewertung der Härte des Personalabbau, wahrgenommene Gerechtigkeit des Personalabbaus etc.

2) **Indirekte Effizienzwirkungen:** geplante und ungeplante, funktionale und dysfunktionale Folgewirkungen bezüglich Individuum, Gruppe und Organisation. Belastungen durch Veränderungen der Arbeit, Veränderungen von Leistungsbereitschaft, Vertrauensbeziehungen, Führungsverhalten, Zusammenarbeit und Betriebsklima, Innovations- und Veränderungsbereitschaft.

3) **Wirkungen auf ökonomische und soziale Erfolgsgrößen:** Erhalt bzw. Ausbau von Erfolgspotentialen und Arbeitsproduktivität (Veränderung der Arbeitskosten und der -leistung, Gefahr des Verlusts an Wissen und intellektuellem Kapital), existenz- und entwicklungssichernde Gestaltung der Beziehungen zu den Stakeholdern, Sicherung der sozialen Effizienz (Arbeitszufriedenheit, Sicherheitsempfinden, soziale Kontaktbedürfnisse, Entwicklungsbedürfnisse, Erhalt von Gesundheit und Vermeidung von Belastungen).

4.1.3 Bewertung des Erfolgs von Personalabbauprozessen

Einer **Bewertung des Erfolgs** von Personalabbauprozessen anhand ausgewählter Kriterien der ökonomischen und sozialen Effizienz kommt in doppelter Weise große Bedeutung im Hinblick auf die Gesamteffizienz von Personalabbau zu. Zum einen ist sie ein wichtiges Instrument zur Beurteilung der Ausgestaltung und Effizienz der Gesamtheit der eingesetzten Maßnahmen und Angebote des Personalabbauprozesses. Zum anderen kann davon ausgegangen werden, daß die Bewertung beispielsweise der Sinnhaftigkeit oder der Gerechtigkeit von Personalabbaumaßnahmen selbst starken Einfluß auf die verschiedenen Merkmale des Verhaltens von Individuen, Gruppen und Organisation und damit mittelbar auch auf ökonomische und soziale Erfolgsgrößen des Unternehmens ausübt.

Als Merkmale für eine Bewertung des Personalabbaus sind dazu zum einen

- die **Zielerreichung des Personalabbaus (A)** und zum anderen

- die Wahrnehmung der **'Härte' des Personalabbaus (B)**

zu berücksichtigen.

(A) Zielerreichung des Personalabbaus

Zur Bewertung der Zielerreichung interessieren vor allem diese drei Fragestellungen:

♦ Wurden die Ziele des Personalabbaus erreicht?

Mögliche Merkmale und Beispiele für Indikatoren können sein:

- Anpassungspotential: Erreichen der unmittelbaren Abbauziele (z.B. Abbauquoten, Kostensenkung etc.);

- Zielverbesserungspotential: Erreichen strategischer Ziele und Verbesserung operativer Erfolgsgrößen (→ Wirkungen auf den Gesamterfolg des Unternehmens).[152]

♦ Wurden die 'richtigen' Mitarbeiter abgebaut? (Zielgenauigkeit der Maßnahmen)

Mögliche Merkmale und Beispiele für Indikatoren sind:

- Personal soll genau an den Stellen und in der Menge abgebaut werden, an denen und in der Über- oder Fehlkapazität besteht (→ Stellenbezogenheit).

- Die verwendeten Abbaualternativen müssen rechtlich und faktisch durchsetzbar sein (z.B. nicht gegen Kündigungsschutzvorschriften verstoßen) (→ Durchsetzbarkeit).

- Strategische Orientierung der Auswahl (→ 'Scharfschütze' vs. Schrotflinte'[153]).

---

[152]　Die Zielsetzungen per se werden hier nicht hinterfragt.

[153]　Damit soll impliziert werden, daß entweder nach dem Scharfschützenprinzip genau diejenigen Tätigkeiten und Stellen ausgewählt werden, die den geringsten Beitrag zur Wertschöpfung leisten, oder – aus dem Bemühen, mikropolitische Prozesse (Ressourcenkämpfe) zu vermeiden und/oder aus Gerechtigkeitsempfinden – Auswahlprozesse präferiert werden, die nach dem Schrotflintenprinzip die Belastung möglichst breit streuen. Zu diesem Phänomen und den damit verbundenen Wirkungen vgl. ausführlich CAMERON u.a. (1993: 52 f.), KOZLOWSKI u.a. (1993) sowie MISHRA u. MISHRA (1994).

♦ **War der Prozeß des Personalabbaus effizient?**

Mögliche Merkmale und Beispiele für Indikatoren sind:

- Plan- und Steuerbarkeit des Personalabbaus: Insbesondere bei der Planung und Gestaltung des Personalabbauprozesses ist zu berücksichtigen, inwieweit die Wirksamkeit bestimmter Maßnahmen a priori prognostiziert und geplant werden konnte, wodurch eine Steuerung des Personalabbaus erfolgte und ob es möglich war, einzelne Maßnahmen wieder rückgängig zu machen.[154]

- Bewertung der einzelnen Prozeßelemente: Planung, Kommunikation, Mitwirkungsmöglichkeit der Beteiligtengruppen, Verhandlungen zwischen den Sozialpartnern;

- 'Neuer Anfang' im Unternehmen: Kulturwandel, Einstellen von Aufbruchsstimmung, Verbesserung von unternehmerischem Denken und Handeln bei den Arbeitnehmern etc.;

- Erwartung eines weiteren Personalabbaus und daraus resultierende Unsicherheit bei den Mitarbeitern.

(B) Bewertung des Personalabbaus anhand der Wahrnehmung der Härte des Personalabbaus

Neben der – weitgehend auf ökonomische Effizienzaspekte orientierten – Betrachtung der Zielerreichung von Personalabbau, gibt es weitere Kriterien zur Bewertung von Personalabbauprozessen, die stärker auf die direkte personale Betroffenheit durch einen Personalabbau abzielen, und die im folgenden unter dem Merkmal **'Wahrnehmung der Härte des Personalabbaus'** zusammengefaßt werden. Dazu zählen zum einen der Umfang und die Art der Einbeziehung der unmittelbar von Personalabbau **Betroffenen**; zum anderen muß betrachtet werden, wie sich der **Trägerkreis** – als diejenigen Personen, Institutionen und Entscheidungsträger, die mit der Konzeption und Implementierung des Personalabbauprogramms betraut sind – zusammensetzt und an wichtigen Entscheidungen beteiligt wird.

---

[154] Beispielsweise soll damit berücksichtigt werden, inwieweit es gelang den Personalabbau sowohl in seinem Umfang als auch in seiner Durchführung bereits im voraus zu planen bzw. im Verlauf korrigierend einzugreifen.

- Bei Betrachtung des **personellen Wirkungskreises** und somit des Umfangs der unmittelbar Betroffenen läßt sich zwischen *modularen* Möglichkeiten, die nur einen personellen und/oder organisatorischen Zielbereich betreffen, und *solidaren* Programmen, welche die gesamte Arbeitnehmerschaft betreffen, unterscheiden.[155] Dazu kann eine Überprüfung der verschiedenen im Rahmen von Personalabbau möglichen Maßnahmen auf ihre Anwendung für verschiedene Zielgruppen, wie z.b. bestimmte Arbeitnehmergruppen, verbleibende und ausscheidende Arbeitnehmer, Führungskräfte oder alle Arbeitnehmer etc., erfolgen.

- Neben der Zusammensetzung des **Trägerkreises** ist vor allem der Umfang der Partizipations- und Entscheidungsrechte der verschiedenen Anspruchsgruppen von Interesse. Während sich *singuläre* Maßnahmen und Entscheidungen dadurch auszeichnen, daß sie – abgesehen von den gesetzlichen Mindestanforderungen an die Mitwirkung der Sozialpartner – weitgehend losgekoppelt von den Betroffenen der Maßnahmen sowie anderen Interessenten/ Teilnehmern einer Organisation getroffen werden, sind sog. *'Verbundmodelle'* durch eine (gleichwertige) Integration interner aber auch externen Anspruchsgruppen, wie z.B. Arbeitsämter, Gewerkschaften, kommunale Einrichtungen, Partnerunternehmen etc., gekennzeichnet.[156] Für eine weitere Differenzierung sowie zahlreiche Beispiele und Gestaltungsempfehlungen bei der Betrachtung von Betroffenen- und Trägerkreis sei auf die Arbeit von SEISL verwiesen.[157]

---

[155] Ein Beispiel für ein Solidarmodell ist das sog. VW-Modell in Form einer umfassenden Arbeitszeitverkürzung ohne Lohnausgleich. (Vgl. HARTZ 1994, 1995). Frühverrentungsmodelle, aber auch Sozialpläne zählen dagegen zu den modularen Konzepten, da nur ein spezifischer Personenkreis von den Maßnahmen direkt betroffen ist, während die verbleibenden Mitarbeiter die indirekten Wirkungen der Maßnahmen erfahren. Vgl. hierzu ausführlich MARR (1992) sowie SEISL (1998: 224 ff.).

[156] Ein prominentes Beispiele für ein solches übergreifenden Verbundmodell, ist das den bereits zitierten Untersuchungen von BERTHEL u. KNEERICH (1998) sowie STRICKER (1999) zugrunde gelegte Beispiel der Firma Case, wo in Zusammenarbeit mit dem nordrhein-westfälischen Arbeitsministeriums, dem Instituts Arbeit und Technik, der Universität-Gesamthochschule Siegen und einer privaten Outplacement-Beratungsfirma, ein spezielles Abbauinstrumentarium entwickelt und erfolgreich eingesetzt wurde.

[157] Für eine ganzheitliche Betrachtung der Dimensionen 'soziale Effizienz', 'Trägerkreis' und 'Betroffenenkreis' anhand eines sog. 'Trennungswürfels zur Kategorisierung von Freisetzungsmaßnahmen/-programmen' vgl. SEISL (1998: 224 ff.).

4.1.4 Wirkungen auf ökonomische und soziale Erfolgsgrößen

Zur Untersuchung der unmittelbaren ökonomischen und sozialen Effizienzwirkungen auf den Gesamterfolg des Unternehmens werden folgende Merkmale unterschieden:

(A) Erhalt bzw. Ausbau von **Erfolgspotentialen** und Arbeitsproduktivität;

(B) existenz- und entwicklungssichernde **Beziehungen zu den Stakeholdern**;

(C) Kriterien der sozialen Effizienz / **Arbeitszufriedenheit**.

(A) Erhalt von Erfolgspotentialen und Arbeitsproduktivität

Unter dem Erhalt bzw. Ausbau von Erfolgspotentialen und Arbeitsproduktivität kann man im engeren Sinne das **Verhältnis von Leistung und Kosten der eingesetzten Personalabbaumaßnahmen** verstehen. Als weiterer Aspekt ist der Erhalt intellektuellen Kapitals bzw. die **Vermeidung von Wissensverlusten** durch Personalabbau zu berücksichtigen.

◆ **Veränderungen hinsichtlich der Kosten**

Unter das Kostenziel fallen beispielsweise die Überlegungen zu einer Minimierung der **direkten Abbaukosten**, wie z.B. Abfindungs- und Sozialplankosten sowie Kosten des Personalabbauprozesses (z.B. Verhandlungs- und Transaktionskosten, Beratungshonorare, Zeitausfall etc.). Allerdings ist eine auf diese Dimensionen beschränkte Sichtweise bei weitem zu kurz gegriffen, da sie das weite Spektrum möglicher langfristiger **direkter und indirekter Folgekosten** ('hidden costs') nicht berücksichtigt. Direkte Folgekosten entstehen beispielsweise durch eine Zunahme von Absentismus, Fluktuation, Arbeitsunfällen, Produktionsengpässen etc. Indirekte Folgekosten können sich als abbaubedingte Verschlechterung des Betriebsklimas, Imageverluste oder den Zwang zur Neueinstellung von Arbeitnehmern bei veränderten Rahmenbedingungen ergeben. Insbesondere der Bereich der Koordinationskosten wird durch verschiedene Moderator-Variablen beeinflußt (z.B. durch gestörte Informationsflüsse, Widerstand gegenüber

Veränderungen etc.). Die Folgekosten sind allerdings meist nicht quantifizierbar und nur selten einer einzigen Ursache zuzurechnen.[158]

Mögliche Merkmale und Beispiele für Indikatoren sind:

- angefallene Abbaukosten (z.B. Abfindungen, Sozialplankosten, Transaktionskosten des Personalabbauprozesses, Beratungskosten etc.);
- angefallene Folgekosten (z.B. Zunahme von Absentismus, Fluktuation von Leistungsträgern und Notwendigkeit zur Nachbesetzung, Zunahme von Arbeitsunfällen, Verzögerungen in der Produktion und Produktionsengpässe etc.).

♦ **Veränderungen hinsichtlich der Leistung**

Auch die Bewertung und Abgrenzung der Indikatoren zur Bewertung der **Leistungsdimension** sind nicht unproblematisch, da hier in besonderem Umfang Interdependenzen und Wechselwirkungen zum System der sozialen Effizienzwirkungen und den zugrundeliegenden Moderatoren bestehen. Die drei Ebenen der Leistungserbringung sollen daher im folgenden nur systematisch aufgezeigt werden.

Mögliche Merkmale und Beispiele für Indikatoren können sein:

- Leistungsfähigkeit (z.B. notwendige Qualifikation);
- Leistungsbereitschaft (z.B. Motivation, Zufriedenheit);
- Rahmenbedingungen der Leistungserbringung (z.B. Handlungs- und Entscheidungsfreiraum, Belastungssituation).

♦ **Wissensverlust / Verlust an intellektuellem Kapital**

Besondere Bedeutung bei der Betrachtung der Leistungskomponente kommt dem Faktor 'Wissensverlust' bzw. **'Verlust an intellektuellem Kapital'** zu[159]. Personalabbau stellt – wie bereits in Kapitel 2.1 dargelegt wurde – eine Desinvestition von Humanka-

---

[158]   Es soll bereits an dieser Stelle darauf hingewiesen werden, daß sich der Aspekt der Kosteneffizienz bei den empirischen Erhebungen als äußerst schwer operationalisierbar erwies, da eine direkte Bezugnahme in der Expertenbefragung und in den Anmerkungen zum Pretest der Unternehmensbefragung für nicht durchführbar gehalten wurde.

[159]   Zu einer umfassenden Darstellung des Intellectual-Capital-Ansatzes vgl. z.B. EDVINSSON u. MALONE (1997).

pital dar. Neben den Qualifikationen und dem spezifischen Know-how der direkt von einem Personalabbau betroffenen Mitarbeiter, das für das Unternehmen verloren geht, können aber auch z.b. die vor allem auf informellen Kommunikationswegen beruhenden 'Innovations-Netzwerke' nachhaltig gestört werden.[160]

Mögliche Merkmale und Beispiele für Indikatoren sind:

- Verlust von Kernkompetenzen (z.b. durch Kriterien der Sozialauswahl etc.);
- Dokumentation und Weitergabe von Wissen der Ausscheidenden an die Verbleibenden;
- Unmittelbare Belastungen durch Wissensverluste (z.b. Störung von Arbeitsabläufen etc.).

(B) Existenz- und entwicklungssichernde Gestaltung der Beziehungen zu den Stakeholdern

Ausgehend vom Stakeholder-Konzept von R.E. FREEMAN[161] können auch im Zusammenhang mit einem Personalabbau verschiedene **Interessengruppen** differenziert werden.[162] Neben den internen Anspruchsgruppen sind auch die Interessen und Ansprüche externer Zielgruppen von Relevanz.[163] Folgende Beziehungsarten müssen berücksichtigt werden:

- Beziehung zu den Arbeitnehmern (hier sind verschiedene Unterscheidungs- und Personalstrukturkriterien relevant, wie z.b. ausscheidende, verbleibende und

---

[160] Zum Zusammenhang von Innovationsidentität und möglichen organisatorischen Einflußfaktoren, wie beispielsweise auch Personalabbau vgl. vertiefend FLIASTER (2000).

[161] FREEMAN (1994). Vgl. hierzu auch FIGGE u. SCHALTEGGER (1999: 5): "Das sogenannte Stakeholder Konzept ist primär ein Analysekonzept des strategischen Managements von Unternehmen.(...)" Heutige Unternehmen "... bilden einen Ort konfligierender und komplementärer Interessen unterschiedlicher unternehmensinterner und -externer Anspruchsgruppen."

[162] Vgl. beispielsweise das Interessengitter bei POSTH (1983), der Zielsetzungen der Belegschaft, der Groß- und Kleinaktionäre, des Managements, der Mikro- bzw. Makroökonomie sowie der Regionalpolitik differenziert.

[163] Damit erfolgt auch eine gleichzeitige Berücksichtigung der weiteren Bewertungsdimension 'Gesellschaftliche Effektivität'. Insbesondere die bei SEISL (1998: 224 ff.) anhand eines 'Trennungswürfels' konkretisierte 'Maßnahmenbreite' der noch zu untersuchenden Abbaualternativen berücksichtigt neben dem Umfang des Betroffenenkreises und der Härte der Maßnahmen auch die Weite des Trägerkreises, der mit Konzeption und Implementierung der Abbauprogramme betraut ist.

zukünftige Mitarbeiter, Führungskräfte und Nicht-Führungskräfte, ältere und junge Mitarbeiter etc.)[164];

▪ Kundenbeziehungen (dazu zählen neben Kriterien der zeitlichen, qualitativen und kostenmäßigen Effizienz aber auch – eher durch Variablen der sozialen Effizienz beeinflußte – Faktoren wie Vertrauen oder persönliche Nähe zu den Betroffenen des Personalabbaus)[165];

▪ Beziehungen zu Anteilseignern und Investoren sowie zu Kreditgebern;

▪ Beziehungen zur Presse und Öffentlichkeit, zu Gewerkschaften und Arbeitgeberverbänden, zum kommunalen Arbeitsmarkt.

(C) Kriterien der sozialen Effizienz / Arbeitszufriedenheit

Durch die Kriterien der sozialen Effizienz wird dem Umstand Rechnung getragen, daß jeder organisatorische Wandel – der durch Maßnahmen des Personalabbaus ausgelöste in besonderer Weise – personale Betroffenheit zur Folge hat.[166]

Soziale Effizienz äußert sich in der Erfüllung der Erwartungen, Bedürfnisse und Interessen der Mitarbeiter. Die in der Personalwirtschaft sowie in der Arbeitspsychologie verwendeten Einteilungen dieser Bedürfnisse[167] lieferten für die Konzipierung des für diese Arbeit verwendeten Bezugsrahmens aber nur einen ersten Anhaltspunkt, da sie auf einem sehr allgemeinen Niveau ansetzen. Allgemein können die in der folgenden Abbildung 4-3 dargestellten Dimensionen unterschieden werden.

Wie bereits in den Anmerkungen zum Kapitel 2.3 konstatiert wurde, ist die Bezugsgröße 'Soziale Effizienz' bisher selten (explizit) in die Betrachtung von Personalabbaumaßnahmen sowie der Folgen von Personalabbau einbezogen worden. Daher war es notwendig, aus den hier dargestellten, allgemeingültigen Kriterien die für die zu untersu-

---

[164]   Vgl. hierzu ausführlich Kapitel 4.2.2.

[165]   Z.B. Verlust des gewohnten Ansprechpartners.

[166]   MARR u. KÖTTING (1992: Sp.828 ff.). Hierbei muß betont werden, daß die Abgrenzung zwischen ökonomischen und sozialen Auswirkungen fließend ist bzw. sich einzelne Effekte stark gegenseitig bedingen. Beispielsweise kann sich die Öffentlichkeitswirksamkeit verschiedener Maßnahmen des Personalabbaus sowohl auf die persönliche Zufriedenheit der Mitarbeiter auswirken, aber auch – hier den Kriterien der ökonomischen Effizienz zugeordnet – die Beziehungen zu anderen Stakeholdern, beispielsweise potentiellen Bewerbern oder Kreditgebern beeinflussen.

[167]   Vgl. hierzu insbesondere MARR u. STITZEL (1979: 72 ff.) oder ULICH (1991: 120 ff.).

chenden Fragestellungen relevanten Kriterien herauszufiltern. Dies geschah im Rahmen der Entwicklung und Evaluierung des theoretischen Bezugsrahmens unter anderem durch eine strukturierte **Expertenbefragung**[168], deren Ergebnisse hier kurz skizziert werden sollen. Auf der Grundlage eines Kriterienkatalogs der sozialen Effizienz (vgl. hierzu Abbildung 4–3) wurden in Form einer Attributexploration Vermutungen zu den Wirkungen von Personalabbau auf die soziale Effizienz bei den verbleibenden Arbeitnehmern abgeleitet, zu welchen die befragten Experten Stellung nehmen sollten (bezüglich **Relevanz und Stärke ihrer Bedeutung**).

Beeinträchtigungsfreiheit
Schutz vor Überlastung
Vermeiden von (übermäßiger) Streßbelastung (z.B. durch Unsicherheit)
beeinträchtigende Arbeitsbedingungen
Existenzsicherung (Versorgung im Alter etc.)
Sicherheit des Arbeitsplatzes
angemessene Entlohnung
Sozialleistungen
Entwicklungsmöglichkeiten (Karriere etc.)
Realisierung / Entwicklung der individuellen Fähigkeiten
Möglichkeit zum Erwerb neuer Kenntnisse und Fähigkeiten
Freiräume (Partizipation, Autonomie etc.)
Entscheidungsspielräume
Mitbestimmungsmöglichkeiten
Wertschätzung (Anerkennung)
Ansehen im Betrieb und in der außerbetrieblichen Umwelt (Unternehmensimage)
Aufstiegschancen
Erwerb von formalen und informalen Machtpotentialen
Soziale Kontakte und angenehmes Organisationsklima
Möglichkeit zur Interaktion und Kommunikation
(relative) Konfliktfreiheit gegenüber Vorgesetzten und Kollegen
hohes Informationsniveau
Transparenz und (relative) Stetigkeit organisatorischer Strukturen und Prozesse.

Abbildung 4-3:   Dimensionen der sozialen Effizienz nach MARR u. STITZEL

Obwohl diese Befragung rein explorativ angelegt war und keine Repräsentativität besitzt, diente sie dazu die Relevanz und Bedeutung der verschiedenen Kriterien der sozialen Effizienz zu eruieren. Folgende Aspekte wurden dabei als besonders **relevant** empfunden:

---

[168]   Befragt wurde eine Runde von Experten, die sich aus Führungskräften und Betriebsratmitgliedern zusammensetzte.

- *Individuelle Ebene*: Es steigen die Arbeitsplatzunsicherheit und die Angst vor Arbeitslosigkeit, insbesondere durch die Erwartung weiteren Personalabbaus in der Zukunft. Die Mitarbeiter empfinden verstärkt Machtlosigkeit, ihre Aufstiegschancen verschlechtern sich, und die Angst bezüglich der Altersversorgung nimmt zu. Durch den verstärkten Wechsel der Arbeitsumgebung kommt es zu einer Zunahme der quantitativen Arbeitsmenge und zu Überforderung, wohingegen der wahrgenommene Sinngehalt der Aufgaben eher abnimmt.

- *Ebene der Arbeitsgruppe*: Es verschlechtert sich das Verhältnis der Mitarbeiter untereinander, insbesondere der Zusammenhalt und die Kommunikation. Mobbing und opportunistisches Verhalten nehmen zu. Die Mitarbeiter haben zudem ein schlechtes Gewissen gegenüber ausgeschiedenen Kollegen.

- *Unternehmen*: Die Identifikation der Arbeitnehmer nimmt ab. Die Arbeitnehmer leiden unter dem Imageverlust des Unternehmens.

Folgende Aspekte werden nach Meinung der Befragten durch Maßnahmen des Personalabbaus eher gering betroffen:

- inhaltlicher Anspruch der Aufgabe, Möglichkeit zum Einsatz der Fähigkeiten sowie zur Weiterbildung,
- Informationsstand der Mitarbeiter,
- Konflikte mit den Vorgesetzten,
- empfundene Vergütungsgerechtigkeit,
- Entscheidungs- und Gestaltungsmöglichkeiten,
- Arbeitszeiten und Arbeitspausen,
- Arbeitsunfälle und einseitige Belastungen,
- Krankenstand und Suchtverhalten.

Die Beurteilung der Relevanz der einzelnen Faktoren war behilflich, für die weiteren empirischen Untersuchungen geeignete Kriterien und Indikatoren abzuleiten. Da auch hierbei die bereits erwähnten Abgrenzungsprobleme sowie engen Wechselwirkungen zu den im nächsten Kapitel dargestellten Moderatorvariablen zu verzeichnen waren, wird die Betrachtung im folgenden auf die unmittelbar erhebbaren **Kriterien der sozialen Effizienz** beschränkt, die auch im Konzept der **Arbeitszufriedenheit** zusammengefaßt werden können[169]:

---

[169]   Zur Interpretation und Kritik an der Arbeitszufriedenheit als sozialer Effizienzindikator vgl. MARR u. STITZEL (1979).

Kriterien der sozialen Effizienz / Arbeitszufriedenheit (mögliche Merkmale und Beispiele für Indikatoren):
◆ **Arbeitszufriedenheit (differenzierte Betrachtung)**
Zufriedenheit mit dem Unternehmen, der eigenen Tätigkeit, den Vorgesetzten, Gehalt und Sozialleistungen, Unternehmens- bzw. Konzernleitung.
◆ **Sicherheitsempfinden**
Arbeitsplatzunsicherheit, Wahrscheinlichkeit, woanders Arbeit zu finden etc.
◆ **Soziale Kontaktbedürfnisse**
Beziehungen und Vertrauensverhältnis zu den Kollegen, zum direkten Vorgesetzten und Management, zum Betriebsrat, Verbundenheit zu den Ausgeschiedenen etc.
◆ **Entwicklungsbedürfnisse**
Karrieremöglichkeiten, Weiterentwicklungsmöglichkeiten durch die eigene Arbeit, Veränderungen im Handlungs- und Entscheidungsspielraum, 'Employability' (Beschäftigungsbefähigung) etc.
◆ **Erhalt von Gesundheit und Vermeidung von Belastungen**
Überforderung, Streß, quantitative sowie qualitative und organisatorische Überlastung, Arbeitsunfälle, Berufserkrankungen, familiäre Krisen etc.

Abbildung 4-4:   Kriterien der sozialen Effizienz / Arbeitszufriedenheit
(Merkmale und Indikatoren)

4.1.5   Indirekte Effizienzwirkungen: Folgewirkungen für Individuen, Gruppen und Organisation

Neben der oben dargestellten Unterscheidung von verschiedenartigen ökonomischen und sozialen Effizienzwirkungen gibt es eine Reihe von **Moderatoren** oder **'indirekten Effizienzvariablen'**, die größtenteils auf beide Zieldimensionen einwirken und auch zueinander in einem engen Wirkungs- und Abhängigkeitsgefüge stehen. Diesem Spektrum von Bezugsgrößen kommt im Rahmen der theoretischen Konzeption gleich eine zweifache Funktion zu.

Zum einen kann aus den beschriebenen Zusammenhängen bereits auf eine direkte Wirkung auf die Effizienz des Personalabbaus geschlossen werden (z.B. die direkten Wirkungen von Unsicherheit auf die Arbeitsproduktivität); als Moderatorvariablen haben sie zum anderen eine wichtige Erklärungsfunktion (beispielsweise kann es trotz einer stärkeren Leistungsbereitschaft und Anstrengung zu einer Verschlechterung der Arbeitsproduktivität aufgrund einer durch Personalabbau hervorgerufenen Verschlechterung des Informationsflusses kommen). Die bereits erwähnten Probleme der trennscharfen Zurechnung und Konkretisierung der Merkmale zu bestimmten Merkmalskategorien, ebenso wie Probleme der Aggregation und der Berücksichtigung unterschiedlicher und variierender Einflußfaktoren betreffen auch das im folgenden daher nur systematisierend dargestellte Spektrum der intervenierenden Moderator-Variablen.

Gemäß dem für dieses Forschungsprojekt entwickelten Effizienzkonzept (vgl. Kapitel 4.1.2) werden die folgenden (Moderator-)Variablen, die sich im wesentlichen aus den in Kapitel 2.4.1 dargestellten **Wirkungen auf Individuen, Gruppen und die Organisation** ableiten,[170] unterschieden. Dabei sind aufgrund der oben beschriebenen Problematik gewisse Redundanzen und Überschneidungen zu den Indikatoren der ökonomischen und sozialen Effizienzdimensionen unvermeidbar. Ebenso kann nicht von einer Unabhängigkeit der einzelnen Variablen zueinander ausgegangen werden; in Theorie und Praxis sind zahlreiche Zusammenhänge und Überschneidungen der einzelnen Bereiche bekannt, die aber im Rahmen dieser Arbeit nicht vertieft betrachtet werden können.[171] Die folgende Unterteilung und Abgrenzung dient vielmehr der Herausstellung der in verschiedenen Vorstudien als besonders relevant identifizierten Wirkungskomplexe sowie der Ableitung von Merkmalen und Indikatoren, die im Rahmen der Wirkungsanalyse einen empirischen Zugang zu einem höchst komplexen Betrachtungsfeld ermöglichen.

---

[170]   Für die Ableitung und spätere Operationalisierung dieser Variablen wurde auf die Originalfragebögen zur Erhebung der Folgewirkungen von Personalabbau und insbesondere das dort ermittelte 'Dirty Dozen' der Forschergruppe um CAMERON u. FREEMAN zurückgegriffen.

[171]   Beispielsweise ist davon auszugehen, daß die (organisatorische) Innovations- und Veränderungsbereitschaft nicht nur unmittelbar durch bestimmte Maßnahmen des Personalabbaus sondern vor allem durch die aus Personalabbau resultierenden Veränderungen von Arbeitsinhalten und -organisation, Qualität der Zusammenarbeit bzw. des Führungsverhaltens etc. beeinflußt wird.

**Folgewirkungen von Personalabbau
(mögliche Merkmale und Beispiele für Indikatoren):**

♦ **Belastungen durch Veränderungen der Arbeit**

- Veränderung der Arbeitsinhalte: Anzahl unterschiedlicher Tätigkeiten / Anteil planender, entscheidender und kontrollierender Tätigkeiten / Schwierigkeitsgrad der Arbeitsinhalte;
- Arbeitsbelastung: zeitliche, quantitative und qualitative Überlastung;
- Belastungen durch den Verlust von Fähigkeiten oder durch die Störung gewohnter Abläufe.

♦ **Veränderungen der Leistungsbereitschaft**

- Leistungsmotivation;
- Identifikation und Loyalität;
- Fluktuationsbereitschaft und ungewollte Fluktuation von Leistungsträgern;
- Absentismus.

♦ **Veränderung von Vertrauensbeziehungen**

- Vertrauen und Distanz: Betriebsrat, Kollegen, direkte Vorgesetzte, Unternehmens- oder Konzernleitung etc.;
- Kontrolle und Überwachung;
- Beziehungen zu den internen und externen Interessengruppen.

♦ **Veränderungen im Führungsverhalten**

- Qualität und Effizienz der Führung;
- Zentralisierung wichtiger Entscheidungen;
- Setzen klarer Prioritäten und Zielvorgaben;
- Feedbackkultur;
- Distanz Unternehmensführung / Mitarbeiter.

♦ **Veränderungen der Zusammenarbeit**

- Teamwork (Zusammenhalt in der Abteilung / Zusammenarbeit im Team etc.);
- Konflikte (wettbewerbsorientiertes Verhalten / bereichsübergreifende Zusammenarbeit etc.);
- Informationsfluß (Zurückhaltung von Information aus Furcht und Mißtrauen etc.).

♦ Betriebsklima

- Betriebsklima und Stimmung im Unternehmen;
- Umgangsformen miteinander;
- Mikropolitischer Druck durch spezielle Interessengruppen.

♦ Innovations- und Veränderungsbereitschaft

- Widerstände gegen Veränderungen (Aufgeschlossenheit / konservative Grundhaltung / "Starre angesichts einer Bedrohung" / Verteidigungshaltung etc.);
- Innovationsbereitschaft (Toleranz gegenüber Risiko und Fehlern / Lernen durch Trial-and-Error / Experimentierfeindlichkeit etc.);
- Kurzfristige Krisenorientierung (Vernachlässigung der Langfristplanung / mangelnde Strategieorientierung / verkürzter Zeithorizont / Folgenbekämpfung statt Ursachenreduktiuon etc.).

Abbildung 4-5:   Folgewirkungen von Personalabbau (Merkmale und Indikatoren)

Eine weitergehende Differenzierung möglicher Ausprägungen sowie die Analyse möglicher (wechselseitiger) Zusammenhänge und Auswirkungen erfolgt in Kapitel 6.2 bei der Diskussion der empirischen Befunde.

4.2 Bedingungsgrößen des Personalabbaus: Analyse der situativen Rahmenbedingungen

Neben den oben dargestellten Effizienzdimensionen, die zur Bewertung der Gestaltungsergebnisse erforderlich sind, sowie den im nächsten Kapitel ausführlich dargestellten Gestaltungsparametern soll an dieser Stelle noch die Ebene der situativen unternehmensinternen und –externen Einflußgrößen berücksichtigt werden, denn "... die Gestaltung der Aktionsparameter und die Bewertung der Effektivität und Effizienz wird immer in einer spezifischen Unternehmungssituation vorgenommen, die durch die Kombination verschiedener Merkmale bzw. Einflußfaktoren determiniert ist."[172]

Zu den Bedingungsgrößen, welche die nähere unternehmensspezifische Situation beschreiben und die betrieblichen Handlungsspielräume beeinflussen, gehören bestimmte

---

[172]   THOM (1988: 326).

Rahmenbedingungen des Unternehmens,[173] von denen im folgenden diejenigen Faktoren betrachtet werden, bei denen ein besonders starker Zusammenhang mit dem Personalabbau vermutet wird. Dazu wird eine Unterteilung vorgenommen in

- Merkmale des Unternehmens,
- Merkmale der Arbeitnehmer sowie
- Merkmale des Personalabbaus.

Die jeweils **wichtigsten Einflußfaktoren** hinsichtlich dieser Merkmale sind in der folgenden Managementbox zunächst zusammenfassend kurz dargestellt. Eine detaillierte Analyse der Wirkungsvermutungen folgt im Anschluß.

Managementbox 9:
Analyse der situativen Rahmenbedingungen des Personalabbaus –
Darstellung der wichtigsten Einflußfaktoren:

1) Merkmale der **Unternehmenssituation**, wie
   - *Unternehmensstruktur* (Unternehmensgröße, Veränderung der Arbeitnehmerzahl, hierarchischer Aufbau etc.),
   - *Unternehmensumfeld* (Branchensituation) und
   - *Veränderungen im Unternehmen* (Entwicklung der Ertragslage, Vorerfahrung mit Personalabbau, Restrukturierungsprogramme etc.).

2) Merkmale des **Kontexts von Personalabbau**, wie
   - die *Ursachen* und Auslöser von Personalabbau,
   - die mit der Kapazitätsanpassung verfolgten *Zielsetzungen* sowie
   - die Determinanten des *Handlungsdruckes*, die Personalabbauentscheidungen beeinflussen.

3) Merkmale der von Personalabbau betroffenen **Arbeitnehmer**, wie
   - Differenzierung in unmittelbare und mittelbare *Betroffenheit* durch den Personalabbau,
   - *soziodemographische Merkmale* (z.B. Alter, Qualifikation, Geschlecht etc.) oder
   - Merkmale des *persönlichen Umfeldes* (z.B. Vorerfahrung mit Personalabbau, wahrgenommene Wahrscheinlichkeit, woanders Arbeit zu finden etc.).

---

[173] In der betriebswirtschaftlichen Literatur wird eine Vielzahl von betrieblichen Bedingungsgrößen diskutiert, wobei nach 'harten' (z.B. Unternehmensgröße, -alter, -rechtsform, -branche, -standort etc.) und 'weichen' Faktoren (z.B. Unternehmenskultur, -politik, Führungsgrundsätzen, Anreizsystem etc.) unterschieden werden kann. Für einen Überblick über die relevante Literatur vgl. z.B. HERTIG (1996: 127 f.).

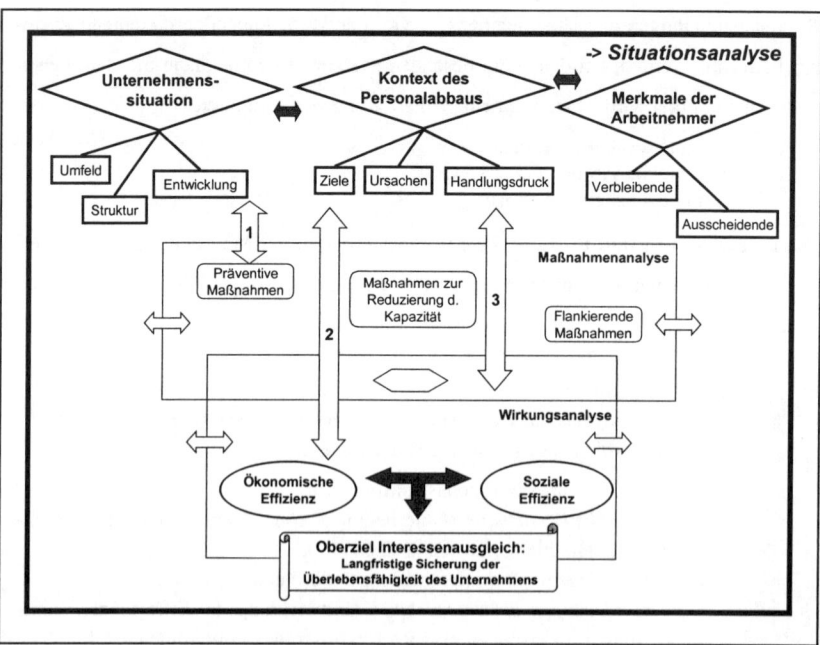

Abbildung 4-6:   Bezugsrahmen – Ausschnitt Situationsanalyse

4.2.1 Merkmale der Unternehmen

Unternehmensstruktur

In der Literatur findet sich eine Vielzahl alternativer, die **Unternehmensstruktur** analysierender Konzepte.[174] Als für die hier zu untersuchende Fragestellung besonders relevant erachtet werden die *Unternehmensgröße*, die *Veränderung der Arbeitnehmerzahl* in den vergangenen Jahren und – gemessen anhand der Anzahl der Hierarchieebenen – die *Distanz* zwischen Unternehmensleitung und Arbeitnehmern.

- Die **Unternehmensgröße** beeinflußt in erheblichem Umfang die Gestaltung des Personalabbaus, beispielsweise aufgrund der vorhandenen Ressourcen- und Know-how-Basis für die Gestaltung des Personalabbauprozesses oder für notwendige Abfederungsmaßnahmen (Reichhaltigkeit und Vielfalt des zum Einsatz kommenden

---

[174]   Vgl. EBERS (1992: Sp.1823 f.).

Maßnahmenmix). Gleichzeitig ist davon auszugehen, daß die Wirkungen eines Personalabbaus in kleineren Unternehmen leichter erkannt und gesteuert werden können als in größeren Unternehmen.

- Neben der absoluten Zahl der Arbeitnehmer ist auch die **Entwicklung der Zahl der Beschäftigten** in den vergangenen Jahren von Interesse, da bereits bei der Begriffsabgrenzung 'Personalabbau' gezeigt wurde, daß eine Reduzierung personeller Kapazität nicht automatisch in einer Verringerung der Zahl der Beschäftigungsverhältnisse resultieren muß. Von Bedeutung für die Bewertung eines Personalabbauprozesses ist auch die Frage, ob es sich dabei um ein einmaliges, abgeschlossenes Ereignis handelt oder um einen längerfristigen, zyklischen Prozeß der Kapazitätsanpassungen.

- Die Betrachtung der **Anzahl der Hierarchieebenen** erfolgt mit dem Ziel einer Bewertung der Interaktionsmöglichkeiten zwischen Unternehmensleitung oder Führungskräften und den Mitarbeitern im Sinne eines leichteren Interessenausgleichs. Beispielsweise kann vermutet werden, daß sich mit zunehmender **Distanz** zwischen Unternehmensleitung und Arbeitnehmern negative Konsequenzen für die Effizienz von Personalabbau ergeben können, weil aufgrund der fehlenden Nähe zur "Basis" ein flexibler Umgang mit den Folgewirkungen des Personalabbaus erschwert wird.

Unternehmensumfeld

Auch zur Ableitung relevanter Variablen des **Unternehmensumfelds** gibt es eine Vielzahl von Ansätzen. Im Kontext des Personalabbaus soll vor allem geprüft werden, welche Wirkungen von der *Branchenzugehörigkeit* ausgehen können:

- **Branchensituation:** Bei der Betrachtung der Branchensituation sind insbesondere Branchenwachstum, -modernität und -zentralität von Bedeutung. Unternehmen in modernen, expandierenden Branchen können möglicherweise effizienter Personal abbauen, weil die Chancen der ausgeschiedenen Arbeitnehmer am Arbeitsmarkt größer sind. Gleichzeitig ist die Gefahr des unfreiwilligen Verlustes von Leistungsträgern hier besonders groß, vor allem bei starker Zentralität der jeweiligen Branche.[175]

- Branchenabhängige **Sozialpartnerschaften:** In bestimmten Branchen ergeben sich branchenabhängige Sozialpartnerschaften, die sich in einer umfassenden Trägerschaft von Maßnahmen niederschlagen und die Folgewirkungen positiv beeinflussen.

---

[175] Hierbei sind Aspekte wie z.B. gleichartige Qualifikationsanforderungen, geringe Mobilitätsnotwendigkeit etc. zu berücksichtigen.

Veränderungen im Unternehmen

Die dritte wesentliche betriebliche Einflußgröße umfaßt den Bereich von – im Zusammenhang mit Personalabbau stehenden – **Veränderungen im Unternehmen**. Folgende Faktoren sind zu berücksichtigen:

- **Entwicklung der Ertragslage**: Personalabbau wird dann als besonders ungerecht empfunden, wenn sich gleichzeitig die Ertragslage verbessert hat.

- **Vorerfahrungen mit Personalabbau**: In Unternehmen, die sich bereits in einem längerfristigen oder wiederholten Personalabbauprozeß befinden, stellen sich möglicherweise Lerneffekte ein, die sich in einem verbesserten Umgang mit den Folgewirkungen niederschlagen können. Häufig muß allerdings aufgrund des erschöpften Einsatzpotentials der weicheren Maßnahmen entweder zu härteren oder zu innovativeren Maßnahmen gegriffen werden, was sich in einer Verstärkung negativer Effekte bzw. Planungsunsicherheit niederschlagen kann.

- **Personalaufbau**: Personalabbau in einem Unternehmensbereich bei gleichzeitigem Personalaufbau in einem anderen Unternehmensbereich wird für besonders ungerecht gehalten. Das gleiche gilt, wenn in anderen Teilbereichen neue Stellen geschaffen werden, die womöglich extern besetzt werden.

- **Restrukturierungsprogramme**: Restrukturierungsmaßnahmen können entweder als situative Rahmenbedingung, Ursache oder auch sekundäre Maßnahme im Zusammenhang mit dem Personalabbau fungieren.[176] Ohne das Problemfeld 'Restrukturierung' weitergehend zu vertiefen, sei auf die in Kapitel 3.3.3 dargestellten 'flankierenden Maßnahmen' verwiesen.

4.2.2   Merkmale der Arbeitnehmer

Als wichtigste personale Einflußfaktoren lassen sich

(a) **soziodemographische Merkmale** (z.B. Alter, Qualifikation, Geschlecht etc.);

(b) **Persönlichkeitsmerkmale** (z.B. Erfolgsorientierung, Risikobereitschaft, Selbstbewußtsein etc.);

(c) **kognitive Charakteristika** (z.B. Intelligenz, kognitive Komplexität, fachliche und soziale Beziehungen etc.)

unterscheiden.[177] Es ist zwar davon auszugehen, daß von den beiden letztgenannten Kategorien ein wesentlicher Einfluß auf die Bewertung und Akzeptanz von Personalabbau ausgeht. Für eine empirische Untersuchung nach dem von uns gewählten For-

---

[176]   Vgl. zu den Abgrenzungsproblemen Kapitel 4.1.

[177]   Vgl. beispielsweise MARR u. KÖTTING (1992: 831).

schungsdesign können sie allerdings nicht berücksichtigt werden, da sie eine aufwendige Operationalisierung auf individueller Ebene erfordern.[178]

Die für die vorliegende Fragestellung besonders relevant erscheinenden, in der Person der Betroffenen liegenden Merkmale sind zunächst **Personalstrukturvariablen**, wie z.b. Qualifikation, Dauer der Betriebszugehörigkeit, Alter, Geschlecht, Zugehörigkeit zu Minderheitsgruppen etc.[179]

Ebenso soll bei der Betrachtung unterschieden werden, ob die betroffenen Mitarbeiter **Personal- und Führungsverantwortung** ausüben. Beispielsweise kann vermutet werden, daß sich Führungskräfte durch ihre Doppelfunktion in einem Personalabbau – einerseits 'Täter' im Sinne einer Beteiligung und Mitentscheidung des Personalabbauprozesses; andererseits möglicherweise selber potentielles 'Opfer' der Abbaumaßnahmen – besonderen Belastungen ausgesetzt sehen.[180]

Zu den Merkmalen des **persönlichen Umfeldes**, die vor allem für die persönliche Betroffenheit und den Umgang mit einem Personalabbau von Relevanz sind, zählen unter anderem die direkte oder indirekte Vorerfahrung mit Personalabbau, die vermutete Wahrscheinlichkeit, woanders Arbeit zu finden, sowie familiäre und finanzielle Situation.

Zentrales Unterscheidungskriterium für diese Untersuchung ist die Differenzierung in **ausscheidende und verbleibende** Mitarbeiter, da für diese ein unterschiedliches

---

[178]   Vgl. hierzu beispielsweise die Arbeit von V. BAECKMANN (1998), in der die Empfindungen und Gefühle verschiedener von Personalabbau betroffener Mitarbeitergruppen individuell durch Interviews erhoben werden. Allerdings konzentriert sich die Autorin weitgehend auf eine Deskription der Wirkungen, ohne diese im Sinne eines umfassendes Zielsystems inhaltlich zu bewerten.

[179]   Für eine ausführliche Analyse der "Ursachen und Wirkungen betrieblicher Personalstrukturen" vgl. NIENHÜSER (1998).

[180]   Zur Unterscheidung der Gruppe der Führungskräfte in 'Richter' (diejenigen, die über Veränderungsmaßnahmen ohne Berücksichtigung eines möglichen Stellenabbaus entscheiden und selbst keine Freisetzungsgespräche mit den Betroffenen führen), 'Henker' (Führungskräfte, die selbst Mitarbeiter entlassen, wobei das Maß des bestehenden Entscheidungsspielraums unklar ist) sowie 'Richter & Henker' (sowohl Leitung von Veränderungen, als auch Entscheidung über Stellenabbau) vgl. V. BAECKMANN (1998).

Maßnahmenbündel des Personalabbaus zu berücksichtigen ist (vgl. hierzu ausführlich Kapitel 5.2).

4.2.3 Merkmale des Personalabbaus

Weitere situative Rahmenfaktoren für die nachgelagerten Maßnahmenentscheidungen des Personalabbaus sind Merkmalen, die sich aus **Ursachen, Handlungsdruck** und **Zielen** der Anpassung der Personalkapazität ergeben.

Ursachen und Auslöser von Personalabbau

Wie bereits in Kapitel 2.1 skizziert wurde, beschäftigt sich vor allem die Volkswirtschaftslehre mit der Frage nach den Ursachen und, eng damit verbunden, auch den Arten von Arbeitslosigkeit. Allgemeine wirtschaftspolitische Erklärungsansätze rücken dabei Globalisierung, Zuwanderung, strukturellen und technischen Wandel, Immobilität und Inflexibilität, Qualifikation sowie Überstunden und hohe Lohnkosten in den Vordergrund.[181]

Die in der betriebswirtschaftlichen Literatur genannten Gründe für das Entstehen personeller Überkapazität lassen sich vier – voneinander nicht unabhängigen – Ursachenkategorien zuordnen:[182]

- **Nachfrageschwankungen**: saisonale und konjunkturelle Entwicklungen, Bewegung im Lebenszyklus von Wirtschaftszweigen und Produkten, Auswirkungen der Globalisierung etc.;
- **technischer Fortschritt**: Druck zu Rationalisierung und Automatisierung (Substitution von Arbeit durch Kapital in verschiedenen Wertschöpfungsbereichen);
- **organisatorische Rationalisierung**: neue Organisationskonzepte zur Steigerung der Personaleffizienz (z.B. Lean Management, Business Process Reengineering etc.); Zwang zur Produktionsverlagerung in lohnkostengünstigere Länder; Betriebszusammenlegungen, Akquisitionen und Zusammenschlüsse etc.;

---

[181]   Vgl. hierzu detailliert ZIMMERMANN u.a. (1999: 18 ff.)

[182]   Vgl. SEISL (1998: 42 ff.) Überblick über die Anlässe und Ursachen von Personalabbau vermitteln auch WAGNER (1992: 1547) oder BERTHEL (1995: 208 f.).

- **Managementfehler**: unzureichende Personalplanung bzw. Planungsfehler hinsichtlich der Personalstruktur, mangelnde Planabstimmung, Fehler der unternehmerische Gesamtentwicklung.

Es ist im Einzelfall meist schwierig zu beurteilen, ob der Zwang zum Personalabbau durch nicht vorhersehbare und nicht beeinflußbare *externe* Entwicklungen, z.B. durch unvermuteten Konjunkturrückgang, verursacht wurde, oder ob er auf Managementfehler zurückzuführen ist, z.b. weil versäumt worden ist, einem drohenden Nachfragerückgang durch veränderte Produktpolitik zu begegnen. Auch sind die Ursachen nicht immer voneinander unabhängig, sondern bilden ein interdependentes Netzwerk.

Eine Analyse der relevanten Ursachenfaktoren ist vor allem für die Ableitung geeigneter Maßnahmen unerläßlich. Gleichzeitig ist davon auszugehen, daß die Beurteilung der Ursachen auch die Wahrnehmung der Arbeitnehmer bezüglich der Notwendigkeit und der Gerechtigkeit von Abbauprozessen beeinflußt.

Ziele des Personalabbaus und Determinanten des Handlungsdrucks

Neben den oben genannten Ursachen und Auslösern des Personalabbaus spielen auch die damit verbundenen **Zielsetzungen**, wie beispielsweise das (geplante) Ausmaß von Personalkostenreduzierung, die Verringerung der Beschäftigtenzahl, Änderungen der Belegschaftsstruktur und Steigerung von Produktivität und Personalleistung eine wichtige Rolle.

Daneben sollte untersucht werden, inwieweit sich das Unternehmen bei der Entscheidung zum Personalabbau bereits in einer **Krise** befand. Beispielsweise ist anzunehmen, daß das Verständnis für Personalabbau bzw. die Kompromißbereitschaft der Mitarbeiter umso höher ist, je schlechter die Geschäftslage ist und je länger eine Krise bereits andauert.

Diese Determinanten des Freistellungsdrucks (Ziele des Personalabbaus und Bedeutung des Handlungsdrucks) bestimmen nicht nur die Höhe der personellen Überkapazität, sie sind auch gleichzeitig mögliche Rahmenfaktoren, die bei der Umsetzung "folgenminimaler" Personalabbaumaßnahmen berücksichtigt werden müssen.

4.2.4   Exkurs: Rechtliche Rahmenbedingungen in Deutschland als Einflußfaktoren für den Personalabbau

Ein weiterer wesentlicher Einflußfaktor für die Gestaltung von Personalabbauprozessen liegt in den relevanten rechtlichen Rahmenbedingungen, die insbesondere die Auswahl und den Handlungsspielraum von Abbaualternativen betrifft. Ohne vertiefend auf diese Aspekte eingehen zu können – hierfür sei auf die Übersicht relevanter Literatur in Anhang A2 verwiesen – werden im folgenden kurz die wichtigsten gesetzlichen Bestimmungen sowie aktuelle Neuregelungen der Beschäftigungsverhältnisse überblicksartig dargestellt.[183]

Überblick der relevanten gesetzlichen Bestimmungen	
Bürgerliches Gesetzbuch (BGB)	Kündigung als Willenserklärung, Kündigungstermine und –fristen
Arbeitsförderungsgesetz (AFG)	Kurzarbeitergeld, Lohnkostenzuschüsse, Umschulung und Fortbildung, Einarbeitungszuschüsse, Förderung der Arbeitsaufnahme, Lohnersatzleistungen
Betriebsverfassungsgesetz (BetrVG)	Mitwirkung bei Personalplanung, Entlassungen, Veränderungen in den Arbeitsbedingungen und –anforderungen, Mehr- und Kurzarbeitsfestlegung, wirtschaftliche Angelegenheiten, Betriebsänderungen
Kündigungsschutzgesetz (KSchG)	Beweispflicht des Arbeitgebers, daß Kündigungen "'sozial gerechtfertigt' sind; erweiterter Kündigungsschutz, anzeigepflichtige Entlassungen, Abfindungsregelungen
Beschäftigungsförderungsgesetz (BschFG)	befristete Arbeitsverträge, Teilzeitbeschäftigung, Arbeitnehmerüberlassung, modifizierte Rahmenbedingungen für Sozialpläne
Sozialgesetzbuch (SGB) sowie 'Altersteilzeitgesetz'	Aktuelle Neuregelungen (1996) der Bedingungen für vorgezogenen Rentenbezug und Bestimmungen zur Altersteilzeit
Rationalisierungsschutzabkommen	Kündigungsverbote, verlängerte Kündigungsfristen, Abfindungen, Umschulungsmaßnahmen

---

[183]   In Anlehnung an die Darstellungen im RKW-Handbuch Personalplanung, RKW (1996: 192 ff.). Einen praxisorientierten Überblick bieten auch KNUTH (1997), EMMERICH u.a. (1997), HUNOLD (1992), HASE u.a. (1992), BAUDER u. RÖDER (1991), KADEL (1990) und LAMMERMANN (1996). Standardwerke für die rechtliche Auslegung sind z.B. STAHLHACKE u.a. (1999) oder BROX u. RÜTHERS (1999).

Überblick der relevanten gesetzlichen Bestimmungen

Tarifverträge	Kurzarbeit, Arbeitszeitverkürzungen, Dauer der Kündigungsfristen, Verdienstsicherung, quantitative und qualitative Besetzungsvorschriften, Abfindungsregelungen
Schwerbehindertengesetz (SchwbG), Mutterschutzgesetz (MuSchG), Berufsbildungsgesetz (BbiG), Arbeitsplatzschutzgesetz (ArbPlSchG) u.a.	Sonderregelungen für schutzbedürftige Personen und Gruppen: Schwerbehinderte, werdende Mütter, ältere Arbeitnehmer, Auszubildende, Kinderreiche, Wehrpflichtige, Arbeitnehmervertreter

Abbildung 4-7:   Überblick der relevanten gesetzlichen Bestimmungen

Die wichtigsten Neuregelungen und Deregulierungsinitiativen in Bezug auf **Beschäftigungsverhältnisse** sind in der folgender Übersicht dargestellt:[184]

Wichtige Neuregelungen der Beschäftigungsverhältnisse seit 1985

Teilzeitarbeit	prinzipielle Gleichbehandlung von Voll- und Teilzeitbeschäftigten (ab 1.5.1985)
Leiharbeit	Verlängerung der Überlassungshöchstdauer von 3 auf 6 Monate (ab 1.5.1985)
	Verlängerung der Überlassungshöchstdauer von 6 auf 9 Monate (ab 1.1.1994)
	Verlängerung der Überlassungshöchstdauer von 9 auf 12 Monate (ab 1.4.1997)
	Lockerung des Befristungsverbotes, z.B. bei erstmaligem Verleih oder bei lückenlos aufeinanderfogenden Befristungen mit demselben Leiharbeitnehmer (ab 1.4.1997).
Befristete Beschäftigung	Wegfall der sachlichen Rechtfertigung bei Befristungen bis zu 18 Monaten (ab 1.5.1985)
	Verlängerung der Befristungshöchstdauer auf 24 Monate (ab 1.10.1996)
Kündigungsschutz	Anhebung des betrieblichen Schwellenwertes für die Anwendbarkeit des Kündigungsschutzes von 6 auf 11 Beschäftigte (ab 1.10.1996)
	Stärkere Berücksichtigung betrieblicher Interessen und Beschränkung der Sozialauswahl auf die Kriterien Betriebszugehörigkeit, Alter und Unterhaltspflichten (ab 1.10.1996).

Abbildung 4-8:   Neuregelungen in Bezug auf Beschäftigungsverhältnisse

---

[184]   Quelle: IAB-Kurzbericht, Nr. 3/1998, S. 4. (Bestimmungsfaktoren für den Wandel der Erwerbsformen).

4.3 Zusammenfassende Bewertung und Fazit

- Als zentraler Bewertungsmaßstab für die Analyse von instrumentellen und prozessualen Gestaltungsalternativen des Personalabbaus dient der Ansatz eines Interessenausgleichs zwischen ökonomischen und sozialen Effizienzdimensionen.

- Das Oberziel ist, durch ein 'folgenminimales' Trennungsmanagement zur Wiederherstellung und langfristigen Sicherung der Überlebensfähigkeit beizutragen.

- Die beiden zentralen Zielgrößen, ökonomische und soziale Effizienz, lassen sich auf
  unterschiedlichen Wirkungsdimensionen abbilden und mittels operationalisierbarer
  Merkmale und Indikatoren für eine theoretische und empirische Evaluierung kon-
  kretisieren.

- Häufig ist es nicht möglich, den direkten Einfluß einer Gestaltungshandlung auf die
  Realisierung einer Zielgröße zu überprüfen. Daher wird versucht, die Komplexität
  der Beurteilungssituation durch die Einbeziehung von Subzielen und Moderatorvariablen zu reduzieren, von denen angenommen werden kann, daß sie in einer Ursa-
  che-Wirkungs-Beziehung zu den beiden elementaren Zieldimensionen, ökonomische und soziale Effizienz, stehen.

- Eine trennscharfe Abgrenzung der Effizienzdimensionen ist mit z.T. erheblichen
  Problemen verbunden: Schwierigkeit bei der Zurechnung von Wirkungen spezifischer Maßnahmen auf eine Zieldimension, Probleme der inhaltlichen Präzisierung
  und Messung von Effektivitäts- oder Effizienzmerkmalen, Zusammenfassung von
  Effizienzindikatoren zu Merkmalskomplexen, Berücksichtigung der spezifischen Situation und Probleme unterschiedlicher und variierender Einflußfaktoren.[185]

- Dem letztgenannten Problemfeld wird durch eine Analyse der für die vorliegende
  Fragestellung als besonders relevant erachteten situativen Bedingungsgrößen Rechnung getragen. Im Sinne einer langfristigen Unternehmens- und Personalpolitik –

---

[185] Für die meisten zu untersuchenden Variablen gibt es keine eindeutige Ursache-Wirkungsrichtung;
aus Gründen der Handhabbarkeit erfolgen komplexitätsreduzierende Setzungen.

und damit einer Vermeidung von kurzfristigem Anpassungsdruck – ist eine detaillierte Analyse der Rahmenbedingungen unerläßlich. Insbesondere die Ursachen des
Personalabbaus und der zugrundeliegende Handlungsdruck (antizipativer oder reak-
tionärer Personalabbau) bestimmen in erheblichem Maße den Handlungs- und Gestaltungsspielraum. Um den Erfolg von Personalabbauprozessen bewerten zu können
und eine realistische Planungsgrundlage zu erhalten, ist eine Analyse und Festlegung der mit dem Personalabbau verbundenen Zielsetzungen erforderlich. Der Gestaltungsspielraum, aber auch die zu erwartenden Auswirkungen eines Personalabbaus, werden darüber hinaus durch bestimmte Merkmale des Unternehmens und der
betroffenen Arbeitnehmer beeinflußt. Eine vorausschauende Analyse und Antizipation dieser Wirkungen beeinflußt sowohl die Gestaltung als auch die Ergebnisse von
Personalabbauprozessen.

- Der vorgestellte Bezugsrahmen mit der Darstellung der wichtigsten Faktoren und
  Wirkungsvermutungen bietet sich an als Analyseinstrument und Hilfe zur Entschei-
  dungsvorbereitung.

Abschließend soll der in Kapitel 2.3.2 beschriebene theoretische Bezugsrahmen, der in
den letzten Kapiteln in seinen Teilausschnitten detailliert betrachtet und konkretisiert
wurde, in einem Gesamtüberblick präsentiert werden (vgl. Abbildung 5–5). Dieser Gesamtbezugsrahmen bildet das inhaltliche und konzeptionelle Gerüst für die in den folgenden Kapiteln dargestellten empirischen Daten und Erkenntnisse.

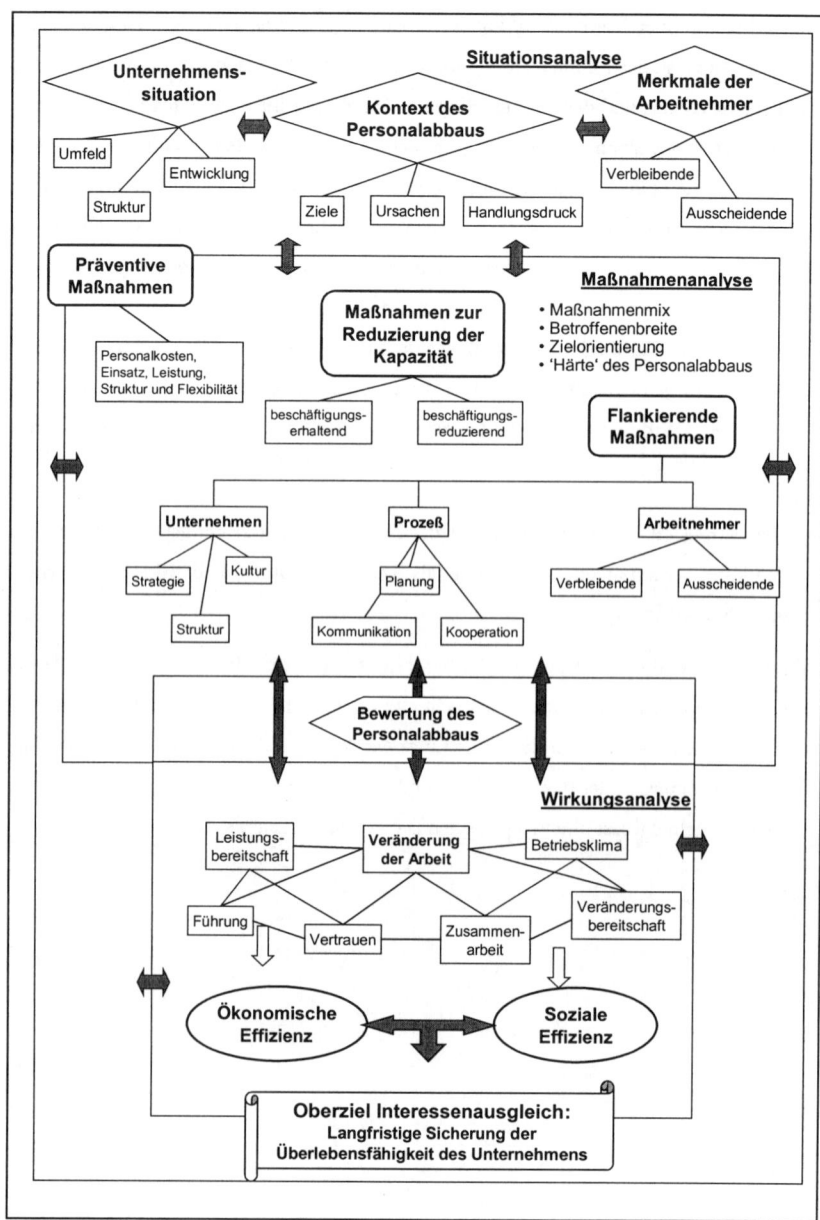

Abbildung 4-9:   Theoretischer Bezugsrahmen – Gesamtüberblick

5 Merkmale des Personalabbaus in deutschen Unternehmen

Wie und unter welchen Rahmenbedingungen wird in Deutschland Personal abgebaut?

Um diese Frage zu klären, erfolgt zunächst ein Blick auf die **Situation personalabbau-ender Unternehmen** in Deutschland: Im folgenden werden dabei diejenigen Faktoren betrachtet, bei denen ein besonders starker Zusammenhang mit dem Personalabbau vermutet wird. Dazu wird eine Unterteilung in Merkmale des **Unternehmens**, Merkmale der **Arbeitnehmer** sowie Merkmale des **Personalabbaus** vorgenommen (vgl. hierzu Kapitel 4.2 sowie zusammenfassend die folgende Abbildung):

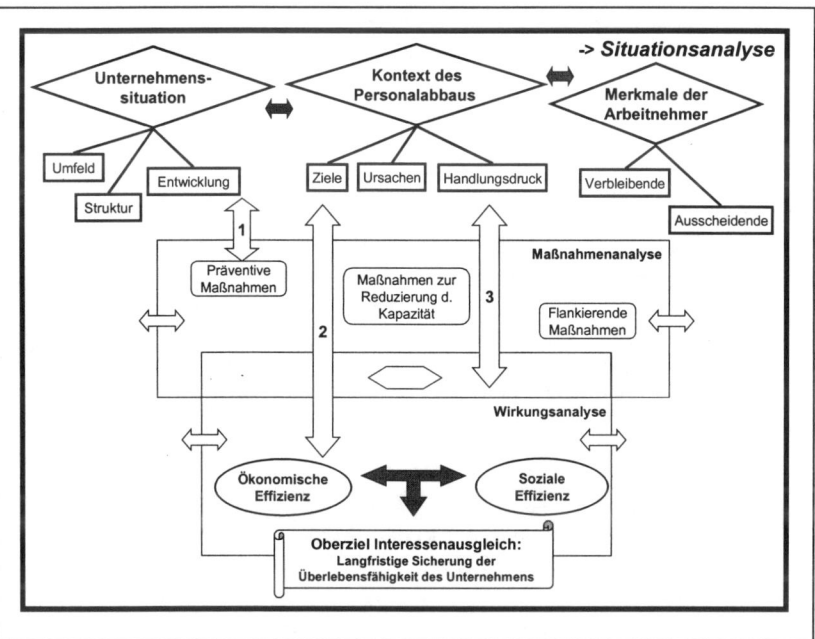

Abbildung 5-1: Bezugsrahmen – Ausschnitt Situationsanalyse

Daneben wurde untersucht, **welche Maßnahmen und Instrumente des Personalab-baus** vorrangig eingesetzt werden bzw. wie die **Personalabbauprozesse** gestaltet werden: [186]

- **Maßnahmen und Instrumente** zur Reduzierung personeller Überkapazitäten, aber auch zur Prävention sowie zur Abfederung von Personalabbauprozessen;

- Gestaltungsmerkmale von **Personalabbauprozessen**, wie Planungs- und Kommunikationsqualität, Mitwirkungsmöglichkeiten etc;

- **Unterscheidung hinsichtlich relevanter Situationsmerkmale**, wie Unternehmensgröße, Zielsetzung des Personalabbaus oder Handlungsdruck etc.

Vgl. hierzu Kapitel 3 und zusammenfassend die folgende Abbildung:

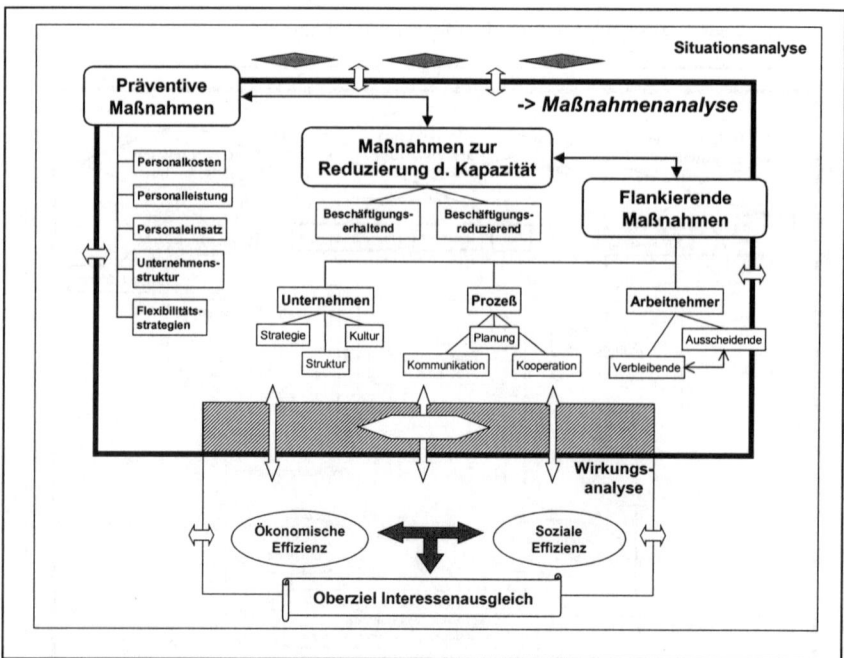

Abbildung 5-2:   Bezugsrahmen – Ausschnitt Maßnahmenanalyse

---

[186]   Grundlage der vorliegenden Ergebnisse ist die vom Institut für Personal- und Organisationsforschung durchgeführte Fragebogenerhebung bei rund 3000 deutschen Unternehmen im März 1998. In der hier untersuchten Stichprobe sind 155 Unternehmen berücksichtigt, die ihre Personalkapazität abgebaut haben bzw. sich gerade in einem Personalabbauprozeß befanden.

5.1 Merkmale der Situation personalabbauender Unternehmen

Um einen Einblick in die Situation der personalabbauenden Unternehmen zu erhalten, erfolgt zunächst eine Darstellung der Merkmale der *Unternehmen* (Kapitel 5.1) und der *Arbeitnehmer* (Kapitel 5.1.2). Anschließend werden die *Merkmale des Personalabbaus* (z.B. Ursachen, Ziele und geplantes Ausmaß des Personalabbaus) näher betrachtet.

5.1.1 Merkmale der Unternehmen

Zu den Bedingungsgrößen, welche die nähere unternehmensspezifische Situation beschreiben und betriebliche Handlungsspielräume beeinflussen, gehören bestimmte **Rahmenbedingungen des Unternehmens**. Untersucht wurden dazu diejenigen Faktoren, bei denen ein besonders starker Zusammenhang mit dem Personalabbau vermutet wurde (vgl. Kapitel 4.2.1).

(A) Merkmale der Unternehmensstruktur

Besonders die beiden Strukturmerkmale **Unternehmensgröße** (Anzahl der Arbeitnehmer und Veränderung der Arbeitnehmerzahl) und **hierarchischer Aufbau** sind wichtige Einfluß- und Erklärungsfaktoren für die Beschreibung der Zusammenhänge von Personalabbauprozessen.

♦ **Unternehmensgröße (Ableitung von vier Größenklassen)**

Eine differenzierte Betrachtung dieses Merkmals beruht auf der Annahme, daß die **Größe des Unternehmens** in erheblichem Umfang Einfluß auf Art und Erfolg von Personalabbauprozessen ausübt. Beispielsweise ist davon auszugehen, daß *größere* Unternehmen aufgrund einer breiteren Ressourcenbasis ein differenzierteres Maßnahmenspektrum anbieten können und somit den Personalabbau besser abfedern. Jedoch ist es auch denkbar, daß *kleinere* Unternehmen aufgrund einer geringeren Distanz zwischen Unternehmensleitung und Arbeitnehmern dafür flexibler mit Folgewirkungen umgehen können. Die geringere Distanz und die größere Abhängigkeit vom einzelnen Mitarbeiter könnte auch dazu führen, daß kleinere Unternehmen "vorsichtiger" mit Personalabbaumaßnahmen umgehen als Großunternehmen, die sich vielleicht leichter entscheiden, die Kostensituation durch Personalabbau zu verbessern. Angesichts der hier interessierenden personalwirtschaftlichen Fragestellung erfolgt die **Operationalisierung** der Unternehmensgröße anhand der Indikatoren *Anzahl der Arbeitnehmer* sowie *Veränderung der Arbeitnehmerzahl*.

Die **Gesamtstichprobe** setzt sich folgendermaßen zusammen:

Rund 10 Prozent der Unternehmen haben bis zu 50 Arbeitnehmer (im folgenden *Größenklasse 1*). Unternehmen mit bis zu 500 Arbeitnehmern (im folgenden *Größenklasse 2*) haben einen Anteil von 19 Prozent in der Stichprobe. Jeweils 35,5 Prozent der Stichprobe entfallen auf die Unternehmen mit bis zu 5.000 Arbeitnehmern (im folgenden *Größenklasse 3*) und auf Unternehmen der *Größenklasse 4* mit mehr als 5.000 Arbeitnehmern (vgl. Abbildung 5-3).

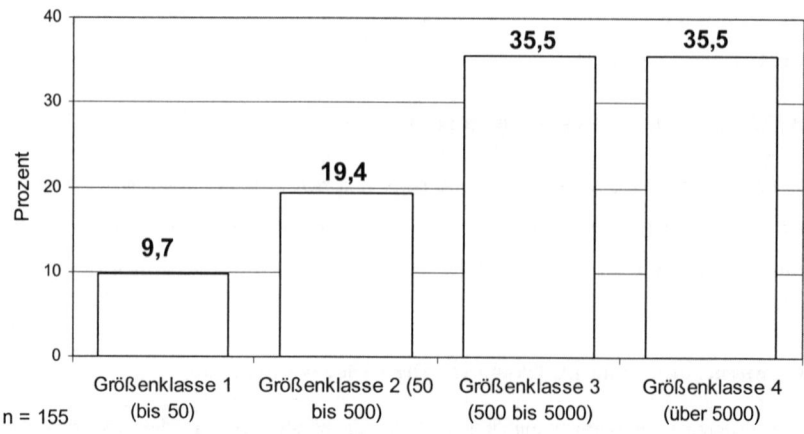

Abbildung 5-3:   Arbeitnehmerzahl nach Größenklassen

♦ **Veränderung der Arbeitnehmerzahl**

Bei Betrachtung der **Veränderung der gesamten Arbeitnehmerzahl** erfolgt eine Bezugnahme auf den Zeitraum seit Anfang 1995. Rund zwei Drittel der Unternehmen, die zumindest in einem *Teilbereich* die Personalkapazität verringerten, gaben an, daß auch die *Gesamtarbeitnehmerzahl* (über alle Teilbereiche hinweg) gesunken ist:

Während 34 Prozent der Unternehmen einen *Rückgang um bis zu 10%* verzeichneten, kam es bei weiteren 23 Prozent zu einem *Rückgang von bis zu 20%. Mehr als 20%* nahm die Arbeitnehmerzahl bei 10 Prozent der Unternehmen ab.

1994 - 1998

Rund ein Drittel der untersuchten Unternehmen, die im betrachteten Zeitraum Maßnahmen eines Personalabbaus durchgeführt haben bzw. die ihre Personalkapazität insgesamt reduziert haben, verzeichnete absolut gesehen *keinen Rückgang* der Arbeitnehmerzahl:

> In 6 Prozent der Unternehmen gab es keine Veränderung der Arbeitnehmerzahl.
> Bei 15 Prozent der Unternehmen stieg die Arbeitnehmerzahl sogar um bis zu
> 10% und bei weiteren 12 Prozent noch stärker (vgl. Abbildung 5-4)

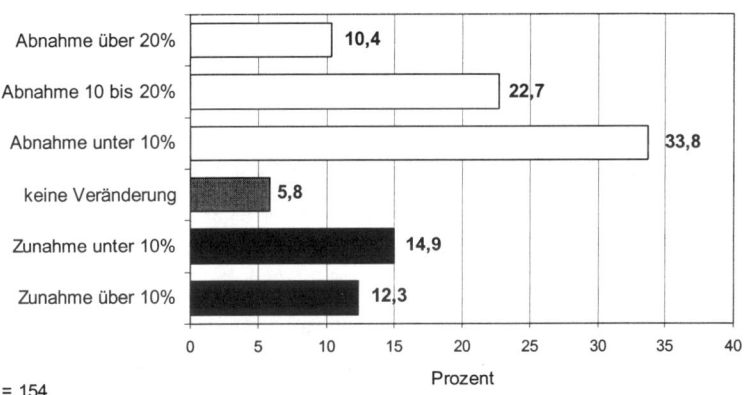

n = 154

Abbildung 5-4:   Entwicklung der Arbeitnehmerzahl seit 1995

Dies zeigt, daß das Spektrum der Maßnahmen einer Reduzierung von Personalkapazität
weit mehr als die primäre Verminderung des Personalbestands umfaßt. Betrachtet man
darüber hinaus den **Zusammenhang zwischen der Veränderung der Arbeitnehmerzahl und der Unternehmensgröße** (vgl. hierzu Abbildung 5-5), finden sich Belege,
daß kleine Unternehmen (bis 50 Arbeitnehmer) tatsächlich vorsichtiger mit beschäftigungsreduzierenden Maßnahmen umgehen als mittelgroße Unternehmen (50 bis 5000
Arbeitnehmer). Dagegen scheinen Großunternehmen (über 5000 Arbeitnehmer) in stärkerem Ausmaß die ihnen gegebenen internen Anpassungsmöglichkeiten unter Verzicht
auf eine Reduktion des Arbeitnehmerzahl, beispielsweise durch beschäftigungserhaltende oder präventive Maßnahmen, zu nutzen, was in dem Bemühen begründet sein könnte, einen hohen Abbau der Gesamtzahl der Arbeitnehmer aufgrund negativer externer
Imagewirkungen zu vermeiden.

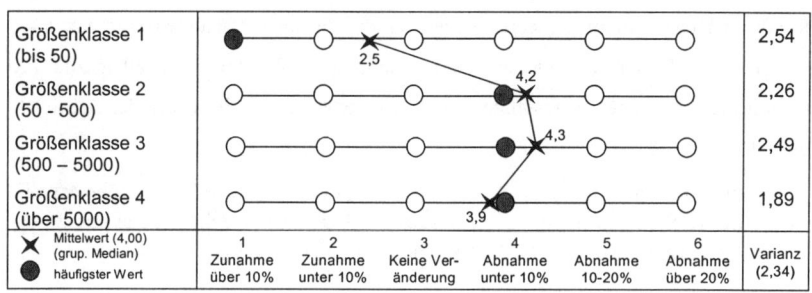

Größenklasse 1 (bis 50)							2,54
Größenklasse 2 (50 - 500)							2,26
Größenklasse 3 (500 – 5000)							2,49
Größenklasse 4 (über 5000)							1,89
✗ Mittelwert (4,00) (grup. Median) ● häufigster Wert	1 Zunahme über 10%	2 Zunahme unter 10%	3 Keine Ver- änderung	4 Abnahme unter 10%	5 Abnahme 10-20%	6 Abnahme über 20%	Varianz (2,34)

Abbildung 5-5:   Unternehmensgröße und Veränderung der Arbeitnehmerzahl

♦ Anzahl der Führungsebenen

Einen möglichen Indikator für die Distanz zwischen der Unternehmensleitung und den Arbeitnehmern bildet die Anzahl der Führungsebenen. Dahinter steht die Annahme, daß sich mit zunehmender Distanz negative Konsequenzen für die Effizienz von Personal- abbau ergeben können, wenn aufgrund der fehlenden Nähe zur "Basis" ein flexibler Umgang mit den Folgewirkungen des Personalabbaus nicht möglich ist. Wie zu vermu- ten war, besteht ein sehr enger Zusammenhang zwischen der Arbeitnehmerzahl und der *Anzahl der Führungsebenen.* In Unternehmen der *Größenklasse 1* gibt es im Mittel 2 Hierarchieebenen, wobei dieser Wert kontinuierlich auf 3 in *Größenklasse 2,* auf 4 in *Größenklasse 3* und schließlich auf 4-5 in *Größenklasse 4* ansteigt. Kleinere Unterneh- men verfügen also über eine geringere Distanz zwischen Unternehmensleitung und Ar- beitnehmer. Für die nachfolgenden Untersuchungen bildet daher das Merkmal Unter- nehmensgröße ein wichtiges Unterscheidungskriterium.

(B) Unternehmensumfeld / Branchenzugehörigkeit

Als Variable des Unternehmensumfeldes ist im folgenden insbesondere die **Zughörig- keit zur Branche** von Interesse. Neben der Frage nach der allgemeinen Entwicklung am Arbeitsmarkt (expandierende vs. schrumpfende Bereiche) besitzt die Branchenzuge- hörigkeit insofern Relevanz, als daß sich durch branchenabhängige Sozialpartnerschaf- ten (Arbeitgeberverbände und Gewerkschaften) unterschiedliche Präferenzen für be- stimmte Maßnahmen sowie divergierende Maßnahmenwirkungen ergeben könnten.

- Dabei interessiert zunächst, ob sich die verschiedenen Branchen hinsichtlich ihres Personalabbauverhaltens unterscheiden.

- Die allgemeine Entwicklung der jeweiligen Branchen beeinflußt – so die Vermutung – vor allem die soziale Effizienz von Personalabbaumaßnahmen im Hinblick auf die abzubauenden Mitarbeiter: Beispielsweise kann davon ausgegangen werden, daß abzubauende Mitarbeiter von Unternehmen aus Wachstumsbranchen bessere Arbeitsmarktchancen haben. Andererseits könnte Personalabbau in solchen Unternehmen möglicherweise auch als besonders ungerecht empfunden werden.

- Auch die Fragestellung, inwieweit sich die Branchenzugehörigkeit in einer differenzierteren Personalabbaupraxis niederschlägt, ist für eine differenzierte Betrachtung der Wirkungen von Personalabbau von Bedeutung.

Zur Bestimmung des **Betroffenheitsgrades einzelner Branchen** erfolgt an dieser Stelle ein Vergleich mit den Nicht-Abbauern (n=80), die an der Befragung teilgenommen haben (Gesamtstichprobe N=235).

Betroffenheit von Personalabbau nach Branche:

Unter allen Rückantworten (Abbauer und Nicht-Abbauer) stellt das *verarbeitende Gewerbe* mit rund 40 Prozent den größten Anteil in der Stichprobe, gefolgt von *Kreditinstituten / Versicherungsgewerbe* und den *sonstigen Dienstleistungen* mit jeweils ca. 15 Prozent und dem *Handel* mit etwa 11 Prozent. Die Häufigkeitsverteilung aller Branchen kann der folgenden Abbildung entnommen werden.

Die einzelnen Branchen sind – in der betrachteten Stichprobe – unterschiedlich stark durch den Personalabbau betroffen: Überdurchschnittlich häufig wurden das *verarbeitende Gewerbe*, der Primärsektor (*Land- und Forstwirtschaft, Bergbau, Energie, Wasser*) sowie *Verkehr und Nachrichtenübermittlung* mit Personalabbau konfrontiert. Vom Personalabbau eher verschont blieben *Handel, Kreditinstitute und Versicherungen* sowie die *sonstigen Dienstleistungen*. Ein ausgewogenes Verhältnis war in der Bauwirtschaft zu beobachten.[187]

---

[187]   Die Ergebnisse beziehen sich auf den Analysezeitraum 1994 bis 1998.

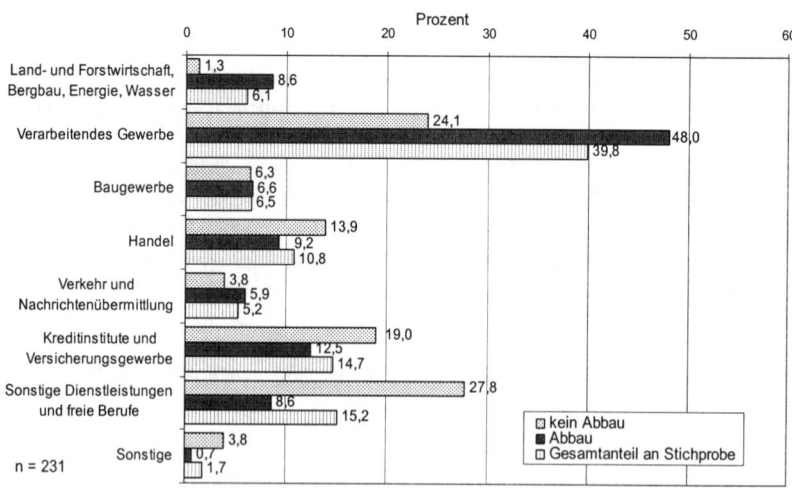

Abbildung 5-6:   Betroffenheit durch Personalabbau nach Branchen

Zusammenfassend kann festgehalten werden, daß – bezogen auf diejenigen Unternehmen, die an der Befragung teilgenommen haben – der Dienstleistungsbereich insgesamt
weniger von Personalabbau betroffen ist als die produzierenden Unternehmen. Allerdings ist in der Praxis zu beobachten, daß gerade im Bereich Kreditinstitute und Versicherungsgewerbe, der einer starken Konzentration unterliegt, große Bemühungen in
Richtung eines 'Personalabbaus ohne Schlagzeilen' unternommen werden. Zur Handhabung personeller Überkapazitäten wird vor allem auf neuartige, 'leise' Konzepte, wie
beispielsweise die Kooperation mit Zeitarbeitsunternehmen oder interne Arbeitsmärkte,
zurückgegriffen.

Eine für weitere Analysen ursprünglich angestrebte Schichtung nach Branchenzugehörigkeit erschien aufgrund der geringen Besetzungszahlen nicht sinnvoll.

(C) Veränderungen im Unternehmen

Neben der Unternehmensstruktur und dem Unternehmensumfeld geht ein wesentlicher
Einfluß von geplanten bzw. ungeplanten **Veränderungen** im Unternehmen aus.

Ein wichtiger Indikator ist hier die **Entwicklung der Ertragslage**, da beispielsweise davon auszugehen ist, daß Personalabbau dann als besonders ungerecht empfunden wird, wenn keine starke Verschlechterung der Ertragslage vorausgeht. Für die untersuchten Unternehmen ergab sich bezüglich der Entwicklung der Ertragslage – gefragt war nach einem Vergleich zum jeweils vorausgegangenen Jahr[188] – folgendes Bild für die Jahre 1994 bis 1997:

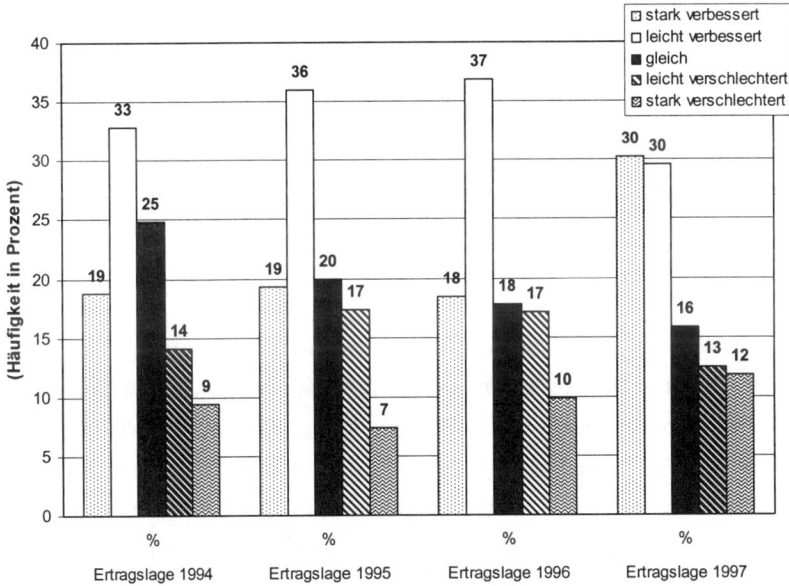

Abbildung 5-7:   Entwicklung der Ertragslage 1994 bis 1997

Dabei fällt vor allem auf, daß sich im **Jahr 1997**, welches der Untersuchung unmittelbar vorausgeht, die Zahl der Unternehmen, die eine starke Verbesserung der Ertragslage erfahren haben, gegenüber den Vorjahren nahezu verdoppelt hat. Allerdings ist im Jahr 1997 auch die Zahl der Unternehmen, deren Ertragslage sich stark verschlechtert hat, am höchsten. Eine vertiefende Betrachtung der Entwicklung der Ertragslage im Jahr 1997 ergab einen sehr signifikanten Zusammenhang mit der **Unternehmensgröße**:

---

[188]   Durch den Verzicht auf absolute Kennzahlen sollte die Beantwortung dieser relativ heiklen Frage-

Während die Ertragslage kleiner Unternehmen (bis 50 Arbeitnehmer) im Durchschnitt eher gleich blieb und sich bei den Unternehmen der Größenklasse 3 und 4 (500 bis 5000 Arbeitnehmer bzw. über 5000 Arbeitnehmer) deutlich verbesserte, mußten Unternehmen mit 50 bis 500 Arbeitnehmern dagegen eine starke Verschlechterung in Kauf nehmen. Damit scheint vor allem der 'klassische Mittelstand' besonders von einer Verschlechterung der Ertragslage betroffen; bei der Reduzierung der Arbeitnehmerzahl wird er allerdings von der nächsten Größenklasse (500 bis 5000 Arbeitnehmer) leicht übertroffen (vgl. Abbildung 5-5: Unternehmensgröße und Veränderung der Arbeitnehmerzahl). Möglicherweise verzögerte der 'klassische' Mittelstand Personalabbau, wodurch sich seine Lage aber relativ verschlechtert hat.

Neben der Entwicklung der Ertragslage stellt auch der Aspekt einer **'Vorerfahrung' mit Personalabbau** anhand des Vorkommens und der Art von Personalabbauprozessen einen interessanten Ansatzpunkt dar. So kann vermutet werden, daß bezüglich Personalabbau *unerfahrene Unternehmen* größere Folgewirkungen zu verzeichnen haben, wenn Unternehmen und Mitarbeiter beispielsweise unerwartet vom Personalabbau getroffen werden, keine umfassende Planung im voraus erfolgen konnte oder – aufgrund mangelnder Kenntnis von Alternativen bzw. ohne Problembewußtsein bezüglich der Folgen – vorwiegend auf 'harte' Maßnahmen des Personalabbaus zurückgegriffen werden muß. In Unternehmen mit breiter Vorerfahrung mit Personalabbau stellen sich dagegen möglicherweise gewisse Gewohnheitseffekte ein, die in einer weniger negativen Einschätzung der Folgewirkungen resultieren können.

Vorerfahrung mit Personalabbau:

Die Frage nach einem abgeschlossenen Personalabbau wurde von insg. 95 Unternehmen bejaht (61 Prozent der Stichprobe personalabbauender Unternehmen). 72 der befragten Unternehmen befanden sich zum Zeitpunkt der Erhebung in einem laufenden Personalabbauprozeß (46 Prozent) und 64 (41 Prozent) Unternehmen haben angegeben, für die Jahre 1998 bis 1999 einen Personalabbau zu planen.

stellung erleichtert werden.

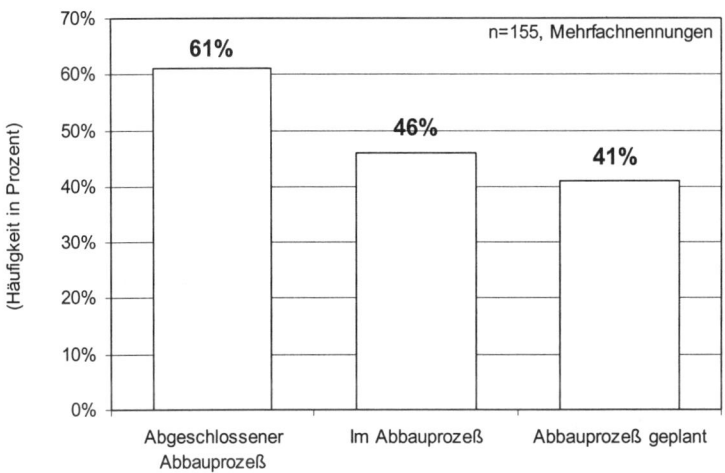

Abbildung 5-8:   Vorerfahrung mit Personalabbau

Bereits bei der Entwicklung der Arbeitnehmerzahl (vgl. Abbildung 5-4) wurde erkennt-
lich, daß auch in Unternehmen, in denen Personal abgebaut wurde, häufig gleichzeitig
eine Zunahme der Arbeitnehmerzahl zu verzeichnen war. Daher interessiert, inwieweit
in einzelnen Unternehmensbereichen **neue Stellen geschaffen** worden sind, und ob diese durch *neu eingestellte Arbeitnehmer* besetzt worden sind – was sicher von den von
Abbau betroffenen Mitarbeitern, aber auch von deren nicht direkt betroffenen Kollegen,
als besonders ungerecht empfunden werden dürfte – oder durch in anderen Bereichen
freigesetzte Arbeitnehmer.

Schaffung neuer Stellen:

Von den befragen Unternehmen gaben insgesamt 64 Prozent an, gleichzeitig
zum Prozeß des Personalabbaus auch neue Stellen geschaffen zu haben. Diese
Stellen wurden sowohl durch externe Arbeitnehmer besetzt (in 79 Prozent der
Unternehmen) als auch durch in anderen Bereichen freigesetzte Arbeitnehmer
(in 74 Prozent der Unternehmen, Mehrfachnennung möglich).

Die Tatsache, daß Unternehmen neugeschaffene Stellen scheinbar lieber mit externen
Arbeitnehmern besetzt, kann auf verschiedene Gründe zurückgeführt werden. Zum einen muß betrachtet werden, welche *Mitarbeitergruppen* bevorzugt von Personalabbau

betroffen werden (vgl. hierzu Kapitel 5.1.2). Gerade ältere oder weniger qualifizierte Arbeitnehmer, die tendenziell stärker von Personalabbau betroffen sind, sind nicht die Wunschzielgruppe für eine Neubesetzung. Zum anderen können Auslöser und Zielsetzung des Personalabbaus ursächlich auf die Entscheidung zur Schaffung und Besetzung neuer Stellen im Unternehmen wirken (vgl. hierzu Kapitel 5.1.3). Ein Personalabbau mit dem vorrangigen Ziel einer Veränderung der Belegschaftsstruktur (Verjüngung bzw. Anpassung der Qualifikationsstruktur) impliziert die externe Nachbesetzung neugeschaffener oder freiwerdender Stellen geradezu, wohingegen bei einer aus Kostengründen notwendig werdenden Kapazitätsreduzierung die Besetzung eher durch Arbeitnehmer aus anderen Bereichen erfolgen dürfte.

5.1.2 Merkmale der Arbeitnehmer

Zur Charakterisierung und Unterscheidung verschiedener Arbeitnehmergruppen wurden hauptsächlich **soziodemographische Merkmale** herangezogen. Im Sinne einer umfassenden Beschreibung der Situation personalabbauender Unternehmen in Deutschland ist zunächst vorrangig die Frage zu untersuchen, ob und in welchem Umfang bestimmte Teilgruppen von Arbeitnehmern von Personalabbau besonders stark **betroffen** sind.[189]

Wichtige **Personalstrukturvariablen** in diesem Zusammenhang sind:

- Alter der Arbeitnehmer,
- Dauer der Betriebszugehörigkeit,
- Qualifikation (gelernt – ungelernt),
- Geschlecht,
- Nationalität (Deutsche – Ausländer),
- Beschäftigungsverhältnis (Vollzeit – Teilzeit),
- Führungsverantwortung (Führungskräfte – Arbeitnehmer).

Im Rahmen der den folgenden Ergebnissen zugrundeliegenden Unternehmensbefragung konnten diese Personalstrukturvariablen nur indirekt erhoben werden: Die Operationali-

---

[189] Ansprechpartner der Befragung waren vorwiegend Personalverantwortliche oder Mitglieder der Geschäftsführung, von denen angenommen wurde, daß sie die strukturelle Zusammensetzung ihrer Mitarbeiter am besten beurteilen können. Gefragt wurde nach einer überdurchschnittlichen Betroffenheit durch Personalabbau. Über die tatsächlichen Verhältnisse der Gruppen zueinander ist keine Aussage möglich.

sierung der Betroffenheit verschiedener Mitarbeitergruppen erfolgte daher lediglich durch relative Vergleiche.

Betroffenheit verschiedener Altersgruppen:

Mit zunehmendem **Alter** steigt die Gefahr, zum Opfer eines Personalabbaus zu werden (vgl. Abbildung 5-9), wobei die Gruppe der über 50-Jährigen am stärksten betroffen ist. In mehr als zwei Drittel der untersuchten Unternehmen ist die Gruppe der über 50-Jährigen von Personalabbau stark betroffen. Obwohl jüngere Mitarbeiter durch die Kriterien der Sozialauswahl tendenziell benachteiligt werden, werden sie seltener von Personalabbau betroffen; es gibt aber generell keine Altersgruppe, die von Personalabbau völlig verschont bleibt (nur in jedem 5. Unternehmen sind Arbeitnehmer der Altersgruppe unter 35 Jahren von Personalabbau gar nicht betroffen; für 35- bis 50-Jährige trifft dies nur in 9 Prozent der Unternehmen zu).

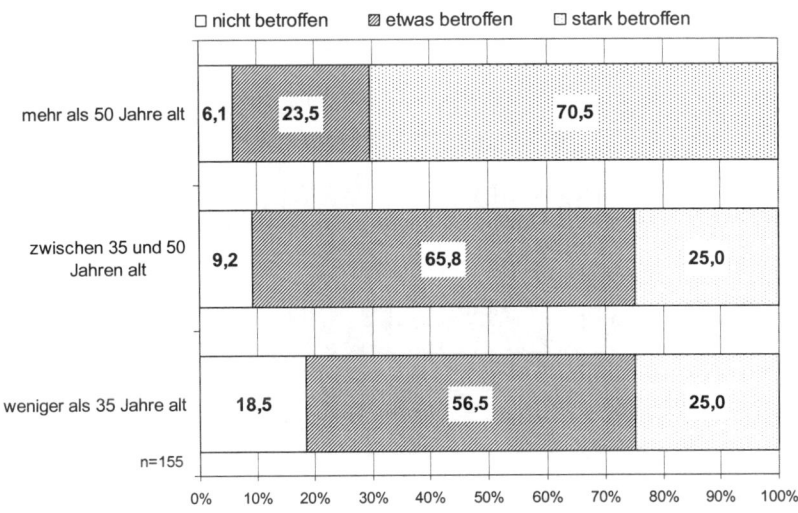

Abbildung 5-9:   Betroffenheit von Personalabbau nach Alter

Häufig werden ältere Arbeitnehmer deshalb bevorzugt von Abbaumaßnahmen betroffen, da sie die ideale Zielgruppe für freiwillige Freisetzungsmaßnahmen, wie Vorruhestandsregelungen, Altersteilzeit oder Aufhebungsverträge mit Abfindungszahlungen darstellen. Fehlen diese Möglichkeiten einer auf Freiwilligkeit basierten Freisetzung, so sind gerade ältere Arbeitnehmer durch die Sozialplanregelungen aber besonders geschützt.

Die folgende Abbildung zeigt, daß sich die Betroffenheit der **Altersgruppe 'über 50'** in kleineren Unternehmen zwar noch in Grenzen hält, wohingegen eine starke Zunahme der Betroffenheit in mittelgroßen Unternehmen (20-5000 Arbeitnehmer) zu beobachten ist, bevor in großen Unternehmen mit mehr als 5000 Arbeitnehmern wieder ein leichter Rückgang erfolgt. Eine Erklärung für diese Beobachtung könnte darin liegen, daß kleinere Unternehmen aufgrund einer auf engen Beziehungen zwischen Unternehmensleitung und Arbeitnehmern basierenden Unternehmenskultur eher auf unfreiwillige Frühverrentungen von Arbeitnehmern verzichteten, und daß das Fachwissen und Humankapital älterer Mitarbeiter eine höhere Wertschätzung genießt. Möglicherweise verfügen kleinere Unternehmen aber auch nicht über ausreichendes Spezialwissen zur komplexen rechtlichen Handhabung von Vorruhestandsregelungen.

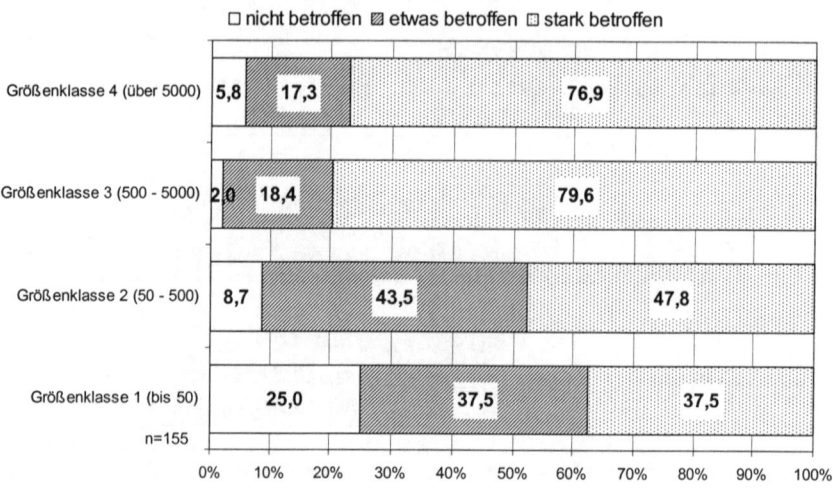

Abbildung 5-10: Betroffenheit der über 50-Jährigen nach Unternehmensgröße

Betroffenheit nach Dauer der Betriebszugehörigkeit:

Vom Personalabbau werden am stärksten die Arbeitnehmer mit einer **Betriebszugehörigkeit** von mehr als 10 Jahren tangiert, gefolgt von den Arbeitnehmern mit einer bis zu fünfjährigen Betriebszugehörigkeit. Am wenigsten trifft es die Gruppe mit einer Zugehörigkeit zwischen 5 und 10 Jahren (vgl. Abbildung 8–11). Diese Beobachtung könnte dadurch erklärt werden, daß die Arbeitnehmer mit einer mittleren Betriebszugehörigkeit durch die Kriterien der Sozialauswahl im Vergleich zu den Arbeitnehmern mit einer kürzeren Betriebszugehörigkeit besser geschützt werden. Vorruhestandsregelungen setzen das Erreichen einer bestimmten Altersgrenze voraus, die wohl am häufigsten in der Gruppe der Arbeitnehmer mit der längsten Betriebszugehörigkeit erreicht sein dürfte.

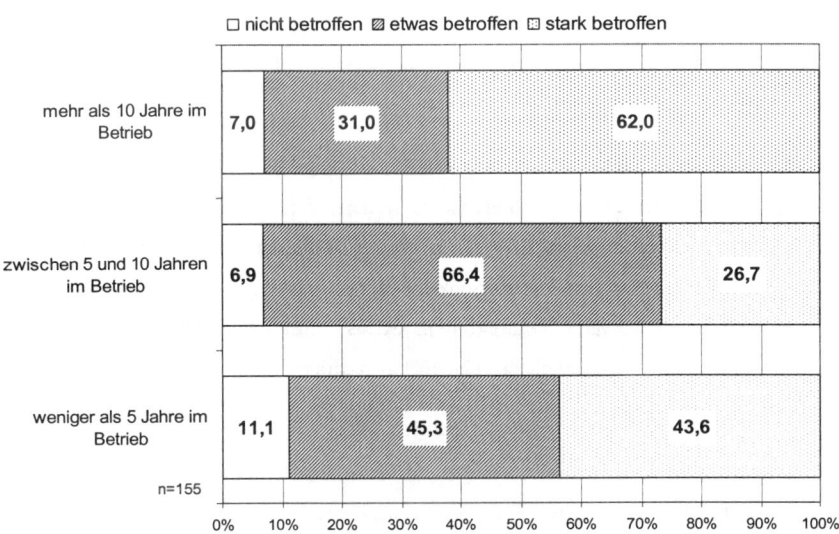

Abbildung 5-11: Betroffenheit nach Betriebszugehörigkeit

Betroffenheit verschiedener Arbeitnehmergruppen

Die folgende Abbildung zeigt, welche Arbeitnehmergruppen durch den Personalabbau **relativ gesehen** überdurchschnittlich stark betroffen waren.

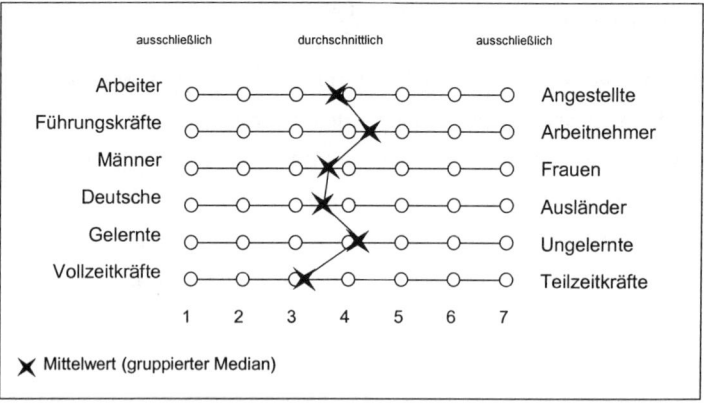

Abbildung 5-12: Betroffenheit einzelner Arbeitnehmergruppen

Zur **Interpretation und Erklärung** dieser Ergebnisse muß auch der Zusammenhang zur Unternehmensgröße berücksichtigt werden:

- **Arbeiter** waren relativ gesehen etwas stärker als **Angestellte** durch den Personalabbau betroffen. Dies läßt sich möglicherweise durch den Trend zur Automatisierung bzw. zur Verlagerung einfacherer Tätigkeiten in Billiglohnländer erklären. Die *Arbeitnehmer insgesamt* traf der Personalabbau jedoch härter als die *Führungskräfte*, die sich möglicherweise aufgrund ihres Status selbst besser vor Personalabbau schützen konnten. Bezüglich der Unternehmensgröße ergab sich hier kein signifikanter Unterschied.

- In allen Größenklassen waren **Männer** im Verhältnis stärker als **Frauen** betroffen, was sicher mit der höheren Erwerbstätigkeitsquote bei den Männern zusammenhängt.[190] Während die überdurchschnittliche Betroffenheit der Männer in sehr kleinen Unternehmen stark ausgeprägt war, konnte in den anderen Größenklassen nur eine leicht überdurchschnittliche Betroffenheit beobachtet werden.

---

[190]   1999 betrug die Erwerbsquote der 15- bis unter 65-jährigen Männer 80,3 Prozent gegenüber einer Quote von 63,8 Prozent bei den Frauen. (Quelle: Statistisches Bundesamt, Mikrozensus April 1999).

- **Deutsche Arbeitnehmer** waren in der Stichprobe relativ gesehen stärker als ihre ausländischen Kollegen betroffen, wobei die überdurchschnittliche Betroffenheit der deutschen Arbeitnehmern mit zunehmender Unternehmensgröße zurückgeht.

- Hinsichtlich der **Qualifikation** der durch den Personalabbau Betroffenen bestand über alle Unternehmen hinweg ein ausgewogenes Verhältnis zwischen *Gelernten* und *Ungelernten*. Eine auffällig große Streuung der Ergebnisse kommt dadurch zustande, daß in Unternehmen der Größenklassen 1 und 2 die Gelernten überdurchschnittlich stark betroffen waren. Besonders stark war die Betroffenheit von Gelernten in Unternehmen mit bis zu 50 Arbeitnehmern. Dies kann möglicherweise dadurch erklärt werden, daß kleinere Unternehmen zunehmend 'teure' Spezialisten abbauen und entsprechende Bereiche gegebenenfalls outsourcen. Dagegen kehrt sich das Verhältnis bei den größeren Unternehmen um, was auf eine kapital- und wissensintensive Produktion zurückgeführt werden könnte. Möglicherweise bestehen in großen Unternehmen auch eher alternative Einsatzmöglichkeiten für Gelernte als in kleinen Unternehmen.

- **Teilzeitkräfte** waren in den Unternehmen mit dieser Beschäftigungsform in jeder Größenklasse im Verhältnis deutlich weniger als *Vollzeitkräfte* betroffen. In der Stichprobe waren somit die Teilzeitstellen sicherer als die Vollzeitstellen. Mit zunehmender Unternehmensgröße sinkt allerdings die überdurchschnittliche Betroffenheit der Vollzeitkräfte. Es kann vermutet werden, daß Teilzeitstellen vor allem in größeren Unternehmen bereits im Vorfeld verstärkt von Personalabbau betroffen waren, und daß besonders große Unternehmen das Flexibilisierungspotential alternativer Beschäftigungsformen eher erkannt haben.

5.1.3 Merkmale des Personalabbaus

Zuletzt sollen verschiedene Merkmalen des Personalabbaus betrachtet werden, welche situative Rahmenfaktoren für die nachgelagerten Maßnahmenentscheidungen darstellen. Im folgenden werden als wesentliche Merkmale des Personalabbaus die **Ursachen** des Personalabbaus, die mit Personalabbau verbundenen **Zielsetzungen** sowie – daraus resultierend – das geplante **Ausmaß** des Personalabbaus näher betrachtet. Inwieweit sich das Unternehmen bei der Entscheidung zum Personalabbau bereits in einer Unternehmenskrise befand, wird abschließend als Indikator für die **Größe des Handlungs-drucks** betrachtet.

(A) Ursachen des Personalabbaus

Eine wichtige Einflußgröße auf die Entscheidung zur Gestaltung von Personalabbauprozessen sind die Ursachen des Abbaubedarfs. Aus diesem Grund soll zunächst untersucht werden, welche möglichen **Einzelursachen** von Personalabbau in der Praxis relevant sind und inwieweit diese von der Unternehmensgröße abhängen, bevor anschließend eine Strukturierung und Zusammenfassung der wichtigsten **Ursachenkomplexe** erfolgt.

Ursachen von Personalabbau:

Die mit Abstand am häufigsten genannte **Einzelursache** von Personalabbau ist der Wettbewerbsdruck, gefolgt von Automatisierung und technischem Fortschritt, gestiegener Effizienz des Personaleinsatzes, rückläufiger Nachfrage und einer Strukturkrise in der Branche. Eine komplette Auflistung und Gewichtung der Ursachen zeigt Abbildung 8–13.

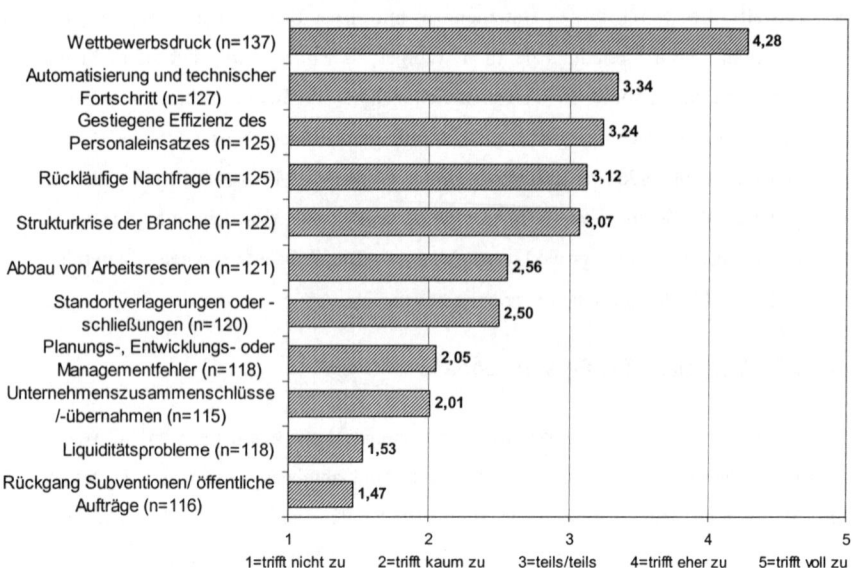

Abbildung 5-13: Ursachen des Personalabbaus

Die differenzierte Betrachtung der Unternehmen unterschiedlicher Größe ergab einige interessante Unterschiede:

- Kleinere Unternehmen sind im Durchschnitt stärker von *Liquiditätsproblemen, Strukturkrisen der Branche, Nachfrage* sowie *Subventionsrückgang* und dem *Abbau von Arbeitsreserven* betoffen. Eine mögliche Erklärung hierfür liegt in der geringeren Diversifikation bzw. Risikostreuung kleinerer Unternehmen.

- Größere Unternehmen gaben dagegen überdurchschnittlich häufig die folgenden Ursachen an, die gleichzeitig typische Kennzeichen bzw. Probleme von Großunternehmen widerspiegeln: *Standortverlagerungen oder –schließungen, Unternehmenszusammenschlüsse* sowie eine *gestiegene Effizienz des Personaleinsatzes.*

Es ist im Einzelfall meist schwierig zu beurteilen, ob der Personalabbau durch nicht vorhersehbare und nicht beeinflußbare *externe* Entwicklungen, z.B. durch unvermuteten Konjunkturrückgang, verursacht wurde oder ob *interne* Auslöser, wie z.B. Managementfehler, überwiegen. Auch sind die erhobenen Einzelursachen in der Regel nicht voneinander unabhängig und der Personalabbaubedarf wird durch ein Zusammenspiel interner und externer Ursachen ausgelöst. Mit Hilfe einer Faktorenanalyse[191] konnten – neben dem Wettbewerbsdruck als wichtigste Einzelursache – vier unterschiedliche **Ursachenkomplexe** für den Personalabbau differenziert werden (die Reihenfolge bringt die abnehmende Bedeutung der einzelnen Faktoren zum Ausdruck):

- *Rationalisierung:* Automatisierung und technischer Fortschritt sowie eine gestiegene Effizienz des Personaleinsatzes führen zu personellen Überkapazitäten.

- *Kurskorrektur:* Die Behebung von Planungs-, Entwicklungs- oder Managementfehlern sowie eine sinkende Nachfrage führen zu Personalanpassungsbedarf im Unternehmen.

- *Restrukturierung:* Tiefgreifende Strukturveränderungen, wie Unternehmenszusammenschlüsse, Übernahmen, Standortverlagerungen oder Standortschließungen machen eine Anpassung der Personalkapazität erforderlich.

---

[191] Die Faktorenanalyse ist ein statistisches Verfahren zur Reduktion einer Vielzahl von wechselseitig korrelierenden Variablen in wenigen Dimensionen, mit dem Ziel einer Informationsverdichtung und Entdeckung von gemeinsamen Strukturen.

- *Unmittelbare Überlebenssicherung:* Eine Strukturkrise der Branche, der Rückgang von Subventionen oder öffentlichen Aufträgen sowie Liquiditätsprobleme fordern vom Unternehmen den Abbau von Personal.

Die Ursachen bzw. Auslöser eines Personalabbaus sind besonders im Hinblick auf die Schwerpunktsetzung bei der Auswahl der Maßnahmen und Instrumente des Kapazitätsabbaus von Interesse: Aus normativ-pragmatischer Sicht erscheinen bei Personalabbau aufgrund von *Rationalisierung* oder zur unmittelbaren *Überlebenssicherung* vor allem Maßnahmen der Kompensation sowie der Förderung der Beschäftigungsfähigkeit der **ausscheidenden Arbeitnehmer** vorrangig. Dagegen könnten bei *Restrukturierungsvorhaben* aufgrund der häufig eintretenden Desorientierung und Frustration besonders Maßnahmen zur Förderung der Leistungsmotivation der **verbleibenden Arbeitnehmer** notwendig werden, während ein Personalabbau zur *Kurskorrektur* vor allem durch Maßnahmen zur Sicherung der Legitimität der Unternehmensleitung unterstützt werden sollte.

(B) Ziele des Personalabbaus

Neben den Ursachen sind insbesondere die mit dem Personalabbau verfolgten **Ziele** von Interesse. Zum einen ermöglicht nur die Formulierung konkreter Ziele eine Beurteilung des Erfolgs der durchgeführten Maßnahmen (vgl. hierzu auch Kapitel 6.1.1). Zum anderen kann untersucht werden, inwieweit unterschiedliche Ziele des Personalabbaus die eingesetzten Maßnahmen und Instrumente und vor allem die resultierenden Folgewirkungen beeinflussen. An dieser Stelle sollen zunächst die unterschiedlichen Ziele der Unternehmen dargestellt und anschließend zu generellen Zielorientierungen zusammengefaßt werden.

Ziele des Personalabbaus:

Als wichtigstes **Einzelziel** nannten die befragten Unternehmen

- die *Senkung der Personalkosten,* gefolgt von
- *Reduzierung der Personalkapazität* und
- *Steigerung der Personalleistung.*

Weniger wichtig waren die *Veränderung von Qualifikationsstrukturen* und der *Unternehmenskultur.*

Die *Verjüngung der Belegschaftsstruktur* wurde selten als wichtiges Ziel eingestuft (vgl. Abbildung 8–14).

Diese Zielsetzungsprioritäten gelten für alle Unternehmen in nahezu gleichem Ausmaß; bezüglich der **Unternehmensgröße** ergaben sich keine signifikanten Unterschiede.

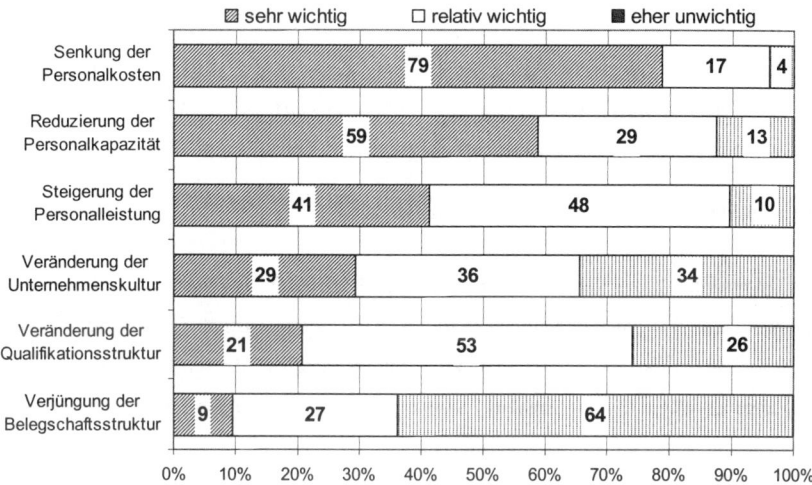

Abbildung 5-14: Ziele des Personalabbaus

Mit Hilfe einer Faktorenanalyse lassen sich drei generelle **Zielorientierungen** des Personalabbaus unterscheiden (die Reihenfolge bringt die abnehmende Bedeutung der einzelnen Faktoren zum Ausdruck):

▪ *Klassische Kostenorientierung:* Ziel des Personalabbaus ist eine Senkung der Personalkosten durch Kapazitätsreduzierung.

▪ *Produktivitätsorientierung*: Personal wird abgebaut, um die Personalleistung zu steigern. Parallel soll auch eine produktivitätsorientierte Veränderung der Unternehmenskultur erfolgen.

▪ *Veränderungsorientierung*: Durch den Personalabbau sollen eine Verjüngung der Belegschaftsstruktur und eine Veränderung der Qualifikationsstruktur erreicht werden.

Analog zur Betrachtung der Ursachen und Auslöser des Personalabbaus kann auch hinsichtlich der verfolgten Zielorientierungen von einem Zusammenhang mit der Wahl der Abbaumaßnahmen ausgegangen werden. So dürfte sich beispielsweise die in einer "*klassischen Kostenorientierung*" induzierte konservative Grundhaltung darin äußern, daß der kurzfristigen materiellen Kompensation der Arbeitnehmer Vorrang gegenüber längerfristigen, entwicklungsorientierten Maßnahmen eingeräumt wird. Während bei der *Produktivitätsorientierung* ein ausgewogenes Verhältnis zwischen kompensatorischen und entwicklungsorientierten Maßnahmen angenommen werden kann, überwiegen möglicherweise bei den progressiven, *veränderungsorientierten* Unternehmen eher Maßnahmen zur Entwicklung von Beschäftigungs- und Leistungsfähigkeit.

(C) Geplantes Ausmaß des Personalabbaus

Zur Untersuchung des geplanten Ausmaßes des Personalabbaus wurde neben der *geplanten Reduzierung der Arbeitnehmerzahl* auch nach dem Ausmaß der *geplanten Senkung der Personalkosten* gefragt. (Die als Planungsgrundlage für den Umfang des Personalabbaus relevanten Kennzahlen und Vergleichsgrößen werden später im Zusammenhang mit der Planungsqualität untersucht.) Häufig liegt das Problem einer personellen Überkapazität nämlich nicht allein in der absoluten Zahl der Arbeitnehmer, sondern ebenso in der Belegschafts- oder Personalkostenstruktur begründet. Nach einer Beschreibung der Ergebnisse erfolgt ein Vergleich der beiden Indikatoren Arbeitnehmerzahl und Personalkosten.

Ausmaß des Personalabbaus:

Insgesamt machten 80 Prozent der Unternehmen Angaben zur geplanten Reduzierung der **Arbeitnehmerzahl**. Die meisten Unternehmen planten eine Reduzierung um bis zu 10% (48 Prozent), gefolgt von 32 Prozent der Unternehmen, die eine Senkung um bis zu 20% anvisierten. Immerhin 9 Prozent der Unternehmen strebten eine Verringerung um bis zu 30% und 12 Prozent der Unternehmen sogar noch weitergehende Senkungen an.

Zur geplanten Senkung der **Personalkosten** machten lediglich 65 Prozent der Unternehmen Angaben. Dies könnte ein Indiz dafür sein, daß beim Personalabbau ein "Denken in Köpfen" ausgeprägter als ein "Denken in Kosten" ist, was möglicherweise die Gefahr in sich birgt, den Blick auf innovative Maßnahmen zur Reduzierung der Personalkapazität – jenseits von der Beschäftigtenreduzierung – zu versperren. Während 42 Prozent der Unternehmen eine Kostensenkung um bis zu 10% planten, steigt der Anteil der Unternehmen mit einem Kostensenkungsziel von bis zu 20% auf über 45 Prozent. Weitergehende Kostensenkungen wurden eher selten angestrebt (vgl. die folgende Abbildung).

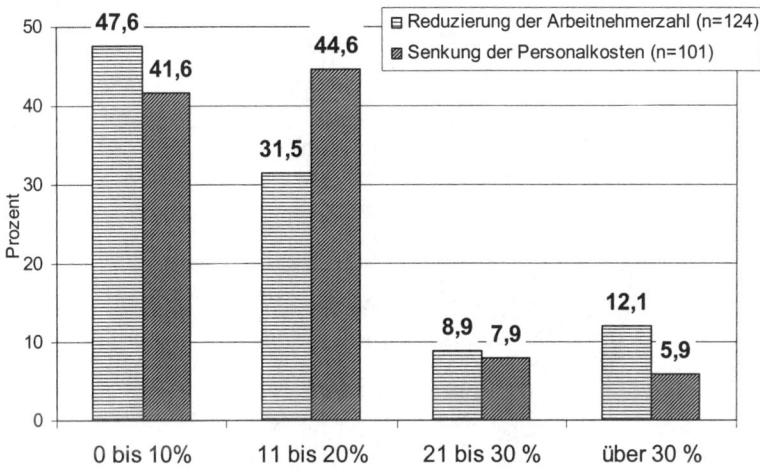

Abbildung 5-15: Reduzierung der Arbeitnehmerzahl und Senkung der Personalkosten

Ein **Vergleich** von geplanter *Reduzierung der Arbeitnehmerzahl* und *Senkung der Personalkosten* ist bei den 61 Prozent der Unternehmen möglich, die zu beiden Merkmalen Angaben gemacht haben. Bei 30 Prozent dieser Unternehmen ist eine *Übereinstimmung* der Merkmale zu beobachten. Die Mehrheit (42 Prozent) gab jedoch an, daß die Arbeitnehmerzahl *stärker* als die Personalkosten zurückgehen sollte. Hier steht vermutlich das Ziel nach einer Umstrukturierung der Belegschaft durch Beibehaltung von höherqualifizierten und somit teureren Mitarbeitern im Vordergrund oder auch lediglich die Berücksichtigung der bei einem Abbau entstehenden Folgekosten, wie z.b. für Sozialplan, Abfindungen etc. Andererseits planten 28 Prozent der Unternehmen, die Personalkosten stärker als die Arbeitnehmerzahlen zu senken. Mögliche Maßnahmen hierfür sind beispielsweise eine Reduzierung der Arbeitszeit oder eine Verjüngung der Belegschaftsstruktur (vgl. folgende Abbildung).

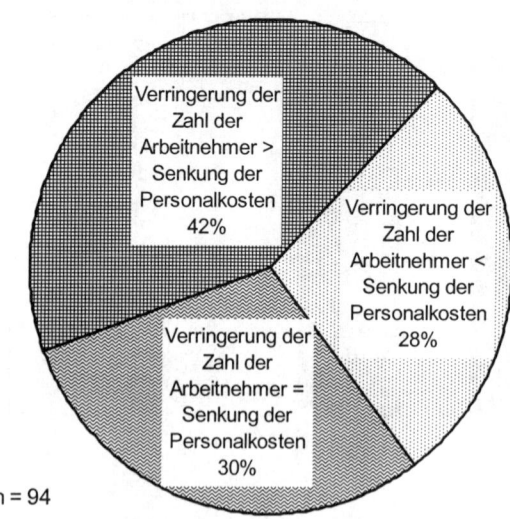

Abbildung 5-16: Vergleich der Personalabbauziele: 'Senkung der 'Personalkosten'
und 'Reduzierung der Arbeitnehmerzahl'

(D) Größe des Handlungsdrucks

Zur Bestimmung der Größe des Handlungsdrucks, in dem sich ein personalabbauendes Unternehmen befand, wurde die *Relevanz von Unternehmenskrisen* untersucht. Es wird davon ausgegangen, daß sich die Größe des Handlungsdrucks besonders auf den Prozeß des Personalabbaus auswirkt. Eine akute – und für die Beteiligten ersichtliche – Unternehmenskrise kann beispielsweise die Verhandlungen zwischen den Sozialpartnern vereinfachen. Andererseits ist anzunehmen, daß die kritischen Erfolgsfaktoren von Personalabbauprozessen, wie z.B. die umfassende Aufgabenanalyse und Personalplanung, aber auch die frühe Einbeziehung verschiedener Interessengruppen, bei der Notwendigkeit einer raschen Krisenreaktion eher vernachlässigt werden.

Größe des Handlungsdrucks / Unternehmenskrise:

Insgesamt befanden sich 18 Prozent der Unternehmen bei der Entscheidung zum Personalabbau bereits *in einer akuten Krise*. Bei 40 Prozent *zeichnete sich eine Krise deutlich ab*. Für jeweils rund 20 Prozent der Unternehmen war dagegen eine Krise eher *unwahrscheinlich* bzw. überhaupt *nicht absehbar*. (vgl. die folgende Abbildung).

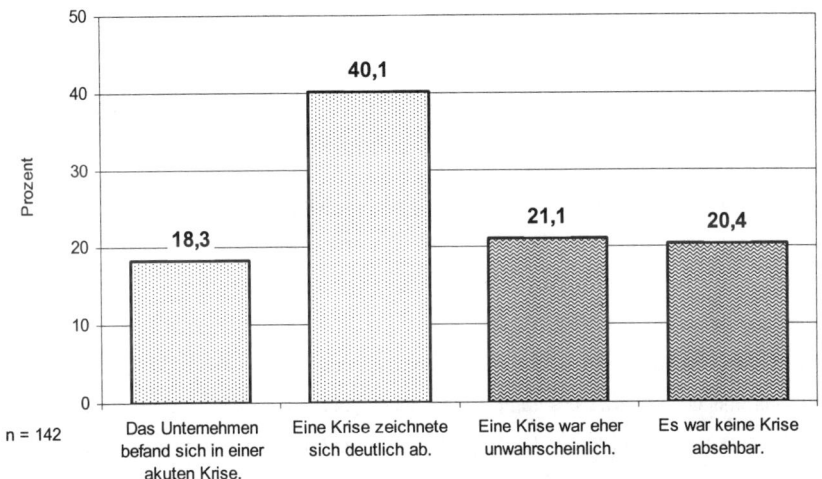

Abbildung 5-17: Größe des Handlungsdrucks / Unternehmenskrise

Dabei ergab sich kein signifikanter Zusammenhang zur **Unternehmensgröße**. Für die weiteren Untersuchungen ist es daher interessant, zu untersuchen, ob sich Unternehmen, die sich in oder vor einer Krise befanden hinsichtlich der eingesetzten Maßnahmen sowie deren Folgewirkungen von den Unternehmen unterscheiden, die Personalabbau ohne eine unmittelbare Krisensituation durchgeführt haben.

Im folgenden wird dargestellt, welche Maßnahmen und Instrumente vorwiegend zum **Abbau der Personalkapazität** eingesetzt worden sind bzw. was die Unternehmen zur **Abfederung der Folgewirkungen des Personalabbaus** unternommen haben.

5.2 Maßnahmen des Personalabbaus

Wie bereits in Kapitel 1 dargestellt wurde, lassen sich bei den Maßnahmen als **Gestaltungsvariablen des Personalabbaus** verschiedene Grundtypen unterscheiden, mit denen unterschiedliche Zielsetzungen verfolgt werden. Die 'klassischen' *Maßnahmen und Instrumente zur Reduzierung der Personalkapazität* (Personalabbau im engeren Sinn) werden in Kapitel 5.2.1 näher untersucht. *Präventive Maßnahmen*, die im Kontext eines Personalabbaus zur Vermeidung von Personalfreisetzung oder zur Minderung des Abbaubedarfs eingesetzt werden können, sind Gegenstand des Kapitels 5.2.2. Abschließend werden in Kapitel 5.2.3 diejenigen *flankierenden Maßnahmen* betrachtet, die dazu beitragen, Belastungen und negative Folgewirkungen abzumildern.

Nach einer Darstellung der absoluten Ergebnisse werden die unterschiedlichen Maßnahmenarten – analog zum Vorgehen bei der Situationsanalyse – **vertiefend** daraufhin untersucht, ob sich hinsichtlich der *Unternehmensgröße* beim Einsatz der Maßnahmen des Personalabbaus signifikante Unterschiede ergeben. Weiterhin wird geprüft, ob ein systematischer Zusammenhang zwischen den verschiedenen *Zielorientierungen* des Personalabbaus und dem Einsatz bestimmter Maßnahmen oder begleitender Angebote besteht, bzw. inwieweit die *Größe des Handlungsdrucks* diesen Maßnahmenmix beeinflußt.

5.2.1 Maßnahmen zur Reduzierung der Personalkapazität

Zur Erreichung der zentralen Zielgröße von Personalabbau – eine Reduzierung der Personalkapazität – können verschiedene Typen kapazitätsreduzierender Maßnahmen und Instrumente eingesetzt werden (**Personalabbau im engeren Sinn**). Neben der Veränderung der Zahl der Beschäftigungsverhältnisse auf *quantitativer* Ebene (Personalfreisetzung) spielen vor allem Veränderungen der *zeitlichen* Kapazität – bei Konstanz der Zahl der Beschäftigungsverhältnisse – eine bedeutende Rolle.

(A) Maßnahmen zur Reduzierung der Zahl der Beschäftigungsverhältnisse

Das Spektrum der möglichen Maßnahmen zur Reduzierung der Zahl der Beschäftigungsverhältnisse wurde bereits in Kapitel 3.1.1 ausführlich dargestellt. Allerdings erwiesen sich in der Praxis nicht alle Maßnahmen von gleicher Relevanz. Im folgenden wird dargestellt, welche Maßnahmenarten für welche Mitarbeitergruppen bevorzugt eingesetzt werden, wobei eine Unterscheidung zwischen dem Einsatz bei Arbeitnehmern und Führungskräften vorgenommen wird. Darüber hinaus wird geprüft, ob ein Zusammenhang zwischen den realisierten Maßnahmen und der Unternehmensgröße, der Zielorientierung des Personalabbaus sowie der Größe des Handlungsdrucks besteht.

Maßnahmen zur Reduzierung der Beschäftigungsverhältnisse bei Arbeitnehmern:

Mit Abstand die häufigste Maßnahme[192] zur Verringerung der Personalkapazität bei **Arbeitnehmern** war ein Ausnutzen der *natürlichen Fluktuation* (90%), gefolgt von einer *Nichtverlängerung befristeter Arbeitsverträge* (71%), dem *Abschluß von Aufhebungsverträgen* (70%), *sonstigen Vorruhestandsregelungen* (66%) sowie einer *Einstellungssperre* (57%). Es stehen also die eher 'weichen', sozialverträglichen Maßnahmen an der Spitze.

Allerdings entfallen auf *betriebsbedingte Kündigung* als härteste vorstellbare Maßnahme ebenfalls 47 Prozent der Nennungen (vgl. folgende Abbildung).

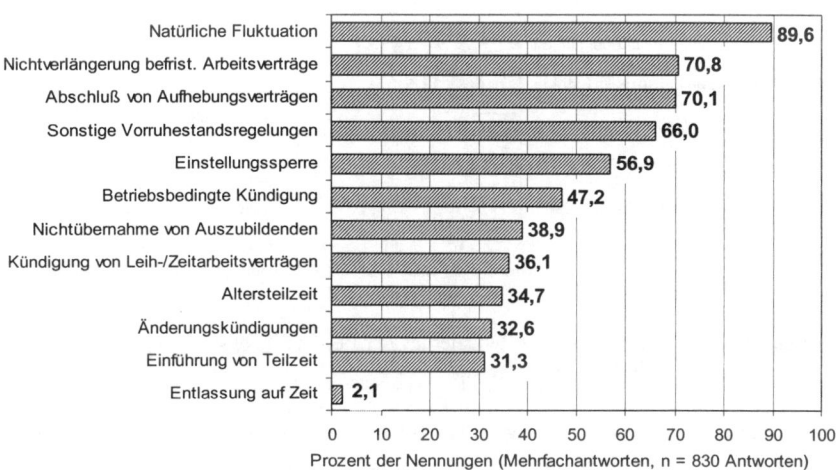

Abbildung 5-18: Maßnahmen zur Reduzierung der Beschäftigungsverhältnisse bei Arbeitnehmern

---

[192]   Basis der Berechnungen sind sämtliche Unternehmen, die mindestens eine gültige Maßnahme angegeben haben. Die prozentualen Werte beziehen sich auf die Summe aller gemachten Angaben (in diesem Fall gab es insgesamt 830 gültige Antworten).

Bei den Maßnahmen zur Reduzierung der Beschäftigungsverhältnisse von **Führungs-kräften** ergibt sich ein ähnliches Bild, jedoch mit folgenden Unterschieden[193] (vgl. die folgende Abbildung): Während für die Arbeitnehmer im Schnitt 6 verschiedene Maß-nahmen ergriffen worden sind, war das Maßnahmenpaket für die Führungskräfte mit 3 verschiedenen Maßnahmen deutlich reduziert. Verständlicherweise kommt der *Nicht-verlängerung befristeter Arbeitsverträge* bei den Führungskräften eine relativ geringe Bedeutung zu, wohingegen die Bedeutung von *Altersteilzeit* vergleichsweise höher ist als bei den Arbeitnehmern.

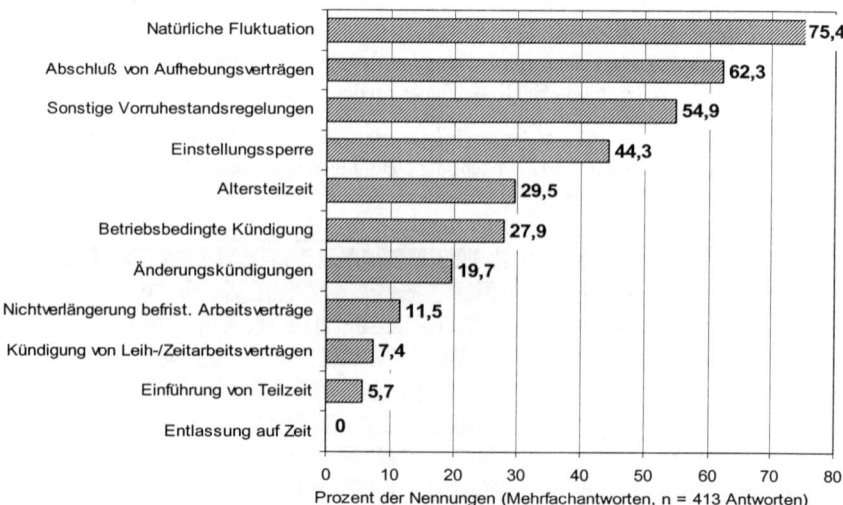

Abbildung 5-19: Maßnahmen zur Reduzierung der Beschäftigungsverhältnisse bei Führungskräften

Die eingesetzten Maßnahmen hängen zum Teil stark von der **Unternehmensgröße** ab. Mit dieser steigt die *Anzahl* der verschiedenen beschäftigungsreduzierenden Maßnah-men (= zunehmende Reichhaltigkeit des Maßnahmensystems). In kleinen Unternehmen werden durchschnittlich nur 2 verschiedene Maßnahmen eingesetzt, während in Unter-

---

[193] Zur Analyse wurde die Rangfolge der Angebote für Arbeitnehmer und Führungskräfte miteinander verglichen; erwähnenswert sind diejenigen Maßnahmen, deren Rangfolge um mindestens 3 Ränge voneinander abweicht.

nehmen mit über 5000 Arbeitnehmern rund 7 unterschiedliche Maßnahmen Verwendung finden. Interessante Details hierbei sind:

- *Betriebsbedingte Kündigungen* bei Arbeitnehmern werden vor allem in Unternehmen mit 50 bis 500 Arbeitnehmern deutlich häufiger eingesetzt (56% der Unternehmen setzte diese Maßnahme ein), während nur 33% der größten Unternehmen mit über 5000 Arbeitnehmern darauf zurückgriffen. Die Vermutung, daß Großunternehmen besonders bedacht sind, "harten" Personalabbau z.B. wegen der daraus resultierenden negativen Öffentlichkeitswirkung zu vermeiden, scheint sich hier zu bestätigen.

- Die Unternehmen der Größenklassen 2 (50 bis 500 Arbeitnehmer) und 4 (über 5000 Arbeitnehmer) fallen durch eine Einschränkung der *Übernahme von Auszubildenden* auf.

- Mit steigender Unternehmensgröße ist bei den Führungskräften ein vermehrter Rückgriff auf *natürliche Fluktuation, Altersteilzeit, sonstige Vorruhestandsregelungen* sowie den Abschluß von *Aufhebungsverträgen* zu verzeichnen.

Insgesamt bleibt festzuhalten, daß die Breite des Maßnahmenspektrums mit der Unternehmensgröße zunimmt und die "Härte" der Maßnahmen geringer wird. Allerdings muß dabei berücksichtigt werden, daß – wenn man die Entwicklung der Arbeitnehmerzahl seit 1995 betrachtet – kleine Unternehmen (bis 50 Arbeitnehmer) generell deutlich weniger Personalabbau vorgenommen haben als Unternehmen der übrigen Größenklassen.

Interessanterweise konnten kaum signifikante Zusammenhänge zwischen dem Maßnahmeneinsatz und den in Kapitel 5.1.3 ermittelten **Zielorientierungen** des Personalabbaus festgestellt werden. Dies deutet darauf hin, daß Personalabbauentscheidungen vielfach nicht an einer klaren Zielvorgabe orientiert sind, sondern vielmehr ungeplant ablaufen oder sich anderen unternehmenspolitischen Gegebenheiten unterordnen müssen. In diesem Zusammenhang überrascht dagegen nicht, daß Unternehmen in einer akuten **Krisensituation** verstärkt auf *betriebsbedingte Kündigungen* zugreifen.

(B) Beschäftigungserhaltende Maßnahmen (Veränderungen der Arbeitszeit)

Neben den oben dargestellten Maßnahmen zur Reduzierung der Zahl der Beschäftigungsverhältnisse kann die Personalkapazität ebenfalls reduziert werden, indem die Beschäftigtenzahlen zwar konstant gehalten werden, es aber zu Veränderungen bei der **Arbeitszeit** kommt. Wichtige Dimensionen für eine Strukturierung dieser Maßnahmen sind der *Zeithorizont* (permanent versus temporär) und die *Zeitart* (Mehrarbeitszeit,

Regelarbeitszeit, Urlaubszeit), wobei eine detaillierte Darstellung der verschiedenen Maßnahmen und ihrer Einsatzmöglichkeiten bereits im Kapitel 5.2.1 erfolgte. Im folgenden wird die Relevanz der verschiedenen Maßnahmen in praxi dargestellt.[194]

**Beschäftigungserhaltende Maßnahmen
(Veränderung der Arbeitszeit):**

Die mit Abstand am häufigsten ergriffene **arbeitszeitbezogene Maßnahme**[195] ist der *Abbau von Mehrarbeit* (73%). Danach folgen die *Flexibilisierung der Arbeitszeit* (65%), *Arbeitszeitkonten* (56%), *Kurzarbeit* (28%) und eine *dauerhafte Kürzung der Regelarbeitszeit* (16%).

Eine *Verkürzung der Betriebszeit* sowie *urlaubsbezogene Maßnahmen* (unbezahlter Urlaub sowie Vorverlegung des Jahresurlaubs) wurden dagegen selten realisiert.

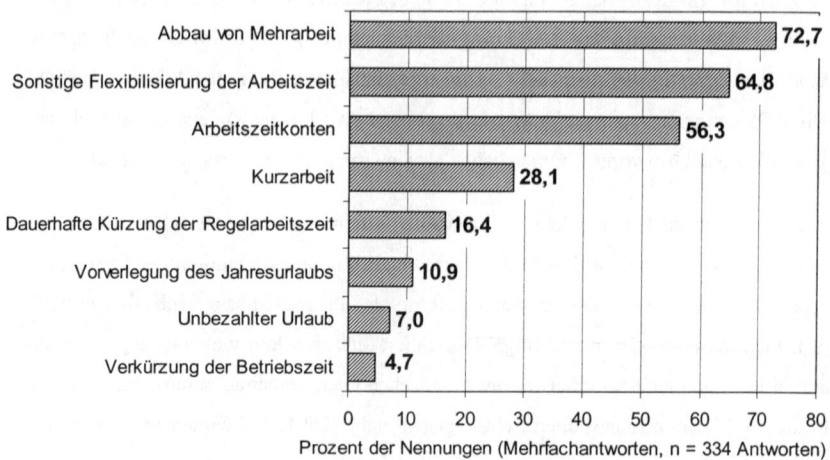

Abbildung 5-20: Beschäftigungserhaltende Maßnahmen

---

[194]   Auf eine Unterscheidung in Arbeitnehmer und Führungskräfte mußte in diesem Fall verzichtet werden, da bei den Führungskräften die Arbeitszeit offensichtlich nicht als Gestaltungsvariable angesehen. Die weiteren Aussagen umfassen daher die Summe der Angaben zu Arbeitnehmern und Führungskräften.

[195]   Basis ist die Summe aller gültigen Angaben zum Maßnahmenspektrum bezogen auf die Arbeitszeit (insg. 334 Nennungen).

Einige Maßnahmen werden bevorzugt von **großen Unternehmen** eingesetzt. Während Unternehmen der Größenklassen 1 bis 3 ihre Arbeitnehmer so gut wie nicht in den *unbezahlten Urlaub* schicken, kommt diese Maßnahme bei rund 15 Prozent der Unternehmen mit über 5000 Arbeitnehmern zum Einsatz. Maßnahmen zur *Flexibilisierung der Arbeitszeit* werden nur in 13 Prozent der Unternehmen in Größenklasse 1 eingesetzt, wogegen sich etwa die Hälfte der Unternehmen in den Größenklassen 2 und 3 dieser Maßnahme bedient. In Größenklasse 4 ist der Anteil mit 69 Prozent noch größer.

Zusammenfassend läßt sich feststellen, daß größere Unternehmen im Zusammenhang mit Personalabbau häufiger die verschiedenen arbeitszeitbezogenen Maßnahmen nutzen. Ein möglicher Grund dafür liegt darin, daß die daraus resultierenden Flexibilisierungspotentiale in größeren Unternehmen noch stärker vorhanden sind, und daß sie aufgrund der imageschädigenden Wirkung stärker bedacht sind, beschäftigungsreduzierende Maßnahmen zu vermeiden. Auch wird für die Einführung eines differenzierten Instrumentariums wegen der komplexen rechtlichen Situation (Gesetze, Tarifverträge, Betriebsvereinbarungen) umfassendes Spezialistenwissen benötigt, welches größere Unternehmen aufgrund einer breiteren Ressourcenbasis leichter bereitstellen können. Kleinere Unternehmen können dagegen in der Regel die zeitliche Anpassung der Personalkapazitäten bereits im Vorfeld von Personalabbau auch ohne institutionalisierte Regelungen leichter steuern (z.B. Urlaubsregelungen, Überstunden etc.), weshalb dies möglicherweise nicht mehr als explizite Maßnahmen wahrgenommen wird.

Interessant bei der Betrachtung des Zusammenhangs zwischen dem Einsatz beschäftigungserhaltender Maßnahmen und den mit Personalabbau verbundenen **Zielsetzungen** ist der verstärkte Einsatz der Maßnahmen *Abbau von Mehrarbeit* sowie *Vorverlegung des Jahresurlaubs* bei denjenigen Unternehmen, die vorrangig eine Senkung der Personalkosten anstrebten. Beide Maßnahmen setzen damit auf den über die Regelarbeitszeit hinausgehenden Zeitdimensionen auf und wirken bereits kurzfristig, wobei unmittelbare Kostensenkungspotentiale eher aus dem Abbau von (aufschlagspflichtiger) Mehrarbeit resultieren können. Das **Ausmaß des Handlungsdrucks** (Unternehmenskrise) beeinflußt dagegen die Auswahl von beschäftigungserhaltenden Maßnahmen nicht signifikant.

5.2.2   *Präventive Maßnahmen zur Vermeidung bzw. Verminderung von Personalabbau*

Präventive Maßnahmen haben vorrangig das Ziel, *kurzfristig* eine Reduzierung der Personalkapazität ganz zu vermeiden oder – falls dies nicht möglich ist – den Abbaubedarf zu verringern. Im vorliegenden Forschungskontext wurden Maßnahmen unterschieden, welche die **Personalkosten**, die **Personalleistung**, den **Personaleinsatz** oder die **Unternehmensstruktur** betreffen.

Präventive Maßnahmen zur Vermeidung von Personalabbau:

Zur Vermeidung oder als **Alternative von Personalabbau** greifen die Unternehmen am häufigsten auf *Versetzungen innerhalb des Betriebs* zurück (75%). Danach folgen die *Kürzung von freiwilligen Sozialleistungen / Vergünstigungen* (46%), *betriebsübergreifende Versetzungen* (40%) und *Einfrieren bzw. Reduzierung der Vergütung* (38%).

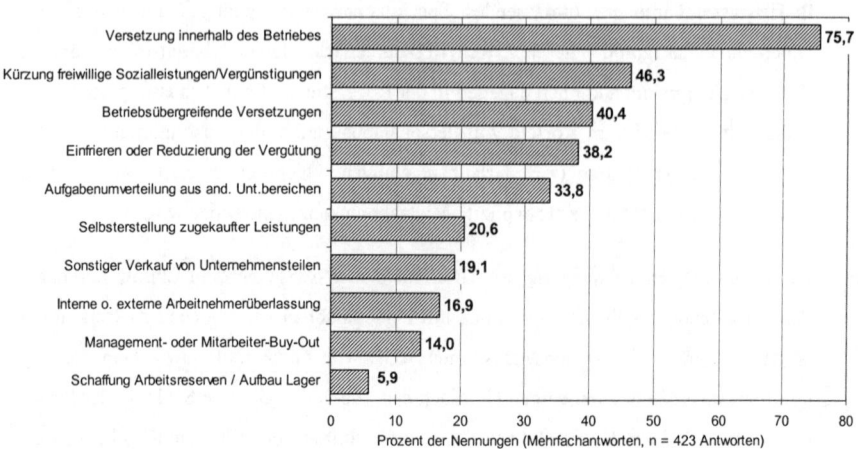

Abbildung 5-21: Maßnahmen zur Prävention von Personalabbau

Mit zunehmender **Unternehmensgröße** steigt die Häufigkeit für *betriebsinterne oder betriebsübergreifende Versetzungen* sowie den *Verkauf einzelner Unternehmensteile* an das Management, die Mitarbeiter oder sonstige Käufer. Dies erscheint aufgrund des Zusammenhangs von zunehmender Diversifikation mit steigender Unternehmensgröße

plausibel: In diversifizierten Unternehmen gibt es häufiger gleichzeitig auch personalaufbauende Bereiche, welche die in personalabbauenden Bereichen freigesetzten Arbeitnehmer absorbieren können. Ebenso besitzen größere Unternehmen häufiger Unternehmensbereiche, die nicht zum Kerngeschäft zählen und deshalb ohne größere Probleme abgetrennt werden können.

Während bezüglich des Spektrums der kapazitätsreduzierenden Maßnahmen nur wenige statistisch signifikante Zusammenhänge zu den **verschiedenen Zielorientierungen** des Personalabbaus beobachtet werden konnten, so ergeben sich im Bereich der
Präventionsmaßnahmen folgende interessante Zusammenhänge:

- **Produktivitätsorientierte Unternehmen** setzen häufiger die Maßnahme *Schaffung
  einer Arbeitsreserve / Aufbau von Lager* ein, während **veränderungsorientierte
  Unternehmen** vermehrt auf Versetzungen innerhalb des Betriebes sowie die Kürzung von freiwilligen Sozialleistungen zurückgreifen.

- Ein Zusammenhang zur **Unternehmenskrise** kann bei den Faktoren *Einfrieren oder
  Reduzierung der Vergütung, Kürzung von freiwilligen Sozialleistungen* sowie *Ma-
  nagement- oder Mitarbeiter-Buy-out* beobachtet werden, wobei insbesondere die
  beiden erstgenannten Maßnahmen in akuten Krisenzeiten eine deutlich höhere Akzeptanz erfahren dürften, als wenn sie lediglich vorbeugend oder aus Optimierungs-
  gründen eingesetzt werden. Die oben genannte Hypothese einer verstärkten Anwendung von *personalkostenorientierten Maßnahmen* in Zeiten akuter Unternehmenskrisen findet also Bestätigung.

5.2.3   Flankierende Maßnahmen der Abfederung von Personalabbau

Ausschlaggebend für den Erfolg von Personalabbau sind neben den konkreten Maßnahmen zur Reduzierung der Personalkapazität auch die **Gestaltung des Personalabbauprozesses** (z.B. Information und Kommunikation, Verhandlungen zwischen Sozialpartnern, externe Beratung etc.), die begleitenden **Angebote für die Arbeitnehmer**
sowie Maßnahmen, die auf eine **Neuausrichtung des Unternehmens** (Strategie, Struktur und Kultur) abzielen. Diese sog. **flankierenden Maßnahmen** haben die Aufgabe
der Prävention oder Kompensation der Folgewirkungen der Abbaumaßnahmen auf die
ökonomische und soziale Effizienz des Unternehmens.

(A) Angebote für ausscheidende und verbleibende Arbeitnehmer

Im folgenden sollen insbesondere die konkreten *Angebote* für von Personalabbau betroffene Arbeitnehmer betrachtet werden, wobei die Maßnahmen hinsichtlich des **personellen Wirkungskreises (Zielgruppe)** sowie des **Maßnahmeninhalts** differenziert werden können (vgl. hierzu Kapitel 5.2.3). Die Darstellung wird zum einen in das Angebot der Maßnahmen für *ausscheidende* und *verbleibende Arbeitnehmer* und zum anderen nach den Zielgruppen *alle Arbeitnehmer* und *Führungskräfte* differenziert.[196]

> **Flankierende Angebote für ausscheidende Arbeitnehmer:**
>
> Für ausscheidende **Arbeitnehmer** werden am häufigsten *freiwillige Abfindungszahlungen* (90%), *Trennungsgespräche* (74%), *Weitergewährung freiwilliger Sozialleistungen* (51%), *Kontaktbörsen bzw. interne Arbeitsmärkte* (45%) sowie *Weiterbildungs- und Qualifizierungsmaßnahmen* (42%) angeboten.
>
> *Weitergreifende Konzepte*, wie *Outplacement-Beratung, Existenzgründungsunterstützung* und *Beschäftigungs- und Qualifizierungsgesellschaften,* wurden dagegen seltener umgesetzt (vgl. Abbildung 9–8).

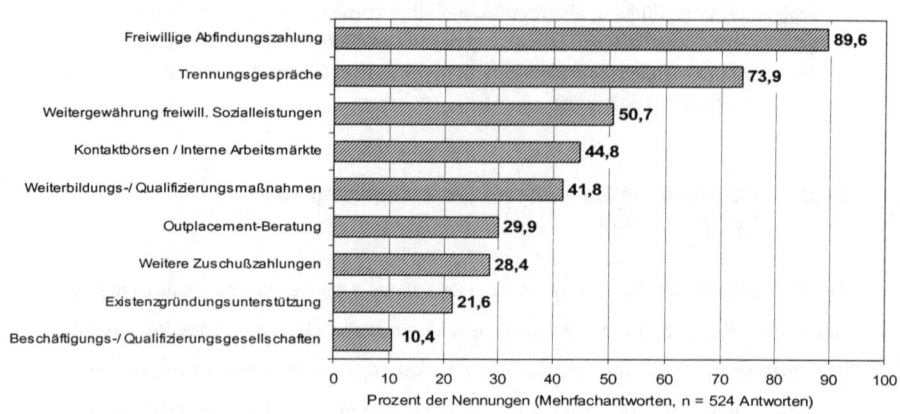

Abbildung 5-22: Angebote für die ausscheidenden Arbeitnehmer (alle Arbeitnehmer)

---

[196]   Interessant ist in diesem Zusammenhang vor allem die Frage, ob Führungskräften ein anderer, beispielsweise stärker kompensatorisch orientierter Maßnahmenmix angeboten wird, und welche Wirkungen davon ausgehen.

Die Struktur des Maßnahmenkatalogs für **Führungskräfte** weist Ähnlichkeiten mit dem der Arbeitnehmer auf (vgl. die folgende Abbildung). Folgende Unterschiede sind jedoch auszumachen[197]: Während für die Arbeitnehmer im Schnitt 4 Maßnahmen genannt worden sind, fiel diese Quote mit 2 bei den Führungskräften geringer aus. Außerdem wird die dritthäufigste Maßnahme für Führungskräfte, die *Outplacement-Beratung*, bei den Arbeitnehmern eher selten eingesetzt. *Kontaktbörsen und interne Arbeitsmärkte* finden dagegen häufiger bei Arbeitnehmern Anwendung.

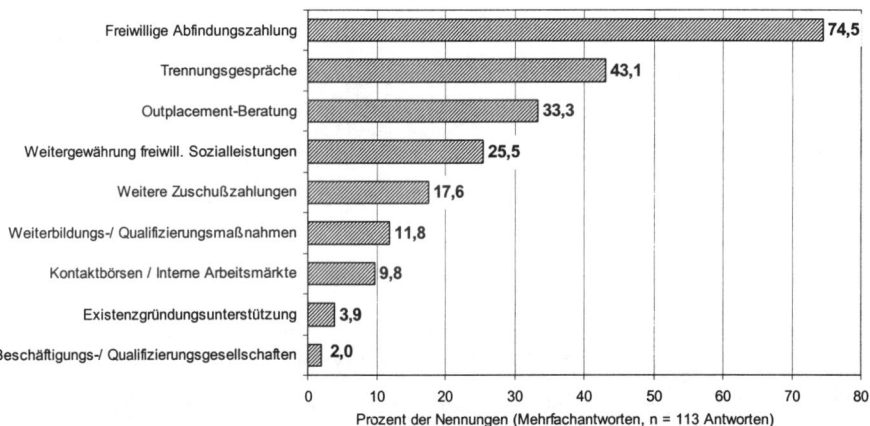

Abbildung 5-23: Angebote für die ausscheidenden Führungskräfte

Sowohl bei Arbeitnehmern als auch bei Führungskräften fällt auf, daß in der Bedeutung *kompensatorische Angebote*, wie Abfindungs- oder Zuschußzahlungen sowie die Weitergewährung von Sozialleistungen, Vorrang gegenüber den eher *entwicklungsorientierten Maßnahmen*, wie Weiterbildung und Qualifizierung, Unterstützung bei der Neuorientierung und Vermittlung in neue Beschäftigungsverhältnisse, haben. Innovative und weitgefaßte Konzepte, wie z.B. die Gründung von Beschäftigungs- und Qualifizierungsgesellschaften, sind noch eher die Ausnahme.

---

[197] Zur Analyse wurde die Rangfolge der Angebote für Arbeitnehmer und Führungskräfte miteinander verglichen; erwähnenswert sind diejenigen Maßnahmen, deren Rangfolge um mindestens 3 Ränge voneinander abweicht.

Wie zu erwarten, hängen Häufigkeit, Inhalt und Reichhaltigkeit der angebotenen Maßnahmen eng mit der **Unternehmensgröße** zusammen: Mit zunehmender Arbeitnehmerzahl steigt nicht nur die Häufigkeit des Auftretens bestimmter Angebote, sondern tendenziell auch die Anzahl der verschiedenen Maßnahmen und somit die Reichhaltigkeit
des Maßnahmensystems. Bezüglich der *Arbeitnehmer* steigt die Häufigkeit der meisten
Angebote mit der Unternehmensgröße höchst signifikant. Die kompensatorische Maßnahme *Abfindungszahlungen* wurde beispielsweise in nur 33 Prozent der Unternehmen
der kleinsten Größenklasse eingesetzt, wohingegen sie bei 63 Prozent der Unternehmen
der Größenklasse 2, 82 Prozent der Größenklasse 3 und 93 Prozent der Größenklasse 4
Anwendung findet. Aber auch *Weiterbildung und Qualifizierung* als wichtigste entwicklungsorientierte Maßnahme wird in weniger als 10 Prozent der Unternehmen bis 500
Arbeitnehmern eingesetzt, während etwa die Hälfte der größeren Unternehmen darauf
zurückgreift. Für *Führungskräfte* ergibt sich hinsichtlich des Zusammenhangs mit der
Unternehmensgröße vor allem eine größere Bedeutung von *freiwilligen Abfindungszahlungen* sowie *Outplacement-Beratung* in Unternehmen mit über 5000 Arbeitnehmern.

Flankierende Angebote für verbleibende Arbeitnehmer:

Im Zusammenhang mit Personalabbau wurden für die im Unternehmen
verbleibenden Arbeitnehmer am häufigsten folgende Maßnahmen ergriffen:
Personal- und Mitarbeitergespräche (86%), *Weiterbildung und Qualifizierung*
(75%), *Teamentwicklung* (61%) sowie Einführung von *Zielvereinbarungen*
(57%).

Weniger häufig zu beobachten waren eine Erhöhung der *leistungsbezogenen
bzw. variablen Vergütung* (36%), *Erfolgs- bzw. Kapitalbeteiligung* (28%), *Karriereberatung* und *Beschäftigungsgarantien* (jeweils 26%).

Eher selten kommt es zu einer Anhebung des *fixen Entgelts*, wie Grundvergü-
tung, freiwillige Sozialleistungen sowie sonstige betriebliche Vergünstigungen
(vgl. die folgende Abbildung).

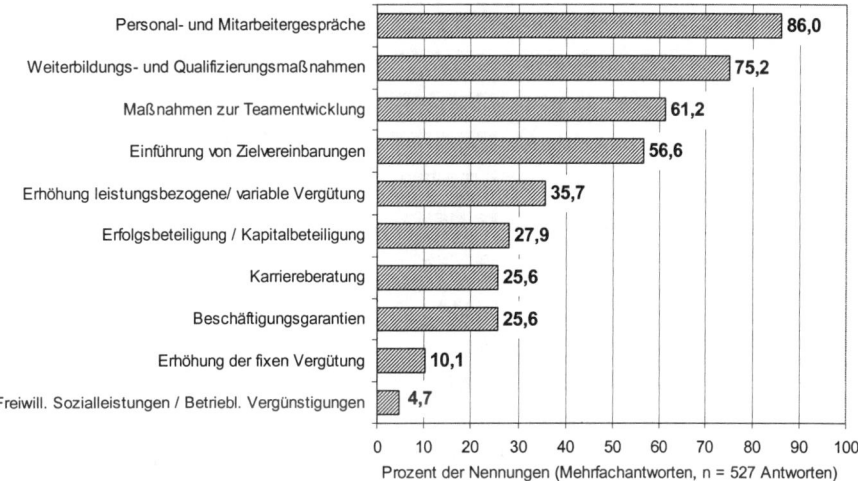

Abbildung 5-24: Angebote für die verbleibenden Arbeitnehmer

Auch bei den verbleibenden Mitarbeitern ergeben sich Ähnlichkeiten des Maßnahmen-katalogs für Arbeitnehmer und **Führungskräfte**. Jedoch zeigen sich folgende wesentli-che Unterschiede: Die Unternehmen gaben im Durchschnitt 2 bis 3 Maßnahmen für die Führungskräfte an. Der vergleichbare Wert für die Arbeitnehmer liegt mit 4 Maßnah-men deutlich darüber. Somit ist auch bei den Angeboten für die Verbleibenden eine größere Maßnahmenreichhaltigkeit bezüglich der Arbeitnehmer zu beobachten. Folgen-de Unterschiede hinsichtlich der Präferenz von Einzelmaßnahmen sind am auffälligsten: Während eine Erhöhung der *leistungsbezogenen bzw. variablen Vergütung* die häufigste Maßnahme für Führungskräfte ist, rangiert diese Maßnahme für die Arbeitnehmer ledig-lich auf Platz fünf. Die dritthäufigste Maßnahme für die Arbeitnehmern ist die *Team-entwicklung*, wogegen diese Maßnahme bei den Führungskräften nur Platz sechs ein-nimmt.

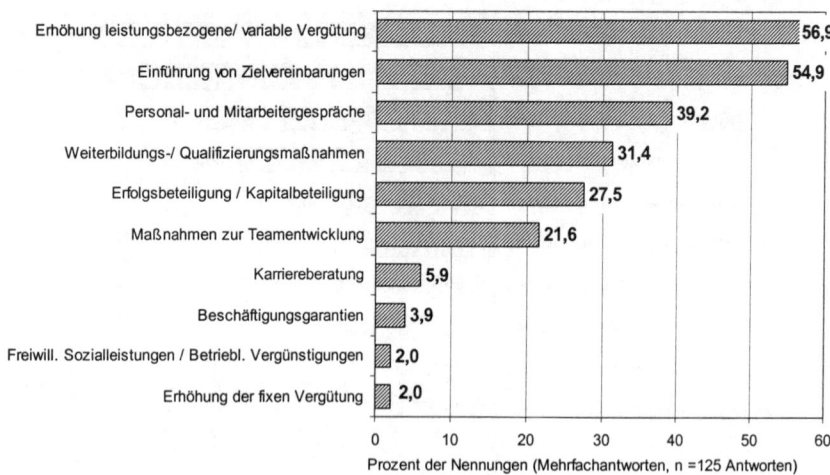

Abbildung 5-25: Angebote für die verbleibenden Führungskräfte

Im Gegensatz zu den **Angeboten für ausscheidende Arbeitnehmer** wird bei den **verbleibenden Arbeitnehmern** den *entwicklungsorientierten* Maßnahmen deutlich mehr Bedeutung beigemessen. Die eher *kompensatorischen* Angebote, wie Erhöhung der leistungsbezogenen/variablen Vergütung, Erfolgs- und Kapitalbeteiligung etc., liegen nur im Mittelfeld. Bei den Führungskräften ist das Bild ähnlich, mit auffälliger Ausnahme der *Erhöhung der leistungsbezogenen/ variablen Vergütung*, was sich zum Teil sicher durch eine allgemeine Tendenz zu stärkerer Einkommensflexibilität erklären läßt. Zum anderen dürfte aber auch der Tatsache Rechnung getragen werden, daß Führungskräften häufig durch Personalabbau in ihrer Funktion als Bindeglied zwischen Geschäftsleitung und Mitarbeitern besondere Bedeutung – insbesondere in schwierigen Zeiten – zukommt. Interessant ist in diesem Zusammenhang die Frage, inwieweit es gelingt, durch den Einsatz kompensatorischer Angebote unerwünschte Fluktuation von Leistungsträgern zu vermeiden.

Art und Anzahl der gewählten Maßnahmen sind in erheblichem Maße von der **Unternehmensgröße** abhängig:

- Bei den Maßnahmen für die **Arbeitnehmer** nimmt mit zunehmender Arbeitnehmerzahl die Häufigkeit von *Teamentwicklungsmaßnahmen* zu. Auch *Beschäftigungsgarantien, Weiterbildungs- bzw. Qualifizierungsmaßnahmen* sowie *Erfolgs- bzw. Kapitalbeteiligungen* werden vorwiegend in Unternehmen mit mehr als 500 Arbeitnehmern eingesetzt.

- Die größten Unterschiede lassen sich bei der *Einführung von Zielvereinbarungen* beobachten: Während nur ein geringer Teil der kleineren Unternehmen diese Maßnahme eingeführt hat, findet sie bei rund zwei Dritteln der Unternehmen mit mehr als 5000 Arbeitnehmern Anwendung.

- Auch bei den **Führungskräften** läßt sich ein signifikanter Zusammenhang mit der Unternehmensgröße mit der *Einführung von Zielvereinbarungen*, aber auch einer *Erhöhung der leistungsbezogenen bzw. variablen Vergütung* sowie *Erfolgs- bzw. Kapitalbeteiligung* feststellen, wobei die Häufigkeit des Einsatzes dieser Maßnahmen mit zunehmender Arbeitnehmerzahl steigt.

Die Analyse des Zusammenhangs der **unterschiedlichen Zielsetzungen** des Personalabbaus mit den verschiedenen flankierenden Angeboten für ausscheidende und verbleibende Arbeitnehmer ergab keine wesentlichen Wechselbeziehungen: Statistisch signifikant ist lediglich der Zusammenhang zwischen einer *Produktivitätsorientierung* beim Personalabbau (Zielsetzungen *Steigerung der Personalleistung* und produktivitätsorientierte *Veränderung der Unternehmenskultur*) sowie dem Einsatz von *Trennungsgesprächen* für ausscheidende Arbeitnehmer. Für die verbleibenden Arbeitnehmer setzen produktivitätsorientierte Unternehmen verstärkt *Erfolgs- oder Kapitalbeteiligungen* ein.

Überraschenderweise übt auch die **Größe des Handlungsdrucks** keinen (signifikanten) Einfluß auf das Spektrum flankierender Angebote aus. Das Bild vom "hektischen Personalabbau in der Krise" schient sich hier nicht zu bestätigen.

(B) Gestaltung des Personalabbauprozesses

Die Effizienz des Personalabbaus hängt sehr stark davon ab, wie der Personalabbauprozeß gestaltet wird. Im folgenden werden die **Planungs-** und **Kommunikationsqualität**, die **Mitwirkungsmöglichkeiten** sowie die **Verhandlungsqualität** zwischen den Sozialpartnern unterschieden. Eine hohe Ausprägung dieser Merkmale schlägt sich in einer großen Effizienz des Personalabbaus nieder.

♦ **Planungsqualität**

Gegenstand der Planung von Personalabbau ist es, durch einen geeigneten Maßnahmeneinsatz den Personalabbau im Sinne einer Minimierung der Folgewirkungen zu optimieren. Zur Bewertung der Planungsqualität werden die als **Planungsgrundlage** betrachteten Kennzahlen des Personalabbaus, die **Merkmale des Entscheidungs- und Vorbereitungsprozesses** sowie der **Einfluß externer Berater** betrachtet.

Zunächst erfolgt die Darstellung der Ergebnisse einer Analyse der Kennzahlen welche als *Planungsgrundlage* für den Umfang des Personalabbaus zugrundegelegt worden sind:

Planungsgrundlage für den Umfang des Personalabbaus:

Die wichtigste Bezugsgröße für die Planung des Umfangs von Personalabbau ist die *Personalkostenrelation bezogen auf die eigene Wertschöpfung* (insg. 74 Prozent der befragten Unternehmen gaben diese Kennzahl als besonders zutreffend an[198]); danach folgen die *Personalstärkerelation bezogen auf die Geschäftsfeldplanung* sowie *veränderte Aufgabenverteilungspläne*.

Der Vergleich der Personalkosten oder der Personalstärke *mit anderen Unternehmen* kommt eine geringere Bedeutung zu (vgl. dazu folgende Abbildung).

---

[198]   In der Abbildung sind die einzelnen Kennzahlen mit abnehmender Bedeutung dargestellt, wobei sich der (kumulierte) Prozentwert aus denjenigen Unternehmen ergibt, welche für dieses Merkmal 'trifft voll zu' oder 'trifft eher zu' angegeben haben.

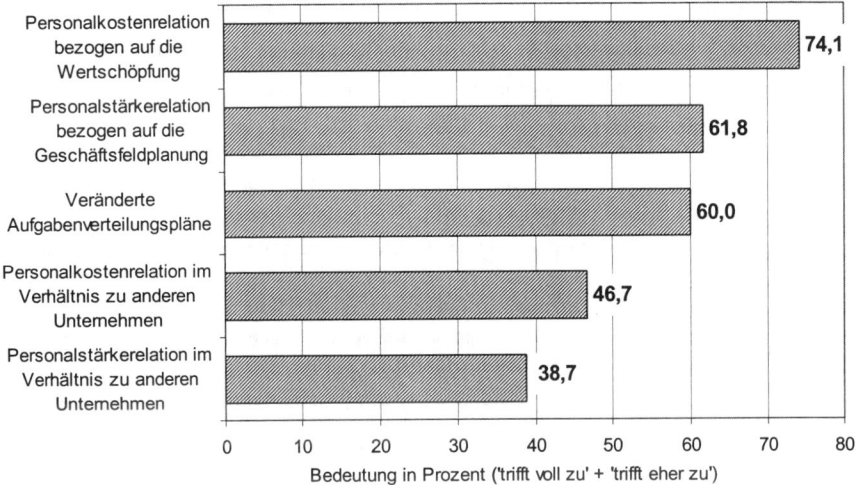

Abbildung 5-26: Planungsgrundlage zur Bestimmung des Umfangs des Personalabbaus

Hinsichtlich der **Unternehmensgröße** ergeben sich bei der Bedeutung der einzelnen Kennzahlen keine signifikanten Unterschiede.

Der **Entscheidungs- und Vorbereitungsprozeß** des Personalabbaus war in den befragten Unternehmen vor allem durch folgende Merkmale gekennzeichnet:

Merkmale des Personalabbauprozesses:

Eine *umfassende Aufgabenanalyse und Personalplanung im voraus* gab es in insgesamt 65 Prozent der befragten Unternehmen; die *Aufstellung eines Zeit- und Maßnahmenplans für den Abbauprozeß* erfolgte in 77 Prozent der Unternehmen.

Bei der Einstufung, ob der Personalabbau eher *in einem Schritt* oder in *vielen Schritten* erfolgte, ergab sich mit dem Durchschnittswert 5,2 ein klares Votum für einen Personalabbau in vielen Schritten.[199]

---

[199] Gemessen wurde an einer 7-poligen Skala, deren beide Extremwerte mit "Der Personalabbau erfolgte in einem Schritt" (= Wert 1) und "Der Personalabbau erfolgte in vielen Schritten" (= Wert 7) verankert waren. Die Varianz bei dieser Frage ist relativ hoch und beträgt 3,6; die Teilstichprobengröße n beträgt 147.

Auffällig ist, daß die *Aufstellung eines Zeit- und Maßnahmenplans für den Abbauprozeß* stark von der **Unternehmensgröße** abhängt: Vor allem größere Unternehmen (über 500 Arbeitnehmer) setzen dieses Instrument häufiger ein als die kleineren Unternehmen. Bezüglich der anderen Merkmale ergeben sich keine Unterschiede.

Rolle externer Berater:

Die Bedeutung der Rolle externer Berater im Zusammenhang mit Personalabbau ist weitaus geringer als landläufig angenommen wird. Lediglich 23 Prozent der Unternehmen gaben an, daß bei ihnen externe Berater *zum Personalabbau geraten* haben ('trifft voll zu' und 'trifft eher zu'), während die Mehrheit von 57 Prozent dies ausdrücklich verneint ('trifft nicht zu').

Auch der *Einfluß externer Berater auf den Umfang des Abbaus* sowie auf die *gewählten Maßnahmen* wurde als äußerst gering eingestuft ('Kein Einfluß' bei 64 bzw. 72 Prozent).

Eine *begleitende Unterstützung* des Abbauprozesses durch externe Berater gab es nur bei rund 15 Prozent der Unternehmen, der größere Teil (69 Prozent) verzichtete darauf völlig.

Zwar läßt sich für die Merkmale *Einfluß auf den Umfang des Personalabbaus* und *Begleitung des Personalabbauprozesses* ein signifikanter Zusammenhang mit der **Unternehmensgröße** feststellen (in Unternehmen der Größenklasse 4 ist der Einfluß externer Berater größer und sie begleiten häufiger den Personalabbauprozeß); allerdings relativiert sich dieser Befund angesichts der oben dargestellten Ergebnisse.

♦ **Informations- und Kommunikationspolitik**

Ausschlaggebend für die Qualität des Personalabbauprozesses ist neben der Planung die **Güte der Informations- und Kommunikationspolitik** vor und während des Personalabbaus.

Informations- und Kommunikationspolitik:

Die befragten Unternehmen bewerten ihre Informations- und Kommunikationspolitik überwiegend positiv: Eine *offene Information und Kommunikation* bestätigen sich rund 70 Prozent der Unternehmen.

Die *schlechten Nachrichten* wurden in rund 56 Prozent der Unternehmen durch die *direkten Vorgesetzten* überbracht.

Diese eher positiven Angaben zur Informations- und Kommunikationspolitik müssen möglicherweise dahingehend mit einer gewissen Skepsis betrachtet werde, daß davon auszugehen ist, daß gerade diejenigen Führungskräfte, die diese Fragestellung beantwortet haben, höchstwahrscheinlich auch die Verantwortlichen für Art und Umfang der Information an die Arbeitnehmer sind. Eine Verzerrung zwischen Fremd- und Eigenwahrnehmung kann daher nicht ausgeschlossen werden. In der begleitenden Mitarbeiterbefragung konnte beispielsweise ein erheblicher Unterschied in der Bewertung der Information und Kommunikation durch Führungskräfte und Nicht-Führungskräfte nachgewiesen werden, wobei die Arbeitnehmer dieses Merkmal deutlich schlechter beurteilten.

Bezüglich der **Unternehmensgröße** ergaben sich bei den dargestellten Variablen der Informations- und Kommunikationspolitik keine signifikanten Unterschiede.

♦ **Mitwirkungsmöglichkeit**

Über die reine Information hinausgehend ist für die Effizienz von Personalabbau weiterhin im Rahmen der **Mitwirkungsmöglichkeiten** entscheidend, wie die verschiedenen Interessengruppen in die Entscheidungsprozesse einbezogen wurden sowie die Wahlmöglichkeiten der Betroffenen hinsichtlich der möglichen Maßnahmen. Dazu ergaben sich bei den befragen Unternehmen folgende Ergebnisse:

Mitwirkungsmöglichkeiten am Personalabbauprozeß:

Bei der frühzeitigen und umfassenden **Einbeziehung der verschiedenen Interessengruppen** kommt erwartungsgemäß der Einbeziehung der *Arbeitnehmer* die höchste Priorität zu (dies trifft bei immerhin 77 Prozent der Unternehmen voll oder teilweise zu). Eine Einbeziehung der *Gewerkschaften* sowie *sonstiger externer Interessenten*, wie Arbeitsämter, Kommunen etc. erfolgte dagegen jeweils nur bei rund 49 Prozent der Unternehmen (26 Prozent der befragten Unternehmen bezogen die beiden letztgenannten Gruppen überhaupt nicht in den Personalabbauprozeß ein.)

Eine **Wahlmöglichkeit zwischen verschiedenen Maßnahmen** wurde den Arbeitnehmern eher eingeschränkt eingeräumt: Rund 33 Prozent gaben, an, ihre Arbeitnehmer an der Wahl von Maßnahmen zu beteiligen ('trifft voll zu' + 'trifft eher zu'); 29 Prozent bestätigten dies nur teilweise ('teils/teils') und 38 Prozent beteiligen ihre Arbeitnehmer kaum oder gar nicht ('trifft kaum zu' + 'trifft nicht zu').

Bezüglich des Zusammenhangs der Mitwirkungsmöglichkeiten mit der **Unternehmensgröße** ergeben sich folgende signifikanten Unterschiede:

- Die *Mitwirkungsmöglichkeit der Arbeitnehmer bei der Auswahl von Maßnahmen* ist in großen Unternehmen deutlich höher: Vor allem Unternehmen der Größenklassen 4 (über 5000 Arbeitnehmer) geben mehrheitlich an, ihren Arbeitnehmer Wahlmöglichkeiten einzuräumen. Am schlechtesten ist die Mitwirkungsmöglichkeit in den Unternehmen mit 50 bis 500 Arbeitnehmern.

- Auch die *Einbeziehung von Gewerkschaften* und *sonstigen externen Interessenten* unterscheidet sich höchst signifikant in Abhängigkeit von der Unternehmensgröße: In Unternehmen bis 50 Arbeitnehmern werden diese beiden Gruppen überhaupt nicht berücksichtigt; am stärksten ist ihr Einfluß in den größten Unternehmen.

♦ Verhandlung zwischen den Sozialpartnern

Ein weiteres Merkmal für die Effizienz von Personalabbauprozessen ist die Qualität der **Verhandlungen zwischen den betrieblichen Sozialpartnern.** ("Welche Merkmale treffen für die Verhandlungen zwischen Unternehmen und Betriebsrat zu?"). Ein Indikator für die Beschaffenheit der Beziehungen zwischen den Sozialpartnern ist z.B. die Frage, ob die Beziehung zwischen Unternehmensleitung und Betriebsrat eher durch **Konfrontation** oder durch **Kooperation** gekennzeichnet war, sowie – im Hinblick auf die wahrgenommene Gerechtigkeit des Personalabbaus – die zusammenfassende Frage nach der höheren **'Opferbereitschaft'** im Personalabbauprozeß.

Verhandlungen zwischen den Sozialpartnern:

Die **Verhandlungen mit dem Betriebsrat** wurden von den befragten Unternehmen durchwegs positiv bewertet. Ein gemeinsames Interesse an einem *schnellen Interessenausgleich* und eine *sachliche Argumentation* wurden von jeweils 82 Prozent der Unternehmen bestätigt; dies steht möglicherweise in Zusammenhang damit, daß bei immerhin 77 Prozent der Unternehmen die verhandelten *Sozialpläne über die rechtlichen Mindestanforderungen* hinausgehen. (Nur 11 Prozent gaben an, daß dies kaum oder gar nicht auf sie zutrifft.) Rund 68 Prozent der Unternehmen gab an, daß die Verhandlungsparteien das *Ziel der Beschäftigungssicherung* verfolgen[200]. Allerdings wurde im Sozialplan nur geringer Wert darauf gelegt, die *ausgeschiedenen Arbeitnehmer für den Arbeitsmarkt beschäftigungsfähig* zu machen; dies spiegelt sich auch in der bereits oben konstatierten geringen Bedeutung entwicklungsorientierter Maßnahmen für ausscheidende Arbeitnehmer wider.

Der weitaus größte Teil der Unternehmen bewertete die **Beziehung zwischen Unternehmensleitung und Betriebsrat** als überaus kooperativ (Mittelwert 5,5 auf einer 7-poligen Skala mit den Endwerten *Konfrontation* (=1) und *Kooperation* (=7)).

Die **Verteilung der 'Opfer'** durch den Personalabbau zwischen Unternehmensleitung und Arbeitnehmer wurde von den Befragten als eher zu Lasten der Arbeitnehmer bewertet (Mittelwert 5,1 auf einer 7-poligen Skala mit den Endwerten *meiste 'Opfer' durch die Unternehmensleitung'* (=1) und *meiste 'Opfer' durch die Arbeitnehmer* (=7)).

Eine Bewertung, daß der **Abbau der Beschäftigtenzahl kleiner** gewesen wäre, wenn die *Arbeitnehmerseite mehr 'Opfer'* gebracht hätte (beispielsweise durch solidarischen Lohn(zuwachs)verzicht oder durch eine allgemeine Arbeitszeitverkürzung), oder wenn die *rechtlichen Rahmenbedingungen mehr Handlungsspielraum* ermöglicht hätten, wurde überwiegend verneint: 73 Prozent der Unternehmen lehnen dies in Bezug auf die 'Opferbereitschaft' der Arbeitnehmer ab; keine Einschränkung durch die rechtlichen Rahmenbedingungen empfinden 49 Prozent (35 Prozent betrachten die Rahmenbedingungen dagegen durchaus als Einschränkung).

---

[200] Dies bestätigt sich auch in der vergleichsweise geringen Bedeutung von Beschäftigungsgarantien bei den Angeboten für verbleibende Arbeitnehmer (s.o.).

Bei der Betrachtung der Ausprägung dieser Merkmale in Abhängigkeit zur **Unternehmensgröße** ergaben sich einige interessante Ergebnisse:

- Vor allem in größeren Unternehmen kam es deutlich häufiger zu einem *Übersteigen der Verhandlungsergebnisse des Sozialplans* gegenüber den rechtlichen Mindestforderungen. Dabei muß aber berücksichtigt werden, daß kleinere Unternehmen generell sehr selten einen Sozialplan aufgestellt haben.

- Einen signifikanten Zusammenhang mit der Unternehmensgröße kann man weiterhin bei der Frage nach der *Vermeidbarkeit von Stellenabbau durch eine größere Opferbereitschaft der Arbeitnehmer* feststellen: Während rund 40 Prozent der Unternehmen mit unter 500 Arbeitnehmern angeben, daß der Abbau der Beschäftigtenzahl kleiner gewesen wäre, wenn die Arbeitnehmerseite mehr 'Opfer' gebracht hätte, trifft dies auf die größeren Unternehmen in deutlich geringeren Umfang zu. Eine mögliche Erklärung hierfür ist der insgesamt höhere Spielraum bei dem Einsatz präventiver Maßnahmen in größeren Unternehmen (vgl. hierzu die bereits oben dargestellten Zusammenhänge, wie z.B. der stärkere Einsatz interner oder betriebsübergreifender Versetzungen in größeren Unternehmen).

(C) Anpassung organisatorischer Bestimmungsgrößen des Unternehmens

Neben den konkreten Angeboten an die Arbeitnehmer und der Gestaltung des Personalabbauprozesses ist im Zusammenhang mit den flankierenden Maßnahmen des Personalabbaus als dritter Bereich eine **Anpassung wichtiger organisatorischer Bestimmungsgrößen des Unternehmens** zu betrachten, von denen angenommen wird, das sie geeignet sind, den Personalabbauprozeß i.e.S. zu unterstützen bzw. seine Folgewirkungen 'abzufedern'. Hierbei können struktur-, strategie- und kulturbezogene Maßnahmen unterschieden werden (vgl. hierzu auch 5.2.3).

Organisatorische Veränderungen vor, während und nach dem Personalabbau:

Aus der folgenden Abbildung wird ersichtlich[201], daß die *Veränderung, Neugestaltung oder Eliminierung einzelner Aufgaben* insgesamt die wichtigste organisatorische Veränderung im Zusammenhang mit Personalabbau ist, gefolgt von einer *Neugestaltung (Verschlankung oder Reengineering) der Prozesse* und einer *Veränderung gesamter Funktionsbereiche.*

Outsourcing von Aufgaben sowie die *Verringerung der Anzahl der Führungsebenen* liegen eher im Mittelfeld, während sowohl die *Zentralisierung* wie auch die *Dezentralisierung* von Aufgaben geringere Bedeutung im Zusammenhang mit Personalabbau aufwiesen, ebenso wie die *Straffung von Produktions- oder Dienstleistungsprogrammen.*

Bei allen Maßnahmen liegt der Schwerpunkt auf den **Zeitraum** *während* des Personalabbaus und tendenziell eher *nach* dem Abbau als in dessen *Vorfeld.*

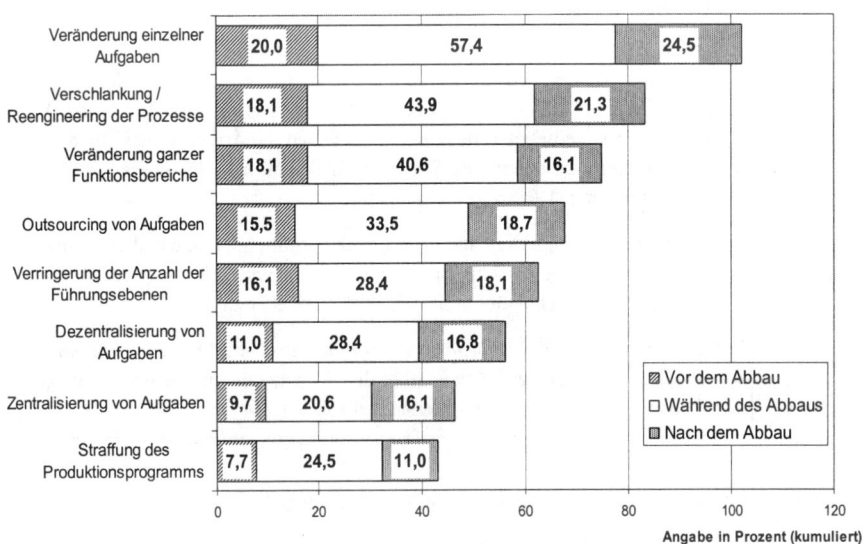

Abbildung 5-27: Organisatorische Veränderungen vor, während und nach dem Personalabbau

---

[201]   In der Grafik sind sämtliche 'Ja-Antworten' ("eine Veränderung fand statt") dargestellt, wobei Mehrfachantworten zum Zeitraum möglich waren; die jeweilige Länge des Balkens signalisiert daher die absolute, die Länge der Teilbalken die relative Bedeutung der einzelnen Merkmale.

Ein signifikanter Zusammenhang der dargestellten **strukturellen und strategischen Anpassungen** mit der **Unternehmensgröße** ergab sich für die Maßnahme *Outsourcing von Aufgaben während und nach dem Personalabbau*, die von größeren Unternehmen bevorzugt wurde. Das gleiche gilt für die *Dezentralisierung von Aufgaben* sowie die *Verschlankung von Prozessen*. Dies läßt sich möglicherweise darauf zurückführen, daß kleinere und mittlere Unternehmen aufgrund geringerer Diversifikation und weniger Hierarchieebenen hierbei geringeren Handlungsbedarf sehen.

Neben der strategischen und strukturellen Organisationsanpassung ist im Rahmen einer positiven Entwicklung der **Unternehmenskultur** vor allem die Frage von Bedeutung, inwieweit es gelungen ist, im Unternehmen das Gefühl eines Abschlusses des Personalabbaus und eines gemeinsamen 'Neuanfangs' zu vermitteln.

Neuanfang im Unternehmen:

Ein *spezielles Ereignis*, welches das Ende der Abbauphase signalisiert, hat bei dem weitaus größten Teil der befragten Unternehmen nicht stattgefunden (61 Prozent 'trifft nicht zu' oder 'trifft kaum zu'). Dementsprechend ist auch der Anteil derjenigen Unternehmen recht hoch, bei denen die Arbeitnehmer einen *weiteren Personalabbau erwarten* (32 Prozent 'trifft voll zu' + 'trifft eher zu') bzw. nicht ausschließen (31 Prozent 'teils/teils').

Das die Führung erfolgreich eine *neue Vision* vermitteln konnte und eine *strategische Neuausrichtung* des Unternehmens bewirkte, wird allerdings von rund 56 Prozent der Befragten bejaht ('trifft voll zu' + 'trifft eher zu').

Bei der Verbreitung von *Aufbruchsstimmung* sowie einem Einstellen von *unternehmerischem Denken und Handeln* bei den Arbeitnehmern überwiegt dagegen die Skepsis (37 Prozent bzw. 44 Prozent 'teils/teils').

Ein recht deutlicher Zusammenhang zur **Unternehmensgröße** läßt sich bezüglich des Merkmals *Erwartung von weiterem Personalabbau* beobachten: Während in den größeren Unternehmen mit mehr als 500 Arbeitnehmern (Größenklasse 3 und 4) die Erwartung von weiterem Personalabbau überwiegt, fühlen sich die Arbeitnehmer in kleineren und sehr kleinen Unternehmen wesentlich sicherer vor weiterem Personalabbau. Dies könnte als Anzeichen dafür gesehen werden, daß auch der stärkere Einsatz von Planungsmaßnahmen (z.B. Einsatz eines Zeit- und Maßnahmenplans) sowie die stärkere

Einbeziehung von Gewerkschaften und sonstigen Interessengruppen, die sich bei den größeren Unternehmen beobachten läßt (vgl. oben: Planungsqualität), die Unsicherheit, die aus der Erwartung weiteren Personalabbaus resultiert, nicht wirksam reduzieren können. Kleinere Unternehmen können dagegen auf die explizite Durchführung dieser Maßnahmen eher verzichten, da davon auszugehen ist, daß die Mitarbeiter besser über die Entwicklung des Unternehmens informiert sind und die Entwicklung eher beeinflussen können.

5.3 Zusammenfassung und Bewertung

5.3.1 Merkmale der Situation

Die Analyse der situativen Rahmenbedingungen des Personalabbaus ergab folgende besonders interessante Ergebnisse:

(1) Merkmale der Unternehmen

- Eine Analyse der erhobenen Variablen der **Unternehmensstruktur** zeigte die herausragende Bedeutung des Faktors *Unternehmensgröße* (Zahl der Arbeitnehmer), der sich auch für die folgenden Detailbetrachtungen der *Veränderung der Arbeitnehmerzahl* und der *Anzahl der Führungsebenen* als wichtige erklärende Variable erwies. Die Unternehmen der Gesamtstichprobe wurden dazu vier Größenklassen zugeordnet[202], die den Ausgangspunkt für weitergehende Analysen bildeten.

- Das **Unternehmensumfeld** sollte insbesondere durch die *Branchenzugehörigkeit* abgebildet werden. Im Rahmen der Untersuchung erfolgte dazu eine Bestimmung des Betroffenheitsgrades einzelner Branchen durch einen Vergleich mit denjenigen Unternehmen, die an der Unternehmensbefragung teilgenommen haben, ohne Personal abgebaut zu haben. Die Ergebnisse dieses Vergleichs besitzen aber nur sehr geringe Aussagekraft für die Gesamtsituation deutscher Unternehmen. Auf eine weitergehende Schichtung nach Branchenzugehörigkeit mußte aufgrund zu geringer Besetzungszahlen verzichtet werden.

- Bezogen auf **Veränderungen im Unternehmen** interessierten vor allem die *Entwicklung der Ertragslage, Vorerfahrung mit Personalabbau* sowie der Umstand, daß gleichzeitig zum Prozeß des Personalabbaus auch *neue Stellen geschaffen* wurden. Bemerkenswert ist, daß von allen Unternehmen, die angaben, sich in einem Personalabbauprozeß zu befinden, 64 Prozent gleichzeitig neue Stellen geschaffen und diese sogar bevorzugt durch externe Arbeitnehmer besetzt haben. Offenbar ist es nur in begrenztem Umfang möglich, neue Stellen mit freizusetzenden Arbeitnehmern zu besetzen, da eine Anpassung des Humanpotentials nicht oder nur mit "unverhältnismäßigen" Kosten möglich wäre und somit eine externe Stellenbesetzung effizienter erscheint.

(2) Merkmale der Arbeitnehmer

- Wichtige *soziodemographische Merkmale* zur Charakterisierung und Unterscheidung der Arbeitnehmer konnten in der **Unternehmensbefragung** nur indirekt erhoben werden; interessant ist daher vor allem der relative Vergleich der **Betroffenheit** verschiedener Arbeitnehmergruppen durch Personalabbau.

- Erwartungsgemäß sind *ältere Arbeitnehmer* besonders stark von Personalabbau betroffen, wobei dies besonders für größere Unternehmen zutrifft; allerdings gibt es generell keine Altersgruppe, die von Personalabbau völlig verschont bleibt. Bezogen auf die *Dauer der Betriebszugehörigkeit* fällt auf, daß Arbeitnehmer mit einer mittleren Betriebszugehörigkeit am geringsten von Personalabbau betroffen werden, wohingegen die Arbeitnehmer mit einer Betriebszugehörigkeit von mehr als 10 Jahren am stärksten betroffen sind. Eine Analyse **weiterer Strukturvariablen** ergab eine überdurchschnittliche Betroffenheit von *Vollzeitkräften gegenüber Teilzeitkräften, Deutschen gegenüber Ausländern, Arbeitnehmern gegenüber Führungskräften* und *Männern gegenüber Frauen*. Das Verhältnis *Gelernte – Ungelernte* und *Arbeiter – Angestellte* ist dagegen im Durchschnitt eher ausglichen.

---

[202] Zur Einteilung der Größenklassen vgl. Kapitel 2.3.3

(3) Merkmale des Personalabbaus

Als wesentliche Merkmale des Personalabbaus wurden die *Ursachen* von Personalabbau, die mit Personalabbau verbundenen *Zielsetzungen*, das *geplante Ausmaß* des Personalabbaus sowie die aus der Unternehmenssituation resultierende *Größe des Handlungsdrucks* untersucht, wobei sich insbesondere die verschiedenen Zielorientierungen als mögliche Bestimmungsgröße für Maßnahmeneinsatz und Erfolg von Personalabbau erweisen könnten.

▪ Zusammen mit dem *Wettbewerbsdruck* als bedeutendste Einzelursache bilden vor allem *Rationalisierungsaspekte* die wichtigsten **Ursachen von Personalabbau**, gefolgt von der Notwendigkeit einer *Kurskorrektur*, beispielsweise aufgrund von Nachfragerückgang oder Planungs- und Entwicklungsfehlern. Auch tiefgreifende *Strukturveränderungen*, wie z.B. Unternehmenszusammenschlüsse, Übernahmen, Standortverlagerungen sind bedeutende Ursachen von Personalabbau, wohingegen die unmittelbare *Überlebenssicherung*, beispielsweise aufgrund von Liquiditätsproblemen oder Subventionsrückgang, eine eher nachrangige Bedeutung aufweist. Während bei den größeren Unternehmen vor allem interne, strukturelle Ursachen ausschlaggebend sind, stehen bei den kleineren Unternehmen Liquiditätsprobleme und externe Faktoren im Vordergrund.

▪ Bei den **Zielen des Personalabbaus** dominiert – unabhängig von der Unternehmensgröße – die *klassische Kostenorientierung*, mit der Absicht einer Senkung der Personalkosten durch Reduzierung der Personalkapazität, deutlich vor einer *Produktivitätsorientierung*, die sich vorrangig an einer Leistungssteigerung orientiert. Veränderungen der *Qualifikations- und Belegschaftsstruktur* spielen bei den Zielen dagegen eine eher untergeordnete Rolle.

▪ Die geplante Veränderung der beiden Merkmale *Arbeitnehmerzahl* und *Personalkosten* werden für eine Bewertung des geplanten **Ausmaßes des Personalabbaus** herangezogen, wobei interessant ist, daß lediglich bei 30 Prozent der Unternehmen eine Übereinstimmung der jeweiligen Zielsetzung zu verzeichnen ist; dagegen geht eine Mehrheit von 42 Prozent davon aus, daß der Rückgang der Arbeitnehmerzahl größer ist als die Senkung der Personalkosten. Diesen Unternehmen scheint die

Problematik möglicher Folgekosten des Personalabbaus also durchaus bewußt zu sein.

- Zur Bestimmung der **Größe des Handlungsdrucks** wurde abschließend untersucht, inwieweit sich das Unternehmen bei der Entscheidung zum Personalabbau bereits in einer *Krise* befand, da davon ausgegangen wird, daß dies Prozeß und Maßnahmenspektrum des Personalabbaus besonders beeinflußt. Es ist bemerkenswert, daß rund 42 Prozent der Unternehmen auf Personalabbau zurückgreifen, obwohl dies nicht durch eine akute oder sich abzeichnende Unternehmenskrise induziert ist.

(4) Fazit für die weiteren Analysen

Die Eingangshypothese, wonach insbesondere die **Größe des Unternehmens** Einfluß auf Art und Erfolg von Personalabbauprozessen ausübt, zeigt sich bereits bei der Analyse der unterschiedlichen Merkmalsdimensionen der Situation personalabbauender Unternehmen mehrfach bestätigt: Dies gilt sowohl bei der Betrachtung von Variablen des Unternehmens (wie beispielsweise *Veränderung der Arbeitnehmerzahl, Anzahl der Führungsebenen* oder *Entwicklung der Ertragslage*), bei Variablen der Arbeitnehmer (*Alter, Geschlecht, Nationalität, Qualifikation* etc.) als auch bei den Variablen des Personalabbaus (besonders auffällig ist hier der Zusammenhang zu den *Ursachen des Personalabbaus*).

Interessant für die weiteren Detailanalysen sind darüber hinaus vor allem diejenigen Faktoren, die – unabhängig vom zentralen Bestimmungsfaktor Unternehmensgröße – geeignet sind, Unterschiede beim Einsatz verschiedener Maßnahmen des Personalabbaus zu erklären. Als weitgehend unabhängig haben sich dabei vor allem die **Zielorientierungen des Personalabbaus** (Kosten-, Produktivitäts- bzw. Veränderungsorientierung) sowie die **Größe des Handlungsdrucks** (Relevanz einer Unternehmenskrise) erwiesen.

5.3.2 Maßnahmen des Personalabbaus

Bezüglich der **Maßnahmen** des Personalabbau ergaben sich folgende besonders interessante Ergebnisse:

(1) Maßnahmen zur Reduzierung der Personalkapazität

- Bei den wichtigsten Maßnahmen des **Personalabbau im engeren Sinn**, die entweder auf eine Veränderung der Zahl der Beschäftigungsverhältnisse (Personalfreisetzung) oder auf eine Veränderung der zeitlichen Kapazität abzielen, dominieren die eher 'weicheren', sozialverträglichen Maßnahmen: Die bedeutendsten Einzelmaßnahmen zur **Personalfreistellung** sind

  - *Ausnutzen der natürlichen Fluktuation,*
  - *Nichtverlängerung befristeter Arbeitsverträge,*
  - *Abschluß von Aufhebungsverträgen* und
  - *Vorruhestandsregelungen.*

  Die *betriebsbedingte Kündigung* – als härtest mögliche Maßnahme – liegt sowohl bei Arbeitnehmern als auch bei Führungskräften bedeutungsmäßig eher im Mittelfeld und wird vorwiegend in Zeiten akuter Unternehmenskrisen eingesetzt.

  Als wichtigste **beschäftigungserhaltende Maßnahmen** ergaben sich der

  - *Abbau von Mehrarbeit,*
  - *eine Flexibilisierung der Arbeitszeit,*
  - *Arbeitszeitkonten* sowie
  - *die Einführung von Kurzarbeit.*

  Als Regelinstrument in Zeiten von Unternehmenskrisen erfährt die Arbeitszeit keine besondere Bedeutung.

- Allgemein ist ein starker **Zusammenhang** zwischen Maßnahmeneinsatz und Unternehmensgröße zu beobachten, wobei die Reichhaltigkeit des eingesetzten Spektrums mit zunehmender Unternehmensgröße wächst und die 'Härte ' der Maßnahmen tendenziell geringer wird.[203] Wenn zusätzlich die Vielzahl der eingesetzten Maßnah-

---

[203] Allerdings ist dabei zu berücksichtigen, daß die kleineren Unternehmen in der Stichprobe generell weniger Personalabbau vorgenommen haben.

men zur Prävention von Personalabbau betrachtet wird, läßt sich das geläufige Bild des Personalabbaus durch (Massen-)Entlassungen somit kaum aufrechterhalten.

(2) Präventive Maßnahmen zur Vermeidung bzw. Verminderung von Personalabbau

- Im Einsatz von Maßnahmen zur Vermeidung bzw. Verminderung von Personalabbau spielen Maßnahmen des **Personaleinsatzes** (*Versetzungen innerhalb des Betriebes* und *betriebsübergreifende Versetzungen*) sowie der Senkung der **Personalkosten** (*Kürzung von freiwilligen Sozialleistungen / Vergünstigungen* und *Einfrieren oder Reduzieren der Vergütung*) eine besondere Bedeutung. Auch die **Personalleistung** wird als Gestaltungsalternative berücksichtigt, beispielsweise durch *Aufgabenumverteilungen aus anderen Unternehmensbereichen* oder die *Selbsterstellung vormals zugekaufter Leistungen*. Grundlegende Veränderungen der **Unternehmensstruktur** (z.B. durch *Verkauf von Unternehmensteilen* oder *Management bzw. Mitarbeiter-Buy-outs*) sind dagegen eher selten und bleiben hauptsächlich den größeren Unternehmen vorbehalten. Auch beim *Personaleinsatz* ergibt sich für die größeren Unternehmen ein breiteres Handlungsfeld, da sie häufiger auch über personalaufbauende Unternehmensbereiche verfügen.

- Ein deutlicher Zusammenhang ergab sich zwischen der Anwendung von personalkostenorientierten Maßnahmen und der Relevanz akuter **Unternehmenskrisen**: Das *Einfrieren oder Reduzierung der Vergütung* sowie die *Kürzung von freiwilligen Sozialleistungen* entspricht durch eine gleichmäßige Belastungsverteilung in starkem Maße dem Ideal von Solidarmodellen und wird in Krisenzeiten bevorzugt eingesetzt.

(3) Flankierende Maßnahmen der Abfederung von Personalabbau

Neben dem Maßnahmenmix an kompensatorischen und entwicklungsorientierten **Angeboten für verbleibende und ausscheidende** Arbeitnehmer haben vor allen die Gestaltung des **Personalabbauprozesses** sowie die begleitenden **Veränderungen im Unternehmen** große Bedeutung für die Effizienz von Personalabbau.

- Beim **Angebotsspektrum für ausscheidende Arbeitnehmer** haben kompensatorische Angebote, wie *Abfindungs- oder Zuschußzahlungen* sowie die *Weitergewährung von Sozialleistungen*, Vorrang gegenüber den eher entwicklungsorientierten Maßnahmen, wie *Weiterbildung und Qualifizierung, Unterstützung bei der Neuorientierung* und *Vermittlung in neue Beschäftigungsverhältnisse*. Innovative und weitgefaßte Konzepte, wie z.b. die Gründung von Beschäftigungs- und Qualifizierungsgesellschaften, sind noch eher die Ausnahme.

- Bei den **verbleibenden Arbeitnehmern** wird den Entwicklungsmaßnahmen dagegen deutlich mehr Bedeutung beigemessen. Die wichtigsten Angebote sind *hier Personal- und Mitarbeitergespräche, Weiterbildungs- und Qualifizierungsmaßnahmen* und Maßnahmen zur *Teamentwicklung* bei Arbeitnehmern. Die wichtigste Einzelmaßnahme für Führungskräfte war allerdings eine *Erhöhung der leistungsbezogenen / variablen Vergütung* gefolgt von der *Einführung von Zielvereinbarungen*[204]. Beschäftigungsgarantien spielen insgesamt eine geringe Rolle.

- Auch beim Spektrum flankierender Angebote ist ein enger Zusammenhang zur Unternehmensgröße zu beobachten: Die Häufigkeit des Auftretens der einzelnen Maßnahmen sowie die Reichhaltigkeit des Maßnahmenmix steigen mit zunehmender **Unternehmensgröße.** Dagegen übt die **Größe des Handlungsdrucks** keinen Einfluß auf das Spektrum flankierender Angebote aus (im Unterschied zum durchaus erkennbaren Zusammenhang mit den Einsatz präventiver Maßnahmen): Für einen "hektischen Personalabbau" in der Krise gibt es kaum Bestätigung.

Die Gestaltung des **Personalabbauprozesses** wird geprägt durch die Merkmale Planungs- und Kommunikationsqualität, Mitwirkungsmöglichkeiten sowie Qualität der Verhandlungen zwischen den Sozialpartnern.

- Die wichtigste **Planungsgrundlage** für den Umfang des Personalabbaus sind die *Personalkostenrelation* und *Personalstärkerelation*, wobei auf einen Vergleich von Personaldaten mit anderen Unternehmen weitgehend verzichtet wurde. Eine **fun-**

---

[204]   Beide Maßnahmen spielen bei den Arbeitnehmern keine besonders wichtige Rolle.

dierte Planung (*umfassende Aufgabenanalyse und Personalplanung im voraus* sowie *Aufstellung eines Zeit- und Maßnahmenplans*) bestätigte sich ein Großteil der
Unternehmen und machte gleichzeitig eine Tendenz zum Personalabbau in *mehreren Schritten* deutlich. Die Bedeutung **externer Berater**, beispielsweise bezüglich
der *Entscheidung zum Personalabbau* oder bei der *Bestimmung dessen Umfangs*, ist
dagegen weitaus geringer als landläufig angenommen. Auch auf eine *begleitende
Unterstützung* des Abbauprozesses verzichten die meisten Unternehmen.

- Sich selbst bestätigen die Unternehmen eine durchaus **offene Informations- und
  Kommunikationspolitik** – mögliche Einschränkungen aus Perspektive der betroffenen Arbeitnehmer sollten berücksichtigt werden. Eine direkte Einbindung der *unmittelbaren Vorgesetzten* ('Überbringen der schlechten Nachrichten') ist nur in 56
  Prozent der Unternehmen gewährleistet.

- Die **Mitwirkungsmöglichkeit** beschränkt sich in den meisten Unternehmen auf die
  unmittelbar von Personalabbau betroffenen *Arbeitnehmer*. Eine weitergehende Einbeziehung *externen Interessengruppen*, wie z.B. Gewerkschaften, Arbeitsämtern etc.
  erfolgte tendenziell nur in größeren Unternehmen. Eine *Wahlmöglichkeit zwischen
  verschiedenen Maßnahmen des Personalabbaus* wurde den Arbeitnehmern nur sehr
  eingeschränkt eingeräumt, wobei auch hierbei größere Unternehmen eine Vorreiter-
  rolle einnehmen.

- Die **Verhandlungen zwischen den Sozialpartnern** sind von einem gemeinsamen
  Interesse an einem schnellen Interessenausgleich und einer *sachliche Argumentation* geprägt. Der weitaus größte Teil der Unternehmen bewertete *die Beziehung zwischen Unternehmensleitung und Betriebsrat* als überaus kooperativ. In 77 Prozent
  der Unternehmen ging der verhandelte Sozialplan über die rechtlichen Mindestforderungen hinaus.

- Wichtige **Anpassungen der Bestimmungsgrößen des Unternehmens** stellen die
  organisatorischen Veränderungen vor, während und nach dem Personalabbau dar:
  Am bedeutsamsten sind hier die *Veränderung, Neugestaltung oder Eliminierung
  einzelner Aufgaben* sowie eine *Neugestaltung (Verschlankung oder Reengineering)
  der Prozesse* oder eine *Veränderung gesamter Funktionsbereiche*. Bezogen auf die

Unternehmenskultur ist besonders interessant, inwieweit es den Unternehmen gelungen ist, ein positives Gefühl eines 'Neuanfangs' sowie ein deutliches Zeichen des Abschlusses der Personalabbauphase zu vermitteln. Den diesbezüglichen Merkmalen (wie z.B. *spezielles Ereignis zum Ende des Abbaus, Erwartung weiterer Personalabbaus, Kulturwandel im Unternehmen* etc.) wurde in den befragten Unternehmen einer eher geringe Bedeutung beigemessen.

(4) Fazit für die weiteren Analysen

Die zentrale Hypothese "Große Unternehmen unterscheiden sich signifikant in ihrem Abbauverhalten von kleinen Unternehmen." konnte auch für den Bereich der Maßnahmenanalyse mehrfach empirisch bestätigt werden, wobei vor allem das Spektrum an kapazitätsreduzierenden und flankierenden Maßnahmen besonders stark mit der Unternehmensgröße zusammenhängt. Die **Unternehmensgröße** ist daher auch bei der folgenden Analyse der Ziel- und Effizienzdimensionen von Personalabbau zu berücksichtigen.

Die verschiedenen **Zielorientierungen des Personalabbaus** als unabhängiger Einflußfaktor (vgl. hierzu 5.3) haben sich dagegen als wenig geeignet erwiesen, Unterschiede in der Einsatzhäufigkeit und –kombination des Maßnahmenspektrums von Personalabbau zu erklären. Bedeutender erscheint hier der Zusammenhang mit dem Umstand, ob sich Unternehmen zum Zeitpunkt ihrer Entscheidungen in einer **akuten Unternehmenskrise** befanden oder nicht. Beispielsweise konnte diesbezüglich ein Zusammenhang beim Einsatz präventiver Maßnahmen festgestellt werden.

Als Fazit für ein **'folgenminimales' Trennungsmanagement** läßt sich festhalten:

Managementbox 10:
Merkmale des Personalabbaus

Entgegen der weitläufigen Auffassung "Personalabbau = Entlassungen" ist das Spektrum der Handlungsalternativen für Unternehmen mit personellen Überkapazitäten erheblich größer. Neben Personalabbau im engeren Sinn müssen außerdem präventive Maßnahmen zur Vermeidung bzw. Verminderung des Personalabbaubedarfs sowie flankierende Maßnahmen zur Abfederung von Personalabbau berücksichtigt werden.

Mit dem hier aufgezeigten Maßnahmenspektrum wird dem Unternehmen, welches sich mit der Notwendigkeit zu einem Personalabbau konfrontiert sieht, ein äußerst **vielfältiger Instrumentenkasten** vorgestellt.[205] Durch die empirische Untersuchung konnte gezeigt werden, daß die praktische Relevanz dieser Maßnahmen zum Teil höchst unterschiedlich bewertet wird und dabei vorrangig von der Unternehmensgröße abhängt.

Trotz der teilweise noch geringen praktischen Bedeutung einzelner Maßnahmen kann nur die **vollständige Kenntnis über Umfang und Inhalt des möglichen Handlungsspielraums** – dies ist ein vorrangiges Ziel der vorliegenden Forschungsbemühungen – gewährleisten, daß zukünftige Personalabbauprozesse fundiert geplant und durchgeführt werden können. Die obige Zusammenfassung zeigt die einzelnen Bestandteile des zur Verfügung stehenden Instrumentariums und legt dar, welchen Maßnahmen besondere Aufmerksamkeit zu widmen ist.

Die in diesem Kapitel dargestellten Maßnahmen müssen nun daraufhin untersucht werden, inwieweit sie einen Beitrag zum Erreichen der Ziele des Personalabbaus leisten. Gleichzeitig muß aber kritisch hinterfragt werden, ob und welche – oft unerwünschten – Nebenwirkungen ausgelöst werden. Nur eine detailliertere Kenntnis dieser Folgewirkungen ermöglicht deren gezielte Prävention und Bekämpfung und somit eine langfristige **Optimierung der ökonomischen und sozialen Effizienz.**

---

[205] Die wichtigsten Maßnahmen des Personalabbaus wurden in Kapitel 3 ausführlich dargestellt und bewertet.

6 Wirkungen des Personalabbaus

Neben der Beschreibung und Systematisierung sowie der Analyse der Einflußfaktoren des Personalabbaus liegt ein Schwerpunkt dieses Bandes auf einer **Effizienzanalyse** der eingesetzten Maßnahmen im Hinblick auf eine Wiederherstellung und Sicherung der kurz- und langfristigen Überlebensfähigkeit des Unternehmens. Entsprechend wird im folgenden Kapitel untersucht, welche **Wirkungen** von Personalabbau ausgehen. Dabei lassen sich verschiedene Ziel- und Effizienzdimensionen unterscheiden:

- In einer direkten Betrachtung sollen zuerst der **Erfolg des Personalabbau(prozesse)s an sich** bewertet werden, indem beispielsweise geprüft wird, inwieweit die Unternehmen ihre unmittelbar mit dem Personalabbau verfolgten *Ziele* erreicht haben. Aus der Bewertung der *Härte des Personalabbaus* ergibt sich dabei ein wichtiger sozialer Effizienzparameter (Kapitel 6.1).

- Darüber hinaus ist zu untersuchen, ob der Personalabbau **indirekte Effizienzwirkungen bei Individuen, Gruppen und Organisation** auslöst, beispielsweise durch kurz- bzw. langfristige *Verhaltensveränderungen* bei den verbleibenden Arbeitnehmern oder Veränderungen von *Organisationsparametern,* die zu einer Verschlechterung des wechselseitigen Systems der ökonomischen und sozialen Effizienz des Unternehmens führen können (Kapitel 6.2).

- Zuletzt wird der Versuch unternommen, Wirkungen des Personalabbaus auf den Gesamterfolg des Unternehmens bestimmende **ökonomische und soziale Erfolgsgrößen**, wie z.B. Arbeitszufriedenheit, Produktivität, Erhalt der Wissensbasis oder Beziehungen zu den Stakeholdern nachzuweisen (Kapitel 6.3).

Nach einer Betrachtung der absoluten Ergebnisse wird vertiefend geprüft, unter welchen besonderen **Umfeldbedingungen** bzw. bei welchen **speziellen Maßnahmen** des Personalabbaus bestimmte Wirkungen verstärkt auftreten.

Für die Ableitung der Gestaltungsempfehlungen wurden zum einen die festgestellten Unterschiede von **Merkmalen der Situation** – als besonders relevant erwiesen hatten sich die Unternehmensgröße sowie der Handlungsdruck, dem ein Unternehmen ausgesetzt war – und **Merkmalen der betroffenen Arbeitnehmer** – vor allem die Unterschiede in der Bewertung von Führungskräften und Nicht-Führungskräften, aber auch die individuelle Fluktuationsbereitschaft und die wahrgenommene Wahrscheinlichkeit, woanders Arbeit zu finden – berücksichtigt.[206] Zum anderen flossen die Ergebnisse einer detaillierten Analyse der **Zusammenhänge**[207] der einzelnen Wirkungsdimensionen mit dem in Kapitel 1 dargestellten Spektrum der **Maßnahmen und flankierenden Angebote** des Personalabbaus ein.

Einem Unternehmen, welches sich in einer Phase der Vorbereitung oder Umsetzung eines Personalabbauprozesses befindet, steht damit ein umfassendes **Instrument** zur Identifizierung und Analyse der möglichen Folgewirkungen zur Verfügung. Aber erst eine Berücksichtigung der **individuellen Gegebenheiten**, wie z.B. die mit dem Personalabbau verfolgten Zielsetzungen, Ursachen und Handlungsdruck, die derzeitige und geplante Personalstruktur, Betriebsklima und Unternehmenskultur etc., macht eine konkrete Planung eines unternehmensspezifisch 'folgenminimalen' Personalabbaus möglich. Das für diese Untersuchung entwickelte **weite Spektrum** an alternativen Maßnahmen zur Kapazitätsverringerung und zur Vermeidung oder Verminderung des Abbaubedarfs sowie der flankierenden Maßnahmen und Angebote zur Abfederung unerwünschter Folgewirkungen bildet die Grundlage für ein **strategisches Trennungsmanagement**.

---

[206]   Dazu werden stellenweise die vertiefenden Ergebnisse der **Mitarbeiterbefragung** aufgezeigt. Von besonderem Interesse ist der Vergleich der Bewertungen durch die Gruppe der *Führungskräfte* bzw. *Nicht-Führungskräfte*. Deutliche Unterschiede in der Bewertung legen es nahe, auch die entsprechenden Ergebnisse der Unternehmensbefragung zu relativieren, da diese vor allem aus der Perspektive von Führungskräfte beantwortet wurde.

[207]   Analyse der Gestaltungsalternativen des Personalabbaus als Einflußfaktoren auf die Folgewirkungen: Dazu wird untersucht, welche Maßnahmen und Angebote eingesetzt werden können, um positive Effekte, wie beispielsweise einen Rückgang von Absentismus oder eine Verbesserung des Teamworks, zu verstärken bzw. negative Effekte, wie z.B. die Zunahme von kurzfristigorientierter Krisenmentalität oder den Rückgang von Identifikation und Loyalität, zu vermeiden.

6.1 Erfolg des Personalabbau(prozesse)s

Aus **ökonomischer** Sicht sind Personalabbauprozesse zunächst danach zu beurteilen, inwieweit die mit dem Personalabbau verfolgten Zielsetzungen auch erreicht werden konnten. Dazu zählt neben dem Vergleich der Zielsetzungen mit den tatsächlich erreichten Ergebnissen auch die vertiefende Bewertung der Zielgenauigkeit der eingesetzten Maßnahmen. Die Bewertung von *Härte* und – subjektiv empfundener – *Gerechtigkeit des Personalabbaus* sind dagegen die wohl wichtigsten **sozialen** Effizienzparameter.

6.1.1 Erreichen der Ziele des Personalabbaus

Wie bereits in Kapitel 5.1.3 bei den Merkmalen des Personalabbaus dargestellt, verfolgen die personalabbauenden Unternehmen unterschiedliche **Ziele des Personalabbaus (i.e.S.)**. Gegenstand der Analyse ist somit die Frage, ob diese Ziele erreicht werden konnten. Daneben gilt es die **Zielgenauigkeit** des eingesetzten Maßnahmenspektrums zu untersuchen.

Erreichung der Personalabbauziele i.e.S.

Als wesentliche Grundrichtungen der mit dem Personalabbau verfolgten unterschiedlichen Zielsetzungen wurden oben (vgl. hierzu Kapitel 5.1.3) *Kostenorientierung, Produktivitätsorientierung* oder *Veränderungsorientierung* differenziert. Im Rahmen der Bewertung des Erfolgs von Personalabbau ist daher zu untersuchen, ob und wieweit diese Ziele erreicht worden sind.

Aus der folgenden Abbildung wird ersichtlich, daß die personalabbauenden Unternehmen nicht immer alle Ziele erreichen konnten, die sie durch einen Personalabbau anstrebten (vgl. hierzu auch Abbildung 5-14).[208]

---

[208] Berücksichtigt sind hierbei nur diejenigen Fälle, in denen die Unternehmen das jeweilige Ziel als 'sehr wichtig' oder 'relativ wichtig' bewertet haben.

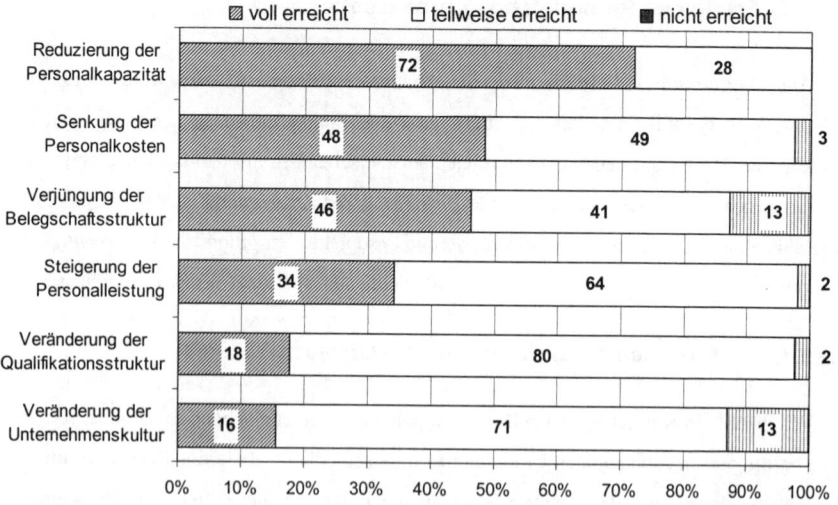

Abbildung 6-1:   Erreichen der relevanten Personalabbauziele

Die **Ursachen**, die zu einer Zielverfehlung bzw. zu einer Planrevision führen, können durch verschiedene, sich gegenseitig beeinflussende Effekte erklärt werden: Zum einen können unerwartet hohe Neben- oder Folgekosten des Personalabbaus auftreten (im folgenden *Kosteneffekt*). Zum anderen gilt es zu berücksichtigen, daß durch einen Personalabbau vielfach die Leistungsbereitschaft und Leistungsfähigkeit der Organisation und ihrer Mitglieder beeinträchtigt wird (im folgenden *Leistungseffekt*).

Die Analyse ergab folgende **Ergebnisse**:

▪ Relativ häufig konnten die personalabbauenden Unternehmen die **Kapazität** vollständig im geplanten Umfang reduzieren (72%). Dieser hohe Wert kann dadurch erklärt werden, daß bereits bei der Formulierung des kapazitätsbezogenen Personalabbauziels eine realistische Einschätzung der Erreichbarkeit in Anbetracht der rechtlichen und politischen Situation in Deutschland vorgenommen wird. Die restlichen rund 28 Prozent erreichten ihr Kapazitätsziel nur teilweise. Diese Zielverfehlung läßt sich möglicherweise durch eine Planrevisionen aufgrund auftretender Kosten- und Leistungseffekte des Personalabbaus erklären: Beispielsweise kann sich das für die ursprüngliche Bestimmung des Kapazitätsziels angenommene Kosten-Nutzen-

Kalkül aufgrund nicht-antizipierter Kosten des Personalabbaus dahingehend verändern, daß sich eine neue 'optimale' Personalkapazität ergibt.[209] Ebenso ist es denkbar, daß es wegen des oben beschriebenen Leistungseffekts bei Verfolgung der ursprünglichen Abbauziele sogar zu Unterkapazitäten kommt, weshalb sich insgesamt der Abbaubedarf verringert.

- Nur knapp die Hälfte der Unternehmen (48%) konnte die **Personalkosten** planungskonform senken. Dies könnte dadurch erklärt werden, daß der Kosteneffekt eine Neubewertung der durch Personalabbau erzielbaren Einsparpotentiale notwendig macht. Eine weitere Ursache könnte im Leistungseffekt liegen, der wegen eines erhöhten Kapazitätsbedarfs auf die Personalkosten durchschlägt.

- Eine **Verjüngung der Belegschaftsstruktur** gemäß Zielsetzung erreichten lediglich 46 Prozent der Unternehmen. Als Gründe hierfür können die Kriterien der Sozialauswahl angeführt werden, welche die älteren Mitarbeiter tendenziell begünstigen. Außerdem ist es denkbar, daß sich die meist längere Betriebszugehörigkeit der älteren Arbeitnehmer in besseren Beziehungen zu den Entscheidungsträgern (z.B. der Interessenvertretung der Arbeitnehmer) und somit bessern Einflußmöglichkeiten auf Personalabbauentscheidungen niederschlagen.

- Nur 34 Prozent der Unternehmen realisierten eine **Steigerung der Personalleistung** im geplanten Ausmaß. Wesentlicher Einfluß auf diese Beobachtung kann dem oben dargestellten Leistungseffekt zugeschrieben werden.

- Eine plankonforme **Veränderung der Qualifikationsstruktur** ist mit erheblichen Problemen verbunden, was dadurch ersichtlich wird, daß nur 18 Prozent der Unternehmen dieses Ziel erreicht haben. Zum einen sind während eines Personalabbaus Neueinstellungen leistungsstarker Mitarbeiter bzw. Mitarbeiter mit besonderen Qualifikationen insbesondere aus politischen Gründen schwer durchsetzbar. Zum anderen droht die Gefahr, daß insbesondere die Leistungsträger wegen guter Beschäftigungschancen am Arbeitsmarkt das Unternehmen verlassen, woraus sich negative Effekte für die Qualifikationsstruktur ergeben.

---

[209] Hier wird die realitätsnahe Annahme von zunehmenden Grenzkosten des Personalabbaus getroffen.

- Ebenfalls sehr wenigen Unternehmen (16%) gelang es, das Ziel einer **Veränderung der Unternehmenskultur** durch Personalabbau in die Realität umzusetzen. Wenn der alte psychologische Kontrakt zwischen Arbeitnehmern und Unternehmen (z.B. 'Tausch' von Loyalität der Arbeitnehmer gegenüber den Arbeitgebern versus Sicherheit des Arbeitsplatzes) durch das Unternehmen einseitig aufgekündigt wird, dann ruft dies bei den Arbeitnehmern Unsicherheit und Frustration hervor. Die 'Vereinbarung' eines neuen psychologischen Kontrakts (z.B. voller Einsatz des Arbeitnehmers versus Einräumung von persönlichen Entfaltungsmöglichkeiten) nimmt viel Zeit in Anspruch.[210]

Analog zur Zielbewertung ergab sich auch hinsichtlich der Zielerreichung kein signifikanter Unterschied zwischen den verschiedenen **Größenklassen**.

Interessant ist allerdings folgende Beobachtung: Von den Unternehmen, die bestimmte Zielgrößen bei der ursprünglichen Fragestellung nach der **Gewichtung der Ziele** des Personalabbaus als *eher unwichtig* eingestuft haben (vgl. hierzu Abbildung 8–14), konnte ein beachtlicher Teil besagte Zielgrößen *voll* oder *teilweise erreichen*. So wurde beispielsweise die *Verjüngung der Belegschaftsstruktur*, die von 13 Prozent der Unternehmen als *eher unwichtiges* Ziel angegeben wurde, von diesen Unternehmen immerhin zu 67% *voll* oder *teilweise erreicht*. Auch eine *Veränderung der Unternehmenskultur* – 13 Prozent der Unternehmen strebten dieses Ziel nicht konkret an – wurde in den betreffenden Unternehmen zu 61% voll oder teilweise umgesetzt. Dies ist möglicherweise ein weiteres Indiz dafür, daß im Vorfeld von Personalabbau vorrangig kurzfristige ökonomische Entscheidungskalküle herangezogen werden. Die sich ergebenden Veränderungen der strategisch-strukturellen Aspekte werden dagegen häufig erst nachträglich erkannt.

---

[210]   Vgl. hierzu MARR u. FLIASTER (2002): Jenseits der "Ich-AG": Die Zukunft des psychologischen Vertrags in deutschen Unternehmen, in Vorbereitung 2002.

Zielgenauigkeit des Personalabbaus

Ein wichtiger Indikator für die ökonomische Effizienz des Personalabbaus ist die **Zielgenauigkeit** des eingesetzten Maßnahmenspektrums: Personalkapazität soll genau in den Bereichen und in der Menge abgebaut werden, an denen und in der Über- oder Fehlkapazität besteht. Eine Restriktion für die verwendeten Abbaualternativen liegt in den rechtlich und faktisch durchsetzbaren Rahmenbedingungen (z.b. kein Verstoß gegen gültige Kündigungsschutzvorschriften).[211]

Die Zielgenauigkeit des Personalabbaus wird im folgenden anhand von zwei Dimensionen bewertet: **Differenzierung nach Zielgruppen** sowie **strategische Orientierung beim Personalabbau.**

♦ **Zielgruppendifferenzierung**

Ein wesentlicher Indikator für die Zielgenauigkeit des Personalabbaus sind diejenigen Maßnahmen und flankierenden Angebote, bei denen eine **Differenzierung nach bestimmten Gruppen von Arbeitnehmern** (z.B. Führungskräfte / Nicht-Führungskräfte, alle Arbeitnehmer / Teilgruppen von Arbeitnehmern, Untergruppen aufgrund soziodemographischer Merkmale etc.) vorgenommen wurde sowie die **unterschiedliche Betroffenheit einzelner Arbeitnehmergruppen.** Da es im Rahmen der vorliegenden Untersuchung nicht möglich war, diese differenziert zu erheben (z.B. Unterscheidung des Abbauziels bezüglich Führungskräften im Vergleich zu Nicht-Führungskräften), sei zur Bewertung des Ausmaßes an Zielgruppendifferenzierung auf diejenigen Maßnahmen und Angebote des Personalabbaus verwiesen, bei denen nach verschiedenen Arbeitnehmergruppen unterschieden wurde. Das wichtigste Unterscheidungskriterium hierbei war die Differenzierung der Personalabbaumaßnahmen und flankierenden Angebote für Führungskräfte und Nicht-Führungskräfte.[212] Ergänzend sollte weiterhin die – aggre-

---

[211]   Für einen Überblick der wichtigsten rechtlichen Rahmenbedingungen vgl. Kapitel 4.2.4, die wichtigsten Maßnahmen des Personalabbau sind in Kapitel 3.1 auch hinsichtlich dieser Aspekte ausführlich beschrieben.

[212]   Vgl. hierzu insbesondere Kapitel 5.2.1. Während sich bei den Maßnahmen zur Reduzierung der Beschäftigungsverhältnisse eher geringe Unterschiede im Einsatz für die beiden Zielgruppen bestehen, so ist beim Spektrum der flankierenden Maßnahmen für verbleibende Arbeitnehmer eine jeweils stärkere Bevorzugung kompensatorischer Maßnahmen für Führungskräfte (z.B. Erhöhung der leistungsbezogenen / Variablen Vergütung) gegenüber eher entwicklungsorientierten Maß-

giert erhobene – unterschiedliche Betroffenheit durch Personalabbau der verschiedenen Arbeitnehmergruppen berücksichtigt werden. Vgl. hierzu vor allem die Ergebnisse in Kapitel 5.1.2.

♦ **Strategische Orientierung beim Personalabbau**

Eine besondere Bedeutung bei einer Bewertung der Zielgenauigkeit kommt darüber hinaus der **strategischen Orientierung der Auswahl** der abzubauenden Arbeitnehmer zu. Dabei werden zwei gegenläufige Grundorientierungen impliziert: Während eine *problemabhängige Anwendung* – nach dem 'Scharfschützenprinzip' werden genau diejenigen Bereiche und Stellen ausgewählt, die den geringsten Beitrag zur Wertschöpfung leisten – zwar als zielgenauer betrachtet werden kann, dienen sog. 'Across-the-Board-Cuts', bei denen Maßnahmen *problemunabhängig* (mit der 'Schrotflinte') über das Gesamtunternehmen verteilt werden, häufig dem Zweck einer breiten und solidarischen Belastungsverteilung und Akzeptanzsicherung. Die diesbezüglichen Wirkungen sind daher zum Teil gegenläufig.

Strategische Orientierung der Auswahl der abzubauenden Arbeitnehmer:
Bezogen auf die Gesamtheit der im Unternehmen durchgeführten Maßnahmen ergab sich bei den untersuchten Unternehmen eine relative Bevorzugung eines **'Scharfschützen'-Abbaus**.
(Der Mittelwert beträgt 3,3 auf einer 7-poligen Ratingskala mit den Eckwerten 'Scharfschütze' = 1 und 'Schrotflinte' = 7, Indifferenz = 4, Varianz = 2,7, n = 127).

Allerdings sind dabei erhebliche Unterschiede der verschiedenen **Größenklassen** zu berücksichtigen: Kleinere Unternehmen (Größenklasse 1 und 2) bewerten ihren Personalabbau als deutlich zielgenauer als die mittelgroßen Unternehmen mit bis zu 5000 Arbeitnehmern. Eine vergleichsweise große Präferenz für 'Schrotflinten'-Abbau ist dagegen bei Unternehmen mit mehr als 5000 Arbeitnehmer zu verzeichnen. Es bleibt somit festzuhalten, daß mit zunehmender Unternehmensgröße eine Bevorzugung von

---

nahmen (z.B. Personal- und Mitarbeitergespräche, Weiterbildungs- und Qualifizierungsmaßnahmen) für Arbeitnehmer zu vermerken. Bei den Angeboten für ausscheidende Arbeitnehmer wird das Spektrum dagegen wieder recht einheitlich eingesetzt, wobei die Outplacementberatung bei Führungskräften häufiger eingesetzt wird als bei Nicht-Führungskräften.

breitgestreuten Solidarmaßnahmen einhergeht. Ein möglicher Grund hierfür ist der stärkere Einfluß verschiedener Interessengruppen.[213]

Auch von der **Größe des Handlungsdrucks** geht ein markanter Einfluß auf die Auswahl der abzubauenden Arbeitnehmer aus. Eine zielgenaue Auswahl ist in Zeiten einer akuten Krise unwahrscheinlicher: Der Mittelwert für Unternehmen, die sich in einer akuten Krise befinden,[214] liegt mit 4,2 deutlich über dem Durchschnitt, während die übrigen Unternehmen mit Mittelwerten von 3,1 zum zielgenaueren 'Scharfschützen'-Abbau tendieren. Eine mögliche Erklärung hierfür könnte sein, daß Unternehmen in der Krise schnell 'sichtbare' Ergebnisse vorweisen müssen und dazu die möglichen Nachteile einer problemunabhängigen Abbaustrategie in Kauf nehmen.

6.1.2 Bewertung der Härte des Personalabbaus

Eine Bewertung der *Härte des Personalabbaus*, die in erster Linie auf eine direkte personale Betroffenheit durch den Personalabbau abzielt (vgl. hierzu Kapitel 4.1.3), kann nur begrenzt durch eine *unmittelbare Beurteilung* per Befragung erfolgen[215], da dieses Kriterium mehrere Bezugsebenen umfaßt. Für eine umfassende Beurteilung sollten darüber hinaus der *personelle Wirkungsbereich* (z.B. anhand der Anwendung der verschiedenen Maßnahmen des Personalabbau auf unterschiedliche Zielgruppen[216]) sowie Umfang und Art der *Beteiligung des Trägerkreises* (z.B. anhand der Einbeziehung von Ar-

---

[213] 26 Prozent der Unternehmen mit über 5000 Arbeitnehmern berichten über eine Zunahme des Drucks durch politische Interessengruppen. Vgl. hierzu vertiefend Kapitel 6.2.6.

[214] Dies betrifft insgesamt 18 Prozent der untersuchten Unternehmen; bei 40 Prozent zeichnete sich eine Krise bereits deutlich ab; für jeweils rund 20 Prozent der Unternehmen ist eine Krise eher unwahrscheinlich bzw. nicht absehbar. Vgl. hierzu Kapitel 5.1.3.

[215] Dies gilt umso mehr, als in der Unternehmensbefragung nicht die unmittelbar von Personalabbau betroffenen Arbeitnehmer die Situation selbst bewerten.

[216] Vgl. hierzu die Unterscheidung in *Arbeitnehmer - Führungskräfte* bei der Analyse der Maßnahmen des Personalabbaus sowie der Angebote für verbleibende und ausscheidenden Arbeitnehmer (Kapitel 5.2). Ebenso ist in diesem Zusammenhang die in Kapitel 5.1.2 thematisierte unterschiedliche *Betroffenheit verschiedener Mitarbeitergruppen* durch den Personalabbau von Interesse, auch wenn auf eine detaillierte Analyse, inwieweit sich daraus Implikationen für die *Härte des Personalabbau* ergeben, aufgrund ungenügender Kenntnis der jeweiligen Zusammenhänge verzichtet werden muß.

beitnehmern, Gewerkschaften und sonstigen Interessenten[217]) berücksichtigt werden.
Auch weitere Indikatoren, die bereits in anderen Zusammenhängen diskutiert wurden,
eignen sich für eine Bewertung der 'Härte' von Personalabbau, wie z.B. *die Wahlmöglichkeit des einzelnen Arbeitnehmers* zwischen verschiedenen Maßnahmen oder die *Verteilung von 'Opfern'* zwischen Unternehmensleitung und Arbeitnehmern. Auch die im
vorherigen Kapitel betrachtete Beurteilung der Vermeidbarkeit von Personalabbau kann
gleichzeitig als Indikator für die empfundene Gerechtigkeit von Personalabbau interpretiert werden. Hierfür sei auf die bereits erörterten Ergebnisse der jeweiligen Teilkapitel
verweisen.

Bei Berücksichtigung der oben genannten Einschränkungen ist der erhobene **'Härteindex'** (gefragt war eine Bewertung der Gesamtheit der im Unternehmen durchgeführten
Maßnahmen: "Die Maßnahmen waren hart/weich" auf einer 7-poligen Ratingskala) daher vor allem als Kontrollgröße zu verstehen; für eine individuelle Bewertung sollten
stets auch die anderen genannten Merkmale berücksichtigt werden.[218]

Bewertung der Härte des Personalabbaus:

Die absolute Betrachtung des Härteindex ergab eine eher **nicht als 'hart' zu
bewertende Gesamteinschätzung.**

(Mittelwert = 3,9, gemessen an einer 7-poligen Ratingskala mit den Eckwerten 'hart' = 1 und
'weich' = 7; Varianz = 2,7, n=148).

Im Gegensatz zum oben dargestellten Indikator für die Zielgenauigkeit der Maßnahmen,
ergibt sich für den Härteindex kein statistisch signifikanter Unterschied der verschiedenen **Größenklassen.**[219] Dieses Ergebnis überrascht dahingehend, daß in Kapitel 5.2.1
festgestellt wurde, daß größere Unternehmen sich durch ein breiteres Spektrum kapazitätsreduzierender Maßnahmen sowie eine geringere 'Härte' der Maßnahmen auszeichnen. Dagegen ist der Einfluß der **Größe des Handlungsdrucks** auf den Härteindex äu-

---

[217]   Vgl. hierzu vor allem Kapitel 5.2.3.

[218]   Eine tiefergehende Unterscheidung verschiedener Typen von Unternehmen anhand der oben ge-
         nannten, weitgefaßten Härte-Indikatoren konnte aufgrund des begrenzten Datenmaterials nicht
         durchgeführt werden.

ßerst signifikant: Es ist nicht sehr überraschend, daß Unternehmen in einer akuten Krise ihren Personalabbau im Durchschnitt als wesentlich *härter* (MW = 3,2) bewerten als Unternehmen, in denen keine Krise absehbar war (MW = 4,8). Dies läßt sich sicher durch den höheren Anteil der Einsatzes von betriebsbedingten Kündigungen von Unternehmen in akuter Krisensituation erklären.

Eine individuelle Bewertung von Zielorientierung und empfundener Härte des Personalabbaus erfolgte auch in der **vertiefenden Mitarbeiterbefragung**: Die befragten Mitarbeiter sollten zum einen die *Sachlichkeit* bei der Auswahl der abzubauenden Stellen bewerten und zum anderen urteilen, ob der Personalabbau nach ihrer Meinung *vermeidbar* gewesen wäre. Diese Einschätzung hängt mit subjektiv empfundenen *Ursachen* des Personalabbaus zusammen.

 Vertiefende Ergebnisse der Mitarbeiterbefragung: Bewertung des Personalabbauprozesses

Die *Notwendigkeit zum Personalabbau* wurde von den Mitarbeitern des untersuchten Unternehmens weitgehend eingesehen; dagegen bestand gegenüber den *Auswahlentscheidungen* verhaltene Kritik. Hinsichtlich beider Merkmale ergaben sich in der Bewertung keine signifikanten Unterschiede zwischen Führungskräften und Arbeitnehmern.

Deutliche Unterschiede ergeben sich dagegen bei der Beurteilung der *Ursachen des Personalabbaus*: Während die Führungskräfte die Ursachen des Personalabbaus eher den äußeren Rahmenbedingungen (schlechte wirtschaftliche Lage bzw. technologischer Fortschritt und Rationalisierungen) zuschreiben, hat aus Sicht der Arbeitnehmer vor allem die Ursache 'Fehler der Unternehmens- und Konzernleitung' eine hohe Relevanz.

---

[219] Eine leichte Abweichung ist lediglich beim Mittelwert der kleinsten Unternehmen zu beobachten, der mit 3,6 eher zur Bewertung 'harter Personalabbau' tendiert.

Zusammenfassung der wichtigsten Ergebnisse und Schlußfolgerungen:

Managementbox 11:
Effizienz und Effektivität von Personalabbauprozessen

Die bedeutendsten **Ziele von Personalabbau** – Senkung der Personalkosten, Reduzierung der Personalkapazität und Steigerung der Personalleistung – können in den Unternehmen nur teilweise realisiert werden. Bei der Planung von Personalabbaumaßnahmen sollten daher realistische Einschätzungen der möglichen Kosten- und Leistungseffekte berücksichtigt werden.

⇨ Da die entsprechenden Kosten- und Leistungsfunktionen nur unternehmens- und bereichsspezifisch ermittelt werden können, ist als Entscheidungs- und Steuerungsgrundlage ein problemspezifisch konzipiertes Personalcontrolling zu entwickeln und einzuführen. Dabei ist das Planungsziel so zu formulieren, daß der Personalabbauprozeß als offener Lernprozeß organisiert wird, und daß die im Personalabbauprozeß gewonnenen Erkenntnisse (insbesondere hinsichtlich der 'wahren' Kosten- und Leistungseffekte) noch berücksichtigt werden können. In die Planung sollten außerdem die Veränderungen von oftmals vernachlässigten Zielgrößen wie Belegschafts- und Qualifikationsstruktur sowie Unternehmenskultur explizit einbezogen werden.

Ein wichtiger Indikator für die ökonomische Effizienz von Personalabbau ist die **Zielgenauigkeit** des eingesetzten Maßnahmenspektrums, die zum einen durch

- eine *Differenzierung bestimmter Arbeitnehmergruppen* bei der Konzeption von Personalabbaumaßnahmen und begleitenden Angeboten und zum anderen durch

- die *strategische Orientierung des Personalabbaus* (zielgenauer, problemorientierter versus breit gestreuter, problemunabhängiger Personalabbau) gesteuert werden kann.

⇨ Auch hierbei können die Entscheidungs- und Planungsgrundlagen nur nach einer eingehenden Analyse der spezifischen Unternehmenssituation und der mit dem Personalabbau verbundenen Zielsetzungen erstellt werden. Dabei müssen die jeweiligen Trade-off-Beziehungen zwischen einer zielgenauen und problemorientierten, für verschiedene Zielgruppen differenzierten Abbaustrategie und einer breit gefächerten, die Belastung auf verschiedene Zielgruppen verteilenden Strategie berücksichtigt werden.

⇨ Für die Praxis empfiehlt sich dafür die Erarbeitung unternehmensspezifischer Kriterienkataloge, mit denen die Abbauentscheidungen auf eine sachliche und nachvollziehbare Basis gestellt werden können, und die gleichzeitig zur Sicherung von Transparenz und Vertrauen bei den betroffenen Arbeitnehmern beitragen. Wesentliche Einflußgrößen hierbei sind die von den Mitarbeitern empfundene *Sachlichkeit der Auswahlentscheidungen* sowie deren subjektive Auffassung über die *Relevanz der Ursachen* des Personalabbaus, die gleichzeitig auch stark die Bewertung der wahrgenommene 'Härte' des Personalabbaus beeinflussen.

Bei einer **Bewertung der Härte von Personalabbau** kann davon auszugehen werden, daß insbesondere die subjektive Beurteilung der *Sachlichkeit der Auswahlentscheidung* sowie der *Vermeidbarkeit von Personalabbau* einen wesentlicher Einflußfaktor auf die Akzeptanz und Motivation der verbleibenden Mitarbeiter darstellt.

⇨ Daher sind Maßnahmen zur Information über die Ursachen und Hintergründe der Personalabbauentscheidungen von besonderer Bedeutung. Neben der allgemeinen Förderung der unternehmensinternen Informations- und Kommunikationspolitik – völlig unabhängig von Personalabbauentscheidungen – erscheinen problem- und situationsspezifische Informationskampagnen sowie deren zielgruppenbezogene Differenzierung zweckmäßig.

⇨ Das Vertrauensverhältnis der Mitarbeiter zur Unternehmens- und Konzernleitung sowie die Identifikation mit dem Unternehmen werden besonders nachhaltig beeinträchtigt, wenn die Mitarbeiter die *Ursache für Personalabbau* in Fehlern der Unternehmensleitung vermuten. Ursachen und Ziele von Personalabbauprozessen sollten daher deutlich und glaubhaft kommuniziert werden.

6.2 Indirekte Effizienzwirkungen: Folgewirkungen des Personal-abbaus auf Individuen, Gruppen und Organisation

Nachdem im vorherigen Kapitel Indikatoren und Bewertungskriterien untersucht wurden, die eine Beurteilung des unmittelbaren Erfolgs von Personalabbauprozessen zum Ziel hatten, soll nun betrachtet werden, welche darüber hinausgehenden – beabsichtigten oder ungewollten, positiven und negativen – **Nebeneffekte durch Personalabbau** ausgelöst werden. Erst die Kenntnis über Art, Ausmaß, Abhängigkeiten und Wechselwirkungen dieser Nebeneffekte erlaubt eine fundierte Gesamtbewertung der Effizienz von Personalabbau. Zum einen kann aus den im folgenden betrachteten *Wirkungen auf Individuen, Gruppen und Organisation* bereits direkt auf die Effizienz von Personalabbau geschlossen werden; zum anderen haben sie auch gleichzeitig – in ihrer Funktion als Moderatorvariablen – eine wichtige Erklärungsfunktion in Bezug auf die beiden zentralen Erfolgsdimensionen, ökonomische und soziale Effizienz.[220]

Personalabbau stellt einen **schwerwiegenden Eingriff** in das organisatorische und soziale Gefüge eines Unternehmens dar. Jede Reduktion an Personalkapazität bedeutet, daß die vorhandene Arbeit neu verteilt und organisiert werden muß; jeder ausgeschiedene Mitarbeiter hinterläßt eine Lücke im Beziehungsgeflecht und nimmt ganz spezielles, möglicherweise in dieser Kombination nur ihm verfügbares Wissen mit sich. Dies kann sich auf das individuelle Belastungsempfinden, die Leistungsmotivation, das gegenseitige Vertrauen und die Zusammenarbeit, die Qualität und Akzeptanz von Führung sowie die Innovations- und Veränderungsbereitschaft auswirken. (Vgl. hierzu auch die zusammenfassende Abbildung 4-5).

6.2.1 Belastungen durch Veränderungen der Arbeit

Die durch Personalabbau ausgelösten organisatorischen Veränderungen bedeuten im Regelfall auch eine **Änderung der Arbeit für die nach dem Personalabbau verbleibenden Arbeitnehmer.** Dies gilt in quantitativer Sicht dahingehend, daß aufgrund des Wegfalls von Personalkapazität die vorhandene Arbeitsmenge auf weniger Köpfe verteilt werden muß, was in der Regel mit einer Zunahme der Arbeitsmenge des einzelnen Mitarbeiters verbunden ist. Zum anderen müssen die Aufgaben, welche durch die ausgeschiedenen Mitarbeiter ausgeführt worden sind, den Stellen, die durch die verbleibenden Mitarbeiter besetzt sind, neu zugewiesen werden, weshalb es zu Veränderungen in der Arbeitsorganisation kommt.

Veränderungen der Arbeit des einzelnen Arbeitnehmers:

Der folgenden Abbildung kann entnommen werden, daß sich laut Einschätzung der befragten Unternehmen die stärkste Veränderung hinsichtlich des **Handlungsspielraums** (Anzahl unterschiedlicher Tätigkeiten) des einzelnen Arbeitnehmers ergibt: 77 Prozent der Befragten geben an, daß dieser zugenommen habe, lediglich bei 2 Prozent hat er abgenommen (qualitative Veränderung).

Die zweitstärkste Zunahme ist bei der **Arbeitsmenge** zu verzeichnen – diese hat in 74 Prozent der befragten Unternehmen zugenommen (quantitative Veränderung).

Auch **die Einbeziehung der Arbeitnehmer in Verbesserungsprozesse** ist bei 71 Prozent der Unternehmen gestiegen. Einer Zunahme des **Schwierigkeitsgrades der Aufgaben** stimmen 61 Prozent der Befragten zu; der **Entscheidungs- und Kontrollspielraum** (Anteil planender, entscheidender und kontrollierender Tätigkeiten) ist bei 57 Prozent der Unternehmen gestiegen.

Personalabbau führt somit nicht nur zu einer Zunahme der durch den einzelnen Mitarbeiter zu bewältigenden Arbeitsmenge, sondern auch zu einer horizontalen (Job Enlargement) und vertikalen (Job Enrichment) **Aufgabenerweiterung,** wobei der Schwierigkeitsgrad der einzelnen Arbeitsinhalte zunimmt.

Ein signifikanter Unterschied ergibt sich bezüglich der **Unternehmensgröße** für das Merkmal *Zunahme des Handlungsspielraums*: Unternehmen der Größenklasse 2 (50 bis 500 Arbeitnehmer) liegen dabei im Schnitt deutlich unter den ganz kleinen bzw. den größeren Unternehmen. Dies gilt analog auch für alle anderen Merkmale der Veränderung der Arbeit,[221] so daß als Ergebnis festgehalten werden kann, daß sich die Arbeit für

---

[220]   Zum dualen Charakter bei der Betrachtung der Folgewirkungen von Personalabbau als Moderator- und Effizienzvariablen vgl. auch Kapitel 4.1.

[221]   Unternehmen der Größenklasse 2 (50 bis 500 Arbeitnehmer) gaben im Durchschnitt für alle 5 Merkmale eine geringere Zunahme des jeweiligen Merkmals als die kleinen bzw. größeren Unternehmen an. Die übrigen Unterschiede erfüllen aber nicht die angelegten Signifikanzkriterien.

den einzelnen Arbeitnehmer in den Unternehmen mit 50 bis 500 Arbeitnehmern am wenigsten verändert.

Ein Zusammenhang zwischen der Veränderung der Arbeit und der Größe des **Handlungsdrucks beim Abbau** (Unternehmenskrise) konnte nicht nachgewiesen werden.

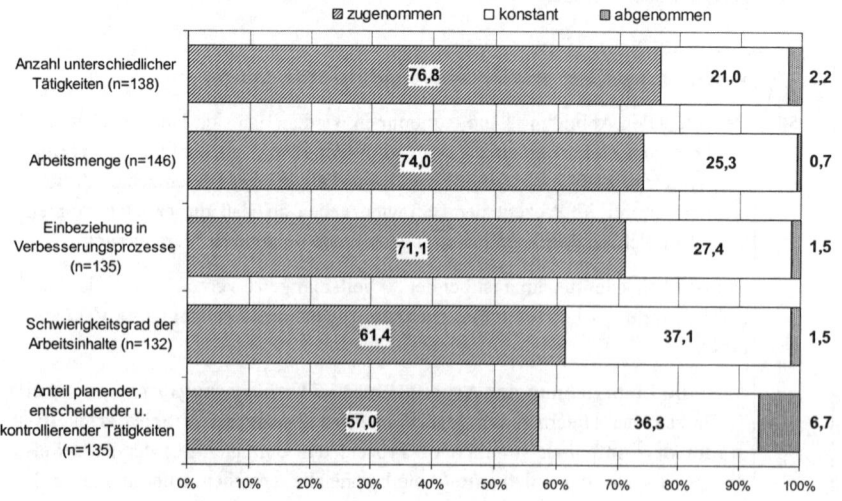

Abbildung 6-2:   Veränderungen der Arbeit des einzelnen Arbeitnehmers

Eine individuelle Bewertung der Veränderungen der Arbeit sowie der daraus resultierenden Belastungen erfolgte in der **vertiefenden Mitarbeiterbefragung** indem zum einen die zeitliche und zum anderen die inhaltliche und organisatorische Belastung näher differenziert wurden.

Vertiefende Ergebnisse der Mitarbeiterbefragung:
  Belastungen durch Veränderungen der Arbeit

Aus Sicht aller befragten Mitarbeiter entstand die größte Belastung durch die quantitative Zunahme der Arbeit (*Verteilung der bestehenden Arbeit auf weniger Mitarbeiter*). Ebenso ist eine Zunahme der Belastung durch den *Verlust von erforderlichen Fähigkeiten* in starkem Maße relevant. Aber auch die *Störung gewohnter Arbeitsabläufe* führt zu erheblichen Belastungen. Dagegen wird eine Zunahme der *zeitlichen Belastung* in wesentlich stärkerem Ausmaß von Führungskräften als Belastung empfunden, während sich die Nicht-Führungskräfte davon weniger betroffen sehen. Auch der Verlust erforderlicher Fähigkeiten wird von den Führungskräften gravierender bewertet als von den übrigen Mitarbeitern.

Veränderung von Arbeitsinhalten und Arbeitsbedingungen als Gestaltungsalternativen des Personalabbaus:

Die Ergebnisse der empirischen Analyse zeigen deutlich, daß aus der Veränderung der Arbeit für den einzelnen Arbeitnehmer eine Reihe von Belastungen mit sowohl positiven wie auch negativen Ausprägungen resultieren können. Gleichzeitig zeigte aber bereits die Analyse der flankierenden Maßnahmen eines Personalabbaus in Kapitel 5.2.3, daß der Anpassung der Arbeitsorganisation, die sich aus den oben beschriebenen Änderungen der Arbeit ergibt, auch eine wichtige Gestaltungsfunktion zukommt. **Arbeitsinhalte und Arbeitsbedingungen**[222] werden daher dem Spektrum der **Gestaltungsalternativen** zugeordnet und auf ihre Wechselwirkungen mit den übrigen Folgewirkungen und Erfolgsgrößen untersucht. Damit wird dem Umstand Rechnung getragen, daß die dargestellten Änderungen der Arbeit zum Teil starken Einfluß auf die Veränderung der individuellen, gruppen- und organisationsbezogenen Verhaltensvariablen ausüben und so gleichzeitig auch als Erklärung für eine Reihe der beobachteten Folgewirkungen herangezogen werden können; zum anderen bieten gerade die Veränderung / Anpassung von *Handlungs-, Entscheidungs- und Kontrollspielräumen* oder die *Einbeziehung in Verbesserungsprozesse* relativ leicht realisierbare Ansatzpunkte für unternehmerisches Gestalten.[223]

---

[222] In die Untersuchung fließen dabei die Merkmale 'Zunahme der Arbeitsmenge', 'Zunahme des Schwierigkeitsgrades der Arbeit', 'Erweiterung des Handlungsspielraums', 'Erweiterung des Entscheidungs- und Kontrollspielraums' sowie 'stärkere Einbeziehung in Verbesserungsprozesse' ein. Vgl. hierzu Abbildung 10–2.

[223] Zur normativen Belegung der verschiedenen Maßnahmen der Gestaltung von Arbeitsinhalten und Arbeitsbedingungen vgl. Anhang D3.

Zusammenfassung der wichtigsten Ergebnisse und Schlußfolgerungen:

Managementbox 12:
Veränderungen von Arbeitsinhalten und Arbeitsbedingungen

Im Zusammenhang mit Personalabbau erfolgt notwendigerweise ein Anpassung von Aufbau- und Ablauforganisation der direkt betroffenen Bereiche sowie häufig auch des weiteren Unternehmensumfeldes. Die aus diesen **Veränderungen der Arbeit des einzelnen Arbeitnehmers** resultierende *Belastung* stellt ein relevantes Problem im Umfeld eines Personalabbaus dar. Die detaillierte Analyse der verschiedenen Belastungsarten im Unternehmen erlaubt daher eine zielgruppengerechte Planung von Maßnahmen zur Bewältigung bzw. Abfederung der Belastungen.

Aus Sicht der befragten *Führungskräfte* führt Personalabbau sowohl zu einer Zunahme der durch den einzelnen Mitarbeiter zu bewältigenden Arbeitsmenge, als auch zu einer horizontalen (Job Enlargement) und vertikalen (Job Enrichment) Aufgabenerweiterung, wobei der Schwierigkeitsgrad der einzelnen Arbeitsinhalte zunimmt. Die befragten *Mitarbeiter* fühlen sich hauptsächlich durch die quantitative Zunahme der Arbeit aber auch durch den Verlust erforderlicher Fähigkeiten und die Störung gewohnter Arbeitsabläufe zum Teil erheblich belastet. Eine konkrete zeitliche Überlastung beklagen vor allem die Führungskräfte.

⇨ Im Sinne eines 'folgenminimalen' Trennungsmanagements gilt es zunächst diese **Belastungen** soweit wie möglich **abzufedern**: Insbesondere die Erweiterung von Aufgabeninhalt und –qualität muß durch geeignete Maßnahmen zur *Qualifikation und Förderung* der Mitarbeiter getragen werden; gleichzeitig sollte sie aber auch als Anreiz und Vertrauensbeweis für die verbleibenden Arbeitnehmer dargestellt werden. Eine quantitative Überlastung geht längerfristig zu lasten der Ergebnisqualität und sollte durch *Anpassung der Arbeitsorganisation* (z.B. Optimierung von Arbeitsprozessen, Restrukturierung, Umverteilung von Aufgaben etc.) aufgefangen oder zumindest reduziert werden. Gleichzeitig muß das betriebliche *Anreizsystem* überprüft und gegebenenfalls der veränderten Situation angeglichen werden.

6.2.2   Veränderungen der Leistungsbereitschaft

Eine Veränderung der Arbeitsleistung – als Nenner der Kennzahl Arbeitsproduktivität – ist ein zentrales Kriterium für die Bewertung der ökonomischen Effizienz von Personalabbau. Eine Bewertung der Produktivität erfolgt daher auch im Kapitel 6.3.1 bei der Analyse der Wirkungen auf die zentralen ökonomischen Erfolgsgrößen. Die im folgenden untersuchte **Leistungsbereitschaft** ist ein wesentlicher Prädikator der Arbeitsleistung und beeinflußt darüber hinaus eine Reihe anderer sozialer und ökonomischer Erfolgsgrößen, z.b. als Komponente der Arbeitszufriedenheit oder als Voraussetzung von Innovationsbereitschaft.

Die Veränderung der Leistungsbereitschaft wird dabei zum einen anhand des direkten Indikators *Leistungsmotivation* gemessen. Zum anderen werden – als indirekte Indikatoren für Leistungsbereitschaft – die *Identifikation und Loyalität* gegenüber dem Unternehmen sowie etablierte personalwirtschaftliche Kennzahlen, wie *Absentismus* und *Fluktuation*, betrachtet.[224]

 Kurz- und längerfristige Veränderung der Leistungsbereitschaft:

Kurzfristig kam es in 50 Prozent der befragten Unternehmen zu einer Verbesserung der *Leistungsmotivation*; in rund 34% der Unternehmen blieb sie konstant und lediglich 16 % mußten eine Verschlechterung der Leistungsmotivation verzeichnen. **Längerfristig** ist dieses Bild sogar noch günstiger: Zu einer Verbesserung der Leistungsmotivation kam es in 53 Prozent der Unternehmen; 39 Prozent berichten eine gleichbleibende Leistungsmotivation und nur rund 8 Prozent beklagen auch längerfristig eine Verschlechterung.

Die *Identifikation und Loyalität* blieb **kurzfristig** in 46 Prozent der befragten Unternehmen konstant, sie verschlechterte sich in rund 37 Prozent und verbesserte sich in 16 Prozent der Unternehmen. Langfristig verbessert sich dieses Bild: Mehr Identifikation und Loyalität können rund 36 Prozent der Unterneh-

---

[224]   Eine Erhebung der Merkmale 'Identifikation' und 'Loyalität' mit Hilfe des gewählten Erhebungsinstrumentariums ist insbesondere hinsichtlich des Kriteriums der Objektivität nicht unproblematisch, da Verzerrungen, beispielsweise durch Übertragen der persönlichen Empfindungen auf das Gesamtunternehmen oder ein Antwortverhalten im Sinne sozialer bzw. politischer Erwünschtheit nicht auszuschließen sind. Demgegenüber wirft eine Fokussierung auf die objektiv erhebbaren Indikatoren 'Absentismus' und 'Fluktuation' die Frage der Validität dieser Indikatoren zur Messung von Leistungsbereitschaft auf.

men verzeichnen, bei 50 Prozent blieb sie konstant, und eine längerfristige Verschlechterung gab es lediglich in 14 Prozent der Unternehmen.

Eine **kurzfristige** Zunahme von *Absentismus* konnte in 11 Prozent der Unternehmen beobachtet werden, bei 26 Prozent kam es zu keinen Veränderungen und die überwiegende Mehrheit von 63 Prozent verzeichnete einen Rückgang von Absentismus. **Längerfristig** bleibt dieses positive Bild allerdings nicht erhalten: Zwar nahm der Absentismus in nur 4 Prozent der Unternehmen auch längerfristig zu, in der Mehrheit von 49 Prozent der befragten Unternehmen blieb er konstant, und über eine Verbesserung, d.h. Abnahme von Absentismus können sich nur noch 47 Prozent der Unternehmen freuen.

Bei der *freiwilligen Fluktuation von Leistungsträgern* ergibt sich **kurzfristig** ein recht gemischtes Bild: Jeweils rund 30 Prozent der Unternehmen konnten eine Zunahme bzw. Abnahme der freiwilligen Fluktuation verzeichnen, in den restlichen rund 40 Prozent blieb sie konstant. **Längerfristig** hat die Fluktuation dagegen nur in 17 Prozent der Unternehmen zugenommen, in rund 52 Prozent blieb sie gleich und bei 31 Prozent ist sie zurückgegangen.

Bezüglich der **Leistungsmotivation** ergeben sich weder kurz- noch längerfristig signifikanten Unterschiede bei Unternehmen verschiedener *Größenklassen*. Auch die *Größe des Handlungsdrucks* (Unternehmenskrise) beeinflußt die Leistungsmotivation nicht wesentlich.

Kurzfristig kann ein Zusammenhang zur *Unternehmensgröße* sowohl bei der **Identifikation und Loyalität** als auch bei der **freiwilligen Fluktuation** von Leistungsträgern bemerkt werden: Die Abnahme von *Identifikation und Loyalität* ist in den großen Unternehmen deutlich stärker ausgeprägt als in den kleineren Unternehmen. 51 Prozent der Unternehmen mit über 5000 Arbeitnehmer und 36 Prozent der Unternehmen mit 500 bis 5000 Arbeitnehmer mußten einen kurzfristigen Rückgang von Identifikation und Loyalität verzeichnen (dagegen nur 25 Prozent der Unternehmen mit 50 bis 500 Arbeitnehmern und nur 9 Prozent der kleinsten Unternehmen mit bis 50 Arbeitnehmern). Auch bei der *freiwilligen Fluktuation von Leistungsträgern* bestätigt sich dieses Bild: Mit 38 Prozent Zunahme der Fluktuation sind auch hier die größten Unternehmen am stärksten betroffen, während Größenklasse 3 und 2 mit 24 Prozent bzw. 20 Prozent unter dem Durchschnitt liegen. Nur 9 Prozent der kleinen Unternehmen sind von einer Zunahme betroffen.

Erstaunlicherweise kann weder bezüglich **Absentismus** noch **Fluktuation** ein Zusammenhang zur *Größe des Handlungsdrucks* des Unternehmens beobachtet werden. Auch Unternehmen in einer akuten Krise verzeichnen keinen Rückgang des Absentismus bzw. eine Zunahme von freiwilliger Fluktuation.

Mögliche Unterschiede in der Bewertung von Leistungsbereitschaft und Identifikation mit dem Unternehmen durch Führungskräfte und Nicht-Führungskräfte wurden in der **vertiefenden Mitarbeiterbefragung** erhoben. Als überaus aussagekräftiger Indikator für eine mögliche Fluktuationsbereitschaft wurde bei der Befragung der Mitarbeiter darüber hinaus die individuelle **Absicht, das Unternehmen zu verlassen**, erhoben.[225] Von besonderem Interesse ist dabei, ob und inwiefern die Bereitschaft zur Fluktuation durch eine unterschiedliche Bewertung des Personalabbaus erklärt werden kann. Durch die Identifizierung derjenigen Folgewirkungen von Personalabbau, die durch die Mitarbeiter mit hoher Fluktuationsbereitschaft besonders negativ eingestuft werden, ist es möglich, Gegenmaßnahmen speziell für diese Zielgruppe zu konzipieren, um so eine unerwünschte Fluktuation von Leistungsträgern zu verhindern.

Vertiefende Ergebnisse der Mitarbeiterbefragung:
Veränderung der Leistungsbereitschaft, Fluktuationsbereitschaft

Während sich die befragten Mitarbeiter absolut gesehen ein überaus hohes Maß an **Leistungsbereitschaft** zusprechen, wurde die **Identifikation** mit dem Unternehmen deutlich schlechter bewertet. Bezüglich beider Merkmale stufen sich Führungskräfte positiver ein als Nicht-Führungskräfte.

Zusammenhang zwischen der Bewertung des Personalabbaus und der individuellen Absicht, das Unternehmen zu verlassen:

Ein zum Teil höchst signifikanter Erklärungsgehalt ergibt sich aus der Analyse der Unterschiede für die verschiedenen Mitarbeitergruppen (mit hoher, mittlerer und geringer Fluktuationsbereitschaft) vor allem in der Bewertung der eher **weichen**, dem Spektrum der sozialen Effizienz zuzuordnenden **Faktoren**, wie *Ver-*

---

[225] Die Gruppe der Mitarbeiter, die **häufig** erwägt, das Unternehmen zu verlassen, ist mit rund 17 Prozent der Befragten die kleinste Gruppe. Immerhin 52 Prozent der Befragten – und damit die Mehrheit aller Arbeitnehmer – erwägt zumindest **gelegentlich**, das Unternehmen zu verlassen. Rund ein Drittel der Befragten (32%) hat dagegen noch **nie** erwogen, das Unternehmen zu verlassen.

trauen und *Zufriedenheit mit den Vorgesetzten, Betriebsklima* und *Stimmung im Unternehmen, Identifikation mit dem Unternehmen, Zufriedenheit mit der eigenen Tätigkeit* oder *Zusammenhalt in der Abteilung.* Dabei ist durchgehend die Bewertung der Mitarbeiter mit hoher Fluktuationsbereitschaft deutlich schlechter als die der Mitarbeiter mit mittlerer oder geringer Absicht, das Unternehmen zu verlassen.

Aber auch einige wichtige, vorrangig der **ökonomischen Effizienz** zuzuordnende Faktoren, wie z.B. *Informationsfluß, Effizienz von Arbeitsprozessen, Ausmaß der Kundenorientierung* etc., werden von den Mitarbeitern mit hoher Fluktuationsbereitschaft signifikant schlechter bewertet. Bemerkenswert scheint auch der (negative) Zusammenhang zwischen Fluktuationsbereitschaft und Unzufriedenheit mit bestimmten Führungsparametern, wie z.B. *klare Zielvorgaben* und *regelmäßige Mitarbeitergespräche.*

Interessant ist, daß allein bei der Bewertung der *Arbeitsproduktivität* ("Durch den Personalabbau ist die Arbeitsproduktivität gestiegen.") die Gruppe der Mitarbeiter mit hoher Fluktuationsbereitschaft eine signifikant bessere Bewertung vornimmt als die Gruppe der übrigen Mitarbeiter.

Zusammenfassung der wichtigsten Ergebnisse und Schlußfolgerungen:

Managementbox 13:

Veränderungen der Leistungsbereitschaft

Kurzfristig scheinen die Mitarbeiter – vor allem nach außen – ein stärkeres **Leistungsverhalten** zu demonstrieren, indem sie den Eindruck einer höheren Leistungsmotivation (gegenüber den *Personalverantwortlichen*) erwecken und Fehlzeiten vermeiden. Ein Motiv für diese Verhaltensanpassung könnte sein, den eigenen Arbeitsplatz durch ein vom Unternehmen erwünschtes Verhalten zu sichern. Auch längerfristig bestätigt sich dieses Bild – unabhängig von der Unternehmensgröße kam es in mehr als der Hälfte der untersuchten Unternehmen zu einer Verbesserung der Leistungsmotivation. Auch die *befragten Mitarbeiter* sprechen sich selbst ein überaus hohes Maß an Leistungsbereitschaft zu, wobei sich Führungskräfte im Vergleich zu Nicht-Führungskräften besser bewerten. Interessant ist auch die – zumindest kurzfristig – höhere Leistungsbereitschaft in den Bereichen, die direkt von Personalabbau betroffen sind, im Vergleich zur Kontrollgruppe von Arbeitnehmern, deren Bereiche eine Personalaufstockung erfahren haben. Die These des Zusammenhangs von Leistungsverhalten und Unsicherheit scheint hierin Bestätigung zu finden. Andere Personenmerkmale üben keinen signifikanten Einfluß auf die Leistungsbereitschaft aus.

⇨ Dieser Effekt einer eher erhöhten Leistungsbereitschaft im Zusammenhang mit Personalabbauprozessen kann bewußt dadurch gefördert werden, daß den verbleibenden Arbeitnehmern signalisiert wird, daß alle 'im gleichen Boot sitzen' und gemeinsam für die Überlebensfähigkeit des Unternehmens verantwortlich sind.

Im Gegensatz zur geäußerten Leistungsbereitschaft beeinflußt Personalabbau jedoch die innere Einstellung gegenüber dem *Unternehmen* zumindest kurzfristig negativ, was sich vor allem in der Verschlechterung von **Identifikation und Loyalität** zeigt. Dies ist besonders stark in größeren Unternehmen zu verzeichnen, verbessert sich aber längerfristig wieder. Die *befragten Mitarbeiter* bewerten ihre Identifikation mit dem Unternehmen eher indifferent, wobei auch hier die befragten Führungskräfte in ihrer Bewertung positiv abweichen.

⇨ Bei der Sicherung bzw. Wiederherstellung von Identifikation und Loyalität sind in erster Linie die jeweiligen unmittelbaren Führungskräfte gefordert. Neben der bereits oben erörterten Informations- und Kommunikationsstrategie, die insbesondere für Transparenz über Ursachen, Ziele und Entscheidungsgrundlagen des Personalabbauprozesses sorgen sollte, gilt es die Mitarbeiter auch zukünftig verstärkt in wichtige Unternehmensentscheidungen einzubeziehen und ggf. Entscheidungs- und Kontrollspielräume zu erweitern.

Auch wenn im Großteil der *befragen Unternehmen* **Absentismus** insgesamt zurückgegangen ist, fällt auf, daß dieser positive Effekt kurzfristig stärker ist als in der längerfristigen Betrachtung. Dies stellt dahingehend eine Ausnahme aller beobachteter Einzeleffekte dar: Bei allen anderen hier untersuchten Folgewirkungen von Personalabbau ergibt sich in der längerfristigen Betrachtung eine relative Verbesserung gegenüber der kurzfristigen Wirkung. Die Vermutung, daß Absentismus im Vorfeld von Personalabbauentscheidungen kurzfristig abnimmt, sich dieser Effekt aber im Zeitablauf wieder abschwächt, scheint hiermit Bestätigung zu finden.[226] Konkrete Handlungsempfehlungen lassen sich hieraus nicht ableiten.

Bezüglich der **freiwilligen Fluktuation von Leistungsträgern** ergab sich bei den *untersuchten Unternehmen* ein uneinheitliches Bild mit einem relativ hohen Anteil (30 Prozent) von Unternehmen mit erhöhter Fluktuation – dies betrifft hauptsächlich die ganz großen Unternehmen mit mehr als 5000 Arbeitnehmern – und einem gleich großen Anteil an Unternehmen, die keine Verluste ihrer Leistungsträger in Kauf nehmen müssen. Längerfristig verbessert sich dies zum

---

[226] Vgl. hierzu Kapitel 2.4.3 und insbesondere Abbildung 2-5.

Teil wieder. Hier scheint ein enger Zusammenhang zur Verschlechterung der Identifikation und Loyalität zu bestehen, von der ebenfalls vor allem die größeren Unternehmen betroffen sind.

⇨ Gegenmaßnahmen sollten daher vor allem auf eine Verbesserung der Identifikation der Mitarbeiter mit ihrem Unternehmen abzielen, z.B. durch eine

-   Intensivierung der Führungsfunktionen oder

-   eine stärkere Einbindung in wichtige Unternehmensentscheidungen.

⇨ Symptomatisch sind hierfür auch die beobachteten Zusammenhänge zu betriebsbedingten Kündigungen (positiver Effekt) und einem Ausnutzen der natürlichen Fluktuation zur Verringerung der Personalkapazität (negativer Zusammenhang, d.h. die ungewollte Fluktuation von Leistungsträgern steigt gleichermaßen). Hier helfen

-   klare Auswahlregeln für den Personalabbau und

-   eine auf den besonderen Informationsbedarf der Leistungsträger abgestimmte intensivere Information und Kommunikation über den Personalabbauprozeß.

-   Darüber hinaus sollten zum Aufbau eines Frühwarnsystems die beiden Indikatoren Absentismus und (unerwünschte) Fluktuation von Leistungsträgern im Rahmen des Personalcontrollings besonders berücksichtigt werden.

In der **vertiefenden Mitarbeiterbefragung** wurden die Arbeitnehmer nach ihrer **Absicht** befragt, **das Unternehmen zu verlassen,** was immerhin von rund zwei Drittel der Befragten ausdrücklich nicht ausgeschlossen wurde. Durch die Identifizierung derjenigen Folgewirkungen von Personalabbau, die durch die Mitarbeiter mit einer hohen Fluktuationsbereitschaft besonders negativ eingestuft werden, erscheint es möglich Gegenmaßnahmen speziell für diese Zielgruppe zu konzipieren, um so eine unerwünschte Fluktuation von Leistungsträgern zu verhindern.

⇨ Eine erhöhte Aufmerksamkeit ist dabei Maßnahmen zu widmen, die auf die eher 'weichen' Faktoren, wie Vertrauen, Zusammenhalt, Betriebsklima etc., abzielen; aber auch Unzufriedenheit mit den Informationsflüssen, der Effizienz von Prozessen sowie der Kundenorientierung, verstärkt die Fluktuationsbereitschaft. Gerade diesen 'weichen' Faktoren kommt daher für die Gestaltung eines Personalcontrollingsystems besondere Bedeutung zu.

6.2.3   Veränderung von Vertrauensbeziehungen

Dem Merkmal Veränderung von **Vertrauensbeziehungen** kommt eine in mehrfacher Hinsicht wichtige Rolle zu, da sich eine Verschlechterung der Vertrauensbeziehungen direkt und indirekt auf eine Reihe weiterer Faktoren auswirken kann, wie z.b. Konflikte, Informationsflüsse und Bereitschaft zu Veränderungen oder Arbeitszufriedenheit bzw. Erhalt von Wissen und intellektuellem Kapital.[227]

 Kurz- und längerfristige Veränderung des gegenseitigen Vertrauens:

Kurzfristig blieb das gegenseitige Vertrauen in der Mehrheit der Unternehmen (51 Prozent) unverändert; eine kurzfristige Verschlechterung mußten 37 Prozent der Unternehmen in Kauf nehmen, eine Verbesserung konnten dagegen rund 12 Prozent verzeichnen.

Längerfristig kam es in 24 Prozent der Unternehmen zu einer Zunahme gegenseitigen Vertrauens, keine Veränderung gab es in 59 Prozent der Unternehmen und lediglich 17 Prozent berichten über eine längerfristige Verschlechterung.

Das kurzfristig sinkende gegenseitige Vertrauen konnte im Laufe der Zeit also wiederhergestellt werden.

Auch beim gegenseitigen Vertrauen kann der bereits bei der Leistungsbereitschaft beobachtete Zusammenhang zur **Unternehmensgröße** bestätigt werden: Die Abnahme des gegenseitigen Vertrauen ist in ganz großen Unternehmen (über 5000 Arbeitnehmer) mit 50% der Unternehmen am bedeutendsten, 38 Prozent der Unternehmen der Größenklasse 3, 24 Prozent der Unternehmen der Größenklasse 2 und nur 17 Prozent der Unternehmen der Größenklasse 1 mußten einen Rückgang an Vertrauen verzeichnen. Offenbar gelingt es – etwa aufgrund der direkteren Beziehung zwischen Unternehmensleitung und Mitarbeitern – in kleineren Unternehmen eher, das gegenseitige Vertrauen aufrecht zu erhalten. Längerfristig bestätigt sich dieser Unterschied allerdings nicht. Mit dem

---

[227]   Allerdings läßt sich der Aspekt 'Veränderung der Vertrauensbeziehungen' nur eingeschränkt direkt erheben, vor allem wenn diesbezüglich nur eine Bezugsgruppe befragt werden kann, in diesem Fall Personalverantwortliche, in Form einer Gesamtbeurteilung der kurz- und längerfristige Veränderung des gegenseitigen Vertrauens. Ergänzend sollte hierzu auch die Analyse der Beziehungen zu den verschieden Stakeholdern berücksichtigt werden. Vgl. hierzu Kapitel 6.3.3.

Merkmal **Unternehmenskrise** kann diesbezüglich kein Zusammenhang festgestellt werden.

Hinsichtlich einer Veränderung der Vertrauensbeziehungen interessierte in der **vertiefenden Mitarbeiterbefragung** vor allem die Frage, ob sich dabei Differenzierungen hinsichtlich verschiedener Zielgruppen ergeben haben.

Vertiefende Ergebnisse der Mitarbeiterbefragung:
Vertrauensbeziehungen (differenzierte Betrachtung)

Ein auffälliges Ergebnis der Mitarbeiterbefragung ist eine deutliche Unterscheidung in der **Bewertung der Vertrauensbeziehungen** nach einem Personalabbau: Während die Beziehungen zum näheren Arbeitsumfeld (Kollegen, direkte Vorgesetzte und mit Einschränkungen auch zum Betriebsrat) im untersuchten Unternehmen als durchaus gut beurteilt wurden, bestanden im Vertrauensverhältnis zu Unternehmens- und Konzernleitung deutliche Spannungen. Wenig überraschend ist, daß diese schlechte Bewertung vor allem von den Arbeitnehmern getragen wird; die befragten Führungskräfte beurteilen die (gegenseitigen) Beziehungen zu den direkten Vorgesetzten, zur Unternehmens- und zur Konzernleitung wesentlich besser.

Zusammenfassung der wichtigsten Ergebnisse und Schlußfolgerungen:

Managementbox 14:
Veränderungen der Vertrauensbeziehungen

Aus Sicht der befragten *Personalverantwortlichen* hat sich die anfängliche starke Verschlechterung der gegenseitigen **Vertrauensbeziehungen** längerfristig weitgehend neutralisiert (in 59 Prozent der Unternehmen gab es keine längerfristige Verschlechterung; in rund einem Viertel der Unternehmen haben sich die Vertrauensbeziehungen sogar verbessert).

⇨ Da – wie oben gezeigt – besonders größere Unternehmen von der kurzfristigen Verschlechterung der Vertrauensbeziehungen betroffen sind, sollten gerade diese dem Thema Vertrauensentwicklung und -erhaltung verstärkte Aufmerksamkeit widmen. Während es in kleineren Unternehmen aufgrund der geringeren Distanz zwischen Unternehmensleitung und Mitarbeitern meist besser gelingt, auch in schwierigen Zeiten gemeinsame Zielsetzungen zu verfolgen, müssen größere Unternehmen versuchen, verlorenes Vertrauen wiederzugewinnen und den möglicherweise beschädigten psychologischen Kontrakt mit ihren Mitarbeitern zu erneuern.

Die *Mitarbeiterbefragung* ergab eine deutliche Unterscheidung in der Bewertung der Vertrauensbeziehungen zum näheren Umfeld (Kollegen, direkte Vorgesetzte, Betriebsrat), welche weitaus besser bewertet wurden, gegenüber dem Vertrauen zu Unternehmens- und Konzernleitung, das besonders negativ von Nicht-Führungskräften beurteilt wird.

⇨ Den direkten Führungskräften kommt daher eine wichtige Mittlerposition zu, indem sie versuchen müssen, sowohl die innere Einheit in ihren eigenen Bereichen zu verfestigen, als auch die bereichsübergreifenden Vertrauensbeziehungen zu revitalisieren. Mögliche Rivalitäten und Spannungen, die sich im Zusammenhang mit dem Personalabbau gebildet haben, und welche die bereichsübergreifende Zusammenarbeit belasten, müssen gegebenenfalls mit externer Hilfe identifiziert und gezielt abgebaut werden.

⇨ Zur Verbesserung des Vertrauensverhältnisses zur Unternehmens- und Konzernleitung können umfassende Information zur Unternehmensstrategie sowie problemspezifische Maßnahmen zur Weiterentwicklung der Unternehmenskultur beitragen.

6.2.4 Veränderungen im Führungsverhalten

Als weitere, das individuelle Verhalten beeinflussende Folgewirkung von Personalabbau werden im folgenden **Veränderungen im Führungsverhalten** untersucht. Führungskräfte sind – wie bereits in Kapitel 2.4.3 gezeigt – durch Personalabbau besonders großen Belastungen ausgesetzt. Die Veränderung von *Qualität und Effizienz der Führung* wird als direkter Indikator erhoben, wobei die Betrachtung gleichzeitig durch eine Reihe weiterer Merkmale, wie die *Distanz zwischen Unternehmensleitung und Mitarbeitern* oder dem *Zentralisierungsgrad von Entscheidungen*[228], ergänzt wird.

---

[228] Eine zunehmende Zentralisierung von Entscheidungen wird in diesem Kontext als Hinweis für einen autoritäreren Führungsstil gewertet. Eine zunehmende Formalisierung schränkt den Entscheidungs- und Handlungsspielraum der Mitarbeiter ein, die Partizipation und Mitwirkung an Entscheidungen geht zurück.

Kurz- und längerfristige Veränderung der Führungsqualität:

Kurzfristig hat sich die *Qualität und Effizienz der Führung* in 50 Prozent der Unternehmen nicht verändert, 11 Prozent berichten über eine Verschlechterung und in 39 Prozent der Unternehmen hat sich die Führungsqualität verbessert. **Langfristig** bestätigt sich dieses Bild sogar deutlicher: Hier können 51 Prozent der Unternehmen eine Verbesserung der Führungsqualität verzeichnen, bei 44 Prozent der Unternehmen blieb sie zumindest konstant und nur 5 Prozent berichten über eine längerfristige Verschlechterung.

Allerdings ging mit der – von den Führungskräften so empfunden – Verbesserung der Führungsqualität gleichzeitig eine deutliche Tendenz zur *Zentralisierung wichtiger Entscheidungen* einher: Eine **kurzfristige** Zunahme der Zentralisierung gaben 37 Prozent der Unternehmen an, in 40 Prozent der Unternehmen blieb sie gleich und in 23 Prozent nahm sie ab. Auch **längerfristig** blieb es in 32 Prozent der Unternehmen bei einer stärkeren Zentralisierung, 37 Prozent der Unternehmen verzeichnen einen Gleichstand und 31 Prozent eine Abnahme an Zentralisierung.

Bezüglich der Qualität und Effizienz der Führung ergaben sich weder kurz- noch längerfristig signifikante Unterschiede in Abhängigkeit von der Unternehmensgröße. Auch die Tendenz zur Zentralisierung wichtiger Entscheidungen ist weder von der **Unternehmensgröße** noch vom **Handlungsdruck**, von dem sich ein Unternehmen betroffen sah, abhängig.

Neben der bereits oben betrachteten Differenzierung der Vertrauensbeziehungen nach verschiedenen Führungsebenen, die ebenfalls auf eine mögliche Veränderung des Führungsverhaltens zurückführbar sein können, erfolgte in der vertiefenden **Mitarbeiterbefragung** eine differenziertere Betrachtung der beiden Merkmale *Führungsqualität* und *Zentralisierung:*

Vertiefende Ergebnisse der Mitarbeiterbefragung:
Veränderung des Führungsverhaltens

Insgesamt wird die **Qualität und Effizienz der Führung** von den befragten Mitarbeitern eher indifferent bewertet. Eine tendenziell schlechte Bewertung erfährt das Merkmal der (wahrgenommenen) *Distanz zwischen Mitarbeitern und Unternehmensleitung*. Verstärkte Anzeichen einer **Zentralisierung von Entscheidungen und Verantwortung** lassen sich nicht ausmachen: Ein *Rückgriff auf Formalien und "Dienst nach Vorschrift"* wird weitgehend verneint.

Einschränkend muß aber berücksichtigt werden, daß sich ein Großteil der Mitarbeiter bei wichtigen Entscheidungen übergangen fühlt. Signifikante Unterschiede in der Bewertung von Führungskräften und Nicht-Führungskräften gibt es bezüglich der Veränderungen der Führungsqualität nicht.

Zusammenfassung der wichtigsten Ergebnisse und Schlußfolgerungen:

Managementbox 15:
Veränderungen im Führungsverhalten

Aus Sicht der befragten *Personalverantwortlichen* hat sich die **Führungsqualität** im Zusammenhang mit Personalabbau kurz- und erst recht längerfristig merklich verbessert. Die wahrgenommene Verbesserung der Führungsqualität kann – aus verschiedenen Motiven – als Indiz dafür gewertet werden, daß sich die Führungskräfte stärker anstrengen. Dieses Bild trifft auf alle Unternehmen gleichermaßen zu; weder die Unternehmensgröße noch der Handlungsdruck beeinflussen die Führungsqualität.

Die *befragten Mitarbeiter* bewerten die **Qualität und Effizienz der Führung** in ihrem Unternehmen dagegen eher indifferent; eine schlechte Beurteilung erfährt die Bewertung der wahrgenommenen Distanz zwischen Mitarbeitern und Unternehmensleitung ("Die Probleme und Einstellungen von uns Mitarbeitern sind der Unternehmensleitung bekannt."). Auch hier bestätigt sich das Bild, daß insbesondere das weitere Umfeld der Mitarbeiter negativ beurteilt wird, während das engere Umfeld (Beziehung zum direkten Vorgesetzten bzw. Beziehung zur eigenen Tätigkeit) eine bessere Bewertung erfährt. Bezüglich dieser wichtigen Merkmale – oben wurde bereits gezeigt, daß die Führungsqualität ein wichtiger Einflußfaktor auf die Fluktuationsbereitschaft ist – ergeben sich keine signifikanten Unterschiede in der Bewertung von Führungskräften und Nicht-Führungskräften.

⇨ Da auch durch die Analyse der Einflußfaktoren des Personalabbaus keine wesentlichen Zusammenhänge identifiziert werden konnten – ein positiver Einfluß konnte lediglich hinsichtlich der Erweiterung des Entscheidungs- und Kontrollspielraums nachgewiesen werden – lassen sich nur eingeschränkt spezielle Empfehlungen zum Führungsverhalten bei Personalabbau ableiten. Die Qualität und Effizienz der Führung sollte vielmehr durch systematische Managementansätze und eine feste Verankerung im Rahmen des Personalcontrollings (z.B. regelmäßige Mitarbeiterbefragungen, 360°-Beurteilungen etc.) gesichert und weiterentwickelt werden, umso mehr, da ihr gerade in Zeiten von Umbruch und Unsicherheit die wahrscheinlich wichtigste Funktion zukommt.

In den untersuchten Unternehmen ergab sich – neben einer wahrgenommenen Verbesserung der Führungsqualität – eine deutliche **Tendenz zur Zentralisierung wichtiger Entscheidungen**. Diese Zunahme der Zentralisierung erscheint begründbar, weil dadurch die Handlungsfähigkeit des Unternehmens in 'turbulenten' Zeiten gesichert wird. In der vertiefenden Analyse aus Sicht der Mitarbeiter ist diese Tendenz bzw. deren negative Begleiterscheinungen allerdings eher gering ausgeprägt: Ein Rückgriff auf Formalien und 'Dienst nach Vorschrift' wird weitgehend verneint.

⇨ Um keine Verschlechterung der Effizienz von Entscheidungen oder einen Rückgang der Veränderungsbereitschaft zu riskieren, sollte hier mit geeigneten, motivationsfördernden Maßnahmen angesetzt werden. Da sich ein Großteil der Mitarbeiter bei wichtigen Entscheidungen übergangen fühlt, sollten auch hierzu gezielte Gegenmaßnahmen getroffen werden; geeignet hierfür könnte beispielsweise ein besonderes Ereignis sein (Workshop, Betriebsversammlung, Fest), durch das der Personalabbauprozeß offiziell beendet wird und neue 'Spielregeln' für Zusammenarbeit, Mitsprache, Führungsverantwortung etc. festgelegt werden.

6.2.5   Veränderung der Zusammenarbeit

Neben den bereits oben untersuchten Wirkungen auf individueller Basis handelt es sich bei der **Veränderung der Zusammenarbeit** um eine wesentliche Folgewirkung auf Gruppenebene. Wesentliche Merkmale für eine Veränderung der Qualität der Zusammenarbeit sind zum einen Aspekte des *Teamworks*, wie Zusammenhalt und Kooperation innerhalb des Teams und mit anderen Bereichen, das Auftreten und die Art von *Konflikten* sowie die Beschaffenheit der *Informationsflüsse*.

 Kurz- und längerfristige Veränderung der Zusammenarbeit:

Trotz Personalabbaus befand die Mehrheit der befragten Unternehmen, daß sich das *Teamwork* bei ihnen **kurzfristig** verbessert habe (47 Prozent); eine Verschlechterung gab es lediglich bei 12 Prozent, bei 42 Prozent der Unternehmen kam es zu keiner Veränderung. **Längerfristig** empfinden sogar 55 Prozent eine Verbesserung der Teamarbeit, konstant blieb sie bei 43 Prozent, und eine dauerhafte Verschlechterung gab es lediglich in 2 Prozent der Unternehmen.

> Dieser überraschend positive Eindruck[229] wird allerdings durch eine Betrach-
> tung der *Konflikte* relativiert: **Kurzfristig** kam es bei 34 Prozent der Unterneh-
> men zu einer Zunahme von Konflikten, konstant blieben sie bei 45 Prozent und
> 21 Prozent der Unternehmen konnten eine Rückgang von Konflikten verzeich-
> nen. **Längerfristig** überwiegt die Mehrheit der Unternehmen, in denen das
> Konfliktverhalten konstant blieb (62 Prozent), während die Gruppe mit Rück-
> gang von Konflikten mit 20 Prozent nahezu gleich blieb; eine längerfristige Zu-
> nahme müssen 17 Prozent der Unternehmen verzeichnen.
>
> Besonders positiv ist die Veränderung des *Informationsflusses*: 41 Prozent der
> Unternehmen berichten über eine **kurzfristige** Verbesserung des Informations-
> flusses, bei der Mehrheit von 49 Prozent blieb er immerhin unverändert und nur
> 10 Prozent der Unternehmen erfuhren eine Verschlechterung. **Längerfristig**
> steigt der Anteil derjenigen Unternehmen, die ihren Informationsfluß als besser
> empfinden, auf 42 Prozent, keine dauerhafte Veränderung gab es in 54 Prozent
> der Unternehmen und nur bei 4 Prozent blieb der Informationsfluß schlechter
> als vor dem Personalabbau.

Während die Veränderung von *Teamwork* sowie des *Informationsflusses* sowohl kurz-
wie auch längerfristig von der **Unternehmensgröße** unabhängig ist, so ergeben sich für
die Veränderung des *Konfliktverhaltens* signifikante Unterschiede bei den verschiedenen Unternehmensgrößen. Eine besonders starke Zunahme von *Konflikten* [230] ist in den
Unternehmen mit mehr als 5000 Arbeitnehmer zu beobachten (hier berichten 51 Prozent
über eine Zunahme von Konflikten, 36 Prozent über Gleichstand und nur 13 Prozent
über einen Rückgang von konfliktärem Verhalten); in den kleineren Unternehmen der
Größenklasse 2 und 3 verändert sich das Konfliktverhalten dagegen kaum (58 Prozent
bzw. 50 Prozent gaben 'keine Veränderung' an). Zur Größe des **Handlungsdrucks** können keine signifikanten Zusammenhänge festgestellt werden.

Zur Bewertung von Veränderungen in der Zusammenarbeit wurden in der vertiefenden
Mitarbeiterbefragung die Merkmale *Qualität des Teamworks*, *Veränderung von Konfliktverhalten* sowie *Güte des Informationsflusses* einer detaillierten Analyse unterzogen:

---

[229]   Auch hierbei sollte berücksichtigt werden, daß in der Unternehmensbefragung nicht die betroffenen Arbeitnehmer selbst befragt wurden.

[230]   Die kurzfristigen Veränderungen sind höchst signifikant (***); auch langfristig kann ein sehr signifikanter Zusammenhang beobachtet werden (**).

Vertiefende Ergebnisse der Mitarbeiterbefragung:
Veränderungen der Zusammenarbeit

Absolut gesehen wird die Qualität des *Teamworks* wird von den befragten Mitarbeitern sehr gut bewertet. Auch die Merkmale, die auf eine *Veränderung des Konfliktverhaltens* hindeuten könnten, erfahren eine überwiegend positive Bewertung. Dagegen schneidet die Bewertung des *Informationsflusses* deutlich schlechter ab. Unterschiede in der Bewertung durch Führungskräfte und Nicht-Führungskräfte ergeben sich lediglich für die Beurteilung der Zusammenarbeit im Team und des freien Informationsfluß; beide Merkmale werden von Führungskräften signifikant besser bewertet.

Zusammenfassung der wichtigsten Ergebnisse und Schlußfolgerungen:

Managementbox 16:
Veränderungen der Zusammenarbeit

Erstaunlicherweise befand eine Mehrheit der befragten *Personalverantwortlichen*, daß sich in ihren Bereichen das **Teamwork** sowohl kurz- als auch längerfristig tendenziell verbessert habe. Dieses Bild bestätigt auch die Befragung der *Mitarbeiter*, die sowohl den Zusammenhalt in der Abteilung als auch die Zusammenarbeit im Team weitgehend positiv bewerten. Während kurzfristig eine Verbesserung des Teamworks noch durch das Bemühen der Mitarbeiter erklärt werden könnte, nicht negativ auffallen zu wollen, um den eigenen Arbeitsplatz nicht zu gefährden, so verweist die längerfristige Verbesserung von Teamwork möglicherweise auf den Erfolg weiterer Transformationen im Unternehmen.

⇨ Ein positiver Zusammenhang konnte diesbezüglich vor allem mit der *Erweiterung des Entscheidungs- und Kontrollspielraums* und der stärkeren *Einbeziehung in Verbesserungsprozesse* beobachtet werden; weitere Faktoren sind die *Einführung von Arbeitszeitkonten, Beschäftigungsgarantien* sowie Maßnahmen zur *Teamentwicklung bei den verbleibenden Arbeitnehmern*. Sie bilden dementsprechend die konkreten Ansatzpunkte für Handlungsempfehlungen.

Ein typisches Problem von Personalabbau scheint dagegen – vor allem in den größeren Unternehmen – die kurzfristige **Zunahme von Konflikten** zu sein, die wohl hauptsächlich aus der erhöhten Belastung in Zeiten von Personalabbau, aber auch aus Verteilungs- und Machtkämpfen resultieren dürften. Statistisch signifikante Korrelationen ergeben sich diesbezüglich vor allem mit *Maßnahmen des Personalabbaus im engeren Sinn* (Beendigung von Beschäftigungsverhältnissen und Änderungen der Arbeitszeit). Auch wenn sich dieses Bild längerfristig auszugleichen scheint, ist dem Merkmal Konfliktvermeidung bzw. -handhabung vor allem im unmittelbaren Personalabbauprozeß große Priorität zu widmen.

⇨ Im Rahmen der Planung und Durchführung des Personalabbaus sollten daher insbesondere bezüglich der zur Verfügung stehenden Ressourcen bzw.
deren möglicherweise notwendigen Einsparung klare und als gerecht empfundene Regelungen getroffen und allen Beteiligten frühzeitig transparent
gemacht werden. Eine besondere Bedeutung im Rahmen der Konflikthand-
habung könnte dabei dem relativ neuen Konzept der Mediation zukommen.

Während nur ein sehr geringer Anteil der *befragten Unternehmen* eine Verschlechterung des **Informationsflusses** beklagt – sowohl kurz- als auch längerfristig verbessert sich der Informationsfluß bei einem großen Teil der Unternehmen deutlich –, sind die in der Mitarbeiterbefragung *befragten Arbeitnehmer*
mit der Durchlässigkeit des Informationsflusses wesentlich unzufriedener.

⇨ Sinnvoll erscheint die Berücksichtigung der veränderten Anforderungen an
Informationsflüsse (Informationsarten, -träger und -wege) vor allem im Zusammenhang mit der notwendigen Neuordnung von Aufbau- und Ablauforganisation. Ein konfliktorientiertes Informationsmanagement sollte als wesentlicher Aspekt eines umfassenden Knowledge-Management-Systems verstanden werden. Zu berücksichtigen ist, daß sich der Informationsfluß bei
zunehmender Arbeitsbelastung verschlechtert.

6.2.6   Veränderungen des Betriebsklimas

Die Betrachtung von **Betriebsklima** und allgemeiner Stimmung im Unternehmen dient
an dieser Stelle als eine Art organisationsbezogener Überbegriff, der keinesfalls als unabhängig von den verschiedenen bereits betrachteten, individuellen und gruppenbezo-
genen Merkmalen, wie z.b. Vertrauen oder Zusammenarbeit, oder den im folgenden
Kapitel analysierten Komponenten der Arbeitszufriedenheit betrachtet werden kann.

Zusammenfassend und zur besseren Abschätzung und Validierung der Folgewirkungen
und Zusammenhänge erfolgte in beiden Befragungen auch eine direkte Erhebung der
Veränderung von Betriebsklima, Arbeitsmoral und allgemeiner Stimmung im Unternehmen. Als ein besonderer Konfliktherd, der das Betriebsklima nachhaltig verschlechtern kann, wird zusätzlich das Auftreten eines verstärkten **Drucks spezieller Interessengruppen** untersucht.[231]

---

[231]   Häufig üben politische oder sonstige Interessengruppen gerade in Zeiten unternehmerischer Krise
oder Unsicherheit verstärkten Druck auf die Entscheidungsträger aus, um eigene Interessen vorrangig zu unterstützen (vgl. zu diesen Zusammenhängen ausführlich Kapitel 2.4.3).

Kurz- und längerfristige Veränderung des Betriebsklimas:

Kurzfristig haben sich *Betriebsklima und Arbeitsmoral* in der Mehrzahl der befragten Unternehmen verschlechtert (44 Prozent der Unternehmen). Keine Veränderung gab es bei rund 36 Prozent und sogar eine Verbesserung erfuhren 20 Prozent der Unternehmen. **Längerfristig** wurde die Situation dagegen deutlich besser bewertet: Über eine langfristige Verbesserung des Betriebsklimas berichten 41 Prozent der Unternehmen, bei 46 Prozent der Unternehmen gab es keine Veränderung, und nur bei 13 Prozent der Unternehmen blieben Betriebsklima und Arbeitsmoral auch längerfristig schlechter als vor dem Personalabbau. Die kurzfristige Verschlechterung des Betriebsklimas ist damit als zweitstärkste negative Folgewirkung von Personalabbau zu berücksichtigen[232] auch wenn sich in der längerfristigen Betrachtung das Bild umkehrt.

Druck durch spezielle Interessengruppen ist nur bei einem kleinen Teil der befragten Unternehmen spürbar geworden: **Kurzfristig** betraf 13 Prozent der Unternehmen eine Zunahme von Politisierung etc., keine Veränderung gab es in 52 Prozent der Unternehmen, und 35 Prozent verzeichneten sogar einen Rückgang. Auch **längerfristig** zeigt sich das Bild ähnlich mit einem Rückgang bei 35 Prozent, Konstanz bei 57 Prozent und einer Zunahme von Druck bei 9 Prozent der Unternehmen.

Bezüglich beider Faktoren, *Betriebsklima* und *Druck durch spezielle Interessengruppen,* lassen sich deutliche Unterschiede bei den verschiedenen **Unternehmensgrößen** feststellen. So ist die kurzfristige *Verschlechterung* des Betriebsklimas bei den großen Unternehmen weitaus stärker ausgeprägt (Größenklasse 4: 51 Prozent bzw. Größenklasse 3: 45 Prozent der Unternehmen) als bei den kleineren Unternehmen (Größenklasse 2: 32 Prozent und Größenklasse 1: 8 Prozent der Unternehmen). Der Anteil an Unternehmen, in denen das Betriebsklima sich *nicht oder kaum verändert* hat, ist dagegen bei allen Größenklassen relativ ähnlich, während eine *Verbesserung* des Betriebsklimas in immerhin 54 bzw. 36 Prozent der kleineren Unternehmen und nur in jeweils 12 Prozent der beiden größeren Unternehmensklassen zu verzeichnen war.

---

[232]   Die stärkste negative Begleiterscheinung von Personalabbau ist die Zunahme von *kurzfristig-orientierter Krisenmentalität* (vgl. hierzu das folgende Kapitel sowie die zusammenfassende Darstellung in Kapitel 10.4).

Auch eine Zunahme des *Drucks durch spezielle Interessengruppen* tritt – wenn überhaupt – vorwiegend in großen Unternehmen auf. 26 Prozent der größten Unternehmen berichten über eine Zunahme des Drucks gegenüber 4,5 Prozent der Unternehmen der Größenklasse 3, 10 Prozent der Unternehmen der Größenklasse 2 und keinen Unternehmen der Größenklasse 1. Dies könnte eine Zeichen dafür sein, daß Personalabbau in größeren Unternehmen mehr Aufmerksamkeit verschiedener Interessengruppen weckt.

Eine inhaltlich etwas differenziertere Analyse der beiden Merkmale *Veränderung des Betriebsklimas* und verstärkter *Druck durch Interessengruppen* erlaubte die direkte Befragung betoffener Arbeitnehmer in der vertiefenden **Mitarbeiterbefragung**:

Vertiefende Ergebnisse der Mitarbeiterbefragung:
Veränderungen des Betriebsklimas

Im Gegensatz zu den Merkmalen der Zusammenarbeit, wie Teamwork und Konfliktverhalten, wird das *Betriebsklima* und die *Stimmung im Unternehmen* von den befragten Arbeitnehmern relativ schlecht bewertet. Bezüglich der *Umgangsformen* (Partnerschaftlichkeit und Rücksichtnahme) besteht eine ziemlich einhellige Indifferenz in der Bewertung. Hinsichtlich des Drucks durch spezielle Interessengruppen ergibt sich ein widersprüchliches Bild: Während man im direkten gegenseitigen Umgang um *Sachlichkeit* bemüht ist, scheint es 'hinter den Kulissen' zu 'brodeln', was sich in einer sehr negativen Bewertung des Merkmals *Politisierung und Machtkämpfe* niederschlägt. Führungskräfte und Nicht-Führungskräfte unterscheiden sich in ihren Bewertungen nicht.

Zusammenfassung der wichtigsten Ergebnisse und Schlußfolgerungen:

Managementbox 17:
Veränderungen des Betriebsklimas

Eine besonders gravierende Folgewirkung ist aus Sicht der *befragten Personalverantwortlichen* die kurzfristige Verschlechterung des **Betriebsklimas**, die in 44 Prozent der Unternehmen beobachtet werden konnte. Davon sind allerdings vorwiegend größere Unternehmen betroffen. Dieses Bild gleicht sich aber in der längerfristigen Betrachtung dahingehend aus, daß sich für den Großteil der Unternehmen das Betriebsklima wieder auf den gleichen Stand wie vor dem Personalabbau entwickelt oder sogar verbessert. Die *befragten Arbeitnehmer* bewerten dagegen das Betriebsklima und die Stimmung im Unternehmen nach dem Personalabbau relativ schlecht, wobei keine Unterschiede in der Bewertung durch Führungskräfte und Nicht-Führungskräfte festzustellen sind.

⇨ Für eine Ableitung von konkreten Handlungsempfehlungen empfiehlt es sich, umfassende und regelmäßige Betriebsklimaanalysen als wesentlichen Teil des Prozeßmanagements und integrierten Bereich des Personalcontrollings zu implementieren, damit etwaige Veränderungen im Betriebsklima frühzeitig erfaßt und durch gezielte Gegenmaßnahmen gesteuert werden können (z.B. zielgruppenorientiertes Informationsmanagement, Teamcoaching etc.).

Eine Zunahme von **Druck durch spezielle Interessengruppen** ist laut *Unternehmensbefragung* nur bei einem kleinen Teil der befragten Unternehmen spürbar geworden und tritt – wenn überhaupt – vorwiegend in großen Unternehmen (über 5000 Arbeitnehmer) auf. In der *Mitarbeiterbefragung* erfolgte diesbezüglich eine Differenzierung in den direkten gegenseitigen Umgang, der eher durch Sachlichkeit geprägt ist, während es 'hinter den Kulissen zu brodeln scheint', was sich in einer sehr negativen Bewertung des Items 'Politisierung und Machtkämpfe' niederschlägt.

⇨ Als Gegenmaßnahme gegen die sehr negativ empfundene Politisierung und das Austragen von Machtkämpfen kann eine Mediationsberatung für Führungskräfte eingesetzt werden, um diese bei intensivierten kohäsionsfördernden Aktivitäten zu unterstützen.

6.2.7   Innovations- und Veränderungsbereitschaft

Von allen betrachteten Folgewirkungen ist der Zusammenhang zum betriebswirtschaftlichen Oberziel einer *Wiederherstellung und/oder Sicherung der langfristigen Überlebensfähigkeit des Unternehmens*, an dem sich der Erfolg von Personalabbau messen
muß, bei dem im folgenden betrachteten Faktor **Innovations- und Veränderungsbereitschaft** am deutlichsten. In den letzten Teilkapiteln wurde bereits detailliert dargestellt, welche Arten von Veränderungen im Unternehmen im Zusammenhang mit Personalabbau erwartet werden können. Grundsätzlich ist dabei davon auszugehen, daß
menschliches Verhalten meist durch das Bestreben gekennzeichnet ist, den Status quo
aufrechtzuerhalten, wenn nicht positiv bewertete Veränderungsergebnisse eindeutig
prognostizierbar sind.[233]

In der Unternehmensbefragung wurden verschiedene direkte Indikatoren erhoben, wie
zum einen die Bewertung der *Innovations- und Veränderungsbereitschaft* bei der Bewertung der kurz- und längerfristigen Folgewirkungen von Personalabbau und zum anderen die Veränderung des *Projektfortschritts* bei strategisch relevanten Projekten[234]
durch den Personalabbau. Darüber hinaus wurde – als indirekter Indikator – eine Veränderung der Planungsqualität untersucht: Merkmale hierfür sind zum einen die *Intensität und Anbindung der strategischen Planung und Kontrolle* und zum anderen das Auftreten einer *kurzfristig-orientierten Krisenmentalität.*

 **Kurz- und längerfristige Veränderung der Innovations- und
Veränderungsbereitschaft:**

Bezüglich der *Innovations- und Veränderungsbereitschaft* zeichnen die befragten Unternehmen ein überaus positives Bild: **Kurzfristig** hat sie sich in 64
Prozent der Unternehmen verbessert, gleichgeblieben ist sie in 28 Prozent der
Unternehmen, und eine Verschlechterung erfuhren nur rund 8 Prozent der Unternehmen. **Längerfristig** bestätigt sich dies mit rund 69 Prozent an Unterneh-

---

[233]   Vgl. MARR u. KÖTTING (1992: Sp.831).

[234]   Gefragt war nach einer Veränderung der Zielgröße *'Projektfortschritt bei Investitionsprojekten
sowie bei weiteren strategisch relevanten Projekten'.* Ausgewählt werden konnten die Antwortka-
tegorien: 'besser als vorher'(=+1), 'wie vorher' (=0), 'schlechter als vorher'(=-1).

men, deren Innovations- und Veränderungsbereitschaft gestiegen ist, 28 Prozent ohne Veränderung und lediglich 4 Prozent Unternehmen mit einer Verschlechterung.

Der *Projektfortschritt* bei unternehmensstrategisch relevanten Projekten wurde durch den Personalabbau weitgehend nicht beeinträchtigt: 50 Prozent der Unternehmen berichten, daß sich bei ihnen der Projektfortschritt durch den Personalabbau sogar verbessert habe, bei 44 Prozent der Unternehmen blieb er gleich und eine Verschlechterung erfuhren lediglich 6 Prozent der Unternehmen.[235]

Auch die *Intensität und Anbindung der strategischen Planung und Kontrolle* sind durch Personalabbau eher gestiegen bzw. konstant geblieben: Eine **kurzfristige** Verbesserung wurde in 41 Prozent der Unternehmen beobachtet, 47 Prozent berichten keine Veränderung und eine Verschlechterung ergab sich bei 12 Prozent der Unternehmen. **Längerfristig** steigt der Anteil der Unternehmen, bei denen alles beim Alten blieb auf 52 Prozent, eine Verbesserung erfuhren 44 Prozent und eine Verschlechterung 4 Prozent der Unternehmen.

Wesentlich schlechter als die anderen Merkmale wird dagegen das Auftreten von *kurzfristigem, krisenorientiertem Denken* beurteilt: **Kurzfristig** berichten 53 Prozent der Unternehmen über dieses Phänomen, bei 31 Prozent ergab sich keine Veränderung, und bei rund 16 Prozent der Unternehmen kam es diesbezüglich sogar zu einer Verbesserung. **Längerfristig** verbessert sich das Bild: Mit dem Problem eine Kurzfristorientierung haben nur noch 34 Prozent der Unternehmen zu kämpfen, bei der Mehrheit von 50 Prozent tritt wieder Gleichstand gegenüber vorher ein. Eine nachhaltige Verbesserung erfahren dagegen nur 15 Prozent der Unternehmen.

Mit zunehmender **Unternehmensgröße** ist eine (kurzfristig) verstärkte Zunahme der *Innovations- und Veränderungsbereitschaft* zu beobachten. Auffallend gut schneiden aber auch die ganz kleinen Unternehmen (bis 50 Arbeitnehmer) ab. Eine Verbesserung der Innovations- und Veränderungsbereitschaft wurde demnach in 64 Prozent der kleinen Unternehmen sowie in 79 Prozent der größten Unternehmen beobachtet, während die Unternehmen der Größenklasse 2 und 3 mit 48 Prozent bzw. 58 Prozent Verbesserung deutlich darunter liegen. Eine Verschlechterung der Innovations- und Veränderungsbereitschaft gab es nur in 2 Prozent der Unternehmen der Größenklasse 4, in 9

---

[235]   Allerdings gab es für diese Teilfrage einen hohen Anteil an fehlenden Antworten; die Größe der Teilstichprobe beträgt lediglich n=122; als Mittelwert ergibt sich eine Verbesserung von +0,47.

Prozent der Unternehmen der Größenklasse 1, in 12 Prozent der Unternehmen der Grö-
ßenklasse 2 und in 10 Prozent der Unternehmen der Größenklasse 3. Alle anderen
Merkmale werden nicht signifikant von der Unternehmensgröße bzw. dem **Ausmaß des
Handlungsdrucks** beeinflußt.[236]

Die Befragung der Arbeitnehmer in der vertiefenden **Mitarbeiterbefragung** erlaubte
eine differenziertere Analyse der *Innovationsbereitschaft* und *Planungsqualität* sowie
des Auftretens von *Widerständen gegen Veränderungen* und *kurzfristigem krisenorientiertem Denken*:

**Vertiefende Ergebnisse der Mitarbeiterbefragung:
Innovations- und Veränderungsbereitschaft**

Absolut gesehen ist die Tendenz zu **Widerständen gegen Veränderungen** im
untersuchten Unternehmen ziemlich gering ausgeprägt, wobei die *Beurteilung
des eigenen Umfeldes* (Abteilung) etwas besser ausfällt als die diesbezügliche
Bewertung der *Vorgesetzten*. Ähnlich gut ist die Beurteilung der **Innovationsbereitschaft**, bei der nicht zwischen einer allgemeinen *Toleranz gegenüber
Fehlern* und den *individuellen Entfaltungsmöglichkeiten* unterschieden wird.
Eine wesentlich schlechtere Beurteilung erfahren dagegen die **Planungsqualität
und Kurzfristorientierung**. Insbesondere die *Vernachlässigung der Langfristplanung* und die Orientierung an einer *Folgenbekämpfung anstelle von Ursa-
chenreduktion* werden negativ bewertet.

Führungskräfte bewerten dabei die *Aufgeschlossenheit in der eigenen Abteilung*,
das *Aufgreifen neuer Ideen durch die Vorgesetzten*, sowie die *Möglichkeiten zur
kreativen Entfaltung* deutlich besser als Nicht-Führungskräfte.

---

[236] Als Ausnahme ist dabei das Merkmal *kurzfristiges, krisenorientiertes Denken* zu nennen, welches
in signifikantem Zusammenhang mit dem Unterscheidungsmerkmal *Unternehmenskrise* steht.
Dies überrascht nicht und kann als Zeichen für die Reliabilität des Meßinstruments gewertet werden.

Zusammenfassung der wichtigsten Ergebnisse und Schlußfolgerungen:

Managementbox 18:
Innovations- und Veränderungsbereitschaft

Trotz Personalabbaus hat sich in den *befragten Unternehmen* die **Innovations-und Veränderungsbereitschaft** erheblich verbessert, wobei sich hier – und das ist eine Abweichung vom übrigen Bild – besonders die größeren Unternehmen hervortun. Interessant ist, daß sich die Innovations- und Veränderungsbereitschaft als weitgehend unabhängig vom Ausmaß des Handlungsdrucks bzw. dem Auftreten unternehmerischer Krisen erweist. Eine ähnlich gute Bewertung der Innovationsbereitschaft geht auch von den *befragten Mitarbeitern* aus, wobei die Bewertung der befragten Führungskräfte in einigen Punkten deutlich besser ausfällt als die der übrigen Arbeitnehmer.

⇨ Bedeutsame Maßnahmen zur Verbesserung der Innovations- und Veränderungsbereitschaft sind

- eine stärkere Einbeziehung in Verbesserungsprozesse,

- die Implementierung von Zielvereinbarungen,

- die Einführung von Erfolgs- und Kapitalbeteiligungen,

- eine Erhöhung der leistungsbezogenen, variablen Vergütung sowie

- Maßnahmen zur Flexibilisierung der Arbeitszeit.

Ebenso wie die Innovationsbereitschaft hat auch die **Intensität und Anbindung der strategischen Planung und Kontrolle** im Zusammenhang mit Personalabbau an Bedeutung gewonnen. Dies gilt für alle *Unternehmensgrößen* gleichermaßen und wird auch nicht von der Größe des Handlungsdrucks beeinflußt. In der *vertiefenden Mitarbeiterbefragung* erfahren dagegen die Planungsqualität sowie die Tendenz zur Kurzfristorientierung eine deutlich schlechtere Beurteilung.

⇨ Auch hier sind flankierenden Maßnahmen, wie

- die stärkere Einbeziehung in Verbesserungsprozesse,

- die Erweiterung des Entscheidungs- und Kontrollspielraums sowie

- die Einführung von Zielvereinbarungen

wichtige Faktoren zur Verbesserung der strategischen Planung und Kontrolle.

6.3 Wirkungen auf soziale und ökonomische Erfolgsgrößen

Im folgenden soll ermittelt werden, welche Veränderungen Personalabbau bei verschiedenen, den *Gesamterfolg des Unternehmens* bestimmenden sozialen und ökonomischen Erfolgsgrößen auslöst. Dazu werden zunächst ausgewählte **Kriterien der sozialen Effizienz**– zusammengefaßt durch die Analyse der Arbeitszufriedenheit[237] (Kapitel 6.3.1) – und der **ökonomischen Effizienz** (Kapitel 6.3.2) betrachtet, wobei die **Beziehung zu den Stakeholdern** des Unternehmens (Kapitel 6.3.3) eine Ergänzung bzw. ein Bindeglied beider Dimensionen darstellt. Abschließend wird der Versuch unternommen, die Wirkungen auf den **Gesamterfolg des Unternehmens** (Kapitel 6.3.4) anhand etablierter betriebswirtschaftlicher Kenngrößen zu bewerten.

6.3.1 *Kriterien der sozialen Effizienz und Arbeitszufriedenheit*

Wie bereits in Kapitel 4.1.2 beschrieben ist eine klare Abgrenzung der verschiedenen Effizienzkriterien problematisch. Dies trifft besonders für den Bereich der Merkmale der sozialen Effizienz zu, so daß die Zuordnung nicht ohne Überschneidungen ist. Für eine Bewertung der Effizienz des Personalabbaus werden im folgenden ausgewählte Kriterien der sozialen Effizienz sowie das zusammenfassende Konstrukt der Arbeitszufriedenheit herangezogen (vgl. hierzu auch Abbildung 4-4).

(A) Arbeitszufriedenheit (differenzierte Betrachtung)

Der vertieften Analyse der sozialen Effizienzwirkungen anhand verschiedener Arten von Bedürfnissen der Arbeitnehmer geht eine unmittelbare Betrachtung des Merkmals kurz- bzw. längerfristige Veränderung der **Arbeitszufriedenheit** voraus. Hierbei ist ein enger Zusammenhang zu den bereits betrachteten Merkmalen, wie Veränderung von Leistungsmotivation und Identifikation, gegenseitiges Vertrauen, Betriebsklima und Arbeitsmoral, Innovations- und Veränderungsbereitschaft, zu berücksichtigen.

---

[237] Zur Kritik an der Arbeitszufriedenheit als sozialer Effizienzindikator vgl. MARR u. STITZEL (1979).

Kurz- und längerfristige Veränderung der Arbeitszufriedenheit:

Kurzfristig kam es in 40 Prozent der befragten Unternehmen zu einer Verschlechterung der Arbeitszufriedenheit; in rund 46 Prozent der Unternehmen blieb sie konstant und in 15 Prozent der Unternehmen nahm sie zu.

Längerfristig bewerten dagegen 57 Prozent der Unternehmen die Arbeitszufriedenheit konstant, eine Verschlechterung beobachteten nur 13 Prozent während rund 30 Prozent sogar eine Verbesserung der Arbeitszufriedenheit verzeichnen konnten.

Diese Bewertung hängt stark von der **Unternehmensgröße** ab. So ist die kurzfristige Abnahme der Arbeitszufriedenheit besonders in größeren Unternehmen ausgeprägt: In Unternehmen der Größenklasse 4 vermerkten 51 Prozent der Unternehmen eine Verschlechterung und nur 4 Prozent eine Verbesserung der Arbeitszufriedenheit; in Unternehmen der Größenklasse 1 blieb die Zufriedenheit dagegen in 62 Prozent der Unternehmen konstant und verbesserte sich sogar bei 31 Prozent).

Für eine detailliertere Analyse der Arbeitszufriedenheit wurde in der **Mitarbeiterbefragung** zwischen der **Zufriedenheit** mit dem Unternehmen, der eigenen Tätigkeit, den Vorgesetzten, sowie Gehalt und Sozialleistungen **differenziert.**

Vertiefende Ergebnisse der Mitarbeiterbefragung:
Arbeitszufriedenheit (differenzierte Betrachtung)

In der absoluten Betrachtung fallen besonders die relativ guten Werte für die Zufriedenheit mit der *Tätigkeit* und den direkten *Vorgesetzten* auf. Die Zufriedenheit mit dem *Unternehmen* sowie den *monetären Leistungsanreizen* werden dagegen eher mittelmäßig bewertet. Ein signifikanter Unterschied in der Bewertung der Führungskräfte und Nicht-Führungskräfte fällt dabei nur für die beiden Merkmale *Zufriedenheit mit der Tätigkeit* sowie mit den *direkten Vorgesetzten* auf, die beide von Führungskräften deutlich positiver bewertet werden als vom Rest der Arbeitnehmer.

(B) Sicherheitsempfinden

Im Kontext von Personalabbau wird persönliche **Sicherheitsempfinden** in besonderer Weise durch das wahrgenommene Arbeitsplatz-Risiko geprägt. Dies hängt zum einen von der Wahrscheinlichkeit ab, den eigenen Arbeitsplatz und damit die Grundlage der Existenzsicherung zu verlieren. Zum anderen sind die 'Kosten' eines Arbeitsplatzverlustes zu berücksichtigen, die wiederum vor allem von der Wahrscheinlichkeit beeinflußt werden, eine neue Arbeitsstelle zu finden. Diese Beurteilung der Arbeitssicherheit hängt eng von den Bedingungen des Arbeitsmarktes, beispielsweise der Unternehmensbranche, den regionalen Gegebenheiten etc. sowie den individuellen Merkmalen des Arbeitsuchenden, z.B. Alter, Qualifikation, Mobilität etc., ab. Die Komplexität der gegenseitigen Wechselwirkungen machte eine differenzierte Analyse außerordentlich schwer.

Ein wichtiger Einflußfaktor auf das individuelle Sicherheitsempfinden der Arbeitnehmer im Zusammenhang mit einem Personalabbauprozeß ist die – subjektiv wahrgenommene – **'Wahrscheinlichkeit, woanders Arbeit zu finden'**, die auf individueller Ebene in der vertiefenden **Mitarbeiterbefragung** erhoben werden konnte. Dabei ist anzunehmen, daß dieser Indikator in engem Zusammenhang mit der in Kapitel 6.2.2 untersuchten individuellen *Absicht, das Unternehmen zu verlassen* steht.

Vertiefende Ergebnisse der Mitarbeiterbefragung:
Wahrscheinlichkeit, woanders Arbeit zu finden

Die Gruppe der Mitarbeiter, die ihre Wahrscheinlichkeit, neue Arbeit zu finden, **hoch** einschätzen ist mit 24 Prozent der Befragten die kleinste Gruppe. 32 Prozent der Befragten schätzen ihre Chancen eher **mittelmäßig** ein. Die größte Gruppe von 45 Prozent der Befragten stuft ihre Wiederbeschäftigungsmöglichkeiten **gering** ein.

Von besonderem Interesse ist dabei, inwieweit sich die **Bewertungen des Personalabbaus** von Mitarbeitern mit unterschiedlichem wahrgenommenem Arbeitsplatzrisiko unterscheiden. Wie zu erwarten war, gilt für alle Variablen, bei denen die Wahrscheinlichkeit, woanders Arbeit zu finden, ein signifikantes Unterscheidungskriterium darstellt, eine deutliche Verschlechterung der Bewertung mit zunehmender Unsicherheit. D.h. der große Anteil an Mitarbeitern (45 Prozent aller Befragten), der seine Wiederbeschäftigungsmöglichkeiten eher gering einstuft, bewertet Personalabbau negativer als diejenigen Kollegen, die eine hohe subjektive Arbeitssicherheit empfinden.

Bemerkenswert erscheint vor allem der Zusammenhang zu den Variablen der **Zusammenarbeit** (z.B. 'Zusammenarbeit im Team', 'Rivalitäten mit anderen Abteilungen', 'Sachlichkeit im Umgang' etc.), der **Innovations- und Veränderungsbereitschaft** (z.B. 'Aufgreifen neuer Ideen', 'Aufgeschlossenheit gegenüber Veränderungen' etc.) sowie des **Verlustes von Wissen und Know-how** (z.B. 'Verlust von wichtigem Wissen und Fähigkeiten durch den Personalabbau', 'Belastung durch gestörte Arbeitsabläufe', 'Wissensweitergabe der ausscheidenden Arbeitnehmer'). Aber auch in der **Bewertung des Personalabbaus** gibt es einige z.T. höchst signifikante Unterschiede (z.B. 'Sachlichkeit der Auswahlentscheidung', 'Vermeidbarkeit von Personalabbau', 'Managementfehler als Ursache für Personalabbau').

(C) Soziale Kontaktbedürfnisse

Das Grundbedürfnis nach **sozialen Kontakten** und einem angenehmen Organisationsklima läßt sich in einer Vielzahl der bereits untersuchten Merkmale, wie z.B. Beziehungen und Vertrauensverhältnis zu den Kollegen, zu direkten Vorgesetzten und Management, zum Betriebsrat, Verbundenheit zu den Ausgeschiedenen etc., ausdrücken. Zu berücksichtigen sind weiterhin die Bewertung des Betriebsklimas und der Zusammenarbeit, so daß hierfür auf die entsprechenden Bewertungen und Zusammenhänge hingewiesen wird.

(D) Entwicklungsbedürfnisse

Die möglichen Kriterien zur Beurteilung des **individuellen Bedürfnisses nach Entwicklungsmöglichkeiten**, wie beispielsweise die Möglichkeit zum Erwerb neuer Kenntnisse und Fähigkeiten oder die Wahrnehmung von Freiräumen zur persönlichen Entfaltung, lassen sich nur sehr eingeschränkt durch eine Fremdbewertung (in Form einer Unternehmensbefragung) erheben – ein indirekter Rückschluß ist lediglich aus den in Kapitel 6.2.1 beschriebenen Veränderungen der Arbeitsinhalte und Arbeitsbedingungen möglich. Weitere Merkmale, die als Indikatoren für die Existenz eines die persönlichen Entwicklungsbedürfnisse der Mitarbeiter fördernden Betriebsklimas gewertet werden können, sind die bereits oben untersuchten Faktoren wie z.B. Partizipations- und Mitwirkungsmöglichkeiten bei Entscheidungen (s. Zentralisierung), Aufgreifen von

Ideen durch die Vorgesetzten (s. Widerstände gegen Veränderungen) oder Möglichkeit zur kreativen Entfaltung (s. Innovationsbereitschaft).

Für eine unternehmensspezifische Bewertung sei daher zusätzlich auf bewährte Instrumente der Personalforschung und -entwicklung, wie z.b. Mitarbeiterbefragungen, Mitarbeitergespräche, Potentialanalysen etc., verwiesen.

(E) Erhalt der Gesundheit und Vermeidung von Streßbelastung

Zum Abschluß der differenzierten Analyse soll betrachtet werden, ob und in welchem Ausmaß Personalabbau das besonders wichtige Kriterium der sozialen Effizienz, die **Freiheit von Beeinträchtigungen und übermäßigen Belastungen**, beeinflußt. Bereits in Kapitel 6.2.1 wurden die verschiedenen Änderungen der Arbeit und der Arbeitsbedingungen gezeigt, die sich aus eine organisatorischen und personellen Neuordnung von Aufgaben und Zuständigkeiten ergeben, und es erfolgte eine differenzierte Analyse der daraus resultierenden Belastungen.

Ergänzend hierzu wird im folgenden zum einen die **Belastung durch Streß** – differenziert nach dem Ausmaß der Belastung in verschiedenen Phasen des Personalabbauprozesses – und, als Indikatoren für eine mögliche Verschlechterung des Allgemeinbefindens, die Veränderung der Merkmale **Arbeitsunfälle und Berufserkrankungen** sowie verstärktes **Auftreten von Familienkrisen** betrachtet.[238]

Streßbelastung der Arbeitnehmer in den einzelnen Abbauphasen:

Wie zu erwarten war, ist die Streßbelastung vor allem in den Anfangsphasen des Personalabbauprozesses besonders stark erhöht. Zwischen *Bekanntwerden des Personalabbaus und der Betriebsvereinbarung* sowie bis *zur Bekanntgabe der ausscheidenden Arbeitnehmer* gab es in rund 50 Prozent der befragten Unternehmen eine starke Erhöhung der Streßbelastung der Arbeitnehmer. Von einer normalen Belastung in diesen Phasen gingen lediglich 9 bzw. 16 Prozent der Befragten aus.

---

[238]   Die Analyse der beiden letztgenannten Aspekte konnte nur indirekt durch die Einschätzung der befragten Unternehmen erfolgen. Eine geplante individuelle Erhebung im Rahmen der Mitarbeiterbefragung konnte aufgrund von starken Bedenken der Unternehmensleitung und des Betriebsrates bezüglich dieser sehr heiklen Merkmale nicht realisiert werden.

Auch die Phase zwischen *Bekanntgabe der ausscheidenden Arbeitnehmer und deren Ausscheiden* ist von einer gewissen Unruhe betroffen, was ebenso für den Zeitraum bis zur *Neuausrichtung des Unternehmens* gilt. Die Zeit *nach dem Abbau* ist dagegen bei 57 Prozent der Unternehmen durch Normalität geprägt, wobei allerdings rund 34 Prozent der Unternehmen nach wie vor eine leichte Erhöhung und immerhin 9 Prozent eine starke Erhöhung der Streßbelastung angaben (vgl. hierzu die folgende Abbildung).

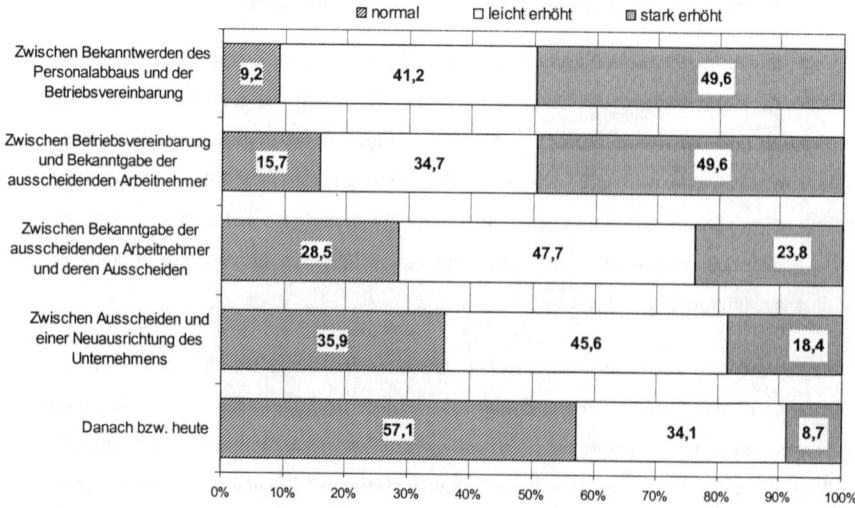

Abbildung 6-3:   Streßbelastung der Arbeitnehmer in verschiedenen Abbauphasen

Neben dem Indikator für eine zeitliche Überlastung ("Ich kann meine Aufgaben nicht während der normalen Arbeitszeit erledigen."), der schon im Zusammenhang mit der Veränderung der Arbeit untersucht wurde, erfolgte auch in der **Mitarbeiterbefragung** eine direkte Erhebung der wahrgenommenen Streßbelastung:

Vertiefende Ergebnisse der Mitarbeiterbefragung:
Beurteilung der Streßbelastung

Das Statement "Meine Arbeit ist stressig" zählt zu der Gruppe der insgesamt schlechtesten Beurteilungen des gesamten Mitarbeiterbefragung und zeigt eine große Relevanz des Faktors **Streßbelastung**, die durch die etwas bessere Bewertung der zeitlichen Überlastung (vgl. Kapitel 6.2.1) nur teilweise relativiert wird. Dies kann auch als Zeichen dafür interpretiert werden, daß Personalabbau über die reine inhaltliche und zeitliche Ausdehnung der Arbeit hinausgehende Belastung verursacht. Allerdings muß auch berücksichtigt werden, daß bei der Beantwortung der Frage nach der Streßbelastung auch verschiedene Störgrößen einen Einfluß spielen dürften, wie z.b. das Bemühen, die eigene Arbeit als besonders wichtig darzustellen.

In diesem Zusammenhang verwundert es kaum, daß Führungskräfte ihre Streßbelastung wesentlich negativer beurteilen als Nicht-Führungskräfte.

Den Abschluß der Betrachtungen zum Erhalt von Gesundheit und Vermeidung von Belastungen bildet die Analyse der beiden – ebenfalls auf eine Beeinträchtigung von Gesundheit und Wohlbefinden hinweisenden – Merkmale **Arbeitsunfälle und Berufserkrankungen** sowie **Auftreten von Familienkrisen**.

Kurz- und längerfristige Veränderung von gesundheitlicher Beeinträchtigung und Familienkrisen:

Zu einer kurzfristigen Zunahme **gesundheitlicher Beeinträchtigungen** durch Arbeitsunfälle, Berufserkrankungen und Herzinfarkte kam es nur in 5,4 Prozent der Unternehmen – in der längerfristigen Betrachtung ist dieser Wert mit 5,7 geringfügig höher. Bei einer großen Mehrheit von rund 68 Prozent der Unternehmen konnten weder kurz- noch längerfristige Veränderungen dieses Merkmals beobachtet werden. In rund 26 Prozent der Unternehmen ergab sich sogar eine Verbesserung der gesundheitlichen Situation.

Die Wahrscheinlichkeit des Auftretens von **Familienkrisen** als Folgewirkung von Personalabbau ist dagegen deutlich größer. Kurzfristig geben 21 Prozent der Unternehmen an, daß es zu einer Zunahme von Familienkrisen gekommen ist, längerfristig ist diese Gruppe mit rund 7 Prozent der Unternehmen aber deutlich kleiner. In der Mehrheit der Unternehmen gab es keine Veränderung beim Auftreten von Familienkrisen (kurzfristig 60 Prozent und längerfristig 74 Prozent der Unternehmen). Eine kurz- und längerfristige Verbesserung der familiären Situation wird von rund 19 Prozent der Unternehmen attestiert.

Ein signifikanter Unterschied hinsichtlich der **Unternehmensgröße** oder der Größe des Handlungsdrucks, in dem sich ein Unternehmen befindet (**Unternehmenskrise**), kann nicht beobachtet werden.

Zusammenfassung der wichtigsten Ergebnisse und Schlußfolgerungen:

Managementbox 19:
Kriterien der sozialen Effizienz und Arbeitszufriedenheit

Die in der Unternehmensbefragung ermittelte kurzfristige Verschlechterung der **Arbeitszufriedenheit** steht in Einklang mit der ebenfalls beobachteten kurzfristigen Verschlechterung von Identifikation und Loyalität, gegenseitigem Vertrauen, Betriebsklima und Arbeitsmoral sowie der Zunahme von Konflikten. Alle Wirkungen werden vor allem in größeren Unternehmen beobachtet. Auch die längerfristige relative Verbesserung der Arbeitszufriedenheit spiegelt sich in der besseren Bewertung dieser Merkmale wider. Inwieweit es sich dabei allerdings um Tendenzen der Selbsttäuschung bzw. um eine Absenkung des Anspruchsniveaus handelt, kann anhand der vorhandenen Daten nicht beurteilt werden. Allgemein könnte die Verbesserung der Arbeitszufriedenheit auch mit der Beseitigung des 'Damoklesschwertes' Personalabbau erklärt werden, was wiederum die Bedeutung von Maßnahmen zur Neuorientierung des Unternehmens nach abgeschlossenem Personalabbau betont. Bei der *differenzierten Mitarbeiterbefragung* fallen vor allem die relativ hohe Zufriedenheit mit der eigenen Tätigkeit und den direkten Vorgesetzten auf, die vor allem von der Gruppe der Führungskräfte ausgeht. Die Zufriedenheit mit dem Unternehmen bzw. den monetären Leistungsanreizen werden dagegen insgesamt eher mittelmäßig bewertet.

⇨ Anhand der hier gewonnen Daten ist es nicht möglich, konkrete und eindeutige Maßnahmenvorschläge zur Verbesserung der Arbeitszufriedenheit abzuleiten, da diese auf eine Vielzahl von individuellen und unternehmensspezifischen Einflußfaktoren zurückzuführen ist. Die von den Mitarbeitern empfundene Arbeitszufriedenheit ist aber – ebenso wie das bereits oben analysierte Betriebsklima – ein wichtiger Indikator für die Effizienz und Effektivität des 'Leistungsfaktors Humanressource'. Eine regelmäßige Evaluierung dieser Faktoren im Rahmen des Personalcontrollings ermöglicht eine frühzeitige Erfassung von Veränderungen und möglichen Konfliktfeldern sowie die Ableitung von zielgerichteten Gegenmaßnahmen.

Einzelne, im Zusammenhang mit Personalabbau besonders **relevante Einflußfaktoren** auf die Arbeitszufriedenheit sind das individuelle Sicherheitsempfinden der Arbeitnehmer, die Streßbelastung durch Personalabbau sowie mögliche Beeinträchtigungen von Gesundheit und Wohlbefinden:

Als möglicher Einflußfaktor auf das individuelle **Sicherheitsempfinden** der Arbeitnehmer im Zusammenhang mit einen Personalabbauprozeß wurden die Arbeitnehmer in der *Mitarbeiterbefragung* nach der von ihnen empfundenen Wahrscheinlichkeit, woanders Arbeit zu finden, befragt. Ähnlich der Fluktuationsbereitschaft ist dieses Merkmal ein wichtiges Unterscheidungskriterium hinsichtlich der Bewertung von Personalabbau. Der große Anteil an Arbeitnehmern (45 Prozent der Befragten), der seine Wiederbeschäftigungsmöglichkeiten eher als gering einstuft, bewertet Personalabbau deutlich negativer als diejenigen Kollegen, die eine hohe subjektive Arbeitssicherheit empfinden. Dies gilt sowohl für die Beurteilung des Personalabbaus (z.B. 'Sachlichkeit der Auswahlentscheidung', 'Vermeidbarkeit von Personalabbau', 'Managementfehler als Ursache für Personalabbau') als auch für Variablen der Zusammenarbeit (z.B. 'Zusammenarbeit im Team', 'Rivalitäten mit anderen Abteilungen', 'Sachlichkeit im Umgang' etc.), der Innovations- und Veränderungsbereitschaft (z.B. 'Aufgreifen neuer Ideen', 'Aufgeschlossenheit gegenüber Veränderungen' etc.) sowie des Verlustes von Wissen und Know-how (z.B. 'Verlust von wichtigem Wissen und Fähigkeiten durch den Personalabbau', 'Belastung durch gestörte Arbeitsabläufe', 'Wissensweitergabe der ausscheidenden Arbeitnehmer').

⇨ Eine negative Bewertung des Personalabbaus – und möglicherweise daraus resultierende negative Verhaltensanpassungen der Arbeitnehmer – kann durch Maßnahmen zur Erhöhung des subjektiven Sicherheitsempfindens gemildert werden. Für Unternehmen ist es daher gerade in Zeiten erhöhter Unsicherheit im Zusammenhang mit Personalabbau wichtig, klare Zeichen eines Commitments sowohl zu ausscheidenden als auch zu verbleibenden Arbeitnehmern zu senden. Dieses Commitment – welches in Einklang mit der Unternehmenskultur und -vision stehen muß – kann beispielsweise durch

- explizite und implizite Beschäftigungsgarantien,
- mehr Information zur Situation und Entwicklung des Unternehmens,
- eine stärkere Einbeziehung in wichtige Unternehmensentscheidungen sowie
- verstärkte Bemühungen zur Qualifikation und Weiterentwicklung der Arbeitnehmer und Führungskräfte signalisiert werden.

Eine detaillierte Analyse der **Streßbelastung** der Arbeitnehmer in den einzelnen Abbauphasen bei den untersuchten Unternehmen ergab erwartungsgemäß eine besonders starke Belastung in den Anfangsphasen des Personalabbaus bis zur Bekanntgabe der ausscheidenden Arbeitnehmer. Die Zeit nach dem Personalabbau ist dagegen bei der Mehrheit der Unternehmen durch Normalität bzw. einen Rückgang der Belastungen geprägt. Auch die Mitarbeiterbefragung bestätigte die hohe Relevanz der Streßbelastung, die über eine reine inhaltliche und zeitliche Belastung hinausgeht. Von der Streßbelastung sehen sich Führungskräfte besonders betroffen.

Die Betrachtung der Kriterien der sozialen Effizienz wird durch eine Analyse der beiden – auf eine Beeinträchtigung von Gesundheit und Wohlbefinden hinweisenden – Merkmale **Arbeitsunfälle und Berufserkrankungen** sowie **Auftreten von Familienkrisen** abgerundet. In der Mehrzahl der befragten Unternehmen konnte keine Zunahme gesundheitlicher Beeinträchtigungen beobachtet werden.

Dagegen scheint – zumindest kurzfristig – die Wahrscheinlichkeit des Auftretens von **Familienkrisen** als Folgewirkung von Personalabbau deutlich größer. Ein signifikanter Unterschied hinsichtlich der Unternehmensgröße oder der Größe des Handlungsdrucks, in dem sich ein Unternehmen befindet (Unternehmenskrise), kann bezüglich beider Merkmale nicht beobachtet werden. Interessanterweise bestehen diesbezüglich auch keine (statistisch signifikanten) Zusammenhänge zur Gestaltung von Arbeitsinhalten und Arbeitsbedingungen und insbesondere zur Zunahme der Arbeitsmenge.

⇨ Die gewonnenen Daten zur Relevanz von Streßbelastung und möglichen Beeinträchtigungen von Gesundheit und Wohlbefinden weisen darauf hin, daß diesen Faktoren im Zusammenhang mit Personalabbau durchaus erhöhte Aufmerksamkeit zu widmen ist. Aufgrund ihrer höchst komplexen und nur sehr schwer erfaßbaren individuellen Ursachen- und Wirkungsgefüge lassen sich allerdings keine verallgemeinerungsfähigen Maßnahmenempfehlungen ableiten. Auch hier sei auf die besondere Bedeutung der unmittelbaren Führungskräfte hingewiesen, die für diese Probleme sensibilisiert werden sollten. Im Bedarfsfall sollte auf bewährte Methoden der Einzel- oder Gruppentherapie zurückgegriffen werden, gegebenenfalls mit externer Unterstützung.

6.3.2 Erhalt von Erfolgspotentialen und Arbeitsproduktivität

Neben den oben betrachteten Merkmalen der Arbeitszufriedenheit, die zur Beurteilung der sozialen Effizienz von Personalabbau herangezogen wurden, folgt mit der Analyse von **Arbeitsproduktivität** sowie der Fähigkeit zum **Erhalt von Wissen und intellektuellem Kapital** eine Bewertung vorrangig ökonomischer Erfolgsgrößen.

(A) Arbeitsproduktivität

Bereits in Kapitel 4.1.3 wurde darauf hingewiesen, daß eine differenzierte Analyse der mit Personalabbau verbundenen – offenen und versteckten – **Abbau- und Folgekosten** außerordentlich problematisch ist und sich im Rahmen der empirischen Erhebungen nicht realisieren ließ. Auch der zweite, und wahrscheinlich wichtigere, Einflußfaktor auf die Arbeitsproduktivität, die individuelle und kollektive **Arbeitsleistung,** ist aufgrund seiner Komplexität schwer zu erfassen. Die möglichen Determinanten der Leistungserbringung – *Leistungsbereitschaft* (z.b. Motivation, Zufriedenheit), *Leistungsfähigkeit* (z.b. notwendige Qualifikation) sowie *Rahmenbedingungen der Leistungserbringung* (z.b. Handlungs- und Entscheidungsspielraum, Belastungssituation) – wurden dagegen bereits anhand verschiedener Merkmale untersucht.

Insofern dienen die beiden in der **Unternehmensbefragung** untersuchten Merkmale *Veränderung der Arbeitsproduktivität* sowie *Kostenbewußtsein* vor allem als zusammenfassende Kontrollgrößen:

 Kurz- und längerfristige Veränderung von Arbeitsproduktivität und Kostenbewußtsein:

Kurzfristig kam es bei der Mehrheit der befragten Unternehmen zu einer Verbesserung der *Arbeitsproduktivität* (56 Prozent der Unternehmen). Allerdings konnte rund ein Drittel der Unternehmen (32 Prozent) keine Verbesserung erreichen und bei 10 Prozent der Unternehmen verschlechterte sich die Produktivität sogar kurzfristig. In der **längerfristigen** Betrachtung ist der Anteil der Unternehmen mit einer besseren Arbeitsproduktivität mit 74 Prozent sehr hoch, eine unveränderte Produktivität verzeichnen 23 Prozent der Unternehmen, und nur ein sehr geringer Anteil von 3 Prozent der Unternehmen beklagt auch längerfristig eine Verschlechterung.

Interessant ist dagegen der Unterschied in der kurz- und längerfristigen Bewertung von *Kostenbewußtsein*: Zu einer **kurzfristigen** Zunahme von Kostenbewußtsein kam es bei rund 63 Prozent der Unternehmen, **längerfristig** ist der Anteil mit 56 Prozent der Unternehmen deutlich geringer. Keine Veränderung von Kostenbewußtsein verzeichnen kurzfristig 33 Prozent der Unternehmen und längerfristig 40 Prozent. Eine Verschlechterung dieses Merkmals ist dagegen kurz- und längerfristig die Ausnahme (4,3 bzw. 4,5 Prozent der Unternehmen).

Neben der kurzfristigen Verbesserung der Innovationsbereitschaft, bildet die Beurteilung des **Kostenbewußtseins** die beste kurzfristige Bewertung. Allerdings verschlechtert sich diese positive Bewertung in der längerfristigen Betrachtung.

Auch die **Arbeitsproduktivität** liegt in der Gruppe der besten kurzfristigen Bewertungen. Längerfristig liegt die Bewertung der Arbeitsproduktivität im Vergleich zu den anderen Kriterien unangefochten an der Spitze.

Ausgesprochen interessant ist die Feststellung, daß ein signifikanter Zusammenhang der beiden Merkmale Arbeitsproduktivität und Kostenbewußtsein mit der **Unternehmensgröße** nur bei der Betrachtung der *längerfristigen Folgewirkungen* beobachtet werden kann.[239] Die Zunahme von Kostenbewußtsein ist besonders deutlich in den größten Unternehmen und am geringsten in Unternehmen der Größenklasse 2 (mit 50 bis 500 Arbeitnehmern). Ähnlich ist das Bild bei der Betrachtung der Arbeitsproduktivität, wo ein stetiges Ansteigen der Produktivität mit zunehmender Unternehmensgröße zu verzeichnen ist. Möglicherweise kann dies durch ein höheres Ausgangsniveau an Kostenbewußtsein und Arbeitsproduktivität in kleineren und mittleren Unternehmen erklärt werden.

Eine individuelle Beurteilung der Veränderung der *Arbeitsproduktivität* durch den Personalabbau erfolgte durch in **Mitarbeiterbefragung** befragten Arbeitnehmer. Auch hier wird die Analyse um das Merkmal *Erfolgsorientierung und wirtschaftliches Denken* erweitert.

Vertiefende Ergebnisse der Mitarbeiterbefragung: Veränderung der Arbeitsproduktivität

Der Aussage "*Durch den Personalabbau ist die Produktivität gestiegen*" stimmen rund zwei Drittel aller Befragten nicht zu. Die Bewertung von *Erfolgsorientierung und wirtschaftlichem Denken* im unmittelbaren Umfeld ist dagegen deutlich günstiger, mit ca. 43 Prozent Zustimmung bei den Befragten. Beide Merkmale werden von den befragten Führungskräfte deutlich positiver bewertet als von der Gruppe der Nicht-Führungskräfte.

(B) Erhalt von Wissen und intellektuellem Kapital

Die Vermeidung des **Verlusts von wichtigem Wissen und wettbewerbsrelevanten Fähigkeiten** durch den Personalabbau und die Fähigkeit zum **Erhalt des intellektuellen Kapitals** stellt einen wichtigen Teil der Leistungskomponente betriebswirtschaftlichen Handelns dar. Wie bereits in Kapitel 4.1.3 gezeigt wurde, geht – so die These – neben dem spezifischen Know-how und den Qualifikationen der ausscheidenden Arbeitnehmer

---

[239]   Bei der Analyse der längerfristigen Veränderungen der in Frage V.33 untersuchten Folgewirkungen lassen sich nur für insg. 3 Merkmale signifikante Unterschiede von Unternehmen verschiedener Größenklassen nachweisen: Kostenbewußtsein, Konflikte und Arbeitsproduktivität.

auch ein erheblicher Anteil an Prozeßwissen, informellen Kommunikationswegen und Informationsnetzwerken verloren bzw. wird beeinträchtigt, was schlimmstenfalls in einem Verlust von Kernkompetenzen des Unternehmens resultieren kann.

Wesentliche Einflußfaktoren hierauf – die bereits als indirekte Effizienzwirkungen analysiert wurden – sind neben der Veränderungen der Zusammenarbeit und vor allem der Informationsflüsse auch Merkmale wie Qualität der Beziehungen oder Veränderungen der Innovations- und Veränderungsbereitschaft.

Als Vertiefung wurden in der Unternehmensbefragung die Auswirkungen des Personalabbaus auf die **Kernkompetenzen** untersucht, von denen der Erfolg des Unternehmens maßgeblich abhängt. Gefragt wurde weiterhin danach, ob der Verlust von Kernkompetenzen durch die rahmensetzenden Kriterien der Sozialauswahl begünstigt wird. Das dritte Kriterium zielte auf den Wissenstransfer von den ausgeschiedenen Arbeitnehmern an ihre verbleibenden Kollegen ab.

 Auswirkungen des Personalabbaus auf Wissen und Kernkompetenzen:

Einen deutlichen **Verlust von Kernkompetenzen** gab es lediglich in rund 10 Prozent der Unternehmen, 17 Prozent mußten einen teilweisen Verlust hinnehmen. 26 Prozent der Unternehmen bewerteten die Aussage: "Dem Unternehmen sind Kernkompetenzen verloren gegangen." als kaum zutreffend, und die Mehrheit von 47 Prozent der Unternehmen lehnte sie komplett ab.

Auch eine **'Schuld' der Kriterien der Sozialauswahl am Verlust von Kernkompetenzen** lehnt die absolute Mehrheit der Unternehmen komplett oder großteils ab (52 bzw. 21 Prozent der Unternehmen). Eine gewisse Zustimmung wird allerdings von rund 15 Prozent der Unternehmen ausgedrückt, 12 Prozent sind indifferent.[240]

Eine deutlich schlechtere Bewertung erfährt dagegen der Wissenstransfer in Form einer **Dokumentation und Weitergabe von Wissen an die Verbleibenden.** Nur bei 10 Prozent der Unternehmen wurde das Wissen vollständig, bei 30 Prozent immerhin weitgehend dokumentiert und weitergegeben. Bei jeweils rund 14 Prozent trifft dies aber überhaupt nicht bzw. nur in geringem Umfang zu. 32 Prozent der Unternehmen konnten das Wissen teilweise transferieren.

---

[240]   Zu berücksichtigen ist, daß bei diese Teilfrage eine hohe Quote (19%) von Antwortverweigerern auftrat, wobei davon auszugehen ist, daß diese Unternehmen keine Sozialauswahl getroffen haben.

Die Analyse der Unterschiede in der Bewertung durch verschiedene **Unternehmens-größen** ergab einen signifikanten Unterschied lediglich für das Merkmal *Verlust von Kernkompetenzen*: Die größten Unternehmen mit über 5000 Arbeitnehmern bewerten ihren Verlust an Kernkompetenzen deutlich gravierender als die Unternehmen der anderen Größengruppen. Die beste Bewertung erfolgte durch Unternehmen mit 50 bis 500 Arbeitnehmern, gefolgt von Unternehmen mit weniger als 50 Arbeitnehmern und Unternehmen mit 500 bis 5000 Arbeitnehmern.

Zusammenfassung der wichtigsten Ergebnisse und Schlußfolgerungen:

Managementbox 20:
Erhalt von Erfolgspotentialen und Arbeitsproduktivität

In der Bewertung der *befragten Unternehmen*, kam es sowohl kurz- als auch längerfristig zu einer eindeutigen und relativ starken Verbesserung der **Arbeits-produktivität** im Zusammenhang mit Personalabbau. Der kurzfristige starke Anstieg des **Kostenbewußtseins** bestätigte sich längerfristig dagegen nicht im gleichen Ausmaß. Ein Zusammenhang mit der Unternehmensgröße ist bezüglich beider Merkmale vor allem bei der längerfristigen Bewertung zu verzeichnen, wobei – im Gegensatz zum sonstigen Bild – größere Unternehmen zu besseren Bewertungen kommen. Die besonders positive Einschätzung der Produktivitätsentwicklung aus der Perspektive der Unternehmensleitung steht allerdings in Gegensatz zur bereits oben dargestellten Bewertung der Erreichung der mit Personalabbau verfolgten Zielsetzungen – ein Großteil der Unternehmen konnte eine erwartete Steigerung der Personalleistung bzw. Senkung der Personalkosten nur teilweise oder nicht erreichen (vgl. hierzu Abbildung 10–1) – und muß daher zum Teil relativiert werden.

In dem in der Mitarbeiterbefragung untersuchten Unternehmen konnte – aus der Perspektive der *befragten Mitarbeitern* – kein Anstieg der Produktivität durch den Personalabbau verzeichnet werden, wobei Führungskräfte dies tendenziell etwas besser bewerten. Möglicherweise beruht diese positive Einschätzung auf einer gewissen Wahrnehmungsverzerrung im Sinne einer (nachträglichen) Rechtfertigung der bereits durchgeführten Personalabbaumaßnahmen ("der Zweck heiligt die Mittel") bzw. ein 'Schutz' vor weiteren Einsparungsmaßnahmen. Ein Vorhandensein von 'Erfolgsorientierung und wirtschaftlichem Denken in der eigenen Abteilung' wird von den Mitarbeitern und Führungskräften gleichermaßen unterstellt.

⇨ Maßnahmen, die in positivem Zusammenhang mit einer Verbesserung von Arbeitsproduktivität und Kostenbewußtseins stehen, sind vor allem

- die Erweiterung der Entscheidungs- und Kontrollspielraums sowie
- eine stärkere Einbeziehung in Verbesserungsprozesse.

⇨ Ein positiver Einfluß auf das Kostenbewußtsein geht weiterhin von

- der Einführung von Zielvereinbarungen,
- Personal- und Mitarbeitergesprächen und
- einer Flexibilisierung der Arbeitszeit aus.

Einen **Verlust von Kernkompetenzen** im Zusammenhang mit dem Personalabbau mußte nur rund ein Viertel der befragten Unternehmen – vor allem große Unternehmen mit mehr als 5000 Arbeitnehmern – verzeichnen, wobei dafür teilweise die Kriterien der Sozialauswahl, z.B. die Auswahl der abzubauenden Mitarbeiter betreffend, verantwortlich gemacht werden. Eine deutlich schlechtere Bewertung erfährt dagegen der **Wissenstransfer** in Form einer Dokumentation und Weitergabe von Wissen an die Verbleibenden. In rund 60 Prozent der Unternehmen konnte das Wissen nur teilweise oder überhaupt nicht transferriert werden.

⇨ Zur Vermeidung des Verlusts von wichtigem Wissen und zum Erhalt des vor allem in den Mitarbeitern gebundenen intellektuellen Kapitals des Unternehmens ist dessen explizite Berücksichtigung in der Planung und Vorbereitung von Personalabbauprozessen erforderlich in enger Zusammenarbeit mit dem unternehmerischen Wissensmanagement.

⇨ Vor allem die ausscheidenden Arbeitnehmer sollten durch entsprechende unterstützende Angebote motiviert werden, relevante Sachinformationen und Wissen über Abläufe und Verfahren zu dokumentieren und weiterzugeben. Die verbleibenden Arbeitnehmer sollten durch geeignete Entwicklungsmaßnahmen sowie durch eine eventuelle Anpassung des Anreizsystems bei der Übernahme neuer Aufgabenfelder gefördert werden.

6.3.3   Beziehungen zu den Stakeholdern

Wie bereits in der Einleitung zu diesem Teilkapitel ausgeführt, stellt die Betrachtung der Interessen der verschiedene Stakeholder am Unternehmen quasi ein Bindeglied zwischen der Betrachtung sozialer und ökonomischer Effizienzdimensionen dar. Eine Differenzierung der Bewertung der Interessen und Ansprüche der beiden wesentlichen internen Interessengruppen bildete ein wesentliches Forschungsziel und war Schwerpunkt vor allem der Mitarbeiterbefragung. Als Ergänzung und zur Abrundung der Forschungsperspektive wird im folgenden kurz auf die Veränderungen der Beziehungen zu den weiteren **Stakeholdern des Unternehmens** eingegangen. Dazu wurden die befragten Unternehmen um eine Einschätzung der Veränderung der Beziehungen zu verschiedenen Interessengruppen gebeten.

Veränderung der Beziehungen zu den Stakeholdern:

In der folgenden Abbildung 10–4 sind die Veränderungen der Beziehungen zu den einzelnen Stakeholder-Gruppen detailliert dargestellt (geordnet nach dem Faktor Verbesserung gegenüber vor dem Personalabbau).

Wie zu erwarten war, zeigt sich das Bild der Veränderung der Beziehungen gegenüber den *Arbeitnehmern* mit am uneinheitlichsten: Eine Verschlechterung der Beziehungen ließ sich in 21 Prozent der Unternehmen feststellen, 63 Prozent verzeichneten keine Veränderung und 16 Prozent sogar eine Verbesserung. Eine ebenfalls nicht unerhebliche Verschlechterung erfuhren die Beziehungen zu den *Gewerkschaften* sowie die Attraktivität gegenüber (potentiellen) *Bewerbern* in einem Teil der Unternehmen.

Überraschend ist dagegen der relativ hohe Anteil an Unternehmen, die gegenüber der *Öffentlichkeit und Presse* und den *Kunden* sogar eine Verbesserung der Beziehungen verzeichnen.

Dagegen steht die Verbesserung der Beziehungen zu den *Kreditgebern* und *Anteilseignern* wohl in einem direkten Zusammenhang mit dem hiermit bestätigten Klischee "Ankündigung von Personalabbau = Anstieg der Aktienkurse".

Der Vergleich der Bewertungen nach der **Unternehmensgröße** ergab lediglich für die *Beziehungen zu den Arbeitnehmern* einen signifikanten Unterschied, wobei eine konstante Verschlechterung der Beziehungen zu den Arbeitnehmern mit zunehmender Unternehmensgröße zu beobachten ist. Interessant ist auch der Zusammenhang zwischen der **Größe des Handlungsdrucks** und den *Beziehungen zu Öffentlichkeit und Presse*: Unternehmen, die sich in einer unmittelbaren Krise befinden bzw. bei denen sich eine Krise bereits deutlich abzeichnete, haben eine deutlich bessere Beziehung zur Öffentlichkeit und zur Presse, als diejenigen Unternehmen, in denen eine Krise unwahrscheinlich oder gar nicht absehbar war (in diesen Unternehmen blieb die Beziehung zu Öffentlichkeit und Presse weitgehend gleich).

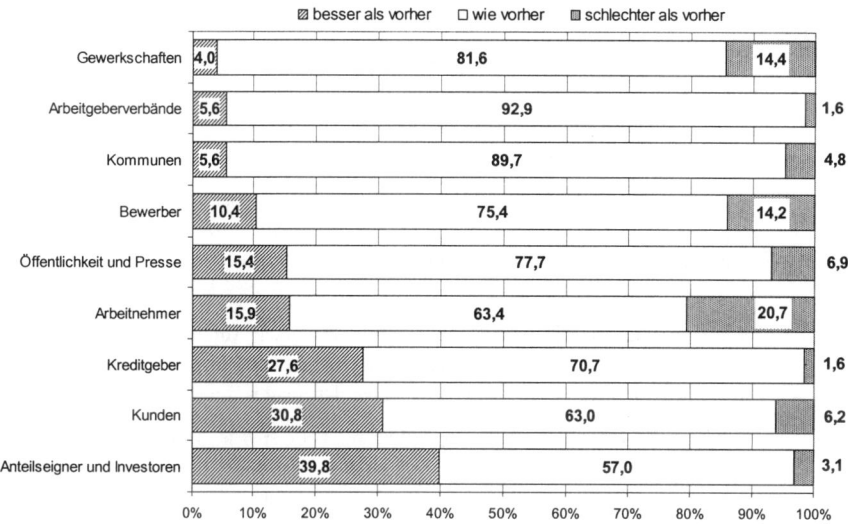

Abbildung 6-4:   Veränderung der Beziehungen zu den Stakeholdern

6.3.4   Wirkungen auf den Gesamterfolg des Unternehmens

Abschließend stellt sich die Frage, welche Wirkungen vom Personalabbau auf den **Un-ternehmenserfolg insgesamt** und somit auf die Überlebenschancen des Unternehmens ausgehen. Eine ganzheitliche Analyse der Wirkungen von Personalabbau auf den Un-ternehmenserfolg ist nicht unproblematisch, da es eine Vielzahl verschiedener Erfolgs-konzepte gibt. Deshalb werden im folgenden – als etablierte betriebswirtschaftliche Er-folgsgrößen – der *operative Unternehmenserfolg* (Gewinn, Betriebsergebnis etc.), der *Umsatz bzw. Marktanteil* sowie der *Unternehmenswert* (Shareholder-Value, Börsenkurs etc.) näher betrachtet.[241]

---

[241]   Auch wenn im Fragebogen explizit danach gefragt wurde, inwieweit sich die folgenden Zielgrößen *durch den Personalabbau* verändert haben, ist dennoch anzunehmen, daß bei der individuellen Veränderung von operativen Erfolgsgrößen, Umsatz bzw. Marktanteil sowie dem Unternehmens-wert auch eine Reihe weiterer interner und externer Einflußfaktoren, wie z.B. die Branchenent-wicklung oder die allgemeine Aktienkursentwicklung, eingewirkt haben. Diese Effekte lassen sich allerdings nicht quantitativ bewerten und müssen daher für die vorliegende Auswertung unberück-sichtigt bleiben.

Wirkungen des Personalabbaus auf betriebswirtschaftliche Erfolgsgrößen

Insgesamt hat sich der **Unternehmenserfolg** in den meisten befragten Unternehmen verbessert. Allerdings war bei einigen Unternehmen auch eine Konstanz oder sogar eine Verschlechterung der verschiedenen Indikatoren für Unternehmenserfolg zu beobachten (vgl. die folgende Abbildung).

Bei der Mehrheit der Unternehmen sind durch den Personalabbau der *operative Erfolg* (75 Prozent der Unternehmen), der *Unternehmenswert* (63 Prozent) sowie der *Umsatz bzw. Marktanteil* (44 Prozent) **gestiegen.**

Der Anteil der Unternehmen, bei denen sich *Umsatz oder Marktanteil* **nicht verändert** hat, ist mit 41 Prozent ebenfalls sehr hoch, wohingegen die *operativen Erfolgsgrößen* nur in 21 Prozent der Unternehmen unverändert geblieben sind. Der *Unternehmenswert* blieb bei einem Drittel der Unternehmen gleich.

Eine deutliche **Verschlechterung** erfuhr der *Umsatz bzw. Marktanteil* in rund 15 Prozent der Unternehmen, was möglicherweise durch die Betrachtung der Ursachen des Personalabbaus oder die allgemeine Entwicklung der Branchensituation erklärbar ist. Die *operativen Erfolgsgrößen* und der *Unternehmenswert* verschlechterten sich dagegen nur in rund 4 Prozent der Unternehmen.

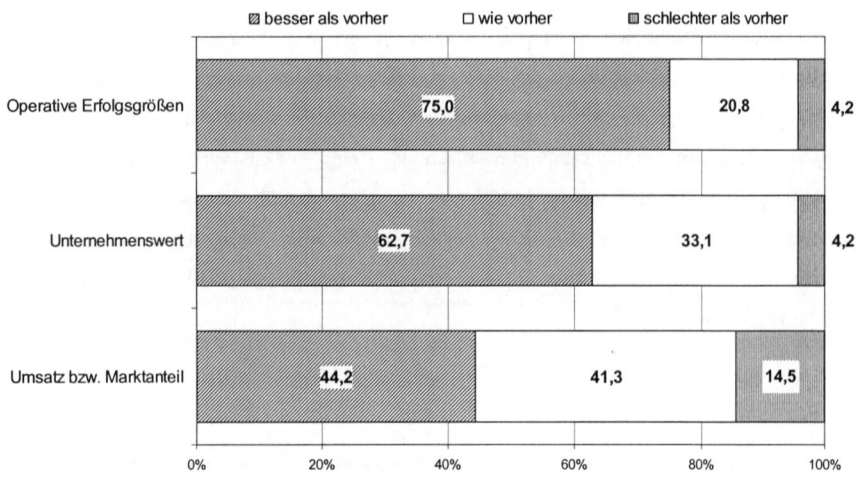

Abbildung 6-5:   Wirkungen des Personalabbaus auf den Unternehmenserfolg

Der stärkste Zusammenhang zwischen den Wirkungen des Personalabbaus auf den Unternehmenserfolg und der **Unternehmensgröße** kann bei der Entwicklung des *Unternehmenswertes* beobachtet werden: Während rund 82 Prozent der Unternehmen der Größenklasse 4 (über 5000 Arbeitnehmer) und 61 Prozent der Größenklasse 3 (500 bis 5000 Arbeitnehmer) eine Verbesserung des Unternehmenswertes angaben, so gelang dies in kleineren Unternehmen deutlich seltener (Größenklasse 1: 33 Prozent und Größenklasse 2: 35 Prozent). Dies kann als Indiz dafür gedeutet werden, daß insbesondere in Großunternehmen die Ankündigung von Personalabbau als Ausdruck von "Shareholder-Value-Orientierung" gesehen und durch den Kapitalmarkt belohnt wird, beispielsweise mit einem Anstieg der Aktienkurse.

Ein etwas differenzierteres Bild ergibt sich bei der Betrachtung der *operativen Erfolgsgrößen* und des *Umsatzes bzw. Marktanteils*. Hinsichtlich beider Werte schneiden die kleinsten Unternehmen am besten ab, gefolgt von den Unternehmen der Größenklasse 4. Während sich die operativen Erfolgsgrößen im Durchschnitt bei allen Unternehmen tendenziell verbesserten, ergab sich bei den Unternehmen der Größenklasse 3 und 4 im Durchschnitt keine Verbesserung des Umsatzes bzw. Marktanteils, wobei in beiden Fällen die Unternehmen mit 50 bis 500 Arbeitnehmern an letzter Stelle liegen.

Zusammenfassung der wichtigsten Ergebnisse und Schlußfolgerungen:

Managementbox 21:
Wirkungen des Personalabbaus auf betriebswirtschaftliche Erfolgsgrößen

Der Unternehmenserfolg hat sich im Großteil der untersuchten Unternehmen verbessert – ob trotz oder gerade wegen des Personalabbaus ist allerdings schwer abgrenzbar. Eine besonders positive Entwicklung haben die **operativen Erfolgsgrößen**, wie Gewinn, Betriebsergebnis etc., erfahren. Rund drei Viertel der Unternehmen geben eine Verbesserung gegenüber der Zeit vor dem Personalabbau an.

Auch der **Unternehmenswert** ist in rund 62 Prozent der Unternehmen gestiegen, wobei hier vor allem die größeren Unternehmen eine erheblich bessere Bewertung vornehmen als kleine oder mittlere Unternehmen. Allerdings spiegeln sich die verbesserten operativen Ergebnisse nicht im gleichen Umfang im Unternehmenswert wider. Dies ist möglicherweise ein Indiz dafür, daß kurzfristige Erfolge durch längerfristige Nachteile, z.B. eine Vernachlässigung der strategischen Planung, Einsparungen bei der Fort- und Weiterbildung etc. erkauft worden sind.

Weniger eindeutig ist das Bild bei Betrachtung der **Entwicklung von Umsatz und Marktanteil**: Eine Steigerung können diesbezüglich rund 45 Prozent der Unternehmen verzeichnen, bei 41 Prozent ergab sich keine Veränderung. Ebenso wie bei den operativen Erfolgsgrößen können hier besonders die kleinen (bis 50 Arbeitnehmer) und die ganz großen Unternehmen (über 5000 Arbeitnehmer) deutlichere Erfolge verbuchen. Am schlechtesten schneidet die Entwicklung von Umsatz- und Marktanteilen bei Unternehmen mit 500 bis 5000 Arbeitnehmern ab. Obwohl hierfür sicher auch eine Reihe externer Faktoren, wie z.B. die Branchenentwicklung, mitverantwortlich sein dürfte, ist auch ein Zusammenhang mit einer möglichen Verschlechterung der Kundenbeziehungen denkbar.

⇨ Die Verbesserungen der genannten betriebswirtschaftlichen Erfolgsgrößen, vor allem die **Steigerung des Unternehmenswertes**, stehen – laut Analyse der Maßnahmen und Einflußfaktoren des Personalabbaus – vor allem in Zusammenhang mit der Erhöhung der Arbeitsmenge. Wie bereits mehrfach gezeigt wurde, ist es erforderlich, die daraus resultierenden Belastungen durch eine Anpassung der Arbeitsstrukturen und -prozesse aber auch durch zielgerichtete Qualifikation und Unterstützung abzufedern, um möglichen längerfristigen 'Verschleißerscheinungen' vorzubeugen.

⇨ Weitere signifikante Zusammenhänge mit einer Steigerung des Unternehmenswertes bestehen zu Maßnahmen des Personalabbaus i.e.S. (Beendigung von Beschäftigungsverhältnissen und Änderungen der Arbeitszeit), wie z.B. Abschluß von Aufhebungsverträgen oder Vorruhestandsregelungen. Ein positiver Einfluß geht auch von einer Reihe von flankierenden Angeboten an verbleibende Arbeitnehmer aus, wie z.B. Maßnahmen zur Teamentwicklung bzw. Weiterbildungs- und Qualifizierungsmaßnahmen, Einführung von Zielvereinbarungen, Personal- und Mitarbeitergespräche oder Karriereberatung.

⇨ Bei der Betrachtung der Entwicklung von **Umsatz und Marktanteil** fällt vor allem der positive Einfluß der Einführung von Erfolgs- oder Kapitalbeteiligungen, Maßnahmen zur Teamentwicklung sowie Personal- und Mitarbeitergesprächen auf. Zur Verbesserung der Kundenbeziehungen können gezielte Marketing- und Imagemaßnahmen beitragen: Stammkunden sollten frühzeitig über Veränderungen der Ablauforganisation, beispielsweise im Entwicklungs- oder Absatzbereich, sowie über eventuelle neue Ansprechpartner informiert werden.

6.4 Zusammenfassung der Ergebnisse

Zur Analyse der Wirkungen von Personalabbau wurden

- zum einen die Ergebnisse der **Unternehmensbefragung** herangezogen, in der die befragten Unternehmer oder Personalverantwortlichen in der Regel unmittelbar nach möglichen Wirkungen und Folgen des Personalabbau befragt wurden. Dabei erfolgte eine Differenzierung nach den beiden Situationsvariablen *Unternehmensgröße* und *Größe des Handlungsdrucks* (Unternehmenskrise) – als denjenigen Merkmalen, die sowohl in der Situations- als auch in der Maßnahmenanalyse als zentrale Bestimmungsfaktoren von Personalabbauprozessen identifiziert wurden (für eine Zusammenfassung der wichtigsten Unterschiede vgl. unten, Abbildung 6-7 und Abbildung 6-8).

- Zum anderen wurden im Kapitel 6 zur Ergänzung bzw. Vertiefung der Analyse die Ergebnisse der **Mitarbeiterbefragung** berücksichtigt, wobei hierbei weniger die absoluten Resultate der Befragung – die individuelle Einschätzung der befragten Mitarbeiter bezüglich des in ihrem Unternehmen durchgeführten Personalabbauprozesses – von Bedeutung sind. Das Forschungsinteresse richtete sich vielmehr auf die Möglichkeiten einer *Differenzierung der Bewertung von Führungskräften und Nicht-Führungskräften,* da es dadurch möglich war, auch die Ergebnisse der Unternehmensbefragung, bei der aus forschungsökonomischen Gründen diese Differenzierung nicht durchgeführt werden konnte, bezüglich einer vermuteten Voreingenommenheit der Befragten in verschiedenen Punkten zu relativieren. Hintergrund ist die – an vielen Stellen bestätigte – Annahme, daß Führungskräfte bestimmte Folgewirkungen des Personalabbaus positiver bewerten als die betroffenen Arbeitnehmer selbst. Mögliche Gründe hierfür liegen in einer geringeren unmittelbaren Betroffenheit durch den Personalabbau (in Kapitel 5.1.1 wurde gezeigt, daß Führungskräfte relativ gesehen geringer von Personalabbau betroffen waren) oder den besseren Möglichkeiten, die mit Personalabbauprozessen verbundenen Umbruchphasen zum eigenen Vorteil zu nutzen (vgl. z.B. die Unterschiede in der Bewertung der Veränderungen der Arbeit, Kapitel 6.2.1). Die vertiefende Analyse der verschiedenen Arten von Folgewirkungen und ihrer unterschiedlichen Beurteilung erlaubte darüber hinaus einen präziseren zielgruppenorientierten Einsatz von Maßnahmen und Angeboten. Beispielsweise ist es von besonderem Interesse zu prüfen, ob und inwiefern sich die Bewertungen des Personalabbaus durch Teilgruppen von Mitarbeitern mit unterschiedlicher Bereitschaft zur Fluktuation unterscheiden. Durch die Identifizierung derjenigen Folgewirkungen von Personalabbau, die durch die Mitarbeiter mit hoher Fluktuationsbereitschaft besonders negativ eingestuft werden, ist es möglich, Gegenmaßnahmen speziell für diese Zielgruppe zu konzipieren, um so eine unerwünschte Fluktuation von Leistungsträgern zu verhindern.

▪ Neben der Betrachtung der absoluten Ergebnisse zum Auftreten von Folgewirkungen durch Personalabbau erfolgte eine Analyse der in Kapitel 1 (Trennungsmanagement 2: Maßnahmen und Instrumente des Personalabbaus) identifizierten **Gestaltungsalternativen als Einflußfaktoren** auf die in Kapitel 6.2 untersuchten Folgewirkungen des Personalabbaus sowie die in Kapitel 6.3 dargestellten Erfolgsfaktoren. Aus der Kenntnis der Zusammenhänge einzelner Folgewirkungen mit den unterschiedlichen Maßnahmen und Angeboten des Personalabbaus sowie der Änderung von Arbeitsbedingungen können wichtige Gestaltungsempfehlungen im Sinne eines 'folgenminimalen Trennungsmanagements' abgeleitet werden. Geprüft wurde weiterhin, inwieweit die verschiedenen Maßnahmen und Angebote des Personalabbau zu einer Veränderung der Erfolgsgrößen beitragen bzw. wie sie im Sinne einer aktiven Gestaltung des Trennungsmanagements eingesetzt werden können.

Bei der Analyse der Wirkungen von Personalabbau ergeben sich folgende **besonders interessanten Ergebnisse:**

(1) Bewertung des Personalabbauprozesses

Die beiden wichtigsten Kriterien bei der Bewertung des Personalabbauprozesses sind zum einen
- die *Erreichung der Ziele des Personalabbaus* (als Ausdruck der ökonomischen Effizienz) und zum anderen eine
- *Beurteilung der Härte des Personalabbaus* (als Ausdruck der sozialen Effizienz).

Die Analyse der mit einem Personalabbau verfolgten **Ziele** zeigt, daß die personalabbauenden Unternehmen nicht alle ihre Ziele erreichen konnten: Relativ häufig konnten
zwar die Kapazitätsziele vollständig im geplanten Umfang erreicht werden, die gewünschte Senkung der Personalkosten wurde dagegen von weniger als der Hälfte der
Unternehmen in vollem Umfang realisiert. Geplante Veränderungen von Qualifikationsstruktur und Unternehmenskultur entzogen sich großteils der aktiven Beeinflussung.
Interessant ist, daß sich auch hinsichtlich der Zielerreichung – ähnlich wie bei der Betrachtung der verschiedenen Zielorientierungen – keine signifikanten Zusammenhänge
zur Unternehmensgröße ergeben. Besonders auffällig ist dagegen der starke Einfluß von
Unternehmensgröße und Größe des Handlungsdrucks auf den Effizienzindikator **Zielgenauigkeit des Personalabbaus**: Zum einen ist besonders die eindeutige Bevorzugung
von zielgenauer Personalauswahl nach dem 'Scharfschützen'-Prinzip durch die kleineren
Unternehmen anzumerken; dagegen ist in Zeiten akuter Unternehmenskrisen eine überdurchschnittliche Auswahl nach dem 'Schrotflinten'-Prinzip zu beobachten. Interessant
ist, daß die zusammenfassende (Eigen-)Bewertung der Unternehmen bezüglich der
'Härte' des Personalabbaus weitgehend unabhängig von der Unternehmensgröße erfolgt. Dagegen überrascht kaum, daß die befragten Unternehmen in akuten Krisensitua-
tionen ihren Personalabbau wesentlich härter bewerten.

Bei der individuellen Betrachtung der – subjektiv empfundenen – Ursachen des Personalabbaus fällt auf, daß die betroffenen Führungskräfte die Ursachen des Personalabbaus eher den äußeren Rahmenbedingungen (schlechte wirtschaftliche Lage bzw. technologischer Fortschritt und Rationalisierungen) zuschreiben, wohingegen aus Sicht der
Arbeitnehmer die Ursache 'Fehler der Unternehmens- und Konzernleitung' eine höhere
Relevanz aufweist und Auslöser für ein mögliches Ungerechtigkeitsempfinden ist. Dagegen ergaben sich hinsichtlich der Bewertung der *Sachlichkeit der Abbauentscheidung*
und der Bewertung der *Vermeidbarkeit von Personalabbau* keine Unterschiede zwischen Führungskräften und Arbeitnehmern.

(2) Folgewirkungen des Personalabbaus

Bereits die umfassende Literaturanalyse zeigte, daß vom Personalabbau nachhaltige
Wirkungen auf eine Vielzahl von Variablen der Organisation und des Verhaltens ausge-

hen, aus denen zum einen bereits direkt auf die Effizienz des Personalabbaus geschlossen werden kann, und die sich zum anderen – in ihrer Funktion als Moderatorvariablen – in einer Veränderung der ökonomischen und sozialen Effizienz niederschlagen. Diese Wirkungen können sowohl funktionaler als auch dysfunktionaler Natur sein.

Die Veränderungen der wichtigsten untersuchten Einflußgrößen sind in der folgenden Übersicht zusammengefaßt. Aus Gründen der Vereinfachung erfolgt für jede Variable eine normative Vorbelegung, obgleich dieses Vorgehen teilweise nicht unproblematisch ist (z.B. bei der Beurteilung von Konflikten).

Folgewirkungen des Personalabbaus (Unternehmensbefragung, Frage V.33) * negative Items	negativer Effekt / keine Änderung / positiver Effekt	Mittelwert (Stand.) kurz-fristig $\bar{x}$	länger-fristig $\bar{x}$
Leistungsmotivation		0,41	0,49
Identifikation und Loyalität		-0,25	0,25
Absentismus*		0,58	0,45
Freiwillige Fluktuation von Leistungsträgern*		0,08	0,16
Gegenseitiges Vertrauen		-0,29	0,09
Qualität und Effizienz der Führung		0,31	0,48
Zentralisierung wichtiger Entscheidungen*		-0,18	-0,01
Teamwork		0,40	0,54
Konflikte*		-0,17	0,04
Informationsfluß		0,34	0,40
Betriebsklima und Arbeitsmoral		-0,30	0,32
Druck durch politische Interessengruppen*		0,25	0,28
Innovations- und Veränderungsbereitschaft		0,61	0,67
Strategische Planung und Kontrolle		0,33	0,42
Zunahme von kurzfristigem, krisenorientiertem Denken*		-0,44	-0,22

Abbildung 6-6:   Folgewirkungen von Personalabbau (Zusammenfassung)

▪ **Veränderungen der Arbeit:** Im Zusammenhang mit Personalabbau erfolgt notwendigerweise ein Anpassung von Aufbau- und Ablauforganisation der direkt betroffenen Bereiche sowie häufig auch des weiteren Unternehmensumfeldes. Die aus diesen Veränderungen der Arbeit des einzelnen Arbeitnehmers resultierende *Belastung (Erhöhung der Arbeitsmenge* sowie *vertikales und horizontales Job Enlargement)* wird in beiden Erhebungen als ein relevantes Problem im Umfeld eines Personalabbaus angegeben. Im Sinne eines 'folgenminimalen' Trennungsmanagements gilt es zunächst, diese Belastungen soweit wie möglich abzufedern; gleichzeit kommt der Anpassung der Arbeitsinhalte und Arbeitsbedingungen aber auch eine wichtige Gestaltungsfunktion zu, weshalb sie auf ihre Wechselwirkungen mit den übrigen Folgewirkungen und Erfolgsgrößen untersucht wurden.

- **Veränderungen der Leistungsbereitschaft:** Sowohl Unternehmens- als auch Mitarbeiterbefragung kommen zu einer überaus positiven Beurteilung der Veränderung der Leistungsbereitschaft. Dagegen beeinflußt Personalabbau die innere Einstellung gegenüber dem Unternehmen erheblich, was sich vor allem in der kurzfristigen Verschlechterung von **Identifikation und Loyalität** zeigt. Auffällig ist dies insbesondere in größeren Unternehmen. Auch wenn im Großteil der befragen Unternehmen **Absentismus** insgesamt zurückgegangen ist, ist zu berücksichtigen, daß dieser positive Effekt kurzfristig stärker ist als in der längerfristigen Betrachtung und dahingehend eine Ausnahme aller beobachteten Einzeleffekte darstellt. Die Gefahr einer **ungewollten Fluktuation von Leistungsträgern** wurde von den Unternehmen recht uneinheitlich bewertet; am stärksten sind davon die ganz großen Unternehmen mit mehr als 5000 Arbeitnehmern betroffen. Durch die Mitarbeiterbefragung konnten diejenigen Faktoren identifiziert werden, die dazu beitragen, Fluktuationsbereitschaft zu verringern: erhöhte Aufmerksamkeit ist dabei Maßnahmen zu widmen, die auf die eher 'weichen' Faktoren, wie Vertrauen, Zusammenhalt, Betriebsklima etc., abzielen. Dagegen erhöht Unzufriedenheit mit den Informationsflüssen, mit der Effizienz von Prozessen und mit der Kundenorientierung die Fluktuationsbereitschaft.

- **Veränderungen der Vertrauensbeziehungen:** Aus Sicht der befragten Personalverantwortlichen hat sich die anfängliche starke Verschlechterung der gegenseitigen Vertrauensbeziehungen längerfristig weitgehend neutralisiert. Auffälliges Ergebnis der Mitarbeiterbefragung ist die deutliche Unterscheidung in der Bewertung der Vertrauensbeziehungen zum näheren Umfeld (Kollegen, direkte Vorgesetzte, Betriebsrat) gegenüber dem Vertrauen zu Unternehmens- und Konzernleitung, welche weitaus schlechter bewertet wurden.

- **Veränderungen im Führungsverhalten:** Während sich aus Sicht der befragten Personalverantwortlichen die Führungsqualität im Zusammenhang mit Personalabbau kurz- und erst recht längerfristig merklich verbessert hat, bewerten die befragten Mitarbeiter die Qualität und Effizienz der Führung in ihrem Unternehmen ambivalent. Eine **Tendenz zur Zentralisierung wichtiger Entscheidungen** – in der Unternehmensbefragung ist diese deutlich ausgeprägt – tritt vor allem in den Bereichen auf, die direkt von Personalabbau betroffen waren, und die nun verstärkt auf Formalien und 'Dienst nach Vorschrift' zurückgreifen.

▪ **Veränderungen der Zusammenarbeit:** Erstaunlicherweise befand eine Mehrheit der befragten Personalverantwortlichen, daß sich in ihren Bereichen **Teamwork** sowohl kurz- als auch längerfristig tendenziell verbessert habe. Dieses Bild bestätigt auch die Befragung der Mitarbeiter, die sowohl Zusammenhalt in der Abteilung als auch Zusammenarbeit im Team weitgehend positiv bewerten. Ein typisches Problem von Personalabbau scheint dagegen – vor allem in den größeren Unternehmen – die kurzfristige **Zunahme von Konflikten** zu sein. In der Mitarbeiterbefragung konnte als relevantes Problemfeld das Merkmal 'Konkurrenz um knappe Ressourcen zwischen den Abteilungen' identifiziert werden. Auch wenn sich aus Sicht der Unternehmen der **Informationsfluß** sowohl kurz- als auch längerfristig verbessert, sind vor allem Nicht-Führungskräfte mit der Durchlässigkeit des Informationsflusses eher unzufrieden.

▪ **Veränderungen des Betriebsklimas:** Ein besonders gravierender Nebeneffekt von Personalabbau ist – so die Ergebnisse von sowohl Unternehmens- als auch Mitarbeiterbefragung – die (kurzfristige) Verschlechterung des **Betriebsklimas.** Aus Sicht der befragten Unternehmen gleicht sich dieses Bild aber in der längerfristigen Betrachtung weitgehend aus. Eine Zunahme von **Druck durch spezielle Interessengruppen** ist laut Unternehmensbefragung nur bei einem kleinen Teil der befragten Unternehmen spürbar geworden und tritt – wenn überhaupt – vorwiegend in großen Unternehmen (über 5000 Arbeitnehmer) auf. In der Mitarbeiterbefragung ergibt sich hinsichtlich dieses Merkmals ein widersprüchliches Bild: Während man im direkten gegenseitigen Umgang um Sachlichkeit bemüht ist, scheint es 'hinter den Kulissen' zu 'brodeln', was sich in einer sehr negativen Bewertung des Items 'Politisierung und Machtkämpfe' niederschlägt.

▪ **Innovations- und Veränderungsbereitschaft:** Aus den Ergebnissen der Unternehmensbefragung kann geschlossen werden, daß sich – trotz Personalabbaus – die **Bereitschaft zu Veränderungen und Innovationen** sowie die Anbindung der dafür erforderlichen Systeme verbessert hat, wobei allerdings eine Verlagerung hin zu kurzfristigem Erfolgsdenken zu berücksichtigen ist. Auch die befragten Mitarbeitern bewerten ihre Innovationsbereitschaft gut, wobei Nicht-Führungskräfte generell weniger zufrieden mit ihren Möglichkeiten zur kreativen Entfaltung bzw. mit der Aufgeschlossenheit gegenüber Veränderungen sind. Auch die **Intensität und Anbindung der strategischen Planung und Kontrolle** (im Sinne einer Zunahme von kurzfristigem, krisenorientiertem Denken zu lasten von längerfristiger Planungsintensität und -qualität) im Zusammenhang mit Personalabbau wird von den Mitarbeitern deutlich schlechter beurteilt als es die positiven Ergebnisse der Unternehmensbefragung vermuten lassen.

Bei näherer Betrachtung dieser Variablen fällt auf, daß sich eine **grundlegende Veränderung im Beziehungsgefüge zwischen dem Unternehmen und den Arbeitnehmern** andeutet: Durch eine zunehmende Transaktionalisierung entstehen dem Unternehmen zwar Vorteile, wie z.B. eine gestiegene Leistungsmotivation oder Veränderungsbereitschaft. Aber es müssen gleichzeitig die dafür typischen Nachteile in Kauf genommen werden, wie z.B. der Verlust von Vertrauen, Identifikation und Loyalität. Personalabbauende Unternehmen sollten sich somit des Risikos bewußt sein, daß Personalabbau tiefgreifende Spuren in der Qualität der Beziehung zwischen Unternehmen und Arbeitnehmern hinterläßt und zu einer deutlichen Transaktionalisierung des **impliziten psychologischen Kontraktes** beiträgt.

(3) Wirkungen auf soziale und ökonomische Erfolgsgrößen

- Bei der Analyse der Wirkungen auf soziale und ökonomische Erfolgsgrößen wurden zunächst ausgewählte **Kriterien der sozialen Effizienz** in einer differenzierten Analyse betrachtet. Die kurzfristige Verschlechterung der **Arbeitszufriedenheit** – die in der Unternehmensbefragung ermittelt wurde – steht in Einklang mit der ebenfalls beobachteten kurzfristigen Verschlechterung von Identifikation und Loyalität, gegenseitigem Vertrauen, Betriebsklima und Arbeitsmoral sowie der Zunahme von Konflikten. Diese negativen Wirkungen werden vor allem in größeren Unternehmen beobachtet und gleichen sich in der längerfristigen Betrachtung zum Teil wieder aus. In der differenzierten Erhebung bei von Personalabbau betroffenen Arbeitnehmern fällt – wie bereits an anderer Stelle – der Unterschied in der Bewertung des unmittelbaren Umfeldes (eigene Tätigkeit, direkte Vorgesetzte, Zusammenhalt in der eigenen Abteilung etc.) und des weiteren Umfeldes (Zufriedenheit mit dem Unternehmen, Vertrauen zu Unternehmens- und Konzernleitung etc.) auf, wobei das nähere Umfeld meist erheblich besser beurteilt wird.

Eine besondere Bedeutung erfährt der Faktor 'Wahrscheinlichkeit, woanders Arbeit zu finden', der bei den Arbeitnehmern in der Mitarbeiterbefragung erhoben werden konnte, dahingehend, daß er sich als interessantes Kriterium für die Bewertung der Effizienz von Personalabbau erweist. So kann beispielsweise festgestellt werden, daß Weiterbildungs- und Qualifizierungsangebote, welche die (objektive) Beschäftigungsfähigkeit der Arbeitnehmer sowie das (subjektive) Sicherheitsempfinden (z.b. empfundene Wahrscheinlichkeit, woanders Arbeit zu finden) der Arbeitnehmern verbessern, helfen, negative Folgewirkungen bei den Verbleibenden, wie z.B. Verschlechterung von Innovationsfähigkeit, Teamgeist, Arbeitszufriedenheit etc., zu vermeiden.

Sowohl in der Unternehmens- als auch in der Mitarbeiterbefragung bestätigt sich die hohe Relevanz der **Streßbelastung** der Arbeitnehmer in den einzelnen Phasen des Personalabbaus. Dagegen konnte in der Mehrzahl der befragten Unternehmen keine wesentliche Zunahme gesundheitlicher Beeinträchtigungen durch **Arbeitsunfälle, Herzinfarkte und Berufserkrankungen** beobachtet werden. Allerdings scheint – zumindest kurzfristig – die Wahrscheinlichkeit des Auftretens von **Familienkrisen** als Folgewirkung von Personalabbau relativ hoch.

- Bei der Analyse der Veränderungen von **Erfolgspotentialen und Arbeitsproduktivität** ergab sich ein gravierender Unterschied zwischen einerseits der Bewertung der befragten Unternehmen und andererseits der befragten Mitarbeiter. Während die Personalverantwortlichen in der Unternehmensbefragung glauben, im Zusammenhang mit Personalabbau sowohl kurz- als auch längerfristig eine eindeutige und relativ starke *Verbesserung der Arbeitsproduktivität* verzeichnen zu können, wird ein Anstieg der Produktivität durch den Personalabbau von den befragten Mitarbeitern durchweg *negiert* (auch wenn die betroffenen Führungskräfte diesen Faktor etwas positiver beurteilen als die Nicht-Führungskräfte). Der kurzfristige starke Anstieg des **Kostenbewußtseins** – auch die befragten Mitarbeiter bestätigen sich selbst ein hohes Maß an 'Erfolgsorientierung und wirtschaftlichem Denken in der eigenen Abteilung' – kann laut Unternehmensanalyse längerfristig allerdings nicht im gleichen Ausmaß erhalten werden. Einen **Verlust von Kernkompetenzen** im Zusammenhang mit dem Personalabbau mußte nur rund ein Viertel der befragten Unternehmen – vor allem große Unternehmen mit mehr als 5000 Arbeitnehmern – verzeichnen, wobei dafür teilweise die Kriterien der Sozialauswahl, z.B. die Auswahl der abzubauenden Mitarbeiter betreffend, verantwortlich gemacht werden. Eine deutlich schlechtere Bewertung erfährt dagegen der **Wissenstransfer** in Form einer Dokumentation und Weitergabe von Wissen an die Verbleibenden. In rund 60 Prozent der Unternehmen konnte das Wissen nur teilweise oder überhaupt nicht transferiert werden.

- Eine Analyse der **Stakeholder-Beziehungen** rundet die Effizienzbetrachtungen um die Einbeziehung auch externer Anspruchsgruppen ab. Das Klischee eines Zusammenhangs zwischen einer Ankündigung von Personalabbau und einer Verbesserung der Beziehungen zu den Anteilseignern findet sich hier stark bestätigt. Öffentlichkeit und Kunden akzeptieren Personalabbau besonders dann, wenn sich das Unternehmen erhöhtem Handlungsdruck ausgesetzt sieht bzw. sich eine Unternehmenskrise abzeichnet.

- Den Abschluß der Betrachtungen bildet eine Analyse der Wirkungen auf den Gesamterfolg des Unternehmens anhand der **betriebswirtschaftlichen Erfolgsgrößen** 'operativer Unternehmenserfolg', 'Marktanteil' und 'Unternehmenswert', wobei sich die ausgeprägtesten Verbesserungen bezüglich der operativen Erfolgsgrößen ergeben. Signifikante Unterschiede sind vor allem bezüglich der Veränderung des Unternehmenswertes bei unterschiedlich großen Unternehmen zu berücksichtigen.

(4) Zusammenfassung der wichtigsten Unterschiede in der Bewertung der Wirkungen nach den Kriterien Unternehmensgröße und Handlungsdruck

In der folgenden Abbildung sind die wichtigsten Unterschiede in der Bewertung der Wirkungen des Personalabbaus durch **größere** (über 500 Arbeitnehmer) bzw. **kleinere** (unter 500 Arbeitnehmer) **Unternehmen** zusammengefaßt:

Unterscheidungskriterium Unternehmensgröße	kleinere Unternehmen	größere Unternehmen
Bewertung des Personalabbauprozesses (Kapitel 6.1)		
Erreichung der Personalabbauziele i.e.S.	keine signifikanten Unterschiede.	
Zielgenauigkeit des Personalabbaus	tendenziell Präferenz zum zielgenauen 'Scharfschützen'-Abbau.	tendenziell Präferenz zum problemunabhängigen, solidarischen 'Schrotflinten'-Abbau.
Bewertung der Härte des Personalabbaus	keine signifikanten Unterschiede.	
Indirekte Effizienzwirkungen (Kapitel 6.2)		
Belastungen durch Veränderungen der Arbeit	die geringsten Veränderungen der Arbeit ergeben sich in Unternehmen mit 50 bis 500 Arbeitnehmern.	tendenziell stärkere Zunahme von Handlungsspielraum, Arbeitsmenge, Schwierigkeit der Arbeitsinhalte etc.
Veränderungen der Leistungsbereitschaft	keine signifikanten Unterschiede bezüglich Leistungsmotivation und Absentismus.	
	kaum Rückgang von Identifikation und Loyalität, sehr geringe Zunahme von freiwilliger Fluktuation von Leistungsträgern.	kurzfristiger Rückgang von Identifikation und Loyalität deutlich stärker ausgeprägt; Stärkere Zunahme der freiwilligen Fluktuation von Leistungsträgern.
Veränderungen der Vertrauensbeziehungen	geringere Abnahme des gegenseitigen Vertrauens.	kurzfristig besonders große Abnahme des gegenseitigen Vertrauens in Unternehmen mit über 5000 Arbeitnehmern.
Veränderungen im Führungsverhalten	keine signifikanten Unterschiede.	
Veränderungen der Zusammenarbeit	keine signifikanten Unterschiede bezüglich der Veränderungen von Teamwork und Informationsfluß;	
	geringe Änderungen des Konfliktverhaltens.	sowohl kurz- als auch längerfristige starke Zunahme an Konflikten in Unternehmen mit mehr als 5000 Arbeitnehmern.
Veränderungen des Betriebsklimas	tendenziell Konstanz oder sogar Verbesserung des Betriebsklimas; keine Zunahme des Drucks durch politische Interessengruppen.	kurzfristig stärkere Verschlechterung des Betriebsklimas; Druck durch politische Interessengruppen vor allem in Unternehmen mit über 5000 Arbeitnehmern.
Innovations- und Veränderungsbereitschaft	kurzfristig verstärkte Zunahme von Innovations- und Veränderungsbereitschaft vor allem in sehr kleinen (bis 50 Arbeitnehmer) und sehr großen Unternehmen (über 5000 Arbeitnehmer).	

Unterscheidungskriterium Unternehmensgröße	kleinere Unternehmen	größere Unternehmen
Soziale und ökonomische Erfolgsgrößen (Kapitel 6.3)		
Veränderung der Arbeitszufriedenheit	Arbeitszufriedenheit bleibt weitgehend konstant.	kurzfristig deutliche Verschlechterung der Arbeitszufriedenheit.
Veränderung von gesundheitlichen Beeinträchtigungen und Familienkrisen	keine signifikanten Unterschiede.	
Arbeitsproduktivität und Kostenbewußtsein	geringere Zunahme von Kostenbewußtsein und Arbeitsproduktivität.	langfristig stärkere Zunahme von Kostenbewußtsein und Arbeitsproduktivität.
Verlust von Wissen und Kernkompetenzen	tendenziell sehr geringer Verlust von Wissen und Kernkompetenzen.	große Unternehmen mit über 5000 Arbeitnehmer bewerten den Verlust von Kernkompetenzen deutlich gravierender.
Beziehung zu den Stakeholdern	Verschlechterung der Beziehungen zu den Arbeitnehmern bei zunehmender Unternehmensgröße; für die übrigen Gruppen keine signifikanten Unterschiede.	
Betriebswirtschaftliche Erfolgsgrößen	kaum Verbesserung des Unternehmenswertes.	deutlich stärkere Verbesserung des Unternehmenswertes.
	operative Erfolgsgrößen sowie der Umsatz- oder Markanteil haben sich am deutlichsten in kleinen (bis 50 Arbeitnehmer) und sehr großen (über 5000 Arbeitnehmer) Unternehmen verbessert.	

Abbildung 6-7:   Zusammenfassung der Unterschiede nach 'Unternehmensgröße'

Die zweite Situationsvariable, die sich sowohl bei der Unterscheidung des Maßnahmen-einsatzes als auch bei der Betrachtung der Wirkungen des Personalabbaus als wichtiges Unterscheidungskriterium herausgestellt hat, ist die **Größe des Handlungsdrucks**, dem sich ein Unternehmen zum Zeitpunkt des Personalabbaus ausgesetzt sah (vgl. hierzu Kapitel 5.1.3, Relevanz einer Unternehmenskrise).

Unterscheidungskriterium Handlungsdruck	Krise akut oder absehbar	keine Krise
Bewertung des Personalabbauprozesses (Kapitel 6.1)		
Erreichung der Personalab-bauziele i.e.S.	keine signifikanten Unterschiede.	
Zielgenauigkeit des Personalabbaus	deutliche Präferenz zum problemunabhängigen, solida-rischen 'Schrotflinten'-Abbau.	tendenziell Präferenz zum zielgenauen 'Scharfschützen'-Abbau.
Bewertung der Härte des Per-sonalabbaus	die Gesamtheit der Maßnah-men des Personalabbaus werden als eher 'hart' bewertet (MW 3,2)[242].	die Gesamtheit der Maßnah-men des Personalabbaus werden als eher 'weich' bewer-tet (MW 4,8).
Indirekte Effizienzwirkungen (Kapitel 6.2)		
Belastungen durch Verände-rungen der Arbeit, Verände-rungen von Leistungsbereit-schaft, Vertrauensbeziehun-gen, Führungsverhalten, Zu-sammenarbeit und Betriebs-klima, Innovations- und Ver-änderungsbereitschaft	keine signifikanten Unterschiede.	
Soziale und ökonomische Erfolgsgrößen (Kapitel 6.3)		
Betrachtung von Arbeitszufrie-denheit, Arbeitsproduktivität und Kostenbewußtsein, be-triebswirtschaftlichen Erfolgs-größen etc.	keine signifikanten Unterschiede.	
Beziehung zu den Stakehol-dern	Unternehmen in einer absehbaren oder akuten Krisensituation berichten über eine Verbesserung der Beziehungen zu Presse und Öffentlichkeit.	

Abbildung 6-8:   Zusammenfassung der Unterschiede nach 'Handlungsdruck'

---

[242]   Bewertet an einer 7-poligen Ratingskala mit den Eckwerten 'hart' = 1 und 'weich' = 7.

(5) Zusammenfassung der wichtigsten Unterschiede in der Bewertung durch Führungskräfte und Nicht-Führungskräfte

In der folgenden Abbildung sind die wichtigsten Unterschiede in der Bewertung der Wirkungen des Personalabbaus durch Führungskräfte im Vergleich zu Nicht-Führungskräften zusammengefaßt (Ergebnis der vertiefenden Mitarbeiterbefragung):

Vergleich der Bewertungen von Führungskräften und Nicht-Führungskräften	
Bewertung des Personalabbauprozesses (Kapitel 6.1)	
Zielorientierung des Personalabbaus	Hinsichtlich der – subjektiv empfundenen – *Sachlichkeit der Abbauentscheidung* und der Bewertung der *Vermeidbarkeit von Personalabbau* ergaben sich keine Unterschiede zwischen Führungskräften und Arbeitnehmern. Dagegen schreiben Führungskräfte die Ursachen des Personalabbaus eher den äußeren Rahmenbedingungen (schlechte wirtschaftliche Lage ztw. technologischer Fortschritt und Rationalisierungen) zu, während aus Sicht der Arbeitnehmer die Ursache 'Fehler der Unternehmens- und Konzernleitung' eine hohe Relevanz aufweist.
Indirekte Effizienzwirkungen (Kapitel 6.2)	
Belastungen durch Veränderungen der Arbeit	Führungskräfte spüren eine deutlich stärkere *Zunahme der zeitlichen Belastung durch den Personalabbau*; Ebenfalls stärker belastet sehen sich Führungskräfte durch den *Verlust von erforderlichen Fähigkeiten im Zusammenhang mit dem Personalabbau.*
Veränderungen der Leistungsbereitschaft	Führungskräfte sprechen sich selbst eine höhere *Leistungsbereitschaft* und *Identifikation mit dem Unternehmen* aus als die Vergleichsgruppe der Nicht-Führungskräfte.
Veränderungen der Vertrauensbeziehungen	Führungskräfte haben im Vergleich zu den übrigen Arbeitnehmern ein deutlich besseres *Vertrauensverhältnis zur Unternehmens- und Konzernleitung.*
Veränderungen im Führungsverhalten	Keine Unterschiede in der Bewertung (Insgesamt wurden die *Qualität und Effizienz der Führung* eher indifferent bewertet; eine Zunahme der *Zentralisierung von Entscheidungen* und Verantwortung wurde nicht beobachtet).
Veränderungen der Zusammenarbeit	Die *Zusammenarbeit im Team* und der *freie Informationsfluß* werden von Führungskräften signifikant besser bewertet.
Veränderungen des Betriebsklimas	Keine Unterschiede in der Bewertung (Das *Betriebsklima und die Stimmung im Unternehmen* werden insgesamt relativ schlecht bewertet. Ein Druck politischer Interessengruppen zeigt sich vor allem in einer *Zunahme von Politisierung und Machtkämpfen*).
Innovations- und Veränderungsbereitschaft	Führungskräfte bewerten die *Aufgeschlossenheit in der eigenen Abteilung*, das *Aufgreifen neuer Ideen durch die Vorgesetzten* sowie die *Möglichkeiten zur kreativen Entfaltung* deutlich besser als Nicht-Führungskräfte.

Vergleich der Bewertungen von Führungskräften und Nicht-Führungskräften	
Soziale und ökonomische Erfolgsgrößen (Kapitel 6.3)	
Veränderung der Arbeitszufriedenheit	Führungskräfte sind deutlich zufriedener mit der *eigenen Tätigkeit* sowie mit ihren *Vorgesetzten*. Bezüglich der Zufriedenheit mit dem *Unternehmen insgesamt* und den *Gehalt und Sozialleistungen* bestehen keine signifikanten Unterschiede in der Bewertung durch Führungskräfte und Arbeitnehmer.
Streßbelastung	Führungskräfte beurteilen ihre *Belastung durch Streß* bei der Arbeit wesentlich stärker als Nicht-Führungskräfte.
Produktivitätsentwicklung, wirtschaftliches Denken	Einem *Anstieg der Produktivität durch den Personalabbau* stimmen Führungskräfte etwas stärker zu als Nicht-Führungskräfte (in der Mehrheit wird das Statement von allen Befragten aber abgelehnt). Dies gilt analog für die Bewertung einer *Zunahme von Erfolgsorientierung und wirtschaftlichem Denken*, welche von der Gesamtheit der Befragten tendenziell höhere Zustimmung erfährt.

Abbildung 6-9:   Vergleich der Bewertungen von Führungskräften und
                  Nicht-Führungskräften

6.5 Bewertung und Interpretation der Ergebnisse

Nachdem im vorherigen Kapitel die wichtigsten Ergebnisse der durchgeführten empirischen Untersuchungen dargestellt wurden, sollen diese Ergebnisse abschließend nochmals den in Kapitel aufgestellten **Forschungshypothesen** gegenüber gestellt werden (vgl. hierzu Kapitel 2.4.3 und insbesondere die Managementbox 1, S. 61).

Da die Ableitung der Forschungsfragen und -hypothesen unter anderem auf den Ergebnissen bereits vorhandener Studien und vor allem den vorliegenden angloamerikanischen Untersuchungen basiert, muß betrachtet werden, inwieweit die Ergebnisse übertragbar sind, wo Abweichungen bestehen und worin diese begründet sind.

Zur Erklärung der empirischen Befunde, vor allem aber der relativen Unterschiede in der Bewertung der Folgewirkungen durch kleinere und größere Unternehmen (vgl. Abbildung 6-7), sollen zunächst aber noch mal die wichtigsten **Unterschiede bezüglich der Merkmale des Personalabbaus** in unterschiedlich großen Unternehmen betrachtet werden. In der folgenden Abbildung sind die wichtigsten Unterschiede hinsichtlich der situativen Rahmenbedingungen personalabbauender Unternehmen sowie der eingesetzten Maßnahmen des Personalabbaus **größerer** (über 500 Arbeitnehmer) bzw. **kleinerer** (unter 500 Arbeitnehmer) **Unternehmen** zusammengefaßt:

Kriterium Unternehmensgröße	kleinere Unternehmen	größere Unternehmen
Merkmale der Situation personalabbauender Unternehmen (Kapitel 5.1)		
Veränderung der Zahl der Beschäftigten	U. mit unter 50 Arbeitnehmern verzeichnen trotz Personalabbau insgesamt eher eine Zunahme der *Zahl der Beschäftigten*. In U. mit 50-500 Arbeitnehmern kam es dagegen im Durchschnitt zu einer Abnahme von bis zu 10 % der Beschäftigten.	Eine Abnahme der *Zahl der Beschäftigten* von bis 10 % verzeichnen die U. mit 500-5000 Arbeitnehmern. Bei den U. mit über 5000 Arbeitnehmern ist der Rückgang der Zahl der Beschäftigen etwas geringer.
Führungsebenen	Durchschnittlich 2-3 *Führungsebenen* (geringe Distanz zwischen Unternehmensleitung und Arbeitnehmern).	Durchschnittlich 4-5 *Führungsebenen*.
Abbau von Mitarbeitern, die über 50 Jahre alt sind	Deutlich geringere relative *Betroffenheit der über 50-jährigen* von Freisetzungsmaßnahmen	Hohe relative Betroffenheit der *Altergruppe „über 50'*. (in über 77 % der U. sind die über 50-jährigen stark betroffen).
Ursachen des Personalabbaus	Vor allem Liquiditätsprobleme, Strukturkrisen der Branche, Nachfragerückgang, Subventionsrückgang, Abbau von Arbeitsreserven	Vor allem Standortverlagerungen oder -schließungen, Unternehmenszusammenschlüsse, gestiegene Effizienz des Personaleinsatzes
Veränderung der Ertragslage im Vorfeld des Personalabbaus	Eine besonders deutlich Verschlechterung der *Ertragslage* bei den U. mit 50 bis 500 Arbeitnehmern; geringe Veränderung bei den kleinen u. mit bis 50 Arbeitnehmern.	Durchschnittlich Verbesserung der *Ertragslage*.
Ziele des Personalabbaus	*Gleiche Zielprioritäten* (Senkung der Personalkosten, Reduzierung der Personalkapazität, Steigerung der Personalleistung) bei allen U.	
Größe des Handlungsdrucks / Relevanz von Unternehmenskrisen	Keine signifikanten Unterschiede.	
Maßnahmen des Personalabbaus (Kapitel 5.2)		
Maßnahmen zur Reduzierung der Personalkapazität (Personalabbau im engeren Sinn)	Durchschnittlich werden 2 verschiedene Einzelmaßnahmen eingesetzt (*geringere Reichhaltigkeit* des Instrumentariums); häufigerer Einsatz von 'betriebsbedingten Kündigungen' in U. mit 50 - 500 Arbeitnehmern.	Durchschnittlich werden 7 verschiedene Einzelmaßnahmen eingesetzt (*höhere Reichhaltigkeit* des Instrumentariums); häufigerer Einsatz von 'Ausnutzen der natürlichen Fluktuation', 'Alterteilzeit', 'sonstige Vorruhestandsregelungen', 'Aufhebungsverträge für Führungskräfte'.

Kriterium Unternehmensgröße	kleinere Unternehmen	größere Unternehmen
Beschäftigungserhaltende Maßnahmen (arbeitszeitbezogene Maßnahmen)	Eher geringer Einsatz der verschiedenen *arbeitszeitbezogenen Maßnahmen*; sehr geringer Einsatz der Maßnahme 'Flexibilisierung der Arbeitszeit' in Unternehmen mit weniger als 50 Arbeitnehmern.	Insgesamt stärkerer Einsatz von *arbeitszeitbezogenen Maßnahmen*; häufiger Einsatz von 'unbezahlter Urlaub'.
Präventive Maßnahmen zur Vermeidung von Personalabbau	Keine besonderen Merkmale.	Häufigerer Einsatz der Maßnahmen 'Versetzungen innerhalb des Betriebs', 'betriebsübergreifende Versetzung' und 'Verkauf von Unternehmensteilen'.
Flankierende Angebote für ausscheidende Arbeitnehmer	Mit der Unternehmensgröße steigen Häufigkeit, Inhalt und Reichhaltigkeit der angebotenen Maßnahmen.	
	Sehr geringer Einsatz von 'Abfindungszahlungen'.	Stark verbreiteter Einsatz (rund 85 %) von 'Abfindungszahlungen'; häufigerer Einsatz von 'Weiterbildungs- und Qualifizierungsmaßnahmen'.
Flankierende Angebote für verbleibende Arbeitnehmer	Mit der Unternehmensgröße steigen Häufigkeit, Inhalt und Reichhaltigkeit der angebotenen Maßnahmen.	
	Sehr geringer Einsatz von 'Beschäftigungsgarantien', 'Weiterbildungs- und Qualifizierungsmaßnahmen' und 'Erfolgs- und Kapitalbeteiligungen'; kaum 'Einführung von Zielvereinbarungen' in den sehr kleinen Unternehmen.	Stark verbreiteter Einsatz der Maßnahme 'Einführung von Zielvereinbarungen'; für leitende Angestellte kam es zusätzlich zu einer Erhöhung der 'leistungsbezogenen Vergütung' bzw. 'Erfolgs- und Kapitalbeteiligung'.
Gestaltung des Personalabbauprozesses	Keine signifikanten Unterschiede hinsichtlich - der Planungsgrundlage (Bezugsgröße für Umfang des Personalabbaus) und der - der Informations- und Kommunikationspolitik.	
	Kein expliziter 'Zeit- und Maßnahmenplan für den Abbauprozeß'.	Explizite Aufstellung eines 'Zeit- und Maßnahmenplans für den Abbauprozeß'. In großen Unternehmen kam es (bei insg. geringer Bedeutung dieser Merkmale) zu einer etwas höheren Einflußnahme durch externe Berater

Kriterium Unternehmensgröße	kleinere Unternehmen	größere Unternehmen
Verhandlungen zwischen den Sozialpartnern	(Generell wurde in kleineren Unternehmen seltener ein Sozialplan aufgestellt); rund 40 % der Unternehmen mit unter 500 Arbeitnehmern, gaben an, daß der Stellenabbau geringer gewesen wäre, wenn die Arbeitnehmerseite mehr 'Opfer' gebracht hätte.	In größeren Unternehmen kam es häufig zu einem Übersteigen der Verhandlungsergebnisse des Sozialplans gegenüber den rechtlichen Mindestforderungen; in den größeren Unternehmen steht die 'Opferbereitschaft' der Arbeitnehmer nicht in Zusammenhang mit einem geringeren Abbaubedarf.
Organisatorische Veränderungen im Zusammenhang mit Personalabbau	Keine besonderen Merkmale.	Stärkere Bedeutung der Maßnahmen 'Outsourcing von Aufgaben', 'Dezentralisierung von Aufgaben' und 'Verschlankung von Prozessen'
Abschluß des Personalabbauprozesses und Neuanfang	Die Arbeitnehmer fühlen sich relativ sicher vor einem erneuten Personalabbau.	Bei den Arbeitnehmern überwiegt die Erwartung von weiteren Personalabbaumaßnahmen.

Abbildung 6-10: Zusammenfassung der Unterschiede in den Merkmalen des Personalabbaus bei kleineren und größeren Unternehmen

Im folgenden werden die Ergebnisse der vorliegenden empirischen Untersuchung bezüglich der Folgewirkungen von Personalabbau den zugrundegelegten Annahmen gegenübergestellt und interpretiert.

6.5.1   Folgewirkungen für das Individuum

Im Zusammenhang mit (angekündigten) Personalabbauprozessen müssen mögliche negative Folgewirkungen für die vom Personalabbau nur mittelbar betroffenen, im Unternehmen verbleibenden Mitarbeiter berücksichtigt werden. Beide empirische Untersuchungen zielten daher auf die Gruppe der im Unternehmen Verbleibenden ab, wobei vermutet wurde, daß sich auch die Behandlung der ausscheidenden Mitarbeiter auf die Effizienz des Trennungsmanagements auswirkt. Die vermuteten Folgewirkungen eines Personalabbaus auf Ebene des Individuums im Einzelnen:

Unsicherheit und Wirkungen auf das Leistungsverhalten

Personalabbau bzw. die Ankündigung von Personalabbauprozessen löst bei den betroffenen Mitarbeitern **Unsicherheit** aus, die sich je nach persönlichem Hintergrund und

Rahmenbedingungen des Abbaus entweder in Arbeitsplatzunsicherheit bzw. der Antizipation von Arbeitslosigkeit äußern kann und das Leistungsverhalten beeinflußt. Bei zunehmendem Ausmaß subjektiv wahrgenommener Bedrohung oder Unsicherheit steigt das **Leistungsverhalten** zunächst bis zu dem Punkt, wo Arbeitsplatzunsicherheit in die Antizipation von Arbeitslosigkeit umschlägt (vgl. hierzu Abbildung 2–9 auf Seite 54). Weitere mögliche **Folgewirkungen** erhöhter Unsicherheit sind die Zunahme von psychischer Belastung und Streß, Absentismus, eine (unerwünschte) Fluktuation von Leistungsträgern, Widerstand gegenüber Veränderungen, eine geringere Innovationsneigung etc.

Ergebnisse: Diese These findet sich in mehrfacher Hinsicht bestätigt. Betrachtet man die Indikatoren 'Veränderung der Leistungsbereitschaft' und 'Veränderung der Arbeitsproduktivität' konnten die befragten Unternehmen zum Teil deutliche Verbesserungen verzeichnen. Kurzfristig nimmt auch der Absentismus stark ab, dieser Effekt schwächt sich aber in der längerfristigen Betrachtung ab. Dagegen ist vor allem in den ersten Phasen des Personalabbauprozesses mit einer starken Erhöhung der Streßbelastung zu rechnen, insbesondere in den Phasen zwischen dem Bekanntwerden des Personalabbaus und der Bekanntgabe der ausscheidenden Arbeitnehmer. Diese Belastung äußert sich auch im zwar geringen, aber durchaus beobachtbaren verstärkten Auftreten von Familienkrisen und gesundheitlichen Beeinträchtigungen im Zusammenhang mit Personalabbau. Bezüglich der 'freiwilligen Fluktuation von Leistungsträgern' ist bei großer Streuung insgesamt ein unerwartet positiver Befund zu verzeichnen: nur rund ein Drittel der befragten Unternehmen mußte kurzfristig eine Zunahme der Fluktuation verzeichnen, wobei besonders die großen Unternehmen mit über 5000 Arbeitnehmern betroffen sind. Dies läßt sich dadurch erklären, daß vor allem größere Unternehmen gezielter die Maßnahmen 'Ausnutzen der natürlichen Fluktuation', 'Alterteilzeit' und 'Aufhebungsverträge für Führungskräfte' eingesetzt haben oder bereits mehrere Personalabbauprozesse in Folge vollzogen haben, bei denen sich abwanderungsbereite Mitarbeiter anderwärtig orientiert haben. Dieses Ergebnis weicht von den Erfahrungen in amerikanischen Unternehmen ab, wo es kurzfristig in rund 42 Prozent der Unternehmen zu einer Zunahme von freiwilliger Fluktuation gekommen ist.[243] Ursachen dafür liegen möglicherweise in der im Vergleich zu amerikanischen Arbeitnehmern bei Deutschen stärkeren und langfristigeren Bindung an das eigene Unternehmen, verbunden mit einer Präferenz für stabile Lebensläufe ohne zu häufigen Wechsel des Arbeitgebers. Vor allem bei älteren Mitarbeitern verhindert möglicherweise auch eine geringere räumliche Mobilität die Bereitschaft "ohne Not" eine neue Arbeit zu suchen. Bezogen auf die Innovations- und Veränderungsbereitschaft zeigte sich bei den befragten Unternehmen ein überaus positives Bild. Dies läßt sich zum einen sicher durch die bereits oben konstatierte, vor allem kurzfristige Steigerung der Leistungsbereitschaft sowie die verbesserte Einbindung der strategischen Planung und Kontrolle erklären. Zum anderen ist aber auch zu vermuten, daß gerade dieser Aspekt aus Zweckoptimismus von den befragten Führungskräften etwas überbewertet wurde. Dies kann daraus geschlossen werden, daß es in den befragten Unternehmen gleichzeitig auch zu einer Zunahme der 'Zentralisierung wichtiger Entscheidungen', einer 'Zunahme von kurzfristigem, krisenorientierten Denken' sowie einer kurzfristigen Verschlechterung des gegenseitigen Vertrauens gekommen ist; diese Merkmale führen in der Regel zu einer Beeinträchtigung einer offenen Innovations- und Veränderungskultur.

Verschlechterung des psychologischen Verhältnisses

Eine weitere Folgewirkung zunehmender Unsicherheit im Zusammenhang mit Personalabbauprozessen ist eine **Verschlechterung des psychologischen Verhältnisses** der Mitarbeiter zum Unternehmen. Dieses Verhältnis drückt sich in Konstrukten wie Commitment, Identifikation und Loyalität aus, die wiederum stark mit Arbeitszufriedenheit und Leistungsbereitschaft korrelieren.

Ergebnisse: Vor allem die größeren Unternehmen mußten eine deutliche Verschlechterung der Loyalität und Zufriedenheit ihrer Arbeitnehmer verzeichnen; insgesamt haben sich Identifikation und Loyalität bei 37 Prozent der befragten Unternehmen kurzfristig verschlechtert, die Arbeitszufriedenheit ist in rund 40 Prozent der Unternehmen gesunken. Besonders stark betroffen sind hiervon die großen Unternehmen mit über 5000

---

[243] Quelle: AMERICAN MANAGEMENT ASSOCIATION 1997 (vgl. Abbildung 2-7 und Abbildung 2-8).

Arbeitnehmern. Längerfristig scheinen sich diese Phänomene allerdings wieder zu relativieren, so daß rund ein Drittel der Unternehmen diesbezüglich sogar eine Verbesserung verzeichnen kann. Detaillierte amerikanische Untersuchungen zum Zusammenhang von Personalabbau und Commitment haben ergeben, daß der Verlust an Vertrauen
und Commitment umso stärker ist, je undurchsichtiger oder ungerechter der Prozeß des
Personalabbaus wahrgenommen wird. Die starke Position der Arbeitnehmervertreter
und die in Deutschland traditionell verankerte Politik des unternehmerischen Interes-
sensausgleichs führen dazu, daß in deutschen Unternehmen die Prozeßgerechtigkeit bei
Personalabbauprozessen recht gut bewertet wurde und die dementsprechenden möglichen negativen Folgewirkungen in geringem Maß auftreten. Dies zeigt sich auch in der
relativ guten Bewertung bezüglich der Durchführung der Personalabbauprozesse sowie
der 'Härte' des Personalabbaus.

Veränderungen im Führungsverhalten

Im Zusammenhang mit Personalabbau kommt es zu Veränderungen im Führungsverhalten aufgrund der häufigen Doppelbelastung von Führungskräften zum einen als selbst
Betroffene eines Personalabbaus (Unsicherheit bezüglich des eigenen Arbeitsplatzes,
anstehende Restrukturierungen und Ressourcenneuverteilung, Macht- und Prestigever-
lust etc.) und zum anderen als die wichtigsten Umsetzer und Vermittler im Personalabbauprozeß. Folge ist häufig ein stärker autoritäres Führungsverhalten, ein Rückgriff auf
Bürokratismen sowie eine Verschlechterung der Informations- und Kommunikationspolitik.

Ergebnisse: Direkt nach der 'Qualität und Effizienz der Führung' befragt, attestieren
sich die befragten Unternehmen sowohl kurz- als auch längerfristig eine Verbesserung
dieses Merkmals – unabhängig von der Unternehmensgröße und vom den Personalabbau begleitenden Handlungsdruck. Diese Bewertung muß allerdings dahingehend relativiert werden, daß sie in der Regel von Führungskräften und Vertretern der Unternehmensleitung gegeben wurde, ohne daß die Möglichkeit bestand, sie durch eine Evaluierung der betroffen Mitarbeiter zu verifizieren. Die vertiefende Mitarbeiterbefragung
ergab in dem untersuchten Unternehmen beispielsweise eine deutliche Distanz sowie
eine Verschlechterung der Vertrauensbeziehungen zwischen Mitarbeitern und der Un-

ternehmensleitung während die Beziehungen zu den direkten Vorgesetzten im Vergleich deutlich besser bewertet wurden. Als ein indirektes Indiz für eine Veränderung der Führungsqualität kann die in Unternehmen aller Größenklassen zu beobachtende Zunahme der 'Zentralisierung wichtiger Entscheidungen' gewertet werden, was auf eine Veränderung der Entscheidungsprozesse schließen läßt (vgl. dazu unten "Veränderung der Entscheidungsprozesse").

6.5.2 Folgewirkungen für die Gruppe

Durch den Abbau oder die Umschichtung personeller Kapazitäten werden bestehende organisatorische und personale Strukturen gestört. Dies erfordert eine Neudefinition der formellen und informellen Beziehungen zwischen den **Gruppenmitgliedern**.

Zunahme von Konflikten

Bereits bei der Ankündigung von Personalabbau kommt es häufig zu einer Zunahme von **Konflikten** und daraus resultierendem Wettbewerbsverhalten. Durch Personalabbauprozeß ausgelöstes Konfliktverhalten kann sich zum einen in solidarischer Form gegen die Entscheidungsträger bzw. vermuteten Verantwortlichen, i.d.R. Unternehmensleitung und Top-Management, richten und zum anderen in einem erhöhten Wettbewerbsverhalten gegenüber Kollegen und anderen Abteilungen auswirken, um mögliche negative Wirkungen auf andere abzuwälzen.

Ergebnisse: In mehr als der Hälfte der großen Unternehmen mit über 5000 Arbeitnehmern kam es kurzfristig zu einer Zunahme von Konflikten im Zusammenhang mit Personalabbauprozessen, während sich das Konfliktverhalten in den kleineren Unternehmen kaum veränderte. Eine mögliche Ursache dafür liegt im Einsatz kompensatorischer flankierender Maßnahmen für verbleibende und ausscheidende Arbeitnehmer. So werden vor allem in den größeren Unternehmen deutlich häufiger Maßnahmen wie 'Aufhebungsverträge für Führungskräfte', 'Abfindungszahlungen' sowie – bezogen auf die verbleibenden leitenden Angestellten – 'Erhöhung der leistungsbezogenen Vergütung' bzw. 'Erfolgs- und Kapitalbeteiligung' eingesetzt. Dies resultiert möglicherweise bei den verbleibenden Arbeitnehmern, die ihrerseits "leer ausgehen" und die oft zusätzlich zur Notwendigkeit der Bewältigung eigener Ängste um den Erhalt des Arbeitsplatzes mit einer größeren Arbeitsbelastung konfrontiert werden zu Unzufriedenheit, die sich in einem verstärkten Konfliktverhalten äußert. Ein Indiz hierfür ist auch die bereits oben im Zusammenhang mit der Qualität der Führung genannte zunehmende Distanz zwischen Mitarbeitern und dem Management bzw. der Unternehmensleitung. Ein weiterer in der Literatur genannter und in persönlichen Gesprächen bestätigter Auslöser für die Zunahme von Konflikten ist der stärkere Wettbewerb zwischen den verschiedenen Bereichen im Unternehmen. Bereits bei der Aushandlung der Kostensparziele und damit der Anzahl der abzubauenden Mitarbeiter pro Abteilung aber auch bei der notwendig werdenden Neuverteilung von Aufgaben und Kapazitäten, versuchen Vorgesetzte und ihre Mitarbeiter ihre jeweils persönlichen Interessen gegenüber den anderen Abteilungen durchzusetzen. Die vor allem in den größeren Unternehmen stärker vorhandene Präferenz zum problemunabhängigen, solidarischen "Schrotflinten'-Abbau dürfte das Problem noch zusätzlich verstärken, da die tatsächlichen Ursachen bzw. Auslöser des Personalabbaubedarfs auf diese Weise kaum berücksichtigt werden können und damit beispielsweise auch die Bereiche, die selbst bei optimaler Kapazität produktiv arbeiten, vom Kapazitätsabbau nicht verschont bleiben.

Veränderungen der Vertrauensbeziehungen

Die Zunahme von Konflikten und das stärkere Wettbewerbsverhalten im Unternehmen sind zusammen mit anderen Faktoren verantwortlich für eine Verschlechterung der **Vertrauensbeziehungen** zwischen den Arbeitnehmern. In besonderem Maße nimmt dabei auch die Distanz der Arbeitnehmer zum mittleren und oberen Management zu.

Ergebnisse: Insgesamt kam es kurzfristig in 37 Prozent der befragten Unternehmen zu einer Verschlechterung des gegenseitigen Vertrauens. Auch hier bestätigt sich das bereits mehrfach gezeigte Bild einer deutlich stärkeren Betroffenheit der größeren Unternehmen mit negativen Folgewirkungen. Mehr als 50 Prozent der Großunternehmen mit über 5000 Arbeitnehmern gaben an, daß sich im Zusammenhang mit dem Personalabbau die Vertrauensbeziehungen verschlechtert haben; dies trifft noch auf 38 Prozent der Unternehmen mit 500 bis 5000 Arbeitnehmern zu, während bei den kleineren Unternehmen unter 25 Prozent davon betroffen sind. Offenbar gelingt es – etwas aufgrund der direkteren Beziehungen zwischen Unternehmensleitung und Mitarbeitern – den kleineren Unternehmen besser, das gegenseitige Vertrauen zu erhalten. Dazu trägt sicherlich auch in erheblichem Maß der Umstand bei, daß sich die Arbeitnehmer in den kleiner Unternehmen relativ sicher vor einem erneuten Personalabbau fühlen, während bei den Arbeitnehmern in den größeren Unternehmen die Erwartung von weiteren Personalabbaumaßnahmen überwiegt. Längerfristig haben sich die Vertrauensbeziehungen – aus Sicht der Verantwortlichen der befragten Unternehmen – zum größten Teil wieder stabilisiert oder sogar verbessert. Dabei gilt allerdings zu berücksichtigen, daß es – so das Ergebnis der Mitarbeiterbefragung – in der Bewertung der Vertrauensbeziehungen deutliche Unterschiede zwischen Führungskräften und Arbeitnehmern gibt. So haben Führungskräfte im Vergleich zu den übrigen Arbeitnehmern ein deutlich besseres Vertrauensverhältnis zur Unternehmens- und Konzernleitung, während sich die Mitarbeiter oftmals gerade in den schwierigen Zeiten des Umbruchs und der Neuorientierung von der Unternehmensleitung "in Stich gelassen" fühlen. Die Forschungshypothese kann damit weitgehend bestätigt werden. Besonders die Leitung der größeren Unternehmen muß versuchen, durch eine möglichst hohe Transparenz des Personalabbauprozesses und eine verstärkte Informations- und Kommunikationspolitik, aber auch durch die Übernahme persönlicher Verantwortung und durch das Setzen klarer Rahmenbedingungen und Ziele die Bedingungen für eine vertrauensvolle Zusammenarbeit zu erneuern und zu verstärken.

Veränderung der Zusammenarbeit

Die genannten Veränderungen in den Beziehungen der Mitarbeiter zueinander, wie die Zunahme von Konflikten und die Veränderung der Vertrauensbeziehungen, beeinflussen die Qualität der **Zusammenarbeit** im Unternehmen und wirken sich dadurch auch auf Ebene der Organisation auf die Qualität von Prozessen und Abläufen aus.

Ergebnisse: Konträr zu der eher schlechten Bewertung von Konfliktverhalten und gegenseitigem Vertrauen, beurteilen die befragten Unternehmen die Qualität des Teamworks relativ positiv. Bei insgesamt 47 Prozent der Unternehmen hat sich die Zusammenarbeit verbessert und nur 12 Prozent berichten über eine Verschlechterung. Der Befund ist unabhängig von der Unternehmensgröße und auch von der Brisanz des unternehmerischen Handlungsdrucks. Auch die Ergebnisse der Mitarbeiterbefragung bestäti-

gen den in der empirischen Personalforschung bekannten Trend, Bereiche, die unmittelbar vom eigenen Verhalten beeinflußt werden, wie eben die 'Bereitschaft zu guter Zusammenarbeit' signifikant besser zu bewerten, als diejenigen Bereiche, deren Ursachen
vor allem in fremden Ermessen zu liegen scheinen, wie z.b. Konfliktverhalten oder
Verschlechterung der Vertrauensbasis. In Anbetracht der oben beschriebenen kurzfristig
durchaus erheblichen Verschlechterungen der beiden mit der Qualität des Teamworks
eng zusammenhängenden Indikatoren Konflikte und Vertrauen, kann davon ausgegangen werden, daß die angegebene positive Bewertung zum Teil auf einer Selbsttäuschung
bzw. einer Verzerrung im Sinne sozialer Erwünschtheit beruht und sicherlich einer Re-
lativierung bedarf. Dazu kommt, daß die Bewertung des Teamworks von den befragten
Führungskräfte signifikant besser erfolgte, als von den Nicht-Führungskräften, so daß
die Ergebnisse der Unternehmensbefragung, die lediglich von Führungskräften vorgenommen wurde, auch dahingehend korrigiert werden sollte.

Zunahme des Drucks durch politische Interessengruppen

In Zeiten unternehmerischer Krisen nimmt häufig der **Druck durch politische Interessengruppen** zu. Folge kann sein, daß anstelle von solidarische Maßnahmen mit einer
breiten Belastungsverteilung (z.B. Gehaltsverzicht, unternehmensweite Anpassung der
Arbeitzeit) Maßnahmen, die vorrangig den Interessen der stärksten Gruppen dienen,
durchgesetzt werden. Dies beeinflußt vor allem das Betriebsklima und die Arbeitsmoral.

Ergebnisse: Eine explizit geäußerte Zunahme des Drucks durch politische Interessengruppen ist lediglich in einem sehr kleinen Teil der befragten Unternehmen spürbar geworden, wobei auch hier zu beobachten ist, daß die Situation der sehr großen Unternehmen hinsichtlich dieses Faktors deutlich schlechter bewertet wird. In Unternehmen
mit über 5000 Arbeitnehmern beklagen über 26 Prozent der Unternehmen eine Zunahme von Politisierung und Machtkämpfen. Bei der Bewertung von Betriebsklima und
Arbeitsmoral ergibt sich bei den befragten Unternehmen ein dahingehend ähnliches
Bild, daß auch hier wiederum die größeren Unternehmen deutlich stärker von einer Verschlechterung betroffen sind. Insgesamt kam es aber bei 44 Prozent der Unternehmen
kurzfristig zu einer Verschlechterung von Betriebsklimas und Arbeitsmoral, was sich in
der längerfristigen Betrachtung aber wieder auszugleichen scheint. Als mögliche Erklä-

rung für die signifikant schlechtere Bewertung der beiden Faktoren 'politischer Druck' und 'Verschlechterung des Betriebsklimas' kann der in größeren Unternehmen deutlich häufigere Einsatz der präventiven Maßnahmen 'Versetzungen innerhalb des Betriebes', 'betriebsübergreifende Versetzungen' und 'Verkauf von Unternehmensteilen' betrachtet werden. Vor allem in den Anfangsphasen des Personalabbauprozeß lösen diese Maßnahmen Unruhe bei den möglichen Betroffenen und Verteilungskämpfe der verschiedenen Mitarbeitergruppen untereinander aus, was wiederum mit einer Zunahme von Konflikten und der Veränderung der Vertrauensbeziehungen einhergeht.

6.5.3 Folgewirkungen für die Organisation

Im Zusammenhang mit einer Veränderung personaler Kapazitäten müssen die bestehenden Strukturen der Aufbau- und Ablauforganisation angepaßt werden, häufig in Form von Restrukturierungs- oder Reengineeringsprojekten. Daraus ergibt sich eine Reihe von möglichen Problemfeldern.

Veränderungen der Arbeit

Aus der notwendig werdenden organisatorischen Umgestaltung resultieren sowohl **Verbesserungspotentiale**, wie z.b. Verflachung der Hierarchien, Erweiterung des Tätigkeitsspielraums durch "Job Enlargement" und "Job Enrichment" etc., als auch eine **Zunahme der Belastung** für einzelne Mitarbeiter und Mitarbeitergruppen, z.B. durch die Zunahme der Arbeitsmenge oder der Schwierigkeit der übertragenen Aufgaben.

Ergebnisse: Die detaillierte Befragung hinsichtlich der Veränderungen der Arbeit des einzelnen Arbeitnehmers ergaben als wesentlichste Faktoren die Zunahme des Handlungsspielraums (qualitative Veränderung) und der Arbeitsmenge (quantitative Veränderung). Aber auch die inhaltliche Einbeziehung der Arbeitnehmer in Verbesserungsprozesse, die Schwierigkeitsgrade der übertragenen Aufgaben und der Entscheidungs- und Kontrollspielraum haben sich bei den meisten Unternehmen vergrößert. Somit kam es im Zusammenhang mit Personalabbau neben der quantitativen Veränderung der Arbeitsmenge sowohl zu "Job Enlargement" und "Job Enrichment" für die verbleibenden Mitarbeiter, was – wenn nicht durch geeignete Entwicklungs- und Qualifizierungsmaßnahmen unterstützt – zu einer erheblichen zusätzlichen Belastung der Arbeitnehmer führen kann. Eine relativ strikte Gesetzgebung zum Schutz der Arbeitnehmer sowie der starke Einfluß der Arbeitnehmervertreter bei wichtigen organisatorischen Veränderungen sollen eine zu starke Überlastung der verbleibenden Arbeitnehmer verhindern. Aus Sicht der befragten Mitarbeiter entstand die größte Belastung im Zusammenhang mit Personalabbau aus der quantitativen Zunahme der Arbeit ('Verteilung der bestehenden Arbeit auf weniger Köpfe') sowie dem Verlust von erforderlichen Fähigkeiten, während Führungskräfte in stärkerem Maße auch eine Zunahme der zeitlichen Belastung angeben. Dazu kommt, daß häufig vertraute Umgebungen, ein eingespielter Kollegenkreis, Wissensnetzwerke etc. zerstört wurden und erst neu aufgebaut werden müssen.

Verschlechterung von Informationsflüssen

Die **Informationsflüsse** und damit verbunden die Qualität von Entscheidungen werden durch Personalabbauprozesse beeinträchtigt. Beispielsweise werden schlechte Nachrichten gegenüber Vorgesetzten zurückgehalten, der gegenseitige Informationsfluß zwischen Kollegen oder Abteilungen wird durch Rivalität oder Mißtrauen behindert.

Ergebnisse: Entgegen der Annahme haben die befragten Unternehmen eine sowohl kurz- als auch langfristig deutliche Verbesserung des Informationsflusses verzeichnet, wobei hierzu weder Zusammenhänge zur Unternehmensgröße noch zur Relevanz von Unternehmenskrisen nachzuweisen waren. Dies überrascht umso mehr, da – wie oben gezeigt wurde – vor allem die größeren Unternehmen auf Ebene der Arbeitsgruppen mit kurzfristig erheblichen Problemen, wie Zunahme von Konfliktverhalten und Verschlechterung des Vertrauensverhältnissen und Betriebsklima, zu kämpfen haben. Auch hier sind mögliche Wahrnehmungsverzerrungen im Sinne der sozialen Erwünschtheit sowie der in der Mitarbeiterbefragung ermittelte signifikante Unterschied in der (besseren) Bewertung des Informationsflusses von Führungskräften im Vergleich zu den befragten Nicht-Führungskräften zu berücksichtigen. Eine weitere Erklärung könnte aber auch in der – von den befragten Unternehmen weitgehend positiv bewerteten – Gestaltung des Personalabbauprozeß liegen. Unternehmen aller Größengruppen bestätigen sich selbst eine offene Informations- und Kommunikationspolitik und eine weitgehende Mitwirkungsmöglichkeit der verschiedenen Interessengruppen am Personalabbauprozeß. Möglicherweise wurden die beiden – voneinander auch nicht unabhängigen – Effekte, Informationsversorgung im Rahmen des Personalabbauprozeß und allgemeine organisatorische Informationsflüsse, nicht trennscharf genug abgefragt, so daß sich die oben formulierte These ohne vertiefende Untersuchungen nicht prüfen läßt.

Veränderung der Entscheidungsprozesse

Die Veränderungen im Führungsstil in Zeiten von Unsicherheit und Krise, insbesondere der Rückgriff auf eine autoritäre und formalisierte Führung, sowie die Verschlechterung der Beziehungen zwischen den hierarchischen Ebenen, beeinflussen das **Entscheidungsverhalten** im Unternehmen. Anstelle von individuellen und problemorientierten Vorgehensweisen tritt ein verstärkter Rückgriff auf Formalismen, die ein Gefühl der Orientierung und Sicherheit gewähren sollen. Als Folge werden oft die Möglichkeiten zur Partizipation eingeschränkt und die Interessen der verschiedenen Betroffenen weniger berücksichtigt. Gleichzeitig tritt die unmittelbare, kurzfristige Problemorientierung in den Vordergrund (Bekämpfung der Folgewirkungen); Langfristplanung und eine systematische Analyse und Reduktion der Ursachen werden vernachlässigt.

Ergebnisse: Mit der von den Führungskräfte so empfundenen Verbesserung der Führungsqualität (siehe oben) ging gleichzeitig in Unternehmen aller Größenkategorien eine deutliche Tendenz zur 'Zentralisierung wichtiger Entscheidungen' einher. Im Zusammenhang mit dem Indikator 'Zunahme der Distanz wischen den Hierarchiestufen' führt dies dazu, daß sich die Mitarbeiter bei wichtigen Entscheidungen übergangen fühlen. Ein weiteres wichtiges Indiz für die Veränderung von Entscheidungsprozessen ist die Veränderung der Planungsqualität. Dazu kann zum einen die 'Intensität und Anbindung der strategischen Planung und Kontrolle' betrachtet werden. In den untersuchten Unternehmen kam es aber bezüglich dieses Merkmals bei den meisten Unternehmen zu keiner Veränderung bzw. zu einer leichten Verbesserung. Dagegen deutet der zweite Indikator der Planungsqualität, eine 'Zunahme von kurzfristigem, krisenorientierten Denken', durchaus auf einer Veränderung der Entscheidungsprozesse hin. Kurzfristig berichten 53 Prozent der Unternehmen über die Problematik einer Zunahme der Krisenorientierung, während dies längerfristig nur noch 34 Prozent der Unternehmen betrifft.

Suboptimale Auswahlentscheidungen

Als direkte Folge der Veränderungen der Entscheidungsprozesse sowie der Zunahme des politische Druck der verschiedenen Interessengruppen kann es zu suboptimalen Auswahlentscheidungen bezüglich des Abbaus und der Neuverteilung personeller Kapazitäten kommen. Um als ungerecht empfundene Belastungen bestimmter Bereiche abzuwenden, erfolgen der Stellenabbau nicht nach leistungsorientierten Kriterien, sondern vorrangig mit dem Ziel einer Vermeidung von Konflikten.

Ergebnisse: Zur Bewertung der oben genannten These ist vor allem die Zielgenauigkeit des Personalabbaus zu betrachten. Personalkapazität soll genau in den Bereichen und in der Menge abgebaut werden, an denen und in der Über- oder Fehlkapazität vorliegt. Neben der Zielgruppendifferenzierung, die auf eine effiziente Differenzierung nach bestimmten Gruppen von Arbeitnehmern bei der Umsetzung der Maßnahmen des Personalabbaus und der flankierenden Angebote abzielt, ist die strategische Orientierung beim Personalabbau zu berücksichtigen. Untersucht wurde, ob der Personalabbau eher nach dem 'Scharfschützenprinzip' – zielgenaue und problemabhängige Auswahl derjenigen Bereiche und Stellen, die den geringsten Wertschöpfungsbeitrag leisten – oder nach dem 'Schrotflintenprinzip' – problemunabhängige Verteilung der Belastung über das gesamte Unternehmen – erfolgte. Bezogen auf die Gesamtheit der untersuchten Unternehmen ergab sich dabei eine relative Bevorzugung des 'Scharfschützen-Abbaus'. Dagegen ist bei den großen Unternehmen mit über 5000 Arbeitnehmern eine vergleichsweise große Präferenz für den 'Schrotflinten-Abbau' und damit einhergehenden breitgestreuten Solidarmaßnahmen zu beobachten. Mögliche Gründe hierfür sind der stärkere Einfluß verschiedener Interessengruppen, Druck durch politische Interessengruppen sowie die Anwendung von Kriterien des Sozialplans, die vor allem die größeren Unternehmen betreffen. Daneben sollte aber berücksichtigt werden, daß gerade größere Unternehmen häufig bereits im Vorfeld von Personalabbau präventive Maßnahmen, wie betriebsinterne und –übergreifende Versetzungen, oder Reduktionsmaßnahmen, wie Aufhebungsverträge, Altersteilzeit etc., eingesetzt haben, die eine effiziente Steuerung der Auswahlentscheidung erlauben.

Gefahr des Wissensverlustes

Vor allem die Maßnahmen eines raschen und breit gestreuten Stellenabbaus sowie einer umfassenden Restrukturierung von Wissens- und Verantwortungsträgern führen dazu, daß wichtiges personengebundenes Wissen nicht ausreichend gesichert wird und dem Unternehmen verloren geht. Vor allem mit dem Ausscheiden älterer Mitarbeiter können Einbußen des Beziehungswissens bezüglich Kunden, Lieferanten, Investoren etc. sowie Teile des organisationalen Gedächtnisses (Wissen über Infrastruktur, Prozesse und Kultur) einhergehen. Mit dem Abbau jüngerer Mitarbeiter, der oft durch Kriterien der Sozialauswahl verstärkt wird, sinken die Fähigkeit zur Entwicklung und Erneuerung.

Ergebnisse: Während es insgesamt nur in einem geringen Teil der befragten Unternehmen zu einem expliziten Verlust von Kernkompetenzen gekommen ist, erfährt der Wissenstransfer in Form einer Dokumentation und Weitergabe von Wissen an die Verbleibenden eine deutlich schlechtere Bewertung. Nur bei 10 Prozent der Unternehmen wurde das Wissen vollständig, bei 30 Prozent immerhin weitgehend festgehalten und weitergegeben. Den größten Verlust an Kernkompetenzen haben Unternehmen mit über 5000 Arbeitnehmer zu verzeichnen. Ob dies in Zusammenhang mit der in großen Unternehmen deutlich höheren relativen Betroffenheit der Altergruppe 'über 50' von Abbaumaßnahmen steht, kann anhand des vorliegenden Datenmaterials nicht abschließend beurteilt werden. Als wichtiges Indiz für die Relevanz von Potentialverlusten durch den Verlust von Wissen und Wissensträgern kann auch die Bewertung der wichtigsten Belastungsfaktoren hinsichtlich der Veränderung der Arbeit durch die befragten Mitarbeiter gewertet werden: Neben der Zunahme der Arbeitsmenge werden dabei vor allem der Verlust von erforderlichen Fähigkeiten sowie die Störung gewohnter Arbeitsabläufe beklagt.

Verschlechterung von Prozessen und Abläufen

Die Verschlechterung des Informationsflusses, die Gefährdung der Wissensbasis sowie das geringere Vertrauen zwischen den Arbeitnehmern untereinander und gegenüber Vorgesetzten und Management sind einige der Ursachen, die dazu führen können, daß sich die **Qualität von Prozessen und Abläufen** verschlechtert. Friktionen im Prozeßablauf, die durch das Auseinanderbrechen bestehender Beziehungs- und Wissensnetzwerke bzw. die Notwendigkeit einer neuen Zuordnung von Aufgaben und Verantwortlichkeiten entstehen können, beeinträchtigen eine schnelle, flexible und kundennahe Aufgabenerledigung.

Ergebnisse: Als möglicher Indikator für Veränderungen der Qualität von Prozessen und Abläufen kann – neben den bereits oben betrachteten Faktoren wie Veränderungen der Zusammenarbeit, Zunahme von Konflikte, Verschlechterung des Informationsflusses etc. – die Veränderung des Projektfortschritts bei strategisch relevanten Projekten im Zusammenhang mit Personalabbauprozessen analysiert werden. Bei den in der Unternehmensbefragung untersuchten Unternehmen wurde der Projektfortschritt durch den Personalabbau allerdings weitgehend nicht beeinträchtigt. Dagegen attestieren die befragten Mitarbeiter im Zusammenhang mit der bereits oben beschriebene Veränderung der Arbeit eine deutliche Belastung aus dem Verlust von erforderlichen Fähigkeiten sowie der Störung gewohnter Arbeitsabläufe. Betrachtet man die organisatorischen Veränderungen vor, während und nach dem Personalabbau,[244] so ist zu bemerken, daß die befragten Unternehmen neben der Veränderung einzelner Aufgaben in allen Phasen des Personalabbaus besonderes Gewicht auf die Verschlankung bzw. das Reengineering der Prozesse legen. Daneben werden ganze Funktionsbereiche verändert, Aufgaben dezentralisiert und outgesourct, Führungsebenen verringert und das Produktionsprogramm gestrafft. Wenn Personalabbau tatsächlich in diesem Sinn als Verjüngungskur bzw. als Auslöser für notwendige organisatorische Veränderungsprozesse dient, so lassen sich auch die behaupteten Verbesserungen hinsichtlich der ökonomischer Erfolgsfaktoren Unternehmenswert und operative Erfolgskennzahlen erklären.

Abschließend werden die wichtigsten Erkenntnisse hinsichtlich der Gestaltung eines 'folgenminimalen' Trennungsmanagements zusammenfassend dargestellt.

---

[244]   Vgl. Abbildung 5-27, S. 175.

7 Zusammenfassendes Fazit: Gestaltung eines 'folgenminimalen' Trennungsmanagements

Die Formulierung eines allgemeingültigen 'Patentrezeptes' zum Abbau personellen Überkapazitäten ist <u>nicht</u> möglich.

Die Gründe hierfür sind:

1. **Aus der unternehmensspezifischen Situation resultieren viele Einflußfaktoren, die sowohl den Einsatz der Maßnahmen als auch das Wirkungsgefüge von Personalabbau nachhaltig beeinflussen.** Anhand der beiden Merkmale *Unternehmensgröße* und *Handlungsdruck* wird die Bedeutung von zwei besonders wichtigen Einflußfaktoren aufgezeigt und vertiefend analysiert.[245]

2. **Das Spektrum möglicher Maßnahmen zum Abbau personeller Überkapazitäten ist überaus komplex.** Die in diesem Forschungsprojekt entwickelte Strukturierungsheuristik ermöglicht eine – in dieser Form noch nicht vorhandene – ganzheitliche *Erfassung* und *Bewertung* des Systems möglichen Maßnahmen des Personalabbaus. Dem Unternehmen mit einer personellen Überkapazität wird hiermit ein umfangreicher Baukasten an Alternativen und Sichtweisen angeboten.[246]

3. **Die Wirkungen von Personalabbau sind nicht eindeutig bestimmbar und müssen auf verschiedenen Wirkungsebenen betrachtet werden.** Während sich *Effizienz und Zielerreichung des Personalabbau(prozesse)s* an sich noch relativ einfach bewerten lassen, ist eine Beurteilung der Wirkungen auf *soziale und ökonomische Erfolgsgrößen* weitaus schwieriger. Dies gilt umso mehr, als eine Reihe funktionaler und dysfunktionaler, untereinander vernetzer, *direkter und indirekter Folgewirkungen* berücksichtigt werden muß. Die wichtigsten Wirkungskomponenten werden

---

[245] Vgl. hierzu insbesondere Kapitel 5.1. sowie zusammenfassend Abbildung 6-7 und Abbildung 6-8.

[246] Vgl. hierzu insbesondere Kapitel 1 und Kapitel 5.2. Die wichtigsten Maßnahmen eines 'Personalabbaus im engeren Sinn' werden dabei ausführlich erklärt und hinsichtlich ihrer Anwendbarkeit dargestellt (vgl. vor allem Kapitel 5.2.1 und 5.2.2).

hier identifiziert und erklärt. Zudem werden auf Basis der Maßnahmenanalyse jeweils konkrete Handlungsempfehlungen skizziert.[247]

Dem Praktiker können folgende Leitlinien an die Hand gegeben werden:

1. **Bei Auftreten eines Personalkapazitätsproblems ist zunächst eine umfassende Situationsanalyse und Zieldefinition erforderlich.** Hierzu zählen vor allem die Erfassung der Ursachen des Personalabbaus und der Größe des Handlungsdrucks sowie die konkrete Unternehmenssituation und Merkmale der Belegschaft.

2. **Auf dieser Basis können nun geeignete, für das Unternehmen passende Maßnahmen aus dem oben in Kapitel 1 dargestellten Spektrum an Handlungsalternativen ausgewählt werden.** Neben den Maßnahmen zur **Reduzierung** der Personalkapazität sind auch **präventive** Maßnahmen zur Verringerung des Abbaubedarfes sowie **flankierende** Maßnahmen zu bestimmen.

3. **Die Effizienz des Personalabbaus hängt stark von der Gestaltung des Personalabbauprozesses ab.** Wichtige Erfolgsfaktoren hierbei sind **Planungsqualität,** eine **offene Informations- und Kommunikationspolitik, weitgefaßte Mitwirkungsmöglichkeiten aller Beteiligter** sowie **konstruktive Verhandlungen mit den Sozialpartnern.** Auch eine – über den Personalabbauprozeß hinausgehende – **strukturelle, strategische und kulturelle Neuausrichtung** darf nicht vernachlässigt werden.

4. **Die Wirkungen der ergriffenen Maßnahmen sind ständig zu überwachen, um ein Auftreten von unerwünschten Nebenwirkungen zu verhindern.** Die vorgestellte umfassende Analyse der direkten und indirekten Effizienzwirkungen liefert dafür das notwendige Instrument; konkrete, auf einzelne Wirkungskomponenten bezogene Handlungsempfehlungen ermöglichen eine frühzeitige Gegensteuerung bzw. die Verstärkung gewünschter Effekte.

---

[247]   Vgl. hierzu insbesondere Kapitel 4.1 und Kapitel 6. Die jeweils wichtigsten Ergebnisse zu den Wirkungen von Personalabbau und darauf abgestimmte Empfehlungen sind am Ende der einzelnen Teilkapitel in 'Managementboxen' zusammengefaßt.

5. **Die Entscheidungsträger benötigen viel Fingerspitzengefühl und Einfühlungs-
vermögen,** um typische 'Gefahren' /'Fallen' des Personalabbaus, wie die (kurzfristige) Verschlechterung von Betriebsklima, Arbeitsmoral, gegenseitigem Vertrauen
sowie Identifikation und Loyalität der verbleibenden Arbeitnehmer zu verhindern.
Die potentiellen 'Benefits', wie z.b. die Verbesserung von Veränderungsbereitschaft,
Leistungsmotivation und Teamwork, sollten dagegen konsequent verfolgt werden,
um das Oberziel – die Wiederherstellung bzw. Sicherung der langfristigen Überlebensfähigkeit des Unternehmens – nicht zu gefährden. **Bei allen Entscheidungen
und Handlungen sollte deren Wirkungen auf das grundlegende Beziehungsgefüge im Unternehmen berücksichtigt werden.** Hierbei geht es vor allem darum,
eine die nachhaltige Wettbewerbsfähigkeit des Unternehmens beeinträchtigende
Kulturveränderung aufgrund einer opportunistisches Verhalten fördernden Trans-
formation des impliziten psychologischen Kontraktes zwischen dem Unternehmen
und seinen Mitarbeitern zu vermeiden.

Kontaktmöglichkeit

Bitte nehmen Sie mit uns Kontakt auf, bei Interesse ...

... an weiteren **Informationen** zu den Forschungsaktivitäten des Instituts für
Personal- und Organisationsforschung;

... an einer **Kooperation** bei der Entwicklung von unternehmensspezifischen Konzepten
des Trennungsmanagements (Planung und Gestaltung von Kapazitätsanpassungs-
prozessen; Beratung und Unterstützung bei deren Umsetzung etc.);

... an einer individuellen empirischen Untersuchung des **Status Quo Ihres Unternehmens** in Form von Bestandsaufnahmen oder Längsschnittanalysen (Mitarbeiterzufrie-
denheit, Betriebsklima, Folgewirkungen von Personalabbau oder Restrukturierung etc.).

... an einem **Erfahrungsaustausch** bezüglich der Gestaltung von Personalabbau und der
Erhaltung des Intellektuellen Kapitals des Unternehmens.

Universität der Bundeswehr München
Institut für Personal- und Organisationsforschung
85577 Neubiberg
Tel.: 089/6004-4205 / Fax: 089/6004-4206

**E-Mail: mail@trennungsmanagement.de
Internet: www.Trennungsmanagement.de**

Literaturverzeichnis

Ahn, H.; Dyckhoff, H. (1997): Organisatorische Effektivität und Effizienz, in: WiSt - Wirtschaftswissenschaftliches Studium, 26. Jg., Heft 1, S. 2-6.

Alewell, D. (2000, Hrsg.): Zwischen Arbeitslosigkeit und Überstunden - Personalwirtschaftliche Überlegungen zur Verteilung von Arbeitsvolumina, Frankfurt / Main u.a.: Lang 2000.

AMA Research (1998): 1998 AMA Survey: Staffing and Structure Survey, Summary of Key Findings, American Management Association International, New York 1998.

Appelbaum, S.; Delage, C.; Labib, N.; Gault, G. (1997): The survivor syndrome: aftermath of downsizing, in: Career Development International, Vol. 2, No. 6, pp. 278-286.

Appelbaum, S.; Simpson, R.; Shapiro, B. (1987): The tough test of downsizing, in: Organizational Dynamics, Vol. 15, Autumn 87, pp. 68-79.

Ashford, S., Lee, C.; Bobko, P. (1989): Content, causes, and consequences of job insecurity: a theory-based measure and substantive test, in: Academy of Management Journal, Vol. 32, No. 4, pp. 803-829.

Baeckmann. S. v. (1998): Downsizing - zwischen unternehmerischer Notwendigkeit und individueller Katastrophe, München u. Mering: Hampp 1998.

Baily, M.; Bartelsman, E.; Haltiwanger, J. (1996): Downsizing and productivity growth: Myth or reality?, in: Small Business Economics, Vol. 8, No. 4, pp. 259-278.

Band, D.; Tustin, C. (1995): Strategic Downsizing, in: Management Decision, Vol. 33, No. 8, pp. 36-45.

Barrick, M.; Mount, M.; Strauss, J. (1994): Antecedents of involuntary turnover due to a reduction in force, in: Personnel Psychology, Vol. 47, No. 3, pp. 515-535.

Barro, R. (1986): Makroökonomie, Regensburg: Transfer 1986.

Bauer, J.-H.; Röder, G. (1991): Kündigungsfibel - Rechtliche und taktische Ratschläge mit Checklisten, Mustern und Gesetzesauszügen, 2. Aufl., Heidelberg 1991.

Bellmann, L. (1995): Das Betriebspanel des IAB, Nürnberg 1995.

Bellmann, L.; Kölling, A. (1997): Betriebliche Bestimmungsgrößen der Beschäftigungsentwicklung für 1997, in: Mitteilungen aus der Arbeitsmarkt- und Berufsforschung, 30. Jg., Heft 1, S. 90-101.

Bergmann, F. (1997): New Work, Homepge und Links, Online im Internet: URL: http://www.freenet.vancouver.bc.ca/newwork/welcome.htm [Stand 13.11.97].

Berner, S. (1999): Reaktionen der Verbleibenden auf einen Personalabbau, Dissertation Nr. 2248, Bamberg: Difo-Druck 1999.

Bertelsmann-Stiftung (1999, Hrsg.): Systematisches Beschäftigungs-Management in der Praxis: Kosten senken, Beschäftigung sichern, Gütersloh: Verl. Bertelsmann Stiftung 1999.

Berthel, J. (1995): Personalmanagement - Grundzüge für Konzeptionen betrieblicher Personalarbeit, 4. Aufl., Stuttgart 1995.

Berthel, J.; Kneerich, O. (1998): Förderung der beruflichen Neuorientierung bei Personalabbau, Lohmar u. Köln: Eul 1998.

Birk, A.; Gries, T. (1997): Amerikanisches Job-Wunder versus deutsches Produktivitätswunder: Ein Vergleich der Arbeitsmarktstrategien, in: Wirtschaftsdienst - Zeitschrift für Wirtschaftspolitik, 78. Jg., Heft 2, S. 99-106.

Blum, A. (1999): Integriertes Arbeitszeitmanagement: ausgewählte personalwirtschaftliche Maßnahmen zur Entwicklung und Umsetzung flexibler Arbeitszeitsysteme, Bern: Haupt 1999.

Böckly, W. (1995): Personalpassung, Ludwigshafen 1995.

Bortz, J.; Döring, N. (1995): Forschungsmethoden und Evaluation für Sozialwissenschaftler, 2. Aufl., Berlin u.a.: Springer 1995.

Brockner, J. (1988): The effects of work layoffs on survivors: Research, theory, and practice, in: Research in Organizational Behavior - an annual series of analytical essays and critical reviews, hrsg. von Cummings, L.; Staw, B., Vol. 10/1988, P. 213-255.

Brockner, J. (1992): Managing the effects of layoffs on others, in: California Management Review, Vol. 34, Winter, pp. 9-27.

Brockner, J.; Davy, J.; Carter, C. (1985): Layoffs, Self-esteem, and survivor guilt: motivational, affective, and attitudinal consequences, in: , 1985.

Brockner, J.; Greenberg, J. (1990): The impact of layoffs on survivors: an organizational justice perspective, in: Applied social psychology and organizational settings, hrsg. von Carroll, J. (1990), S. 45-75.

Brockner, J.; Grover, S.; Blonder, M. (1988): Predictors of survivors' job involvement following layoffs: a field study, in: Journal of Applied Psychology, Vol. 73, No. 3, pp. 436-442.

Brockner, J.; Grover, S.; Reed, T.; Dewitt, R. (1992): Layoffs, job insecurity, and survivors' work effort: evidence of an inverted-U relationship, in: Academy of Management Journal, Vol. 35, No. 2, pp. 413-425.

Brockner, J.; Konovsky, M., Cooper-Schneider, R.; Folger, R.; Martin, C.;Bies, R. (1994): Interactive effects of procedural justice and outcome negativity on victims and survivors of job loss, in: Academy of Management Journal, Vol. 37, No. 2, pp. 397-409.

Brockner, J.; Wiesenfeld, B.; Reed, T.; Grover, S.; Martin, C. (1993): Interactive effect of job content and context on the reactions of layoff survivors, in: Journal of Personality and Social Psychology, Vol. 60, No. 2, pp. 187-197.

Brox, H.; Rüthers, B. (1999): Arbeitsrecht, 14. Aufl., Stuttgart u.a.: Kohlhammer 1999.

Büchl, B.; Gmür, M. (1994): Was bringt der Blick über den Teich? Eine vergleichende Studie deutscher und amerikanischer Personallehrbücher, in: Management Perspektiven Band 2: Personalmanagement in der Krise - Krise des Personalmanagements, hrsg. von Kraus, H.; Scheff, J.; Gutschelhofer, A. (1994), S. 447-471.

Bühl, A.; Zöfel, P. (1998): SPSS für Windows Version 7.5: praxisorientierte Einführung in die moderne Datenanalyse, 4. Aufl., Bonn u.a.: Addison-Wesley 1998.

Bühner, R. (1997): Personalmanagement, 2. Aufl., Landsberg am Lech: Moderne Industrie 1997.

Buttler, G.; Burkert, C. (1998): Betriebliche Faktoren des Krankenstandes, in: Personalführung, 31. Jg., Heft 9, S. 60-69.

Buttler, G.; Burkert, C. (1998): Betriebliche Faktoren des Krankenstandes, in: Personalführung, 31. Jg., Heft 9, S. 60-69.

Cameron, K. (1994): Strategies for successful organizational downsizing, in: Human Resource Management, Vol. 33, No. 2, pp. 189-211.

Cameron, K.; Freeman, S.; Mishra, A. (1993): Downsizing and redesigning organizations, in: Organizational change and redesign - ideas and insights for improving performance, hrsg. von Huber, G.; Glick, W. (1993), S. 19-65.

Cameron, K.; Sutton, R.; Whetten, D. (1988, Hrsg.): Readings in organizational decline. Frameworks, research, and prescriptions, Cambridge 1988.

Cannella, A.; Hambrick, D. (1993): Effects of executive departures on the performance of acquired firms, in: Strategic Management Journal, Vol. 14, pp. 173-152.

Cascio, W. (1993): Downsizing: what do we know? What have we learned?, in: Academy of Management Executive, Vol. 7, No. 1, pp. 95-105.

Coudron, S. (1996): Teach downsizing survivors how to thrive, in: Personnel Journal, Vol. 75, No. 1, pp. 38-48.

Davy, J.A.; Kinicki, A. J.; Scheck, C. L. (1991): Developing and Testing a Model of Survivor Responses to Layoffs, in: Journal of Vocational Behavior, Vol. 38, pp. 302-317.

DGB (1996): Die Zukunft der Arbeit im globalisierten Kapitalismus 1996.

DIHK (2002): Wirtschaftslage und Erwartungen: Ergebnisse der DIHK-Umfrage bei den Industrie- und Handelskammern, Herbst 2002, Berlin 2002.

Doherty, N.; Horsted, J. (1995): Helping survivors to stay on board, in: People Management, 1995, No. 1, pp. 26-31.

Doherty, N.; Horsted, J. (1996): Re-engineering People - The Forgotten Survivors, in: Business Change & Re-engineering, Vol. 3, No. 1, pp. 39-46.

Drew, S. (1994): Downsizing to improve strategic position, in: Management Decision, Vol. 32, No. 1, pp. 4-11.

Drumm, H. (1993): Personalwirtschaft - Auf dem Weg zu einer theoretisch-empirischen Personalwirtschaftslehre?, in: Ergebnisse empirischer betriebswirtschaftlicher Forschung - Zu einer Realtheorie der Unternehmung, hrsg. von Hauschildt, J.; Grün, O. (1993), S. 637-712.

Drumm, H.; Scholz, C. (1988): Personalplanung, Planungsmethoden und Methodenakzeptanz, 2. Aufl., Bern, Stuttgart 1988.

Drumm, H.J. (2000): Was können Praxis und Wissenschaft voneinander lernen? Nichts!?, Kommission 'Organisation' im Verband der Hochschullehrer für Betriebswirtschaft e.V.; Workshop 2000, Online im Internet: URL: http://www.unizh.ch/ifbf/orga/orgakomm2000/drumm.pdf [Stand 28.02.2000], S. 1-12.

Ebers, M. (1992): Situative Organisationstheorie, in: Handwörterbuch der Organisation, hrsg. von Frese, E. (1992), S. 1817-1838.

Eigler, J. (1996): Transaktionskosten als Steuerungsinstrument für die Personalwirtschaft, Frankfurt / Main 1996.

Eigler, J. (1997): Fehlsteuerungen durch hektischen Personalabbau in der Krise, in: Personal, 49. Jg., Heft 4, S. 176-179.

Elsik, W. (1994): Personalmanagement im Krisen-Spiel, in: Management Perspektiven Band 2: Personalmanagement in der Krise - Krise des Personalmanagements, hrsg. von Kraus, H.; Scheff, J.; Gutschelhofer, A. (1994), S. 235-268.

Emmerich, K.; Walwei, U.; Zika, G. (1997): Beschäftigungsförderung durch Rechtsänderung: Aktuelle Beispiele, in: Wirtschaftsdienst - Zeitschrift für Wirtschaftspolitik, 78. Jg., Heft 6, S. 324-331.

Falke, J.; Höland, A.; Rhode, B.; Zimmermann, G. (1981): Kündigungspraxis und Kündigungsschutz in der BRD. Eine empirische Untersuchung, Max-Planck-Institut für ausländisches und internationales Privatrecht, hrsg.v. Bundesminister für Arbeit und Sozialordnung, Bd. I und Bd. II, Hamburg 1981.

Feldman, D.; Leana, C. (1994): Better Practices in Managing Layoffs, in: Human Resource Management, Vol. 33, No. 2, pp. 239-260.

Figge, F.; Schaltegger, S. (1999): Was ist "Stakeholder Value"? - Vom Schlagwort zur Messung, Universität Lüneburg, Fachbereich Wirtschafts- und Sozialwissenschaften, Arbeitsbericht Nr. 219, Lüneburg 1999.

Fliaster, A. (2000): Humanbasierte Innovationsidentität als Managementherausforderung: Interdisziplinäres Erklärungsmodell des japanischen Wissensmanagements, Frankfurt / Main u.a.: Lang 2000.

Föhr. S. (2000): Flexibilisierung des Personaleinsatzes durch Arbeitnehmerüberlassung - eine personalökonomische Analyse, in: Zwischen Arbeitslosigkeit und Überstunden - Personalwirtschaftliche Überlegungen zur Verteilung von Arbeitsvolumina, hrsg. von Alewell, D. (2000), S. 49-83.

Freeman, S. (1994): Organizational downsizing as convergence or reorientation: Implications for Human Resource Management, in: Human Resource Management, Vol. 33, No. 2, pp. 213-238.

Frese, E. (1992, Hrsg.): Handwörterbuch der Organisation, 3. Aufl., Stuttgart: Poeschel 1992.

Frese, M.; Mohr, G. (1978b): Die psychopathologischen Folgen des Entzugs von Arbeit: Der Fall Arbeitslosigkeit, in: Industrielle Psychopathologie, hrsg. von Frese, M.; Greif, S.; Semmer, N. (1978a), S. 282-235.

Friedrich, S.; Hinterhuber, H. (1994): Den Unternehmenswert steigern, in: Gabler's Magazin, 1994, Heft 8, S. 35-39.

Fröhling, O.; Haiber, T. (1995): Lohnt sich der Abbau von Leistungsträgern eines Unternehmens aus betriebswirtschaftlicher Sicht?, in: Zeitschrift für Betriebswirtschaft, 65. Jg., Heft 5, S. 495-515.

Gassner, W. (1999): Implementierung organisatorischer Veränderungen: eine mitarbeiterorientierte Perspektive, Wiesbaden: Gabler 1999.

Gaugler, E. (1975, Hrsg.): Handwörterbuch des Personalwesens, Stuttgart 1975.

Gaugler, E. (1995): Personalmanagement in wirtschaftlich schwierigen Zeiten, in: Strategisches Personalmanagement - Konzeptionen und Realisationen, hrsg. von Scholz, C.; Djarrahzadeh, M. (1995), S. 35-49.

Gaugler, E., Weber, W. (1992, Hrsg.): Handwörterbuch des Personalwesens, 2. Aufl., Stuttgart: Poeschel 1992.

Golembiewski, R. (1999): Lessons from downsizing: Some things to avoid, and others to emphasize, in: M@n@gement, Vol. 2, Special Issue: Organizational Downsizing.

Graml, R. (1996): Unternehmenswertsteigerung durch Desinvestition - Eine Analyse unter besonderer Berücksichtigung des Management Buyouts, Frankfurt / Main: Lang 1996.

Greenberg, J. (1990): Organizational justice: yesterday, today, and tomorrow, in: Journal of Management, Vol. 16, No. 2, pp. 399-432.

Greenhalgh, L.; Jick, T. (1989): Survivor sense making and reactions to organizational decline: Effects of individual Differences, in: Management Communication Quaterly, Vol. 2, No. 3, pp. 305-328.

Greenhalgh, L.; Rosenblatt, Z. (1984): Job Inscurity: toward conceptual clarity, in: Academy of Mangament Review, Vol. 9, No. 3, pp. 438-448.

Habbel, W.; Posth, M. (1975a): Personalabbau, in: Handwörterbuch des Personalwesens, hrsg. von Gaugler, E. (1975), Sp. 1455-1469.

Habbel, W.; Posth, M. (1975b): Personalfreisetzung, in: Handwörterbuch des Personalwesens, hrsg. von Gaugler, E. (1975), Sp. 1556-1564.

Hartz, P. (1994): Jeder Arbeitsplatz hat ein Gesicht - Die Volkswagen-Lösung, Frankfurt / Main, New York: Campus 1994.

Hartz, P. (1995): Kreative Wege zur Kostenentlastung und Beschäftigungssicherung, in: Strategisches Personalmanagement - Konzeptionen und Realisationen, hrsg. von Scholz, C.; Djarrahzadeh, M. (1995), S. 51-59.

Hase, D.; Neumann-Cosel, R.v.; Rupp, R. (1992): Handbuch Interessenausgleich und Sozialplan. Ein praktischer Ratgeber mit den Sonderregelungen für Interessenausgleich, Sozialplan, Beschäftigungs- und Qualifizierungsgesellschaften in Ostdeutschland, Köln 1992.

Hauff, M.v.; Nowag, W. (1981): Determinanten für die Bleibe- und Austrittsmotivation bei Führungskräften in der Wirtschaft - Ergebnisse einer empirischen Untersuchung, in: Schmalenbachs Zeitschrift für betriebswirtschaftliche Forschung, 33. Jg., Heft 9, S. 792-803.

Hauschildt, J.; Grün, O. (1993, Hrsg.): Ergebnisse empirischer betriebswirtschaftlicher Forschung - Zu einer Realtheorie der Unternehmung, Stuttgart 1993.

Hemmer, E. (1997): Sozialpläne und Personalanpassungsmaßnahmen: eine empirische Untersuchung, Köln: Deutscher Instituts- Verlag 1997.

Hemmer, E. (1997a): Kritik der Unternehmen an Sozialplanregelungen, in: Der Arbeitgeber, 49. Jg., Heft 4, S. 102-105.

Hemmer, E. (1997b): Sozialplanregelungen verbessern, in: Der Arbeitgeber, 49. Jg., Heft 5, S. 130-135.

Hensche, C.; Wismer, U. (1997, Hrsg.): Zukunft der Arbeit, Stuttgart: Schäffer-Poeschel 1997.

Hentze, J. (1994): Personalwirtschaftslehre 1: Grundlagen, Personalbedarfsermittlung, -beschaffung, -entwicklung und -einsatz, 6. Aufl., Bern u.a.: UTB für Wissenschaft 1994.

Hertig, P. (1996): Personalentwicklung und Personalerhaltung in der Unternehmungskrise - Effektivität und Effizienz ausgewählter personalwirtschaftlicher Massnahmen des Krisenmanagements, Bern u.a.: Haupt 1996.

Hofstede, G. (1980): Culture's consequencies: international differences in work-related values, Vol. 5, Cross cultural research and methodology series, Newbury Park u.a.: Sage Publications 1980.

Horx, M. (1996): Trendbuch - der erste große deutsche Trendreport, Trendbüro Mathias Horx, Düsseldorf u.a.: Econ 1996.

Horx, M. (1997): Das Zukunfts-Manifest: Wie wir uns auf das 21. Jahrhundert vorbereiten können, Trendbüro Mathias Horx, Düsseldorf, München: Econ 1997.

Hoß, A.; Jansen, H. (1994): Gezielte Personalanpassung, Landsberg: Moderne Industrie 1994.

Huber, G.; Glick, W. (1993, Hrsg.): Organizational change and redesign - ideas and insights for improving performance, New York 1993.

Hunold, W. (1992): Personalanpassung in Recht und Praxis. Eine Anleitung zur Lösung betrieblicher Probleme bei rückläufiger Beschäftigung, 2. Aufl., München 1992.

Isabella, L.A. (1989): Downsizing: survivors' assessments, in: Business Horizons, Vol. 32, No. 3, pp. 35-41.

Kadel, P. (1990): Die Personalabbauplanung im arbeitsrechtlichen Kontext, Reihe Personalforschung, Bd. 6, München und Mering: Hampp 1990.

Karake, Z. (1997): Relative index for downsizing employees (RIDE): a measure of performance, in: Logistics Information Management, Vol. 10, No. 6, pp. 264-274.

Karake, Z. (1998): An examination of the impact of organizational downsizing and discrimination activities on corporate social responsibility as measured by a company's reputation index, in: Management Decision, Vol. 36, No. 3, pp. 206-216.

Keynes, J.M. (1936): The general theory of employment, interest and money, London: Macmillan 1936.

Kieser, A. (1996): Moden & Mythen des Organisierens, in: Die Betriebswirtschaft, 56. Jg., Heft 1, S. 21-39.

Kinnie, N.; Hutchinson, S.; Purcell, J. (1998): Downsizing: is it always lean and mean?, in: Personnel Review, Vol. 27, No. 4, pp. 296-311.

Kirchler, E. (1991): Resigniert erstarren oder erfolgreich sein Schicksal schmieden? Determinanten der Wiederbeschäftigung von Arbeitslosen, Veröffentlichungen des österreichischen Instituts für Arbeitsmarktpolitik, Heft XXXVI, Linz 1991.

Knuth, M. (1997): Sozialpolitik am Wendepunkt: Übersicht aktueller gesetzlicher Änderungen, Vortragsmanuskript zum Symposium "Personalpolitische Verantwortung im wirtschaftlichen Strukturwandel" des Institut Arbeit und Technik, Gelsenkirchen April 1997.

Kozlowski, W.; Chao, G.; Smith, E.; Hedlund, J. (1993): Organizational downsizing: strategies, interventions, and research implications, in: International Review of Industrial and Organizational Psychology, Vol. 18, pp. 263-332.

Kraus, H.; Scheff, J.; Gutschelhofer, A. (1993, Hrsg.): Management Perspektiven Band 1: Neue Ansätze in der Personalarbeit, Wien: Linde 1993.

Krystek, U.; Becherer, D.; Deichelmann, K.H. (1995a): Innere Kündigung als Führungsproblem - Empirische Ergebnisse, in: Personal, 47. Jg., Heft 12, S. 654-659.

Krystek, U.; Becherer, D.; Deichelmann, K.H. (1995b): Innere Kündigung: Ursachen, Wirkungen und Lösungsansätze auf Basis einer empirischen Untersuchung, München u. Mering: Hampp 1995.

Kunisch, P. (1989): Personalreduzierung - Aufhebungsvertrag, Kündigung, Sozialplan, 2. Aufl., Stuttgart u.a: Boorberg 1989.

Labib, N.; Appelbaum, S. (1993): Strategic downsizing: A human ressources perspective, in: Human Ressource Planning, Vol. 16, No. 4, pp. 69-93.

Labib, N.; Appelbaum, S. (1994): The impact of downsizing practices on corporate success, in: Journal of Management Development, Vol. 13, No. 7, pp. 59-84.

Lammermann, R. (1996): Aktuelle Probleme im Rahmen der betriebsbedingten Kündigung unter besonderer Berücksichtigung der betrieblichen und sozialen Auswahl, Bielefeld 1996.

Lawrence, A.; Mittman, B. (1991): What kind of downsizer are you?, in: Management Review, Vol. 80, No. 1, pp. 33-37.

Leana, C.; Feldman, D. (1992): Coping with job loss: How individuals, organizations, and communities respond to layoffs, New York 1992.

Lechner, F.; Reiter, W. (1991): Arbeitsstiftungen - Erfahrungen und Entwicklungsperspektiven; Studie im Auftrag des Bundesministeriums für Arbeit und Soziales, hrsg.v. L&R Sozialforschung, Wien 1991.

Lieber, B. (1995): Personalimage - Explorative Studien zum Image und zur Attraktivität von Unternehmen als Arbeitgeber, München und Mering: Hampp 1995.

Madrick, J. (1995): Corporate surveys can't find a productivity revolution, either, in: Challenge, Vol. 38, Nov. -Dec. 1995, pp. 31-34.

Marr, R. (1982): Humanvermögensrechnung - Entwicklung von Konzepten für eine erweiterte Rechenschaftslegung der Unternehmen, in: Humanvermögensrechnung: Instrumentarium zur Ergänzung der unternehmerischen Rechnungslegung - Konzepte und Erfahrungen, hrsg. von Schmidt, H. (1982), S. 45-55.

Marr, R. (1992): Personalfreistellung als Herausforderung für das betriebliche Personalmanagement, unveröffentlichtes Manuskript anläßlich der Veranstaltung 'Freisetzung Personal' des Management Circles vom 27./28. Oktober 1992, Neubiberg 1992.

Marr, R. (1996, Hrsg.): Absentismus: der schleichende Verlust an Wettbewerbspotential, Göttingen: Verlag für angewandte Psychologie 1996.

Marr, R. (2000): Personal als Passion – Vorträge zu den Münchner Personalforen, Neubiberg: gfw 2000.

Marr, R. (2001, Hrsg.): Arbeitszeitmanagement: Grundlagen und Perspektiven der Gestaltung flexibler Arbeitszeitsysteme, 3. Aufl., Berlin: Erich Schmidt 2001.

Marr, R. (2002, Hrsg.): Managing people: Perspektiven für das Personalmanagement. Beiträge zum 10. Münchner Personalforum, Neubiberg: gfw 2002.

Marr, R., Schmidt, H. (1992): Humanvermögensrechnung, in: Handwörterbuch des Personalwesens, hrsg. von Gaugler, E., Weber, W. (1992), Sp. 1031-1042.

Marr, R.; Fliaster, A. (2003a): Bröckelt das Loyalitätsgefüge in deutschen Unternehmen? Herausforderungen für die zukünftige Gestaltung des "psychologischen Vertrages" mit Führungskräften, in: Perspektiven der Strategischen Unternehmensführung. Theorienm Konzepte, Anwendungen, hrsg. v. Ringlstetter, M.; Henzler, H.; Mirow, M. (2003), S. 277-305.

Marr, R.; Fliaster, A. (2003b): Jenseits der "Ich AG": Die Zukunft des psychologischen Vertrags in deutschen Unternehmen, München: Rainer Hampp im Druck 2003.

Marr, R.; Kötting, M. (1992): Implementierung, organisatorische, in: Handwörterbuch der Organisation, hrsg. von Frese, E. (1992), Sp. 827-841.

Marr, R.; Seisl, P. (1994): Studienprojektbericht 1993/1994: Personalfreistellung: Eine Analyse von Einflußgrößen und Gestaltungsparametern, Neubiberg 1994.

Marr, R.; Stitzel, M. (1979): Personalwirtschaft - ein konfliktorientierter Ansatz, München 1979.

Marr, R.; Steiner, K.; Schloderer, F. (1998): Folgewirkungen von Personalabbau - Ergebnisse einer Unternehmensbefragung des Instituts für Personal- und Organisationsforschung im März 1998, Neubiberg 1998. (Download unter www.trennungsmanagement.de)

Mayer, W. (1995): Personalabbau als Chance - Verfahren zur Sicherung der Leistungsfähigkeit eines Unternehmens, in: Personalführung, 28. Jg., Heft 6, S. 506-512.

Mishra, A.; Spreitzer, G. (1998): Explaining how survivors respond to downsizing: The roles of trust, empowerment, justice, and work redesign, in: Academy of Mangament Review, Vol. 23, No. 3, pp. 567-588.

Mishra, A.K.; Mishra, K.E. (1994): The role of mutual trust in effective downsizing strategies, in: Human Resource Management, Vol. 33, No. 2, pp. 261-279.

Mishra, K.; Spreitzer, G.; Mishra, A. (1998): Preserving Employee Morale during Downsizing, in: Sloan Management Review, 1998, Winter 1998, pp. 83-95.

Mohr, G. (1997): Erwerbslosigkeit, Arbeitsplatzunsicherheit und psychische Befindlichkeit, Wirtschaftspsychologie Bd. 5, Frankfurt / Main u.a.: Lang 1997.

Mone, M. (1994): Relationships between self-concepts, aspiration, emotional responses, and intent to leave a downsizing organization, in: Human Resource Management, Vol. 33, No. 2, pp. 281-298.

Müller, M. (1992): Von der Personalplanung bis zur Entlassung - Die Rechte des Betriebsrates in Fragen der Personalplanung, Berufsbildung, Einstellung, Eingruppierung, Versetzung, Kündigung, Witten 1992.

Nienhüser, W. (1998): Ursachen und Wirkungen betrieblicher Personalstrukturen, Stuttgart: Schäffer-Poeschel 1998.

Noer, D. (1993a): Leadership in an Age of Layoffs, in: Issues & Observations, Vol. 13, No. 3, pp. 1-6.

Noer, D. (1993b): Healing the Wounds: Overcoming the trauma of layoffs and revitalizing downsized organizations, San Francisco: Jossey-Bass 1993.

Noer, D. (1996): Leadership in the age of layoffs, in: Human Resource Management im Umbruch: Positionierung-Potentiale-Perspektiven, hrsg. von Sattelberger, T. (1996a), S. 127-137.

o.V. (1998): Wirtschaftliche Leistungsfähigkeit, sozialer Zusammenhalt, ökologische Nachhaltigkeit: Drei Wege - ein Weg, Zukunftskommission der Friedrich-Ebert-Stiftung, Bonn: Dietz 1998.

o.V. / IAB Betriebspanel (1991): Das IAB-Betriebpanel - Ansatz und Aufbau, in: Mitteilungen aus der Arbeitsmarkt- und Berufsforschung, 24. Jg., Heft 3, S. 514-530.

o.V. / IAB Betriebspanel (1994): Das IAB-Betriebpanel - Ergebnisse der ersten Welle 1993, in: Mitteilungen aus der Arbeitsmarkt- und Berufsforschung, 27. Jg., Heft 1, S. 20-32.

o.V. / Kempfenhausener Gespräche (2000): Strukturwandel in der Arbeitswelt, Die Kempfenhausener Gespräche, Zweiter Gesprächszyklus, Online im Internet: URL: http://http://www.hypovereinsbank.de/KulturundGesellschaft/foren/kempfenhausen /inhalt.htm.

Oechsler, W. (1994): Personal: Der strategische Erfolgsfaktor in der Krise?, in: Management Perspektiven Band 2: Personalmanagement in der Krise - Krise des Personalmanagements, hrsg. von Kraus, H.; Scheff, J.; Gutschelhofer, A. (1994), S. 613-632.

Ordelheide, D.; Rudolph, B.; Büsselmann, E. (1991, Hrsg.): Betriebswirtschaftslehre und Ökonomische Theorie, Stuttgart: Poeschel 1991.

Orlando, J. (1999): The fourth wave: The ethics of corporate downsizing, in: Business Etics Quarterly, Vol. 9, No. 2, pp. 295-314.

Poppe, J. (1988): Technischer Fortschritt und Beschäftigungslosigkeit: Zur Freisetzung und Einsparung von Arbeitskräften durch Produktivitätserhöhungen, Pfaffenweiler: Centaurus 1988.

Posth, M. (1983): Personalplanung als Hilfsmittel zur Bewältigung von Personalanpassungen bei Rationalisierungen und strukturellen Veränderungen, in: Personalwesen als Managementaufgabe: Handbuch für die Personalpraxis, hrsg. von Spie, U. (1983), S. 257-268.

Pichert, P.-H.; Steiner, K. (2002): Kommen neue Beschäftigungsformen den Interessen beider Seiten entgegen? in: Managing People - Perspektiven für das Personalmanagement. Beiträge zum 10. Münchner Personalforum, hrsg. von Marr, R. (2002), S. 201-214.

Radermacher, F.J.; Bleyer, K.; Bernhardt, A. (1999, Hrsg.): Innovation und Effizienz: Erfolgsfaktoren im globalen Wettbewerb, Ergebnisband Ulmer Forum 1998, Ulm: Universitäts-Verlag 1999.

Ricardo, D. (1951): On the principles of political economy and taxation, Faksimile d. Ausg. London, 1817, Düsseldorf: Verl. Wirtschaft und Finanzen 1951.

Rifkin, J. (1995): The End of Work: The Decline of the Global Labour Force and the Dawn of the Post-Market Era, Tarcher/Putman 1995.

Ringlstetter, M.; Henzler, H.; Mirow, M. (2003): Perspektiven der Strategischen Unternehmensführung. Theorien, Konzepte, Anwendungen. Wiesbaden: Gabler 2003.

RKW: Rationalisierungs-Kuratorium der Deutschen Wirtschaft (1996): RKW-Handbuch Personalplanung, 3. Aufl., Neuwied u.a.: Luchterhand 1996.

Sackmann, S.; Elbe, M. (2000): Tendenzen und Ergebnisse empirischer Personalforschung der 90er Jahre in West-Deutschland, in: Zeitschrift für Personalforschung, 14. Jg., Heft 2, S. 131-157.

Sadowski, D. (1981): Zum Verhältnis von Personalplanung und betrieblicher Beschäftigungspolitik, in: Zeitschrift für Betriebswirtschaft, 51. Jg., Heft 1, S. 88-105.

Sadowski, D. (1991): Humankapital und Organisationskapital - Zwei Grundkategorien einer ökonomischen Theorie der Personalpolitik in Unternehmen, in: Betriebswirtschaftslehre und Ökonomische Theorie, hrsg. von Ordelheide, D.; Rudolph, B.; Büsselmann, E. (1991), S. 127-141.

Sattelberger, T. (1996, Hrsg.): Human Resource Management im Umbruch: Positionierung-Potentiale-Perspektiven, Wiesbaden: Gabler 1996.

Savery, L.; Travaglione, A.; Firns, I. (1998): The links between absenteeism and commitment during downsizing, in: Personnel Review, Vol. 27, No. 4, pp. 312-324.

Schaub, G. (1989): Personalanpassung und Personalabbau im Betrieb, Köln 1989.

Schmacke, E. (1998, Hrsg.): Die Großen 500 auf einen Blick: Deutschlands Top-Unternehmen mit Anschriften, Umsätzen und Management, Ausgabe 1997/1998, Luchterhand 1998.

Schmid, R. (1992): Determinanten der Kündigungsbereitschaft: Ein Vergleich zweier konflikttheoretischer Paradigmen, in: Zeitschrift für Soziologie, 21. Jg., Heft 3, S. 186-199.

Schmidt, H. (1982, Hrsg.): Humanvermögensrechnung: Instrumentarium zur Ergänzung der unternehmerischen Rechnungslegung - Konzepte und Erfahrungen, Berlin u.a.: de Gruyter 1982.

Schmidt, H. (1982, Hrsg.): Humanvermögensrechnung: Instrumentarium zur Ergänzung der unternehmerischen Rechnungslegung - Konzepte und Erfahrungen, Berlin u.a.: de Gruyter 1982.

Schnell, R.; Hill, P.; Esser, E. (1993): Methoden der empirischen Sozialforschung, 4. Aufl., München: Oldenburg 1993.

Schnopp, M. (1993): Veränderung des Führungsverhaltens in der Rezession, in: io Management Zeitschrift, 62. Jg., Heft 10, S. 27-29.

Scholl, W.; Blumschein, H. (1979): Personalplanung und Personalpolitik in der Rezession - eine empirische Studie, hrsg.v. Rationalisierungs-Kuratorium der Deutschen Wirtschaft (RKW) e.V., Frankfurt am Main 1979.

Scholz, C. (1992): Effektivität und Effizienz, in: Handwörterbuch der Organisation, hrsg. von Frese, E. (1992), Sp. 531-552.

Scholz, C. (1994): Die Rolle der Personalabteilung in der wirtschaftlichen Krise, in: Management Perspektiven Band 2: Personalmanagement in der Krise - Krise des Personalmanagements, hrsg. von Kraus, H.; Scheff, J.; Gutschelhofer, A. (1994), S. 633-646.

Schroiff, G. (1996): Der Weg in die Entlassungsgesellschaft, Gelnhausen: TRIGA-Verlag 1996.

Schwedes, R. (1986): Einstellung und Entlassung des Arbeitnehmers unter besonderer Berücksichtigung des Beschäftigungsförderungsgesetzes 1985, Freiburg 1986.

Schwien, B. (1995): Das Management-Buy-Out-Konzept in der Bundesrepublik Deutschland - Ein Instrument zur Erhaltung und Schaffung mittelständischer Wirtschaftsstrukturen, insbesondere in den neuen Bundesländern, Frankfurt / Main u.a.: Lang 1995.

Seisl, P. (1998): Der Abbau personeller Überkapazitäten: Unternehmerische Handlungsspielräume - Folgewirkungen - Implikationen für ein Trennungsmanagement, Berlin: Erich Schmidt 1998.

Spie, U. (1983, Hrsg.): Personalwesen als Managementaufgabe: Handbuch für die Personalpraxis, Stuttgart: Schäffer 1983.

Spreitzer, G.; Mishra, A. (1999): Giving up control without losing control: trust and its substitutes' effects on managers' involving employees in decision making, in: Group & Organization Management, Vol. 24, No. 2, pp. 155-187.

Stahlhacke, E.; Preis, U.; Vossen, R. (1999): Kündigung und Kündigungsschutz im Arbeitsverhältnis, 7. Aufl., München: Beck 1999.

Staw, B.; Sandelands, L.; Dutton, J. (1981): Threat-rigidity effect in organizational behavior: a multilevel analysis, in: Administrative Science Quarterly, Vol. 26. , December 1981, Vol. 26, pp. 501-524.

Stratemann, I. (1994): Kreatives Krisenmanagement - Erfahrungen erfolgreicher Spitzenmanager und was wir daraus lernen können, Frankfurt am Main/New York 1994.

Stricker, M. (1999): Personalabbau mit Perspektive, Lohmar u. Köln: Eul 1999.

Thom, N. (1988): Personalentwicklung als Instrument der Unternehmungsführung: konzeptionelle Grundlagen und empirische Studien, Stuttgart: Poeschel 1988.

Thornhill, A.; Saunders, M.; Stead, J. (1996): Managing the survivors of change, in: Strategic Change, Vol. 5, Dec. 1996, pp. 323-330.

Tombough, J.; White, L. (1990): Downsizing: An empirical assessment of survivor's perceptions in a postlayoff environement, in: Organizational Development Journal, 1990, Summer, pp. 32-43.

Töpfer, A.; Gabel, B. (2000): Banchmarks zur Mitarbeiterbefragung, in: Personalwirtschaft, 27. Jg., Heft 4, S. 51-59.

Trevino, L.K. (1992): The social effects of punishment in organizations: a justice perspective, in: Academy of Mangament Review, Vol. 17, No. 4, pp. 647-676.

Tyler, T.; Bies, R. (1990): Beyond formal procedures: The interpersonal context of procedural justice, in: Applied social psychology and organizational settings, hrsg. von Carroll, J. (1990), S. 77-98.

Ulich, E. (1991): Arbeitspsychologie, Stuttgart: Poeschel 1991.

Vanselow, A.; Weinkopf, C. (1996): Sozialverträgliche Arbeitnehmerüberlassung als arbeitsmarktpolitisches Instrument - die bisherigen Erfahrungen mit START Zeitarbeit NRW, Projektbericht des Instituts Arbeit und Technik 96/11, Gelsenkirchen 1996.

Wachtel, P. (1989): Macroeconomics: From Theory to practice, Singapore: McGraw-Hill 1989.

Wächter, H. (1974a): Langfristige Personalplanung unter der Erwartung schrumpfender Betriebsgröße, in: Betriebswirtschaftliche Forschung und Praxis, 26. Jg., Heft 2, S. 123-137.

Wagner, D. (1992): Personalabbau/-freisetzung, in: Handwörterbuch des Personalwesens, hrsg. von Gaugler, E., Weber, W. (1992), Sp. 1545-1556.

Weber, W. (1990): Interner Arbeitsmarkt und Arbeitsmarkttheorie, in: Zeitschrift für Personalforschung, 4. Jg., Heft 2, S. 157-164.

Weiber, R.; Stockert, A. (1987): Rechtseinflüsse auf Personalentscheidungen - eine konfirmatorische Analyse, Stuttgart: Poeschel 1987.

Weinkopf, C. (1995): START Zeitarbeit NRW - sozialverträgliche Arbeitnehmerüberlassung als arbeitsmarktpolitisches Instrument, in: , 1995.

Weinkopf, C. (1996): Arbeitskräftepools - Überbetriebliche Beschäftigung im Spannungsfeld von Flexibilität, Mobilität und sozialer Sicherheit, München u. Mering 1996.

Welge, M.; Hüttemann, H. (1993): Erfolgreiche Unternehmensführung in schrumpfenden Branchen, Stuttgart: Schäffer-Poeschel 1993.

Whetten, D. A. (1980): Organizational decline: a neglected topic in organizational science, in: Academy of Mangament Review, Vol. 5, No. 4, pp. 577-588.

Williams, C.; Livingstone, L. (1994): Another Look at the relationship between performance and voluntary turnover, in: Academy of Management Journal, Vol. 37, No. 2, pp. 269-296.

Wyatt WorkUSA (1994): Measuring change in the attitude of the American Workforce, Watson Wyatt & Company, Research and Information Centers, Washington, D.C. 1994.

ZEIT / Infratest Burke (1997): Deutschland im Wandel - Eine Umfrage der ZEIT, Die mageren Jahre - Deutschland in der Klemme zwischen Globalisierung und Sparzwang, in: ZEIT-Punkte, 1997, Heft 1.

Zimmermann, K.; Hinte, H.; Thalmaier, A. (1999): Ursachen und Wege zur Bekämpfung von Arbeitslosigkeit - Gutachten im Auftrag der VEBA AG, Bonn 1999.

Anhang

Verzeichnis der Anhänge

Anhang A   Ergänzungen und Anmerkungen

Anhang A1   Wichtige Forschungsprogramme zum Personalabbau

A1.1   Forschungsprogramm von Cameron u.a.

Aufgrund der besonderen Bedeutung der Arbeiten der Forschungsgruppe um Cameron u.a., die wesentliche Anregungen für die vorliegende Arbeit lieferten, sollen im folgenden die wichtigsten Ergebnisse dieser Untersuchungen kurz zusammengefaßt werden.

Wichtige Ergebnisse des Forschungsprogramms von CAMERON/ FREEMAN/ MISHRA / WHETTEN / KIM u.a.[1]

Zur theoretischen Bedeutung von Downsizing:

Bisher gab es kaum Untersuchungen über den Prozeß des Downsizing oder dessen Folgen für die organisatorische Effizienz und Effektivität (Grund: Vernachlässigung von Downsizing in den wichtigsten Organisationsmodellen (Growth Bias der Organisationstheorien)).

Definition von Abbau-Begriffen:

➔ *Downsizing*: Beabsichtigte Personalreduzierung zur Effizienzsteigerung bei wissentlicher oder unwissentlicher Beeinflussung des Arbeitsprozesses, aktiv, kann funktional sein.
   Attribute: (1) bewußt,
   (2) verbunden mit Kapazitätsabbau,
   (3) Ziel: Verbesserung der Effizienz,
   (4) wissentliche / unwissentliche Auswirkung auf Arbeitsprozesse;

➔ *Decline*: Negative Konsequenz einer mangelhaften Anpassung an Umwelt, passiv, dysfunktional, kann mit Personalabbau verbunden sein aber kein Kausalzusammenhang;

➔ *Growth-in-Reverse*: Gegenteil von organisatorischem Wachstum mit Verminderung der Dezentralisierung, Spezialisierung, Abteilungszahl etc.;

➔ *Non-Adaptation*: Mangelhafte Anpassung an die Umwelt-Nische;

➔ *Layoff*: Beschränkung auf individuelle Entlassungen (im Gegensatz zu Downsizing als organisatorischem Phänomen).

---

[1]   Übernommen aus: CAMERON, K.; FREEMAN, S.; MISHRA, A. (1993): Downsizing and redesigning organizations, in: Organizational change and redesign - ideas and insights for improving performance, hrsg. von HUBER, G.; GLICK, W. (1993), S. 19-65. Vgl. auch die weiterführenden Beiträge FREEMAN (1994) und CAMERON (1994).

Downsizing unterscheidet sich von Decline, Growth-in-Reverse, Non-Adaptation, Layoff z.T. ganz erheblich.

Forschungsfragen:

(1) Wie wird Downsizing implementiert? (Welche Alternativen gibt es zu Layoffs? (Push- und Pull-Strategien); typische Downsizing-Muster?)

(2) Welche Auswirkungen hat Downsizing auf die Organisation? (Gibt es hier auch das 'Dirty-Dozen' wie beim Decline? Effizienz einzelner Maßnahmen?)

(3) Was sind die 'Best Practices' eines Downsizings?

ad (1) Wie wird Downsizing implementiert?

Differenzierung von 3 *Implementierungsstrategien* (vgl. Tabelle S. 33):

(a) *Workforce-Reduction-Strategie*: Fokus: Arbeitskräfte; Across-the-Bord-Cuts (d.h. alle Bereiche sind betroffen); häufigste Methode (29 von 30 untersuchten Unternehmen); wird meist kurzfristig angewendet; Hauptproblem ist möglicher Wissensverlust;

(b) *Organization-Redesign-Strategie:* Fokus: Abteilungen, Funktionen, Hierarchien (Beseitigung von Arbeit anstelle von Arbeitern); Häufigkeit: 15 von 30; meist mittelfristig angewendet; Problem: umfangreiche Analyse und Planung erforderlich;

(c) *Systemic-Change-Strategy:* Fokus: Organisationskultur, Einstellungen und Werte ('Downsizing as a way of life'); Kampf gegen versteckte Kosten, radikale Vereinfachung, kontinuierliche Verbesserungsprozesse (KVP); Häufigkeit: 12 von 15; meist langfristig; Problem: führt zwar nicht kurzfristig zu einer Kostensenkung, vermeidet aber langfristig die Workforce-Reduction-Strategy.

→ Die Strategien schließen sich nicht gegenseitig aus; Kombinationen sind möglich, kommen allerdings eher selten vor.

Zwei unterschiedliche *Grundhaltung gegenüber Downsizing* (vgl. Tabelle S. 36):

(a) *Reinforcement / Convergence*: evolutionärer, inkrementaler, gradueller Wandel; Beibehaltung der Strategie (Effizienz im Vordergrund);

(b) *Reorientation*: revolutionärer, metaphorischer oder tiefgreifender Wandel; neue Strategie (Effektivität im Vordergrund).

(Ergebnisse von 30 untersuchten Unternehmen: 7 Reinforcement, 9 Reorientation, Rest Mischformen.)

Organisationsvariablen im Spannungsfeld von Reinforcement und Reorientation:

- *Structural Change*: Analog zu den Wachstumsmaßnahmen ergeben sich als Schrumpfungsmaßnahmen: kleinere Abteilungen, weniger Parallelabteilungen, weniger Differenzierung, Un-Merger;

- *White-Collar Reduction Strategy*: Eskalationsstufen: Aufgaben-, Technologie-, Strukturveränderungen;

- *Precedence for Workforce Reduction versus Redesign*: 'Making the organization smaller' versus 'making the organization different';
- *Menge und Art der Kommunikation*: Eskalation bezüglich Menge und Art der Kommunikation;
- *Interorganisationale Beziehung*: systematische Einbeziehung der strategischen Partner (Kunden, Lieferanten, Gewerkschaften etc.);
- *Effektivitäts- versus Effizienzorientierung.*

Frage 2: Welche Wirkungen hat organisatorisches Downsizing?

Zur Analyse der Wirkungen wird zunächst in Prädikatoren (Einflußfaktoren) für die organisatorische Performance, für organisatorische Effektivität und für negative organisatorische Folgewirkungen unterschieden.

a) Prädikatoren für organisatorische Verbesserung / Verschlechterung:

Einen *positiven Effekt* auf die Gesamtleistung des Unternehmens[2] haben:

- systematische Analyse von Aufgaben und Personal vor dem Downsizing;
- graduelle, inkrementale Implementierung von Downsizing; (Job Insecurity ist zwar größer, aber die Uncertainty ist geringer);
- gesteigerte Kommunikation und Partizipation

($\Rightarrow$Vermeidung von Uncertainty $\Rightarrow$ mehr Anstrengung $\Rightarrow$ bessere Leistung).

Ein *negativer Effekt* geht aus von:

- Downsizing über 'Attrition' ('Aushungern', z.B. Einstellungsstop etc.);
- mehr Arbeit für die verbleibenden Mitarbeiter;
- Veränderung des Anreizsystems;
- keine Qualitätsverbesserungen.

b) Empfehlungen zur Sicherung organisatorischer Effektivität:[3]

- graduelle und inkrementale Implementierung des Downsizings;
- systematische Analyse im Voraus (deshalb: Planung, zielorientierte Implementierung, keine Schrotflintenstrategie);
- Kommunikation/Partizipation der Mitarbeiter;
- Stärke und Entfaltungsgrad einer Qualitätskultur: Qualitätsverbesserungen in den letzten Jahren.

---

[2] Die Performance oder Gesamtleistung wurde anhand einer 5-Punkte-Skala gemessen. Ein wichtiger Prädikator für die organisatorische Performance oder Gesamteffizienz ist die (Veränderung der) Qualitätskultur bezüglich Fehleraufdeckung, Fehlervermeidung und kontinuierlicher Verbesserung).

[3] Die Effektivität wurde relativ zu 3 Standards ermittelt: Effektivitätsentwicklung während der letzten zwei Jahre, Performance des stärksten Wettbewerbers, Unternehmensziele und Erwartungen der Kunden. Für eine kritische Abgrenzung von Effektivität und Effizienz vgl. Kapitel 4.1.2.

Fazit: Downsizing via Workforce-Reduction-Strategy (Attrition, Layoff, Outsourcing) wird eher negativ bewertet.

c) Prädikatoren für negative organisatorische Folgewirkungen ('Dirty Dozen'):

Im Zusammenhang mit Downsizing / Decline kommt es häufig zum Auftreten einer Reihe negativer Folgewirkungen, dem sog. **'Dirty Dozen'**:[4]

   *Zentralisierung von Entscheidungen,
   *kurzfristig-orientierte Krisenmentalität,
   *Verlust von Innovationsbereitschaft,
   *Widerstände gegenüber Veränderungen,
   *Verschlechterung des Betriebsklimas,
   *politischer Druck durch spezielle Interessengruppen,
   *unüberlegter Stellenabbau,
   *Vertrauensverlust,
   *Zunahme von Konflikten,
   *Informationspathologien,
   *Verschlechterung des Teamworks,
   *Führungsschwächen / Mangel an Leadership.

Bezogen auf die oben beschriebenen Einflußfaktoren ergaben sich folgende **Zusammenhänge**:

(a) Faktoren, die zu negativen Folgen führen:

Maßnahmen der 'Workforce-Reduction-Strategy' (Kündigungen, (Massen-) Entlassungen, Einstellungsstops, vorzeitige Pensionierungen), 'Rückentwicklung' der Qualitätskultur, Aufoktroyierter Wandel, Änderungen des Anreiz- /Beurteilungssystems, Prozeß- statt Qualitätsorientierung.

(b) Faktoren, die zu positiven Effekten führen:

Das 'Dirty Dozen' kann am besten durch die Faktoren, welche sich positiv auf die organisatorische Effizienz auswirken, vermieden werden. Am bedeutendsten sind hierbei die personenbezogenen Faktoren, wie Kommunikation/Partizipation, Leistungsanstrengung des Arbeitnehmers, Verbesserung des Teamworks. Weitergehende positive Faktoren: Systematische Anforderungs- und Fähigkeitsanalysen im voraus, Abstimmung mit externen Koalitionspartnern.

"Taken in total, these results suggest that downsizing that is implemented without preparation, that relies on workforce reduction (across the board) approaches, that restricts participation and teamwork, that increases the work required of remaining employees, and that does not help improve the quality of products and service is significantly associated with negative attributes in organizations." (S. 48)

---

[4]   CAMERON u.a. (1987A UND 1987B)

Frage 3: Best Practices von Downsizing

Ermittlung der Best-Practice durch Diskriminanzanalysen (Worin unterscheiden sich die 'Besten' von anderen?) und durch Experteninterviews.

Merkmale einer Best-Practice:

- Einbindung aller Mitarbeiter;
- Downsizing als Chance; Mitarbeiter werden als Ressource, nicht als Kosten gesehen;
- entwickelte Qualitätskultur;
- die wichtige Rolle eines 'Leaders' (Motivationsfähigkeit, Lob, Vermittlung von Visionen durch Symbolik, erreichbar und sichtbar) wird erfüllt;
- umfassende Analyse im Voraus;
- Abstimmung mit externen Interessengruppen.

'Best Practice' als dualistischer Prozeß:

"Downsizing ist dann am erfolgreichsten, wenn gegengerichtete Prozesse implementiert werden."

➔ Top-Down *und* Bottom-Up (Top: Konsistenz, Vision, einheitliche Richtung, etc.; Bottom: Innovation, Verbesserungen);

➔ Universalismus ('Schrotflinte', führt zu einem 'Wachrütteln') *und* Partikularismus ('Scharfschütze', ist zielgenauer);

➔ ➔ 'Management' der Gehenden *und* der Verbleibenden;

➔ Berücksichtigung der Elemente innerhalb der Organisation *sowie* der Beziehungen mit externen Interessengruppen (z.B. andere Organisationen, Zulieferer, Kunden etc.);

➔ Schaffung kleiner, teilautonomer *wie* großer, integrierter Organisationen (teilautonome Einheiten und starke, zentralisierte Funktionseinheiten; tendenziell zentralisiertere Geschäftseinheiten bei dezentralisierter Muttergesellschaft);

➔ Downsizing *sowohl* als Maßnahme *als auch* als (kontinuierlicher) Prozeß.

Literaturverweise:

- MISHRA, K.; SPREITZER, G.; MISHRA, A. (1998): Preserving Employee Morale during Downsizing, in: Sloan Management Review, 1998, Winter 1998, P. 83-95.
- MISHRA, A.; SPREITZER, G. (1997): Explaining how survivors respond to downsizing: The roles of trust, empowerment, justice, and work redesign, in: Academy of Mangament Review, Vol. 23, No. 3, P. 567-588.
- MISHRA, A.K.; MISHRA, K.E. (1994): The role of mutual trust in effective downsizing strategies, in: Human Resource Management, Vol. 33, No. 2, P. 261-279.
- CAMERON, K. (1994): Strategies for successful organizational downsizing, in: Human Resource Management, Vol. 33, No. 2, P. 189-211.

- FREEMAN, S. (1994): Organizational downsizing as convergence or reorientation: Implications for Human Resource Management, in: Human Resource Management, Vol. 33, No. 2, P. 213-238.
- CAMERON, K.; FREEMAN, S.; MISHRA, A. (1993): Downsizing and redesigning organizations, in: Organizational change and redesign - ideas and insights for improving performance, hrsg. von HUBER, G.; GLICK, W. (1993), S. 19-65.
- FREEMAN, S.; CAMERON, K. (1993): Organizational downsizing: A convergence and reorientation framework, in: Organization Science, Vol. 4, No. 1, P. 10-29.
- FREEMAN, S.; CAMERON, K. (1993): Organizational downsizing: A convergence and reorientation framework, in: Organization Science, Vol. 4, No. 1, P. 10-29.
- CAMERON, K.; FREEMAN, S.; MISHRA, A. (1993): Downsizing and redesigning organizations, in: Organizational change and redesign - ideas and insights for improving performance, hrsg. von HUBER, G.; GLICK, W. (1993), S. 19-65.
- CAMERON, K.; FREEMAN, S.; MISHRA, A. (1991): Best practices in white-collar downsizing: managing contradictions, in: Academy of Management Executive, Vol. 5, No. 3, P. 57-73.
- CAMERON, K.; SUTTON, R.; WHETTEN, D. (1988, HRSG.): Readings in organizational decline. Frameworks, research, and prescriptions, Cambridge 1988.
- CAMERON, K.; KIM, M.; WHETTEN, D. (1987A): Organizational Effects of Decline and Turbulence, in: Administrative Science Quarterly, Vol. 32, P. 220-240.
- CAMERON, K.; WHETTEN, D.; KIM, M. (1987B): Organizational Dysfunctions of Decline, in: Academy of Management Journal, Vol. 30, No. 1.
- QUINN, R.; CAMERON, K. (1983): Organizational life cycle and shifting criteria af effectiveness: some preliminary evidence, in: , 1983.
- CAMERON, K.; ZAMMUTO, R. (1983): Matching managerial strategies to conditions of decline, in: Human Resource Management, 22, No. 4, P. 359-375.
- CAMERON, K.; WHETTEN, D. (1981): Perceptions of organizational effectiveness over organizational life cycles, in: Administrative Science Quarterly, Vol. 26, No. 26, P. 525-544.

A1.2 Forschungsprogramm von BROCKNER U.A.

- BROCKNER, J.; WIESENFELD, B. (1996): An integrative framework for explaining reactions to decisions: interactive effects of outcomes and procedures, in: Psychological Bulletin, Vol. 93, No. 2, P. 189-208.
- BROCKNER, J. (1995): Research Notes and communications: towards enhancing survivors' organizational and personal reactions to layoffs: a rejoinder to DANIELS, in: Strategic Management Journal, Organizational Behavior and Human Decision Process, in press, Vol. 16, P. 329-331.
- BROCKNER, J.; WIESENFELD, B.; MARTIN, C. (1995): Decision frame, procedural justice, and survivors' reactions to job layoffs, in: Organizational Behavior and Human Decisions Processes, Vol. 63, No. 1, P. 59-68.
- BROCKNER, J.; KONOVSKY, M., COOPER-SCHNEIDER, R.; FOLGER, R.; MARTIN, C.; BIES, R. (1994): Interactive effects of procedural justice and outcome negativity on victims and survivors of job loss, in: Academy of Management Journal, Vol. 37, No. 2, P. 397-409.

- BROCKNER, J.; GROVER, S.;O'MALLEY, M.; REED, T.; GLYNN, M. (1993): Threat of future layoffs, self-esteem, and survivors' reactions: evidence from the laboratory and the field, in: Strategic Management Journal, Vol. 14, P. 153-166.
- BROCKNER, J.; WIESENFELD, B. (1993): Living on the edge (of social and organizational psychology): the effects of job layoffs on those who remain, in: Social psychology in organizations: advances in theory and research, hrsg. von MURNIGHAN, K. (1993).
- BROCKNER, J.; WIESENFELD, B.; REED, T.; GROVER, S.; MARTIN, C. (1993): Interactive effect of job content and context on the reactions of layoff survivors, in: Journal of Personality and Social Psychology, Vol. 60, No. 2, P. 187-197.
- BROCKNER, J. (1992): Managing the effects of layoffs on others, in: California Management Review, Vol. 34, Winter, P. 9-27.
- BROCKNER, J.; GROVER, S.; REED, T.; DEWITT, R. (1992): Layoffs, job insecurity, and survivors' work effort: evidence of an inverted-U relationship, in: Academy of Management Journal, Vol. 35, No. 2, P. 413-425.
- BROCKNER, J.; TYLER, T.; COOPER-SCHNEIDER, R. (1992): The influence of prior commitment to an institution on reactions to perceived unfairness: the higher they are, the harder they fall, in: Administrative Science Quarterly, Vol. 37, P. 241-261.
- BROCKNER, J. (1990): Scope of Justice in the Workplace: How Survivors react to Co-workers Layoffs, in: Journal of Social Issues, Vol. 46, No. 1, P. 95-106.
- BROCKNER, J.; DEWITT, R.; GROVER, S.; REED, T. (1990): When it is especially important to explain why: factors affecting the relationship between managers' Explanations of a layoff and survivors' reactions to the layoff, in: Journal of experimental social psychology, Vol. 26, P. 389-407.
- BROCKNER, J.; GREENBERG, J. (1990): The impact of layoffs on survivors: an organizational justice perspective, in: Applied social psychology and organizational settings, hrsg. von Carroll, J. (1990), S. 45-75.
- BROCKNER, J. (1988): The effects of work layoffs on survivors: Research, theory, and practice, in: Research in Organizational Behavior - an annual series of analytical essays and critical reviews, hrsg. von Cummings, L.; Staw, B., Vol. 10/1988, P. 213-255.
- BROCKNER, J.; GROVER, S.; BLONDER, M. (1988): Predictors of survivors' job involvement following layoffs: a field study, in: Journal of Applied Psychology, Vol. 73, No. 3, P. 436-442.
- BROCKNER, J.; GROVER, S.; REED, T.; DEWITT, R.; O'MALLEY, M. (1987): Survivors' reactions to layoffs: we get by with a little help for our friends, in: Administrative Science Quarterly, Vol. 32, No. 4, P. 526-541.
- BROCKNER, J.; GREENBERG, J.; BROCKNER, A.; BORTZ, J.; DAVY, J.; CARTER, C. (1986): Layoffs, equity theory, and work performance: further evidence of the impact of survivor guilt, in: Academy of Management Journal, Vol. 29, No. 2, P. 373-384.
- BROCKNER, J.; DAVY, J.; CARTER, C. (1985): Layoffs, Self-esteem, and survivor guilt: motivational, affective, and attitudinal consequences, in: Organizational behavior and human decision process, Vol. 36, S. 229-244.

Anhang A2   Auswahl weiterführender Literatur

A2.1   *Literaturempfehlungen nach Themengebieten*

Arbeitsrecht (Auswahl)

- BROX, H.; RÜTHERS, B. (1999): Arbeitsrecht, 14. Aufl., Stuttgart u.a.: Kohlhammer 1999.
- DETERS, J.; KARG, W.; ROSENBERG, T. (1985): Personalabbau in der Personalwirtschaftslehre, in: Betriebswirtschaftliche Forschung und Praxis, 37. Jg., Heft 3, S. 24-54-272.
- EMMERICH, K.; WALWEI, U.; ZIKA, G. (1997): Beschäftigungsförderung durch Rechtsänderung: Aktuelle Beispiele, in: Wirtschaftsdienst - Zeitschrift für Wirtschaftspolitik, 78. Jg., Heft 6, S. 324-331.
- FALKE, J. (1984): Zum Stellenwert rechtlicher Wirkungsfaktoren für den Kündigungsschutz im Arbeitsrecht. Zugleich ein Beitrag zur Schwierigkeit, den Wirkungsfaktor Recht zu isolieren, in: Zeitschrift für Rechtssoziologie, 1984, Heft 6, S. 120-142.
- HAGEMEIER, C. (1984): Personalabbau in wirtschaftlichen Krisenzeiten. Personalpolitische, arbeits- und sozialrechtliche Fragestellungen, in: Betriebs-Berater, 39. Jg., Heft 17, S. 1100-1108.
- HANS-BÖCKLER-STIFTUNG (1998, Hrsg.): Personalanpassung unter den neuen gesetzlichen Voraussetzungen, Arbeitsgemeinschaft "Engere Mitarbeiter der Arbeitsdirektoren Stahl" in der Hans-Böckler-Stiftung, Ad-hoc-Ausschuß, Düsseldorf 1998.
- HEISE, D.; LESSENICH, H.; MERTEN, P. (1997): Änderung des Kündigungsschutzgesetzes, in: Der Arbeitgeber, 49. Jg., Heft 3, S. 57-61.
- HEMMER, E. (1997a): Kritik der Unternehmen an Sozialplanregelungen, in: Der Arbeitgeber, 49. Jg., Heft 4, S. 102-105.
- HEMMER, E. (1997b): Sozialplanregelungen verbessern, in: Der Arbeitgeber, 49. Jg., Heft 5, S. 130-135.
- HÖLAND, A. (1985): Das Verhalten von Betriebsräten bei Kündigungen. Recht und Wirklichkeit im betrieblichen Alltag, Frankfurt / Main, New York: Campus 1985.
- HROMADKA, W. (1997, Hrsg.): Arbeitsrecht und Beschäftigungskrise, Stuttgart: Schäffer-Poeschel 1997.
- HUECK, G.; HOYNINGEN-HUENE, G.v. (1992): Kündigungsschutzgesetz, Kommentar, München 1992.
- KADEL, P. (1990): Die Personalabbauplanung im arbeitsrechtlichen Kontext, Reihe Personalforschung, Bd. 6, München und Mering: Hampp 1990.
- KADEL, P. (1993): Personalabbauplanung und die Unterrichtungs- und Beratungsrechte des Betriebsrats nach §92 BetrVG, in: Betriebs-Berater, 48. Jg., Heft 12, S. 797-802.
- KNUTH, M. (1997): Sozialpolitik am Wendepunkt: Übersicht aktueller gesetzlicher Änderungen, Vortragsmanuskript zum Symposium "Personalpolitische Verantwortung im wirtschaftlichen Strukturwandel" des Institut Arbeit und Technik, Gelsenkirchen April 1997.

- KRONKE, H. (1990): Regulierungen auf dem Arbeitsmarkt - Kernbereiche des Arbeitsrechts im internationalen Vergleich, Gutachten im Auftrag des Bundesministers für Wirtschaft für die Deregulierungskommission, Baden-Baden 1990.
- KUNISCH, P. (1989): Personalreduzierung - Aufhebungsvertrag, Kündigung, Sozialplan,2. Aufl., Stuttgart u.a.: Boorberg 1989.
- LAMMERMANN, R. (1996): Aktuelle Probleme im Rahmen der betriebsbedingten Kündigung unter besonderer Berücksichtigung der betrieblichen und sozialen Auswahl, Bielefeld 1996.
- LINNE, G. (1984): Überlegungen zur Problematik einer Wirkungsanalyse arbeitsrechtlicher Normen - dargestellt am Beispiel des Kündigungsschutzrechts, in: Zeitschrift für Rechtssoziologie, 1984, Heft 6, S. 101-119.
- MÜLLER, M. (1992): Von der Personalplanung bis zur Entlassung - Die Rechte des Betriebsrates in Fragen der Personalplanung, Berufsbildung, Einstellung, Eingruppierung, Versetzung, Kündigung, Witten 1992.
- NEYES, W. (1983): Auswahlkriterien, Auswahlschema und Auswahlrichtlinien bei betriebsbedingter Kündigung, in: Der Betrieb, 36. Jg., Heft 45, S. 2414-2418.
- O.V. / BMA (1996): Mitbestimmung: Unternehmensmitbestimmung und Betriebsverfassung, hrsg. v. Bundesministerium für Arbeit und Sozialordnung, Bonn 1996.
- SCHAUB, G. (1993): Personalabbau im Betrieb und neueste Rechtsprechung zum Kündigungsschutzrecht, insbesondere zur betriebsbedingten Kündigung, in: Betriebs-Berater, 48. Jg., Heft 16 vom 10.06.1996, S. 1089-1094.
- SCHLIEMANN, H.; FÖRSTER, G.; MEYER, J. (1997): Arbeitszeitrecht - gesetzliche, tarifliche und betriebliche Regelungen, Neuwied u.a.: Luchterhand 1997.
- SCHMIDT, H.; WAGENER, M. (1995): Arbeitsrecht im Umbruch - Das Beispiel der sozialen Auswahl bei betriebsbedingten Kündigungen, in: Personalführung, 28. Jg., Heft 5, S. 386-391.
- STAHLHACKE, E.; PREIS, U.; VOSSEN, R. (1999): Kündigung und Kündigungsschutz im Arbeitsverhältnis, 7. Aufl., München: Beck 1999.
- STOCKERT, A. (1987): Wirkungen von Rechtsnormen auf Personalanpassungen, Stuttgart 1987.
- WALWEI, U. (1990): Ökonomische Analyse arbeitsrechtlicher Regelungen am Beispiel des Kündigungsschutzes, in: WSI Mitteilungen, 43. Jg., Heft 6, S. 392-400.
- WEBER, U.; KOTHE-HEGGEMANN, C. (1994): Kündigung und Kündigungsschutz: zuverlässige Strategien und erfolgreiche Taktik für Arbeitgeber und Arbeitnehmer, Wien: Ueberreuter 1994.
- WEIBER, R.; STOCKERT, A. (1987): Rechtseinflüsse auf Personalentscheidungen - eine konfirmatorische Analyse, Stuttgart: Poeschel 1987.
- WELSLAU, D. (1994): Ausgewählte Probleme des Sozialplanrechts, in: Personalwirtschaft, 21. Jg., Heft 3, S. 62-68.
- WELSLAU, D. (1998): Betriebsbedingt kündigen, in: Personalwirtschaft, 25. Jg., Heft 4, S. 68-69.

Sozialpläne

- BIEDENKOPF, S. (1994): Interessenausgleich und Sozialplan unter Berücksichtigung der besonderen Probleme bei der Privatisierung und Sanierung von Betrieben in den neuen Bundesländern, Berlin 1994.

- BOSCH, G. (1983): Kündigungsschutz und Kündigungspraxis in der Bundesrepublik Deutschland. Ein Literaturbericht, Arbeitskreis Sozialwissenschaftliche Arbeitsmarktforschung (SAMF), Arbeitspapier, Paderborn 1983.

- DRUKARCZYK, J. (1986): Zum Problem der "wirtschaftlichen Vertretbarkeit" von Sozialplänen, in: Recht der Arbeit, 1986, Heft 2, S. 115-119.

- FRITSCH, W. (1976): Die Ausgestaltung von Sozialplänen - eine rechtstatsächliche Untersuchung, Bochum 1976.

- GIEFFERS, F.; MÜLLER, K.; MÜNSTERBERG, R. (1985, HRSG.): Reduzierung der Personalkosten - Möglichkeiten und Maßnahmen im Vorfeld von Kündigungen und Sozialplan, Heidelberg 1985.

- HARTZ, P. (1990): Sozialplanung und Beschäftigungspolitik an der Saar, in: Zeitschrift für Personalforschung, 4. Jg., Heft 2, S. 147-155.

- HASE, D.; NEUMANN-COSEL, R.V.; RUPP, R. (1992): Handbuch Interessenausgleich und Sozialplan. Ein praktischer Ratgeber; mit den Sonderregelungen für Interessenausgleich, Sozialplan, Beschäftigungs- und Qualifizierungsgesellschaften in Ostdeutschland, Köln 1992.

- HEMMER, E. (1988): Sozialplanpraxis in der Bundesrepublik, Köln 1988.

- HEMMER, E. (1997): Kritik der Unternehmen an Sozialplanregelungen, in: Der Arbeitgeber, 49. Jg., Heft 4, S. 102-105.

- HEMMER, E. (1997): Sozialpläne und Personalanpassungsmaßnahmen: eine empirische Untersuchung, Köln: Deutscher Instituts- Verlag 1997.

- HEMMER, E. (1997): Sozialplanregelungen verbessern, in: Der Arbeitgeber, 49. Jg., Heft 5, S. 130-135.

- HOYNINGEN-HUENE, G. VON (1986): Die wirtschaftliche Vertretbarkeit von Sozialplänen - zugleich eine Rahmenformel zur Berechnung des Sozialplanvolumens, in: Recht der Arbeit, 1986, Heft 2, S. 102-115.

- INHOFFEN, A.; MÜLLER-DAHL, F. (1981A): Rückstellungen für Abfindungen aus Sozialplan und Aufhebungsvertrag - Sozialplan und Aufhebungsvertrag aus organisatorischer und bilanzieller Sicht (Teil 1), in: Der Betrieb, 34. Jg., Heft 30, S. 1473-1477.

- INHOFFEN, A.; MÜLLER-DAHL, F. (1981B): Rückstellungen für Abfindungen aus Sozialplan und Aufhebungsvertrag - Sozialplan und Aufhebungsvertrag aus organisatorischer und bilanzieller Sicht (Teil 2), in: Der Betrieb, 34. Jg., Heft 31, S. 1525-1530.

- KNUTH, M.; VANSELOW, A. (1995, HRSG.): Über den Sozialplan hinaus - Neue Beschäftigungsperspektiven bei Personalabbau, Expertise des Instituts Arbeit und Technik; Wissenschaftszentrum Gelsenkirchen, Berlin 1995.

- KOHL, H. (1996): Reorganisation des Sozialplans - Alternativen zu Personalabbau durch Entlassungen, in: , 1996.

- KOHL, H.; VOLKMANN, G. (1979): Der Sozialplan als Ultima Ratio, in: Die Betriebswirtschaft, 39. Jg., S. 397-412.

- KUNISCH, P. (1989): Personalreduzierung - Aufhebungsvertrag, Kündigung, Sozialplan, 2. Aufl., Stuttgart u.a: Boorberg 1989.

- LANGEMEYER, W. (1988): Betriebswirtschaftliche und soziale Wirkungen des Sozialplans, Frankfurt am Main 1988.
- O.V. / ARBEITSGEMEINSCHAFT ENGERE MITARBEITER DER ARBEITSDIREKTOREN STAHL (2000): Förderinstrumente einer flexiblen und sozialverträglichen Arbeitsmarktpolitik, Arbeitspapier Nr. 16 der Hans-Böckler-Stiftung, Düsseldorf 2000.
- O.V. / ZENTRUM FÜR ARBEIT UND BESCHÄFTIGUNG (1997, HRSG.): Eine Dokumentation des Symposiums "Personalpolitische Verantwortung im wirtschaftlichen Strukturwandel" - "Berufliche Neuorientierung bei Personalabbau", am 22. April 1997 am Institut Arbeit und Technik, Gelsenkirchen, 1997.
- OCHS, P. (1976): Analyse betrieblicher Sozialpläne, hrsg.v. Institut für Sozialforschung und Sozialwirtschaft e.V., Saarbrücken 1976.
- PROLLIUS, G. (1982): Personalabbau in der Praxis, in: Personalführung, 15. Jg., Heft 6-10, S.130-135 (Teil 1), S.153-158 (Teil 2), S.172-175 (Teil 3), S.217-221 (Teil 4).
- SCHMIDT, H. (1989): Der Sozialplan in betriebswirtschaftlicher Sicht, Wiesbaden 1989.
- SCHRÖDER, W. (1994): Entlassungen mit Sozialplan versus aktives Personalmanagement - Ein Vergleich von Kosten und Ergebnissen, in: Personalführung, 27. Jg., Heft 10, S. 932-937.
- SIEBERT, H. (1987): Kündigungsschutz und Sozialplanpflicht - Optimale Allokation von Risiken oder Ursache der Arbeitslosigkeit?, in: Beschäftigungsprobleme hochentwickelter Volkswirtschaften, hrsg. von SCHERF, H. (1987), S. 267-285.
- SORG, P. (1992): Sozialplan, in: Handwörterbuch des Personalwesens, hrsg. von Gaugler, E., Weber, W. (1992), Sp. 2089-2098.
- WAGNER, D.; RINNISLAND, G. (1990): Sozialplan vs. Beschäftigungsplan und interner Arbeitsmarkt, in: Zeitschrift für Personalforschung, 4. Jg., Heft 2, S. 133-145.
- WELSLAU, D. (1994): Ausgewählte Probleme des Sozialplanrechts, in: Personalwirtschaft, 21. Jg., Heft 3, S. 62-68.
- WELSLAU, D. (1995): Sozialpläne gestalten, in: Personalwirtschaft, 22. Jg., Heft 10, S. 61-66.
- WEUSTER, A. (1983): Anregungen zum Inhalt von Sozialplänen, in: Personalwirtschaft, 10. Jg., Heft 5, S. 180-184.

Outplacement

- BERTHEL, J.; KNEERICH, O. (1998): Förderung der beruflichen Neuorientierung bei Personalabbau, Lohmar u. Köln: Eul 1998.
- DIEMER, G. (1990): Outplacement und Karriereplanung: Problemlos in eine neue Karriere, in: Gabler's Magazin, 1990, Heft 3, S. 6-8.
- FRITZ, F.K. (1995): Outplacement-Beratung auch für Nicht-Führungskräfte: Trennungskonflikte optimal lösen, in: Gabler's Magazin, 1995, Heft 3, S. 10-11.
- GROTH, K.J. (1995): Outplacement - Gefahren und Folgen des Lean Managements, München 1995.
- HARTMANN, F. (1997): Outplacement-Beratung, hrsg. v. d. Hans-Böckler-Stiftung, Manuskripte 221, Düsseldorf 1997.
- KERN, U. (1998): Outplacement: Die Trennung als Chance, in: Personalführung, 31. Jg., Heft 4, S. 12-13.
- KIRBACH, R. (1997): Training für den nächsten Kampf - Outplacement-Berater helfen entlassenen Managern, in: ZEIT-Punkte, 1997, Heft 1, S. 35.

- KIRSCH, J.; HENDRICKS, N. (1995): 15 Jahre Outplacement in Deutschland, in: Personalführung, 28. Jg., Heft 11, S. 964-968.
- MAYRHOFER, W. (1989A): Trennung von der Organisation - Vom Outplacement zur Trennungsberatung, Wiesbaden 1989.
- MAYRHOFER, W. (1989B): Outplacement - Stand der Diskussion, in: Die Betriebswirtschaft, 49. Jg., Heft 1, S. 55-68.
- MAYRHOFER, W. (1992): Outplacement, in: Handwörterbuch des Personalwesens, hrsg. von GAUGLER, E., WEBER, W. (1992), Sp. 1523-1534.
- MAYRHOFER, W.; RUNDSTEDT, E. VON (1991): Trennung ohne Kündigung: Outplacement als Instrument des modernen Personalmanagements, in: Zeitschrift Führung + Organisation, 60. Jg., Heft 1, S. 42-XX.
- MEYER, J.L.; SHADLE, C.C. (1994): The changing outplacement process - new methods and opportunities for transition management, London 1994.
- NEUMANN, W. (1993): Outplacement aus der Sicht der Unternehmen, in: Personalführung, 26. Jg., Heft 7, S. 590-593.
- o.V. / Personalwirtschaft (1989): Outplacement Sanfter Wechsel; Interviews mit DR. FRITZ STOEBE, ERNST A. SCHRÖDER, DR. DIETER SCHULZ, EBERHARDT VON RUNDSTEDT und WOLFGANG FRITZ, in: Personalwirtschaft, 16. Jg., Heft 9, S. 27-40.
- O.V. / ZENTRUM FÜR ARBEIT UND BESCHÄFTIGUNG (1997, HRSG.): Eine Dokumentation des Symposiums "Personalpolitische Verantwortung im wirtschaftlichen Strukturwandel" - "Berufliche Neuorientierung bei Personalabbau", am 22. April 1997 am Institut Arbeit und Technik, Gelsenkirchen, 1997.
- SAUER, M. (1991): Outplacementberatung: Konzeption und organisatorische Gestaltung, Wiesbaden 1991.
- SCHULZ, D.; FRITZ, W.; SCHUPPERT, D.; SEIWERT, L.; WALSH, I. (1989, HRSG.): Outplacement - Personalfreisetzung und Karrierestrategie, Wiesbaden: Gabler 1989.
- STOEBE, F. (1993): Outplacement - Manager zwischen Trennung und Neuanfang, Frankfurt am Main 1993.
- STRICKER, M. (1999): Personalabbau mit Perspektive, Lohmar u. Köln: Eul 1999.
- v. LÜTZOW, W. (1995): Trennungskultur und Outplacement, in: Personal, 47. Jg., Heft 8, S. 412-417.

Beschäftigungs- und Qualifizierungsgesellschaften

- BERGNER, S. (1991): Fortbilden statt entlassen - ein Konzept zur Arbeitsplatzsicherung am Beispiel der Hamburger Werften, Köln 1991.
- BERTHEL, J.; KNEERICH, O. (1997A): Berufliche Neuorientierung bei Betriebsstillegungen, in: Personalwirtschaft, 24. Jg., Heft 6, S. 26-28.
- BERTHEL, J.; KNEERICH, O. (1997B): Berufliche Neuorientierung bei Personalabbau: drängendes Problem, aktuelle Forschung, in: Personalwirtschaft, 24. Jg., Heft 6.
- BERTHEL, J.; KNEERICH, O. (1998): Förderung der beruflichen Neuorientierung bei Personalabbau, Lohmar u. Köln: Eul 1998.
- BOSCH, G. (1989): Beschäftigungspläne in der Praxis, in: WSI Mitteilungen, 42. Jg., Heft 4, S. 197-206.
- BOSCH, G. (1990): Qualifizieren statt Entlassen: Beschäftigungspläne in der Praxis, Opladen 1990.
- BOSCH, G. (1995): Möglichkeiten einer aktiven Personal- und Arbeitsmarktpolitik, in: WSI Mitteilungen, 48. Jg., Heft 7, S. 422-430.

- BOSCH, G.; NEUMANN, H. (1991A, HRSG.): Beschäftigungsplan und Beschäftigungsgesellschaft: Neue Konzepte und Initiativen in der Arbeitsmarkt- und Strukturpolitik, Köln 1991.
- BOSCH, G.; NEUMANN, H. (1991B): Strukturpolitische Herausforderungen der 90er Jahre, in: Beschäftigungsplan und Beschäftigungsgesellschaft: Neue Konzepte und Initiativen in der Arbeitsmarkt- und Strukturpolitik, hrsg. von BOSCH, G.; NEUMANN, H. (1991a), S. 13-39.
- BREDOHL, S. (1994): Die Behandlung von Personalüberschüssen in der Stahlindustrie Deutschlands und Frankreichs, in: Personalmanagement in Abhängigkeit von der Konjunktur, hrsg. von SCHOLZ, C.; OBERSCHULTE, H. (1994), S. 221-244.
- DOBISCHAT, R.; HUSEMANN, R. (1991): Nixdorf - Unternehmenskrise und Beschäftigungsplan, in: Beschäftigungsplan und Beschäftigungsgesellschaft: Neue Konzepte und Initiativen in der Arbeitsmarkt- und Strukturpolitik, hrsg. von BOSCH, G.; NEUMANN, H. (1991a), S. 79-97.
- EHMANN, H.-M. (1994): So wird die Krise zur Chance - Personalabbau im Spannungsfeld sozialer und ökonomischer Interessen, in: Personalführung, 27. Jg., Heft 1, S. 8-15.
- HARTZ, P. (1990): Sozialplanung und Beschäftigungspolitik an der Saar, in: Zeitschrift für Personalforschung, 4. Jg., Heft 2, S. 147-155.
- HARTZ, P. (1995): Kreative Wege zur Kostenentlastung und Beschäftigungssicherung, in: Strategisches Personalmanagement - Konzeptionen und Realisationen, hrsg. von SCHOLZ, C.; DJARRAHZADEH, M. (1995), S. 51-59.
- HASE, D.; NEUMANN-COSEL, R.V.; RUPP, R. (1992): Handbuch Interessenausgleich und Sozialplan. Ein praktischer Ratgeber; mit den Sonderregelungen für Interessenausgleich, Sozialplan, Beschäftigungs- und Qualifizierungsgesellschaften in Ostdeutschland, Köln 1992.
- KNUTH, M. (1994): Zwei Jahre ABS-Gesellschaften in den neuen Bundesländern, IAT - AM 09, hrsg. v. Institut Arbeit und Technik, Gelsenkirchen 1994.
- KNUTH, M.; VANSELOW, A. (1995, HRSG.): Über den Sozialplan hinaus - Neue Beschäftigungsperspektiven bei Personalabbau, Expertise des Instituts Arbeit und Technik; Wissenschaftszentrum Gelsenkirchen, Berlin 1995.
- MÜLLER, A. (2000): Personalentwicklung und Beschäftigungstransfer bei betrieblichen Umstrukturierungen: Das Beispiel BASF Köln-Bickendorf, Arbeitspapier Nr. 15 der Hans-Böckler-Stiftung, Düsseldorf 2000.
- MÜLLER, C. (1992): Beschäftigungsgesellschaften, Bonn 1992.
- MÜLLER, H.-E.; MARTIN, A. (2000): Beschäftigen statt Entlassen: Instrumente des Beschäftigungs-Managements mit Fallstudien aus der Energieversorgung, Betriebswirtschaftliche Handlungshilfen Bd. 2, Edition der Hans-Böckler-Stiftung 29, Düsseldorf 2000.
- MUTH, J. (1996): Das Zentrum für Arbeit und Beschäftigung (ZAB) der CASE Germany GmbH in Neuss - Ein betrieblicher Ansatz zur Förderung der beruflichen Mobilität im Vorfeld von Entlassungen, in: G.I.B. info, 1996, Heft 4, S. 15-16.
- NIGSCH, O. (1995): Effekte der Stahlstiftung - Beabsichtigte und nichtbeabsichtigte, Linz 1995.
- NOTH, D. (1994): Bildung und Beschäftigung - Eine Chance zum sozialverträglichen Personalabbau, in: Personalführung, 27. Jg., Heft 1, S. 16-22.

- O.V. / ARBEITSAMT MÜNCHEN (1994A): Überlegungen zur Einrichtung von Arbeits-
  förderungskooperativen in München; hrsg. vom Arbeitsamt München, München
  1994.
- O.V. / BEIHEFTE ZUR KONJUNKTURPOLITIK (1995, HRSG.): Wege aus der Arbeitslo-
  sigkeit, Beihefte der Konjunkturpolitik: Zeitschrift für angewandte Wirtschaftsfor-
  schung, Heft 43, Bonn 1995.
- O.V. / BMA (1996): Förderung von Beschäftigung - Die Möglichkeiten des
  Beschäftigungsförderungsgestzes 1994, hrsg. v. Bundesministerium für Arbeit und
  Sozialordnung, Bonn 1996.
- O.V. / HANDELSBLATT (1995): Modellprojekt soll Schock der drohenden Entlassung
  mildern, in: .
- O.V. / ZENTRUM FÜR ARBEIT UND BESCHÄFTIGUNG (1997, HRSG.): Eine
  Dokumentation des Symposiums "Personalpolitische Verantwortung im
  wirtschaftlichen Strukturwandel" - "Berufliche Neuorientierung bei Personalabbau",
  am 22. April 1997 am Institut Arbeit und Technik, Gelsenkirchen, 1997.
- OUTIN, J.-L. (1991): Die Politik der Rekonversion in Frankreich, in: Beschäfti-
  gungsplan und Beschäftigungsgesellschaft: Neue Konzepte und Initiativen in der
  Arbeitsmarkt- und Strukturpolitik, hrsg. von BOSCH, G.; NEUMANN, H. (1991a), S.
  267-280.
- RÖTTIG, P. (1993B): Mit weniger Humanressourcen mehr leisten - Personalabbau in
  der Rezession als Herausforderung für das Humanressourcen-Management, in: Management Perspektiven Band 1: Neue Ansätze in der Personalarbeit, hrsg. von
  KRAUS, H.; SCHEFF, J.; GUTSCHELHOFER, A. (1993), S. 117-129.
- SCHRÖDER, K. (1994): Qualifizierung und Beschäftigung statt Alterssozialpläne -
  Neue Wege zur sozialverträglichen Bewältigung umfangreicher Personalreduzie-
  rungen in der nordrhein-westfälischen Eisen- und Stahlindustrie, in: Sozialer Fortschritt, 1994, Heft 11, S. 269-274.
- SOMMER, K.-J. (1994): Neue Wege in der Personalkostenoptimierung: Besser als
  der Stellenbabbau, in: , 1994, Heft 8, S. 52-53.
- STRICKER, M. (1999): Personalabbau mit Perspektive, Lohmar u. Köln: Eul 1999.
- WAGNER, D.; RINNISLAND, G. (1990): Sozialplan vs. Beschäftigungsplan und inter-
  ner Arbeitsmarkt, in: Zeitschrift für Personalforschung, 4. Jg., Heft 2, S. 133-145.
- ZDROWOMYSLAW, N.V.; SPIES, B.-G.; GELLINK, M. (1994): Sanierung in Krisenzei-
  ten - Dimensionen des Sanierungsbegriffs und einer Unternehmenssanierung vor
  Hintergrund umweltbezogener Rahmenbedingungen, in: Der Betriebswirt, 1994,
  Heft 2, S. 25-32.

Flexible Arbeitszeitgestaltung

- Neu im Internetangebot des BUNDESMINISTERIUM FÜR ARBEIT UND SOZIALORDNUNG
  ist die Datenbank "Arbeitszeitflexibilisierung", die in der Praxis erprobte, flexible
  Arbeitszeitmodelle in bundesdeutschen Betrieben unterschiedlicher Branchen und
  Betriebsgrößen (z.Z. 46 Beispiele von Unternehmen aus 23 Branchen) darstellt. Dabei wird in diesem Projekt ihre Entstehungsgeschichte, die Besonderheiten des jeweiligen Modells sowie die Umsetzungserfahrungen ausführlich dokumentiert.
  (URL: http://www.bma.bund.de/arbeitszeitmodelle).
- BUSE, M.; HEMPEL, V. (1998): Von der Einheitsregelung zum Wahlmodell, in: Per-
  sonalwirtschaft, 25. Jg., Heft 4, S. 52-56.

- JACOB, P. (1997): Neue Arbeitszeitmodelle: "Eine Frage der Überzeugung", in: Arbeitnehmer, 45. Jg., Heft 5, S. 168-169.
- KLAUDER, W.; SCHNURR, P.; ZIKA, G. (1996): Wege zu mehr Beschäftigung: Simulationsrechnungen bis zum Jahr 2005 am Beispiel Westdeutschland, IAB Werkstattbericht Nr. 5/1996, hrsg. v. IAB Institut für Arbeitsmarkt- und Berufsforschung der Bundesanstalt für Arbeit, Nürnberg 1996.
- KLEIN-SCHNEIDER, H. (1999): Flexible Arbeitszeit: Analyse und Handlungsempfehlungen, Betriebs- und Dienstvereinbarungen, Edition der Hans-Böckler-Stiftung Nr. 6, Düsseldorf 1999.
- KLENNER, C. (2000): Mehr Beschäftigung durch Überstundenabbau und flexible Arbeitszeitmodelle, Edition der Hans-Böckler-Stiftung Nr. 15, Düsseldorf 2000.
- MARR, R. (2001, Hrsg.): Arbeitszeitmanagement: Grundlagen und Perspektiven der Gestaltung flexibler Arbeitszeitsysteme, 3. Aufl., Berlin: Erich Schmidt 2001.
- TERIET, B.; BACH, H.-U.; SPITZNAGEL, E. (1994): Beschäftigungsorientierte Arbeitszeitregelungen - Chance oder Illusion?, IAB Werkstattbericht Nr. 2/1994, hrsg. v. IAB Institut für Arbeitsmarkt- und Berufsforschung der Bundesanstalt für Arbeit, Nürnberg 1994.

Betriebliche "Bündnisse für Arbeit"

- HEIDEMANN, W.: "Betriebliche Beschäftigungssicherung – Analyse und Handlungsempfehlungen"; Band 8 aus der Reihe "Betriebs- und Dienstvereinbarungen", Edition der Hans Böckler Stiftung.
- HEISE, A. (1996): Bündnis für Arbeit: Wie eine kooperative Wirtschaftspolitik auch aussehen kann, in: WSI Mitteilungen, 49. Jg., Heft 5, S. 303-306.
- o.V. / ARBEITGEBER (1997): Wege zu mehr Beschäftigung, hrsg. v. der Bundesvereinigung der Deutschen Arbeitgeberverbände 1997.
- o.V. / DGB BAYERN (1996): Beschäftigungspakt Bayern: Politische Handlungsspielräume durch Kooperationen erweitern, hrsg. v. DGB Bayern, München 1996.

A2.2 Praxisbeispiele und Best Practice-Ratgeber

Praxisbeispiele

- BERTHEL, J.; KNEERICH, O. (1998): Förderung der beruflichen Neuorientierung bei Personalabbau, Lohmar u. Köln: Eul 1998.
- DIAL, J.; MURPHY, K. (1995): Incentives, downsizing, and value creation at General Dynamics, in: Journal of Financial Economics, Vol. 47, No. 3, P. 261-314.
- DOBISCHAT, R.; HUSEMANN, R. (1991): Nixdorf - Unternehmenskrise und Beschäftigungsplan, in: Beschäftigungsplan und Beschäftigungsgesellschaft: Neue Konzepte und Initiativen in der Arbeitsmarkt- und Strukturpolitik, hrsg. von Bosch, G.; Neumann, H. (1991a), S. 79-97.
- ENDRES, E. (1989): Macht und Solidarität: Interessenvertretung bei Beschäftigungsabbau in der Automobilindustrie. Das Beispiel AUDI NSU-Neckersulm 1974/75, Hamburg: VSA 1989.

- FELDMAN, L. (1989): Duracell's first aid for downsizing survivors, in: Personnel Journal, Vol. 68, No. 8, P. 91-94.

- GREENHALGH, L.; MCKERSIE, R.; GILKEY, R. (1986): Rebalancing the workforce at IBM: A case study of redeployment and revitalization, in: Organizational Dynamics, Vol. 14, Spring, P. 30-47.

- HARTZ, P. (1995): Kreative Wege zur Kostenentlastung und Beschäftigungssicherung, in: Strategisches Personalmanagement - Konzeptionen und Realisationen, hrsg. von Scholz, C.; Djarrahzadeh, M. (1995), S. 51-59.

- HEIDEMANN, W.; KRUSE, W. (1999): "VALID LEONARDO-Projekt" - Bewertung und Anerkennung von Kompetenzen und Qualifikation, Arbeitspapier 1, Valid Leonardo Projekt, , Hans-Böclkler-Stiftung März 1999.

- JACOB, P. (1997): Neue Arbeitszeitmodelle: "Eine Frage der Überzeugung", in: Arbeitnehmer, 45. Jg., Heft 5, S. 168-169.

- OTREMBA, H.; PIRINGER-GOTTSCHALK, G.; GOTTSCHALK, S. (1997): Handlungsalternativen für die Praxis: Proaktives Personalmanagement und Personalfreisetzung, in: Personalführung, 30. Jg., Heft 2, S. 160-164.

- Projekt "European Job Challenge" zur Schaffung von Arbeitsplätzen in Industriegebieten mit rückläufiger Entwicklung: "10 innovative Projekte stellen sich vor" (Broschüre der Generaldirektion XVI der EUROPÄISCHEN KOMMISSION (http:\\europa.eu.int)

- SCHILLER, H. (1998): Kooperation mit dem Betriebsrat - Veränderungsprozesse in Unternehmen am Beispiel der debis AG, DGFP Sitzung, unveröffentlichtes Referat am 24.11.98 1998.

- VANSELOW, A.; WEINKOPF, C. (1996): Sozialverträgliche Arbeitnehmerüberlassung als arbeitsmarktpolitisches Instrument - die bisherigen Erfahrungen mit START Zeitarbeit NRW, Projektbericht des Instituts Arbeit und Technik 96/11, Gelsenkirchen 1996.

- WALWEI, U. (1997): Beschäftigungsinitiativen in Großbritannien, IAB Werkstattbericht Nr. 4/1997, hrsg. v. IAB Institut für Arbeitsmarkt- und Berufsforschung der Bundesanstalt für Arbeit, Nürnberg 1997.

- WALWEI, U.; WERNER, H. (1997): Beschäftigungsinitiativen in Deutschland, IAB Werkstattbericht Nr. 2/1997, hrsg. v. IAB Institut für Arbeitsmarkt- und Berufsforschung der Bundesanstalt für Arbeit, Nürnberg 1997.

- WERNER, H. (1997): Beschäftigungsinitiativen in der Schweiz, IAB Werkstattbericht Nr. 3/1997, hrsg. v. IAB Institut für Arbeitsmarkt- und Berufsforschung der Bundesanstalt für Arbeit, Nürnberg 1997.

- WÖLFER, P (1997): "Jobhunting" bringt neue Arbeitsplätze: Projekt-Ergebnis: "Neue Wege im Umgang mit Personalfreisetzungen", in: Personalführung, 30. Jg., Heft 11, S. 1096-1098.

Ausgewählte Veröffentlichungen der Hans-Böckler-Stiftung

(Ein Teil der Publikationen kann auch in der Online-Bibliothek unter http://www.boeckler.de heruntergeladen werden).

- BEYER, H.; FEHR, U.; NUTZINGER, H. (1999): Vorteil Unternehmenskultur: partnerschaftlich handeln - den Erfolg mitbestimmen; Fazit des gemeinsamen Forschungsprojektes der Bertelsmann Stiftung und der Hans Böckler Stiftung "Unternehmenskultur zwischen Partnerschaft und Mitbestimmung", 8. Aufl., Gütersloh: Bertelsmann Stiftung 1999.
- HANS-BÖCKLER-STIFTUNG (Hrsg.) (1998): Personalanpassung unter den neuen gesetzlichen Voraussetzungen, Arbeitsgemeinschaft "Engere Mitarbeiter der Arbeitsdirektoren Stahl" in der Hans-Böckler-Stiftung, Ad-hoc-Ausschuß, Düsseldorf 1998.
- HARTMANN, F. (1997): Outplacement-Beratung, hrsg. v. d. Hans-Böckler-Stiftung, Manuskripte 221, Düsseldorf 1997.
- HEIDEMANN, W. (1999): Beschäftigungssicherung: Analyse und Handlungsempfehlungen, Betriebs- und Dienstvereinbarungen, Edition der Hans-Böckler-Stiftung Nr. 8, Düsseldorf 1999.
- HEIDEMANN, W. (2001): Beschäftigungssicherung: Analyse und Handlungsempfehlungen, Betriebs- und Dienstvereinbarungen, Edition der Hans-Böckler-Stiftung Nr. 8, Düsseldorf 2001.
- HEIDEMANN, W.; KRUSE, W. (1999): "VALID LEONARDO-Projekt" - Bewertung und Anerkennung von Kompetenzen und Qualifikation, Arbeitspapier 1, Valid Leonardo Projekt, , Hans-Böclkler-Stiftung März 1999.
- KLEIN-SCHNEIDER, H. (1999): Flexible Arbeitszeit: Analyse und Handlungsempfehlungen, Betriebs- und Dienstvereinbarungen, Edition der Hans-Böckler-Stiftung Nr. 6, Düsseldorf 1999.
- KLENNER, C. (2000): Kürzere und flexiblere Arbeitszeiten - Neue Wege zu mehr Beschäftigung, Edition der Hans-Böckler-Stiftung Nr. 25, Düsseldorf 2000.
- MAYERHOFER, H. (1999): Betriebswirtschaftliche Effekte der Fusion von Großunternehmen, Edition der Hans-Böckler-Stiftung Nr. 12, Düsseldorf 1999.
- MÜLLER, A. (2000): Personalentwicklung und Beschäftigungstransfer bei betrieblichen Umstrukturierungen: Das Beispiel BASF Köln-Bickendorf, Arbeitspapier Nr. 15 der Hans-Böckler-Stiftung, Düsseldorf 2000.
- MÜLLER, H.-E.; MARTIN, A. (2000): Beschäftigen statt Entlassen: Instrumente des Beschäftigungs-Managements mit Fallstudien aus der Energieversorgung, Betriebswirtschaftliche Handlungshilfen Bd. 2, Edition der Hans-Böckler-Stiftung 29, Düsseldorf 2000.
- o.V. / Arbeitsgemeinschaft Engere Mitarbeiter der Arbeitsdirektoren Stahl (2000a): Förderinstrumente einer flexiblen und sozialverträglichen Arbeitsmarktpolitik, Arbeitspapier Nr. 16 der Hans-Böckler-Stiftung, Düsseldorf 2000.
- o.V. / Arbeitsgemeinschaft Engere Mitarbeiter der Arbeitsdirektoren Stahl (2000b): Transfergesellschaften weiterentwickeln, Positionspapier des Fachausschuß "Vermittlungs-, Qualifizierungs- und Beschäftigungsgesellschaften", Arbeitspapier Nr. 11 der Hans-Böckler-Stiftung, Düsseldorf 2000.

**Ausgewählte Veröffentlichungen des Instituts für
Arbeitsmarkt- und Berufsforschung**

- BELLMANN, L. (1995): Das Betriebspanel des IAB, Nürnberg 1995.
- BELLMANN, L.; KOHAUT, S. (1995): Betriebliche Determinanten der Lohnhöhe und der übertariflichen Bezahlung, in: Mitteilungen aus der Arbeitsmarkt- und Berufsforschung, 28. Jg., Heft 1, S. 62-75.
- BELLMANN, L.; KÖLLING, A. (1997): Betriebliche Bestimmungsgrößen der Beschäftigungsentwicklung für 1997, in: Mitteilungen aus der Arbeitsmarkt- und Berufsforschung, 30. Jg., Heft 1, S. 90-101.
- BELLMANN. L.; LAHNER, L. (1998): Erhebliche Unterschiede in den Beschäftigungs- und Ausbildungserwartungen in West- und Ostdeutschland, in: Beschäftigungstrends - Informationsdienst für Betriebe Nr. 8/1998, hrsg. v. IAB Institut für Arbeitsmarkt- und Berufsforschung der Bundesanstalt für Arbeit, Nürnberg 1998.
- ENGELBRECH, G.; REINBERG, A. (1997): Beschäftigungskrise trifft im Westen vor allem die Männer, im Osten die Frauen - Eine Analyse der Arbeitsmarktentwicklung zwischen 1991 und 1995 auf der Basis von Mikrozensus-Daten, IAB Kurzbericht Nr. 9/1997, hrsg. v. IAB Institut für Arbeitsmarkt- und Berufsforschung der Bundesanstalt für Arbeit, Nürnberg 1997.
- o.V. / IAB (2000): Bundesrepublik Deutschland: Der Arbeitsmarkt im Jahre 2000, IAB Kurzbericht Nr. 1/2000, hrsg. v. IAB Institut für Arbeitsmarkt- und Berufsforschung der Bundesanstalt für Arbeit, Nürnberg 2000.
- o.V. / IAB BETRIEBSPANEL (1993): Das IAB-Betriebpanel - Testphase im Jahr 1992, in: Mitteilungen aus der Arbeitsmarkt- und Berufsforschung, 26. Jg., Heft 3, S. 399-422.
- o.V. / IAB BETRIEBSPANEL (1995): Das IAB-Betriebpanel - Ergebnisse der zweiten Welle 1994, in: Mitteilungen aus der Arbeitsmarkt- und Berufsforschung, 28. Jg., Heft 1, S. 43-60.
- o.V. / IAB BETRIEBSPANEL (1997): Weiterer Personalabbau in Ostdeutschland trotz wirtschaftlicher Konsolidierung vieler Betriebe, in: Mitteilungen aus der Arbeitsmarkt- und Berufsforschung, 30. Jg., Heft 1, S. 47-69.
- o.V. / IAB-BETRIEBSPANEL (1996): Weiterer Personalabbau um 1 Prozent von Mitte 1995 bis Mitte 1996, in: Beschäftigungstrends - Informationsdienst für Betriebe Nr. 5/1996, hrsg. v. IAB Institut für Arbeitsmarkt- und Berufsforschung der Bundesanstalt für Arbeit , Nürnberg 1996.
- o.V. / IAB-BETRIEBSPANEL (1997): Ausbildungsverhalten westdeutscher Betriebe zwischen Beschäftigungssicherung und Nachwuchssicherung, in: Beschäftigungstrends - Informationsdienst für Betriebe Nr. 6/1997, hrsg. v. IAB Institut für Arbeitsmarkt- und Berufsforschung der Bundesanstalt für Arbeit, Nürnberg 1997.
- o.V. / IAB-BETRIEBSPANEL (1997): Trotz wirtschaftlicher Konsolidierung vieler Betriebe - weiter Personalabbau in Ostdeutschland, in: Beschäftigungstrends - Informationsdienst für Betriebe Nr. 7/1997, hrsg. v. IAB Institut für Arbeitsmarkt- und Berufsforschung der Bundesanstalt für Arbeit, Nürnberg 1997.
- SCHÄFER, R.; WAHSE, J. (1997): Weiterer Personalabbau in Ostdeutschland trotz wirtschaftlicher Konsolidierung vieler Betriebe, IAB Werkstattbericht Nr. 9/1997, hrsg. v. IAB Institut für Arbeitsmarkt- und Berufsforschung der Bundesanstalt für Arbeit, Nürnberg 1997.

Ausgewählte Veröffentlichungen des Bundesministerium für Arbeit und Sozialordnung (BMA)

- o.V. / BMA (1996): Förderung von Beschäftigung - Die Möglichkeiten des Beschäftigungsförderungsgestzes 1994, hrsg. v. Bundesministerium für Arbeit und Sozialordnung, Bonn 1996.
- o.V. / BMA (1996): Mitbestimmung: Unternehmensmitbestimmung und Betriebsverfassung, hrsg. v. Bundesministerium für Arbeit und Sozialordnung, Bonn 1996.
- o.V. / BMA (1996): Umsetzung des Programms zu mehr Beschäftigung (Textausgabe), hrsg. v. Bundesministerium für Arbeit und Sozialordnung, Bonn 1996.
- o.V. / BMA (1997): Soziale Sicherung im Überblick, hrsg. v. Bundesministerium für Arbeit und Sozialordnung, Bonn, April 1997.

A2.3   Interessante Internetquellen

- The OECD Jobs Study: I. Facts, Analysis, Strategies; II. Evidence and Explanations, Online im Internet: URL: http://www.oecd.org/sge/min/job.htm
- The OECD Jobs Study: Implementing the strategy, Online im Internet: URL: http://www.oecd.org/sge/min/job.htm
- The OECD Jobs Strategy: Pushing ahead with the strategy, Online im Internet: URL: http://www.oecd.org/sge/min/job.htm
- LAUBACHER, R.; MALONE, T.; MIT Scenario Working Group (1997): Two Scenarios for 21st Century Organizations, Working-Paper des MIT, January 1997, Online im Internet: URL: http://www.ccs.mit.edu/21c/21CWP001.htm
- LAUBACHER, R.; MALONE, T. (1997): Flexible Work Arrangements and 21st Century Worker's Guilds, Working-Paper des MIT, October 1997, Online im Internet: URL: http://www.ccs.mit.edu/21c/21CWP004.htm
- BERGMANN, F.: New Work, Homepage und Links, Online im Internet: URL: http://www.freenet.vancouver.bc.ca/newwork/welcome.htm
- o.V. / BMBF (1997): Delphi II - Umfrage zur "Entwicklung von Wissenschaft und Technik", Pressedokumentation des BMFB, Bonn, 8. Juli 1997, Online im Internet: URL: http://www.bmbf.de/archive/pressedok97/pd070897.htm
- o.V. / WIRTHLIN (1998): Americans on the Job Part 1: Good-bye Loyalty, Hello Commitment: Settling in with the new Employee contract, The Wirthlin Report, November 1998, Online im Internet: URL: http://www.209.204.197.52/publicns/ report/ wr9811.htm
- o.V. / WIRTHLIN (1999): Americans on the Job Part 2: Rebuilding the Employer/Employee Relationship, The Wirthlin Report, January 1999, Online im Internet: URL: http://www.209.204.197.52/publicns/report/wr9811.htm

Anhang B   Erhebungsinstrumente

Anhang B1   Attributexploration zu Dimensionen der sozialen Effizienz (Fragebogen und Ergebnisse)

Frage 1: Bitte geben Sie an, ob Sie die folgenden Statements für **relevant** erachten im Hinblick auf die Untersuchung der sozialen Effizienz in Ihrem Unternehmen.

Relevanz der Aussagen	ja	nein	Mittel-wert*
Mitarbeiter machen weniger Arbeitspausen.	❏	■	0
Die Angst vor Arbeitslosigkeit steigt.	■	❏	1
Mitarbeiter zeigen verstärkt Suchtverhalten.	❏	■	0,8
Mitarbeiter leiden unter dem Imageverlust des Unternehmens.	❏	■	1
Der Zusammenhalt und die Kommunikation der Mitarbeiter verbessert sich.	■	❏	1
Mitarbeiter freuen sich, weil sie im Unternehmen verbleiben.	■	❏	0,8
Die Zunahme der quantitativen Arbeitsmenge führt zur Überforderung.	■	❏	1
Mobbing und opportunistisches Verhalten nehmen zu.	■	❏	1
Mitarbeiter können mehr lernen.	❏	■	0,4
Mitarbeiter haben mehr Entscheidungs- und Gestaltungsmöglichkeiten.	❏	■	0,4
Es passieren mehr Arbeitsunfälle.	❏	■	0,4
Es gibt mehr Konflikte mit den Vorgesetzten.	■	❏	1
Mitarbeiter empfinden Machtlosigkeit.	■	❏	0,8
Mitarbeiter müssen länger und zu ungünstigeren Zeiten arbeiten.	■	❏	1
Mitarbeiter empfinden ihren Arbeitsplatz als sicher.	■	❏	0,8
Mitarbeiter können ihre Fähigkeiten besser einsetzen.	❏	■	0,4
Mitarbeiter halten Ihre Aufgabe für sinnvoller.	❏	■	0,4
Mitarbeiter empfinden ihre Vergütung gerechter.	❏	■	0,5
Mitarbeiter werden häufiger krank.	❏	■	0,6
Mitarbeiter haben gegenüber den ausgeschiedenen Kollegen ein schlechtes Gewissen.	❏	■	1
Mitarbeiter erwarten einen weiteren Personalabbau in der Zukunft.	❏	■	1
Mitarbeiter verlieren die Orientierung im Unternehmen.	❏	■	1
Mitarbeiter müssen die Arbeitsumgebung wechseln.	❏	■	0,8
Der Informationsstand der Mitarbeiter sinkt.	❏	■	0,8
Mitarbeiter sind dem Unternehmen gegenüber dankbar, daß sie noch einen Arbeitsplatz haben.	❏	■	1
Mitarbeiter haben bessere Aufstiegschancen.	❏	■	0,8
Durch inhaltlich anspruchsvollere Aufgaben kommt es zur Überforderung.	■	❏	0,4
Mitarbeiter haben Angst um ihre Altersversorgung.	❏	■	0,8
Einseitige Belastungen (z.B. rein körperliche Tätigkeiten) nehmen ab.	■	❏	0,2

* Erklärung: 0= nicht relevant (nein); 1= relevant (ja)

Frage 2: Bitte **bewerten** Sie anschließend auf der Antwortskala, ob Sie dieser Aussage zustimmen, sie ablehnen oder ihr indifferent gegenüber stehen.

Bewertung der Aussagen	stimme voll zu — indifferent — lehne voll ab	Mittel wert*
Mitarbeiter machen weniger Arbeitspausen.	O—O—●—O—O	3,33
Die Angst vor Arbeitslosigkeit steigt.	O—●—O—O—O	1,75
Mitarbeiter zeigen verstärkt Suchtverhalten.	O—O—O—●—O	3,50
Mitarbeiter leiden unter dem Imageverlust des Unternehmens.	O—●—O—O—O	1,50
Der Zusammenhalt und die Kommunikation der Mitarbeiter verbessert sich.	O—O—O—●—O	4,25
Mitarbeiter freuen sich, weil sie im Unternehmen verbleiben.	O—O—O—●—O	3,75
Die Zunahme der quantitativen Arbeitsmenge führt zur Überforderung.	O—●—O—O—O	2,00
Mobbing und opportunistisches Verhalten nehmen zu.	O—O—●—O—O	2,60
Mitarbeiter können mehr lernen.	O—O—●—O—O	2,80
Mitarbeiter haben mehr Entscheidungs- und Gestaltungsmöglichkeiten.	O—O—●—O—O	3,40
Es passieren mehr Arbeitsunfälle.	O—O—O—●—O	3,75
Es gibt mehr Konflikte mit den Vorgesetzten.	O—O—●—O—O	3,20
Mitarbeiter empfinden Machtlosigkeit.	●—O—O—O—O	1,40
Mitarbeiter müssen länger und zu ungünstigeren Zeiten arbeiten.	O—O—●—O—O	2,60
Mitarbeiter empfinden ihren Arbeitsplatz als sicher.	O—O—O—●—O	4,20
Mitarbeiter können ihre Fähigkeiten besser einsetzen.	O—O—●—O—O	3,40
Mitarbeiter halten Ihre Aufgabe für sinnvoller.	O—O—O—●—O	4,20
Mitarbeiter empfinden ihre Vergütung gerechter.	O—O—O—O—●	4,75
Mitarbeiter werden häufiger krank.	O—O—●—O—O	3,40
Mitarbeiter haben gegenüber den ausgeschiedenen Kollegen ein schlechtes Gewissen.	O—●—O—O—O	2,40
Mitarbeiter erwarten einen weiteren Personalabbau in der Zukunft.	O—●—O—O—O	1,80
Mitarbeiter verlieren die Orientierung im Unternehmen.	O—O—●—O—O	2,60
Mitarbeiter müssen die Arbeitsumgebung wechseln.	O—●—O—O—O	2,00
Der Informationsstand der Mitarbeiter sinkt.	O—O—●—O—O	3,40
Mitarbeiter sind dem Unternehmen gegenüber dankbar, daß sie noch einen Arbeitsplatz haben.	O—O—●—O—O	3,60
Mitarbeiter haben bessere Aufstiegschancen.	O—O—O—●—O	4,20
Durch inhaltlich anspruchsvollere Aufgaben kommt es zur Überforderung.	O—O—●—O—O	3,40
Mitarbeiter haben Angst um ihre Altersversorgung.	O—●—O—O—O	2,40
Einseitige Belastungen (z.B. rein körperliche Tätigkeiten) nehmen ab.	O—O—O—●—O	4,40

*Erklärung: 1= stimme voll zu; 3= indifferent; 5= lehne voll ab

Anhang B2   Fragebogen 1: Unternehmensbefragung

B2.1   Angaben zu Forschungsdesign und Erhebungsinstrument

Der insgesamt vierseitige Fragebogen wird durch eine kurze Einführung mit Begriffsabgrenzungen – z.b. Erklärung der weiten Begriffsauffassung von Personalabbau als "alle betriebsbedingten Maßnahmen, durch welche Personalkapazitäten verringert werden" (plus Beispiele) – und allgemeinen Hinweisen eingeleitet und setzt sich aus fünf Frageblöcken zusammen:

- Im **Block I** werden zunächst **allgemeine Angaben** zum Unternehmen erhoben: Dazu zählen zum einen Angaben zur *Person des Beantworters* (Funktion im Unternehmen) sowie zur *Charakterisierung des Unternehmens* bzw. des betrachteten Teilbereichs[5] (rechtliche Eigenständigkeit, Branche, Anzahl der Führungsebenen, Anzahl der Arbeitnehmer). Darüber hinaus wurden erste Kennzahlen der *Entwicklung* des Unternehmens bzw. zur *Vorgeschichte* des Personalabbaus (Entwicklung der Zahl der Arbeitnehmer, Entwicklung der Ertragslage, Vorerfahrung mit Personalabbau und Restrukturierungen) erhoben. Dieser Abschnitt wird mit einer **Filterfrage** abgeschlossen, durch welche diejenigen Unternehmen, in denen in den letzten Jahren *kein Personal abgebaut* wurde, von der weiteren Beantwortung entlastet werden.[6]

- Im **Block II** werden unter der Überschrift 'Allgemeine Angaben zum Personalabbau' vor allem die **situativen Rahmenbedingungen des Personalabbaus** erfaßt: Dazu zählen zum einen die *Planungsgrundlage* (geplantes Ausmaß der Reduzierung der Zahl der Arbeitnehmer sowie der Senkung von Personalkosten) und zum anderen die *Gründe* des Personalabbaus sowie die unternehmerischen und organisatorischen *Begleitumstände* (Vorhandensein einer unternehmerischen Krise, organisatorische Veränderungen etc.). Weiterhin erfolgt eine Differenzierung verschiedener *Zielgruppen*, die vom Personalabbau betroffen sind (z.B. nach Alter, Qualifikation, Geschlecht, Vertragsverhältnis, Betriebszugehörigkeit und andere).

- **Block III** thematisiert die **Maßnahmen des Personalabbaus**: Dazu werden zunächst Veränderungen der *Beschäftigungsformen* und der *Arbeitszeit* erhoben, wobei bei der Beantwortung zwischen verschiedenen Zielgruppen (leitende Angestellte, nur bestimmte Arbeitnehmer oder alle Arbeitnehmer) unterschieden wurde. Ferner wurde nach *Alternativen zum Personalabbau* gefragt, bevor der Block durch eine *Bewertungsfrage* bezogen auf die Gesamtheit der im Unternehmen durchgeführten

---

[5]   In der Einleitung zum Fragebogen wird ausdrücklich darum gebeten, die Angaben im Zweifelsfall auf den jeweiligen Verantwortungsbereich und nicht auf das Gesamtunternehmen zu beziehen.

[6]   Diese Filterung wurde notwendig, da keinerlei Information darüber vorlag, welche Unternehmen der Auswahlgesamtheit bezüglich des Forschungskriteriums 'direkte Erfahrung mit Personalabbau' für die Stichprobe zu berücksichtigen sind.

Maßnahmen (z.B. nach Härte oder Zielgenauigkeit des Maßnahmenmix) abgeschlossen wird.

▪ Der **Prozeß des Personalabbaus** ist Inhalt des **Fragenblocks IV**: Dabei werden zum einen die *Merkmale des Personalabbauprozesses* (Phasen des Abbauprozesses, Verhandlungen zwischen Unternehmensleitung und Betriebsrat, Rolle von externen Beratern, Realisierung eines Abschlusses und Neuanfangs, Veränderungen der Tätigkeit des einzelnen Arbeitnehmers) und zum anderen die *flankierenden Angebote* für ausgeschiedene und verbleibende Arbeitnehmer betrachtet (z.B. hinsichtlich der Aus- und Weiterbildungsmöglichkeiten bzw. der Kompensation für entstandene Belastungen).

▪ Im abschließenden **Block V** geht es konkret um die **Folgewirkungen des Personalabbaus**: Dazu werden zunächst die verschiedenen *Zielgrößen* - sowohl unmittelbare Ziele des Personalabbaus als auch betriebswirtschaftliche Erfolgsgrößen, wie z.B. Unternehmenswert, Kernkompetenzen etc. - zum einen hinsichtlich ihrer Relevanz bewertet und zum anderen in Bezug auf Zielerreichung evaluiert. Der Block der *Folgewirkungen* wird durch Merkmale der Organisation und der (verbleibenden) Mitarbeiter abgebildet, wie beispielsweise Streßbelastung der Mitarbeiter, Betriebsklima und Arbeitsmoral oder Veränderungs- und Innovationsbereitschaft. Der Fragebogen wird durch eine offene Frage "Was hätte Ihr Unternehmen beim Personalabbau *anders* machen sollen?" abgerundet.

Zur Vereinfachung und Vereinheitlichung der Beantwortung wurden für den Fragebogen hauptsächlich **geschlossene Frageformulierungen** eingesetzt.[7] Dies bedeutet zwar einen wesentlich aufwendigeren Konstruktionsprozeß[8], allerdings ist eine Berücksichtigung aller relevanten Antwortmöglichkeiten durch die Befragten selbst bei Experten mit Vorwissen kaum zu erwarten. Zusätzlich wurde bei den meisten Fragen Raum für eigene Ergänzungen bereitgestellt.[9] Die entsprechenden Antworten konnten dabei durch

---

[7]   Bei einigen wenigen Fragen wurde teilgeschlossene Formulierungen gewählt, wie z.B. die Frage nach der Anzahl der Führungsebenen oder dem Zeitraum des letzten Personalabbaus. Vgl. den Fragebogen im Anhang C3.

[8]   Die gewählten Antwortvorgaben sollten möglichst das gesamte Spektrum von Antwortalternativen wiedergeben und untereinander unabhängig sein. Auch ein uninformierter Untersuchungsteilnehmer sollte sämtliche Alternativen inhaltlich-logisch nachvollziehen können. Vgl. allgemein zur Fragenformulierung BORTZ u. DÖRING (1995: 193 ff. und 232 ff.).

[9]   Damit soll vor allem Raum für von den Forschern bisher nicht berücksichtigte Aspekte geschaffen werden. Bei einer rein offenen Frageformulierung – als weniger reaktives Verfahren – werden häufig nur gegenwartsbezogene Inhalte bzw. kognitive Inhalte mit hoher Verfügbarkeit gegenüber auch selteneren Sachverhalten bevorzugt (Selbstverständlichkeiten" werden oftmals nicht genannt oder vergessen). Dazu kommt, daß offene Formulierungen höhere Anforderungen an den Befragten (freie Formulierung, zeitlicher Aufwand) stellen, mit der Gefahr inadäquater Antworten auf ("weiß ich nicht") sowie eine aufwendigere Auswertung (Entwicklung eines Kodierungssystems, Klassifizierung und Auszählung der freiformulierten Antworten) nach sich ziehen.

einfaches Ankreuzen gekennzeichnet werden; bei Möglichkeit zu Mehrfachnennungen wurde dies ausdrücklich hervorgehoben.

Im Fragebogen kamen hauptsächlich zwei **Fragearten** zum Einsatz: Den überwiegenden Teil des Fragebogens bilden sog. *Faktfragen*, bei denen es um eine möglichst objektive Angabe von Merkmalen des Personalabbaus ging. Für die darüber hinausgehenden *Bewertungsfragen* wurden einheitlich 5-stufige unipolare Ratingskalen verwendet, die verbal mit den Begriffen 'trifft voll zu', 'trifft eher zu', 'teils/teils', 'trifft kaum zu' und 'trifft nicht zu' verankert sind.

Pretest

In Anbetracht des gewählten Untersuchungsdesigns – beispielsweise erlaubt die schriftliche, anonyme Beantwortung des Fragebogens im Gegensatz zum persönlich durchgeführten Interview keinen erklärenden oder korrigierenden Einfluß des Forschers – kam der Phase des **Pretests** für dieses Erhebungsinstrument eine besondere Bedeutung zu. Aufgrund der Komplexität der zu untersuchenden Fragestellungen mußte besonders großer Wert darauf gelegt werden, daß die Fragen verständlich und selbsterklärend formuliert sind. Dazu wurde der Fragebogen, der zuvor durch eine intensive Diskussion mit Experten und Wissenschaftlern[10] inhaltlich und methodisch validiert wurde, zusammen mit einem Begleitschreiben, einer Projektskizze und einem separatem Beurteilungsbogen an insgesamt 38 bewußt ausgewählte Personalleiter verschickt.[11]

Ziel des Pretests (und Inhalt des beigelegten Beurteilungsbogens) war daher vor allem eine Beurteilung des Fragebogens hinsichtlich seines Inhalts (interessant – langweilig), seiner Länge (gut – zu lang) sowie seiner Verständlichkeit (verständlich – zu kompliziert). Weiterhin wurde gefragt, welche Fragen möglicherweise überflüssig bzw. praxisfremd sind, welche Fragen und Inhalte gefehlt haben bzw. wodurch der Fragebogen verbessert werden könnte. Der Rücklauf zu diesem Pretest, der zwischen Dezember 1997 und Februar 1998 durchgeführt wurde, betrug nach einer schriftlichen und telefonischen Nachfaßaktion, insgesamt 21 ausgefüllte Fragebögen und Beurteilungsbögen.

Eine Auswertung der Beurteilungsbögen ergab eine weitgehende Zustimmung und Zufriedenheit mit dem Instrument. Unter Berücksichtigung der zahlreichen konstruktiven Anmerkungen und Verbesserungsvorschläge wurde der Fragebogen abschließend überarbeitet.

---

[10] In diesem Zusammenhang möchten die Autoren sich für die kooperative Zusammenarbeit sehr herzlich bei den Teilnehmern des Arbeitskreises "Intelligente Steuerung der Personalkapazität" sowie bei den Mitarbeitern des Instituts für Personal- und Organisationsforschung bedanken.

[11] Dabei handelt es sich im wesentlichen um die Teilnehmer einer Tagung der Deutschen Gesellschaft für Personalführung (DGFP) am 25./26.11.1997 in München unter dem Thema "Der Beitrag strategischer Personalsysteme zum Unternehmenserfolg". Auch die Teilnehmer des DGFP-Workshops "Unternehmerische Beschäftigungspolitik - Bündnis für Arbeit im Betrieb?" am 04.12.1997 wurden über das Projekt informiert und um ihre Mithilfe gebeten. Allen Teilnehmern an der Pretest-Phase sei an dieser Stelle sehr herzlich für ihre wertvollen Anregungen gedankt.

Konzeption und Durchführung der Erhebung:

Einer **Minimierung des Aufwandes** für die Befragten trägt vor allem die bereits oben beschriebene Gestaltung des Fragebogens mit Vorgabe von Antwortmöglichkeiten Rechnung. Der an sich sehr umfangreiche Fragebogen wurde bewußt so formuliert und gelayoutet, daß er nicht mehr als vier Seiten umfaßt und auf einen DIN A4 Doppelbogen gedruckt werden kann. Zusätzlich wird im Anschreiben und auf dem Fragebogen selbst an exponierter Stelle betont, daß die Beantwortung des Fragebogens lediglich ca. 20 Minuten dauert. Zur Rücksendung konnte eine beigefügte Antwortkarte verwendet werden, auf der bereits ein Adreßfeld mit der Rücksendeadresse (Prof. Dr. Rainer Marr persönlich, am Institut für Personal- und Organisationsforschung) aufgedruckt war. Zusätzlich konnte auf der Antwortkarte Interesse an einem Ergebnisbericht vermerkt werden.

Besonderen Wert wurde sowohl bei der Gestaltung des Fragebogens als auch bei dem Begleitschreiben auf **vertrauenschaffende Maßnahmen** gelegt: Aus Anschreiben und Fragebogen geht hervor, daß es sich um eine wissenschaftliche Untersuchung handelt; Transparenz wird zusätzlich durch die Nennung von Ansprechpartnern und Telefonnummern geschaffen. Der vertrauliche Umgang mit den Daten – den Teilnehmern wurde eine völlige Anonymität ihrer Angaben ausdrücklich zugesichert – wird zum einen dadurch Ausdruck verliehen, daß auf eine Codierung der Fragebögen verzichtet wurde[12] und zum anderen durch Beilegen einer separaten Antwortkarte, auf der diejenigen Teilnehmer, die Interesse an einem Ergebnisbericht hatten, ihre Anschrift oder E-Mail-Adresse angeben konnten.[13]

Als zusätzliche **Anreize zur Beantwortung des Fragebogens** dienten das Angebot an alle beteiligten Unternehmen, sich eine Kurzauswertung der Ergebnisse zuschicken zu lassen sowie eine Verlosung des gerade erschienenen Buches zur Thematik (SEISL, P. (1998) "Der Abbau personeller Überkapazitäten: Unternehmerische Handlungsspielräume - Folgewirkungen - Implikationen für ein Trennungsmanagement")[14] unter allen in den ersten drei Wochen eingegangenen Antwortkarten.

---

[12]   Die Fragebögen wurden lediglich nach der entsprechenden Teilgesamtheit (BKU, Große 500 und Personalforum) gekennzeichnet.

[13]   Auf der Antwortkarte wird zudem darauf hingewiesen, daß sie auch getrennt vom Fragebogen verschickt werden kann.

[14]   **Dem Erich Schmidt Verlag, der uns für diese Aktion 5 Bücher zur Verfügung gestellt hat, sei an dieser Stelle herzlicher Dank ausgesprochen.**

B2.2   Anschreiben und Fragebogen

Professor Dr. Rainer Marr
Allgemeine Betriebswirtschaftslehre, insbes. Entscheidungs-
und Organisationsforschung, Personalwirtschaft

UNIVERSITÄT DER BUNDESWEHR MÜNCHEN

<small>Universität der Bundeswehr München, Fakultät WOW 1.1
Prof. Dr. R. Marr - D-85577 Neubiberg</small>

Herr Mustermann
ABC AG

FAKULTÄT FÜR WIRTSCHAFTS- UND
ORGANISATIONSWISSENSCHAFTEN

Institut für Personal- und
Organisationsforschung

12. März 1998 / KST

Wettbewerbsfähigkeit und Beschäftigungssicherung – ein Widerspruch?

Sehr geehrter Herr Mustermann,

das Personalmanagement bewegt sich immer stärker im Spannungsfeld zwischen betriebswirtschaftlichen Erfordernissen und gesellschaftlicher Verantwortung. Dies gilt insbesondere für den Personalabbau. Viele Unternehmen versuchen, ihre Wettbewerbsfähigkeit durch Reduzierung der Personalkosten und Abbau von Personal zu sichern. Jedoch bleibt der Erfolg von Personalabbaumaßnahmen häufig weit hinter den gesetzten Erwartungen zurück, weil es zu negativen Begleiterscheinungen kommt. Das "Zusammenspiel" im Unternehmen funktioniert nicht mehr wie vorher, und verbleibende Arbeitnehmer verändern aus Gründen wie Angst oder Frustration ihr Verhalten. Langfristig werden dadurch Wettbewerbsfähigkeit und auch Beschäftigung gefährdet.

Aus diesem Grund untersucht das Institut für Personal- und Organisationsforschung der Universität der Bundeswehr München im Rahmen eines wissenschaftlichen Forschungsprojektes die Folgewirkungen von Personalabbau auf Unternehmen und die verbleibenden Arbeitnehmer. Darauf aufbauend werden konkrete Handlungsempfehlungen zum Umgang mit diesen Folgewirkungen erarbeitet. Der beiliegende Fragebogen richtet sich an die Personalleiter der wichtigsten Unternehmen Deutschlands. Wir bitten Sie als Experten um Ihre Unterstützung, damit notwendige Anpassungsprozesse in Zukunft so ökonomisch und sozial effizient wie möglich gestaltet werden können.

Die Beantwortung des Fragebogens dauert etwa 20 Minuten. Bitte schicken Sie den ausgefüllten Fragebogen an das Institut zurück. Ihre Daten werden vollkommen vertraulich und anonym behandelt. Als Teilnehmer der Befragung erhalten Sie von uns auf Wunsch eine Kurzauswertung der Untersuchungsergebnisse.

Ich danke Ihnen schon jetzt für Ihre Mitarbeit.

Mit freundlichen Grüßen

Prof. Dr. Rainer Marr
Institut für Personal- und Organisationsforschung

P.S.: Unter allen bis zum **7. April 1998** eingegangenen Antwortkarten werden 10 Exemplare des gerade erschienenen Buches "Der Abbau personeller Überkapazitäten" verlost.

Fragebogen Seite 1:

UNIVERSITÄT DER BUNDESWEHR MÜNCHEN

Institut für Personal- und Organisationsforschung
Prof. Dr. Rainer Marr

Wettbewerbsfähigkeit und Beschäftigungssicherung – ein Widerspruch?
Untersuchung der Folgewirkungen von Personalabbau

Die Beantwortung des Fragebogens dauert ca. 20 Minuten. Bitte beziehen Sie die Fragen auf **Ihren Verantwortungsbereich**. Hierbei kann es sich um das Gesamtunternehmen oder einen Teilbereich handeln. Aus Gründen der Vereinfachung erfolgt eine einseitige Verwendung der männlichen Wortformen. Die Auswertung am Institut erfolgt anonym und streng vertraulich. Für Rückfragen stehen wir Ihnen jederzeit gerne zur Verfügung: Dipl.-Kfm. Karin Steiner oder Dipl.-Kfm. Florian Schloderer (Tel.: 089 / 6004-2185, E-Mail: Karin.Steiner@unibw-muenchen.de).

Unter Personalabbau werden im folgenden alle betriebsbedingten Maßnahmen verstanden, durch welche Personalkapazitäten verringert werden. Hierunter fallen nicht nur die Auflösung von Beschäftigungsverhältnissen (z.B. durch Frühpensionierung oder betriebsbedingte Kündigung), sondern auch alternative Maßnahmen, bei denen die Beschäftigtenzahl konstant bleibt (z.B. durch Versetzungen oder Verkürzung der Arbeitszeit).

I. Allgemeine Angaben zum Unternehmen

1. Welche *Funktion* haben Sie in Ihrem Unternehmen?

☐ Personalleiter oder leitender Angestellter in der Personalabteilung bzw. deren Assistent
☐ Vorstand oder Geschäftsführer bzw. deren Assistent
☐ Mitglied des Betriebsrats
☐ Sonstige: _____

2. Wie läßt sich Ihr Unternehmen am besten *beschreiben*?

☐ Unabhängiges, eigenständiges Unternehmen ohne Niederlassungen an anderen Standorten
☐ Zentrale oder Hauptverwaltung eines verzweigten Unternehmens oder Konzerns
☐ Teilbereich bzw. Niederlassung / Filiale eines verzweigten Unternehmens oder Konzerns

3. In welcher *Branche* ist Ihr Unternehmen vorwiegend tätig?

☐ Land- und Forstwirtschaft, Bergbau, Energie, Wasser
☐ Verarbeitendes Gewerbe
☐ Baugewerbe
☐ Handel
☐ Verkehr und Nachrichtenübermittlung
☐ Kreditinstitute und Versicherungsgewerbe
☐ Sonstige Dienstleistungen und freie Berufen
☐ Sonstige: _____

4. Wie viele *Führungsebenen* gibt es in Ihrem Unternehmen?

_____ Führungsebenen

5. Wie viele *Arbeitnehmer* hat Ihr Unternehmen?

☐ Bis 50   ☐ 150 bis 499   ☐ 2000 bis 4999
☐ 50 bis 149   ☐ 500 bis 1999   ☐ über 5000

6. Wie hat sich die *Gesamtzahl* der Arbeitnehmer seit Anfang 1995 entwickelt?

Zunahme über 10%	Zunahme unter 10%	keine Veränderung	Abnahme unter 10%	Abnahme 10 bis 20%	Abnahme über 20%
☐	☐	☐	☐	☐	☐

7. Wie groß ist der Anteil folgender *alternativer* Beschäftigungsformen (neben der unbefristeten Vollzeitarbeit)?

	gibt es nicht	< 5%	5-15%	>15%
Befristete Vollzeitarbeit	☐	☐	☐	☐
Teilzeitarbeit	☐	☐	☐	☐
Geringfügige Beschäftigung	☐	☐	☐	☐
Freie Mitarbeiterverhältnisse	☐	☐	☐	☐
Leih- oder Zeitarbeitsverhältnisse	☐	☐	☐	☐
Sonstige: _____	☐	☐	☐	☐

8. Wie hat sich die *Ertragslage* im Vergleich zum jeweils vorausgegangenen Jahr entwickelt?

	stark verbessert	leicht verbessert	gleich	leicht verschlechtert	stark verschlechtert
1994	☐	☐	☐	☐	☐
1995	☐	☐	☐	☐	☐
1996	☐	☐	☐	☐	☐
1997	☐	☐	☐	☐	☐

9. Welche *Veränderungen* gab es bzw. sind geplant?

(Mehrfachnennungen möglich)	Restrukturierung	Personalabbau
1994 - 1995	☐	☐
1996	☐	☐
1997	☐	☐
1998 - 1999	☐	☐

10. Wann fand in Ihrem Unternehmen der *letzte* Personalabbauprozeß statt?

o   Der letzte abgeschlossene Personalabbauprozeß fand statt von _____ / _____ bis _____ / _____ (Monat / Jahr).
   ⇒ *Bitte beantworten Sie alle nachfolgenden Fragen für genau diesen bereits abgeschlossenen Abbauprozeß.*

o   In den letzten Jahren gab es keinen abgeschlossenen Personalabbauprozeß. Jedoch befindet sich Ihr Unternehmen in einem permanenten Abbauprozeß seit _____ / _____ (Monat / Jahr).
   ⇒ *Bitte beantworten Sie alle nachfolgenden Fragen für diesen laufenden Abbauprozeß.*

o   In Ihrem Unternehmen ist in den letzten Jahren kein Personal abgebaut worden.
   ⇒ *Wir bedanken uns für Ihre Mitarbeit. Der folgende Teil des Fragebogens bezieht sich auf die Wirkungen von Personalabbau.*

Fragebogen Seite 2:

II. Allgemeine Angaben zum Personalabbau

11. Welches *Ausmaß* des Personalabbaus war geplant?

Verringerung der Zahl der Arbeitnehmer um [ ] %   Senkung der Personalkosten um [ ] %

12. Welche *Gründe* gab es für den Personalabbau?

	trifft voll zu	trifft eher zu	teils/ teils	trifft kaum zu	trifft nicht zu
✗ Wettbewerbsdruck	O	O	O	O	O
✗ Rückläufige Nachfrage	O	O	O	O	O
Strukturkrise der Branche	O	O	O	O	O
Rückgang von Subventionen oder öffentlichen Aufträgen	O	O	O	O	O
Gestiegene Effizienz des Personaleinsatzes	O	O	O	O	O
✓ Automatisierung und technischer Fortschritt	O	O	O	O	O
Unternehmenszusammenschlüsse oder -übernahmen	O	O	O	O	O
✓ Standortverlagerungen oder -schließungen	O	O	O	O	O
✓ Planungs-, Entwicklungs- oder Managementfehler	O	O	O	O	O
✓ Liquiditätsprobleme	O	O	O	O	O
Abbau von Arbeitsreserven	O	O	O	O	O
Sonstige: _____	O	O	O	O	O

13. Inwieweit befand sich das Unternehmen bei der Entscheidung zum Personalabbau bereits in einer *Krise*?

- o Das Unternehmen befand sich in einer akuten Krise.
- ✗ o Eine Krise zeichnete sich deutlich ab.
- o Eine Krise war eher unwahrscheinlich.
- o Es war keine Krise absehbar.

14. Auf welcher *Grundlage* wurde der Umfang des Personalabbaus festgelegt?

	trifft voll zu	trifft eher zu	teils/ teils	trifft kaum zu	trifft nicht zu
Personalstärkerelation ...					
› im Verhältnis zu anderen Unternehmen	O	O	O	O	O
› bezogen auf die Geschäftsfeldplanung	O	O	O	O	O
Personalkostenrelation ...					
› im Verhältnis zu anderen Unternehmen	O	O	O	O	O
› bezogen auf die Wertschöpfung	O	O	O	O	O
Veränderte Aufgabenverteilungspläne	O	O	O	O	O
Sonstige: _____	O	O	O	O	O

15. Inwieweit waren folgende *Gruppen* vom Personalabbau überdurchschnittlich betroffen?

	ausschließlich		durchschnittlich		ausschließlich		
Arbeiter	O	O	O	O	O	O	Angestellte
Führungskräfte	O	O	O	O	O	O	Arbeitnehmer
Männer	O	O	O	O	O	O	Frauen
Deutsche	O	O	O	O	O	O	Ausländer
Gelernte	O	O	O	O	O	O	Ungelernte
Vollzeitkräfte	O	O	O	O	O	O	Teilzeitkräfte

		nicht betroffen	etwas betroffen	stark betroffen
Alter:	unter 35 Jahren	☐	☐	☐
	zw. 35 und 50 Jahren	☐	☐	☐
	über 50 Jahren	☐	☐	☐
Betriebszugehörigkeit:	unter 5 Jahren	☐	☐	☐
	zw. 5 und 10 Jahren	☐	☐	☐
	über 10 Jahren	☐	☐	☐
Sonstige: _____		☐	☐	☐

16. Welche *organisatorischen Veränderungen* begleiteten den Personalabbau?

(Mehrfachnennungen möglich, bei Nichtzutreffen bitte nichts ankreuzen)

	vor	während Abbau	nach
Veränderung, Neugestaltung oder Eliminierung einzelner Aufgaben	☐	☐	☐
Veränderung, Neugestaltung oder Eliminierung ganzer Funktionsbereiche	☐	☐	☐
Verringerung der Anzahl der Führungsebenen	☐	☐	☐
Dezentralisierung von Aufgaben	☐	☐	☐
Zentralisierung von Aufgaben	☐	☐	☐
Outsourcing von Aufgaben und Konzentration auf das Kerngeschäft	☐	☐	☐
Verschlankung / Reengineering der Prozesse			
Straffung des Produktions- bzw. Dienstleistungsprogramms			
Sonstige: _____	☐	☐	☐

III. Maßnahmen des Personalabbaus

17. Welche Veränderungen gab es bei den *Beschäftigungsformen*?

(Mehrfachnennungen möglich, bei Nichtzutreffen bitte nichts ankreuzen)

	leitende Angestellte	Arbeitnehmer
✓ Einstellungssperre	☐	☐
✓ Ausnutzung der natürlichen Fluktuation	☐	☐
✓ Kündigung von Leih- oder Zeitarbeitsverträgen	☐	☐
✓ Nichtverlängerung befristeter Arbeitsverträge	☐	☐
✓ Änderungskündigungen	☐	☐
Entlassung auf Zeit	☐	☐
✓ Altersteilzeit	☐	☐
✓ Sonstige Vorruhestandsregelungen	☐	☐
✓ Abschluß von Aufhebungsverträgen	☐	☐
✓ Einführung von Teilzeitarbeit	☐	☐
✓ Betriebsbedingte Kündigungen	☐	☐
Nichtübernahme von Auszubildenden		☐
Sonstige: _____	☐	☐

18. Welche Veränderungen gab es bei der *Arbeitszeit*?

(Mehrfachnennungen möglich, bei Nichtzutreffen bitte nichts ankreuzen)
AN= Arbeitnehmer

	leitende Angestellte	nur bestimmte AN	alle AN
✓ Abbau von Mehrarbeit (Sonderschichten, Überstunden)	☐	☐	☐
✓ Dauerhafte Kürzung der Regelarbeitszeit	☐	☐	☐
✓ Kurzarbeit	☐	☐	☐
Verkürzung der Betriebszeit	☐	☐	☐
✓ Vorverlegung des Jahresurlaubs	☐	☐	☐
Unbezahlter Urlaub	☐	☐	☐
Arbeitszeitkonten	☐	☐	☐
✓ Sonstige Flexibilisierung der Arbeitszeit	☐	☐	☐
Sonstige: _____	☐	☐	☐

19. Welche weiteren *Alternativen* zum Personalabbau wurden ergriffen?

- ☐ Einfrieren oder Reduzierung der Vergütung
- ☐ Kürzung von freiwilligen Sozialleistungen / Vergünstigungen
- ✓ ☐ Versetzungen innerhalb des Betriebes
- ☐ Betriebsübergreifende Versetzungen
- ☐ Interne oder externe Arbeitnehmerüberlassung (Leih- oder Zeitarbeit)
- ☐ Aufgabenumverteilung aus anderen Unternehmensbereichen
- ☐ Selbsterstellung vormals zugekaufter Leistungen
- ☐ Schaffung einer Arbeitsreserve / Aufbau von Lager
- ☐ Management- oder Mitarbeiter-Buy-Out
- ☐ Sonstiger Verkauf von Unternehmensteilen
- ☐ Sonstige: _____

Fragebogen Seite 3:

20. Bitte bewerten Sie die *Gesamtheit* der in Ihrem Unternehmen durchgeführten Maßnahmen:

Die Maßnahmen waren...
hart O—O—O—O—O—O—O weich

Der Personalabbau erfolgte...
in einem Schritt O—O—O—O—O—O—O in vielen Schritten

Die meisten "Opfer" wurden gebracht von...
der Unternehmensleitung O—O—O—O—O—O—O den Arbeitnehmern

Die Beziehung zwischen Unternehmensleitung und Betriebsrat war gekennzeichnet durch...
Konfrontation O—O—O—O—O—O—O Kooperation

Die Auswahl der abzubauenden Arbeitnehmer erfolgte nach dem Prinzip
"Scharfschütze" O—O—O—O—O—O—O "Schrotflinte"

IV. Prozeß des Personalabbaus

21. Durch welche *Merkmale* kann der Prozeß des Personalabbaus gekennzeichnet werden?

	trifft voll zu	trifft eher zu	teils/ teils	trifft kaum zu	trifft nicht zu
Umfassende Aufgabenanalyse und Personalplanung im voraus	O—O—O—O—O				
Aufstellung eines Zeit- und Maßnahmenplans für den Abbauprozeß	O—O—O—O—O				
Wahlmöglichkeit der einzelnen Arbeitnehmer zwischen verschiedenen Maßnahmen	O—O—O—O—O				
Überbringung von schlechten Nachrichten durch den direkten Vorgesetzten	O—O—O—O—O				
Offene Informations- und Kommunikationspolitik	O—O—O—O—O				
Frühzeitige und umfassende Einbeziehung von					
* Arbeitnehmern	O—O—O—O—O				
* Gewerkschaften	O—O—O—O—O				
* sonstigen externen Interessenten, wie Arbeitsämtern, Kommunen etc.	O—O—O—O—O				
Auswechslung der Unternehmensleitung	O—O—O—O—O				

22. Inwieweit sind in einzelnen Unternehmensbereichen *neue Stellen* geschaffen worden?

o Es sind keine neuen Stellen geschaffen worden.
o Es sind neue Stellen geschaffen worden. Diese wurden besetzt ...
　o durch neu eingestellte Arbeitnehmer,
　o durch in anderen Bereichen freigesetzte Arbeitnehmer.

23. Welche Merkmale treffen für die *Verhandlungen* zwischen Unternehmensleitung und Betriebsrat zu?

	trifft voll zu	trifft eher zu	teils/ teils	trifft kaum zu	trifft nicht zu
Unternehmensleitung und Betriebsrat waren um einen schnellen Interessenausgleich bemüht.	O—O—O—O—O				
Sachargumente standen im Vordergrund.	O—O—O—O—O				
Die Verhandlungsparteien verfolgten das Ziel der Beschäftigungssicherung.	O—O—O—O—O				
Die Verhandlungsergebnisse des Sozialplans gingen über die rechtlichen Mindestanforderungen hinaus.	O—O—O—O—O				
Im Sozialplan wurde großer Wert darauf gelegt, die ausgeschiedenen Arbeitnehmer am Arbeitsmarkt beschäftigungsfähig zu machen.	O—O—O—O—O				
Der Abbau der Beschäftigtenzahl wäre kleiner gewesen, wenn...					
› die Arbeitnehmerseite mehr "Opfer" gebracht hätte.	O—O—O—O—O				
› die rechtlichen Rahmenbedingungen mehr Handlungsspielraum ermöglicht hätten.	O—O—O—O—O				

24. Welche Angebote gab es für die *ausgeschiedenen* Arbeitnehmer?

(Mehrfachnennungen möglich, bei Nichtzutreffen bitte nichts ankreuzen)
AN= Arbeitnehmer

	leitende Angestellte	nur bestimmte AN	alle AN
Freiwillige Abfindungszahlungen	☐	☐	☐
Weitergewährung freiwilliger Sozialleistungen (Betriebsrente, Betriebswohnung etc.)	☐	☐	☐
Weitere Zuschußzahlungen	☐	☐	☐
Weiterbildungs- u. Qualifizierungsmaßnahmen	☐	☐	☐
Outplacement-Beratung	☐	☐	☐
Kontaktbörsen / Interne Arbeitsmärkte	☐	☐	☐
Überführung in Beschäftigungs- bzw. Qualifizierungsgesellschaften	☐	☐	☐
Existenzgründungsunterstützung	☐	☐	☐
Trennungsgespräche	☐	☐	☐
Sonstige: _____	☐	☐	☐

25. Welche Angebote gab es für die *verbleibenden* Arbeitnehmer?

(Mehrfachnennungen möglich, bei Nichtzutreffen bitte nichts ankreuzen)
AN= Arbeitnehmer

	leitende Angestellte	nur bestimmte AN	alle AN
Beschäftigungsgarantien	☐	☐	☐
Weiterbildungs- u. Qualifizierungsmaßnahmen	☐	☐	☐
Maßnahmen zur Teamentwicklung	☐	☐	☐
Karriereberatung	☐	☐	☐
Personal- und Mitarbeitergespräche	☐	☐	☐
Einführung von Zielvereinbarungen	☐	☐	☐
Erhöhung der fixen Vergütung	☐	☐	☐
Erhöhung der leistungsbezogenen / variablen Vergütungsbestandteile	☐	☐	☐
Beteiligung am Unternehmenserfolg / Kapitalbeteiligung	☐	☐	☐
Ausweitung der freiwilligen Sozialleistungen sowie sonst. betriebl. Vergünstigungen	☐	☐	☐
Sonstige: _____	☐	☐	☐

26. Wie hat sich nach Ihrer Einschätzung die Arbeit des *einzelnen* Arbeitnehmers verändert?

	zugenommen	konstant	abgenommen
Arbeitsmenge	☐	☐	☐
Anzahl unterschiedlicher Tätigkeiten	☐	☐	☐
Anteil planender, entscheidender und kontrollierender Tätigkeiten	☐	☐	☐
Einbeziehung in Verbesserungsprozesse	☐	☐	☐
Schwierigkeitsgrad der Arbeitsinhalte	☐	☐	☐
Sonstige: _____	☐	☐	☐

27. Inwieweit kam es in Ihrem Unternehmen zu einem "Neuanfang"?

	trifft voll zu	trifft eher zu	teils/ teils	trifft kaum zu	trifft nicht zu
Das Ende des Abbaus ist den Arbeitnehmern durch ein spezielles Ereignis vermittelt worden (z.B. Strategie-Workshops).	O—O—O—O—O				
Die Führung vermittelte erfolgreich eine neue Vision und bewirkte eine strategische Neuausrichtung des Unternehmens.	O—O—O—O—O				
Im Zusammenhang mit dem Personalabbau gab es einen "Kulturwandel" im Unternehmen.	O—O—O—O—O				
Im Unternehmen hat sich "Aufbruchsstimmung" verbreitet.	O—O—O—O—O				
Bei den Arbeitnehmern haben sich unternehmerisches Denken und Handeln eingestellt.	O—O—O—O—O				
Die Arbeitnehmer erwarten weiterhin einen Abbau von Personal.	O—O—O—O—O				

Fragebogen Seite 4:

28. Welche Rolle haben *externe Berater* gespielt?

	trifft voll zu	trifft eher zu	teils/ teils	trifft kaum zu	trifft nicht zu
Externe Berater haben zum Personalabbau geraten.	O	O	O	O	O
Externe Berater hatten einen großen Einfluß ...					
› auf den Umfang des Abbaus,	O	O	O	O	O
› auf die gewählten Maßnahmen.	O	O	O	O	O
Externe Berater haben den Abbauprozeß unterstützend begleitet.	O	O	O	O	O

V.   Folgewirkungen des Personalabbaus

29. Inwieweit haben sich durch den Personalabbau folgende *Zielgrößen* verändert?

	besser als vorher	wie vorher	schlechter als vorher
Operative Erfolgsgrößen (Gewinn, Betriebsergebnis etc.)	☐	☐	☐
Umsatz bzw. Marktanteil	☐	☐	☐
Unternehmenswert (Shareholder Value, Börsenkurs o.a.)	☐	☐	☐
Projektfortschritt bei Investitionsprojekten sowie bei weiteren strategisch relevanten Projekten	☐	☐	☐

30. Welche *Ziele* wurden mit dem Personalabbau verfolgt? Inwieweit sind diese Ziele *erreicht* worden?

Zielgewichtung:
Ziel ist ① sehr wichtig
② relativ wichtig
③ eher unwichtig

	Zielgewichtung	voll erreicht	teilweise erreicht	nicht erreicht
Reduzierung der Personalkapazität	①②③	☐	☐	☐
Senkung der Personalkosten	①②③	☐	☐	☐
Steigerung der Personalleistung	①②③	☐	☐	☐
Verjüngung der Belegschaftsstruktur	①②③	☐	☐	☐
Veränderung der Qualifikationsstruktur	①②③	☐	☐	☐
Veränderung der Unternehmenskultur	①②③	☐	☐	☐
Sonstige: _____	①②③	☐	☐	☐

31. Welche Auswirkungen hatte der Personalabbau auf die *Kernkompetenzen*, von denen der Erfolg Ihres Unternehmens maßgeblich abhängt?

	trifft voll zu	trifft eher zu	teils/ teils	trifft kaum zu	trifft nicht zu
Dem Unternehmen sind Kernkompetenzen verloren gegangen	O	O	O	O	O
Schuld am Verlust von Kernkompetenzen sind die Kriterien der Sozialauswahl.	O	O	O	O	O
Das Wissen der Ausgeschiedenen ist dokumentiert und an die Verbliebenen weitergegeben worden.	O	O	O	O	O

32. Inwieweit hat sich durch den Personalabbau die Beziehung zu *folgenden Gruppen* verändert?

	besser als vorher	wie vorher	schlechter als vorher
Kunden	☐	☐	☐
Arbeitnehmer	☐	☐	☐
Bewerber	☐	☐	☐
Gewerkschaften	☐	☐	☐
Arbeitgeberverbände	☐	☐	☐
Kommunen	☐	☐	☐
Anteilseigner und Investoren	☐	☐	☐
Kreditgeber	☐	☐	☐
Öffentlichkeit und Presse	☐	☐	☐

33. Welche weiteren Folgewirkungen hatte der Personalabbau für *Organisation* und *verbleibende Arbeitnehmer*?

① mehr ② konstant ③ weniger	kurzfristig ① ② ③			längerfristig ① ② ③		
Zentralisierung wichtiger Entscheidungen	☐	☐	☐	☐	☐	☐
Kurzfristiges, krisenorientiertes Denken	☐	☐	☐	☐	☐	☐
Innovations- und Veränderungsbereitschaft	☐	☐	☐	☐	☐	☐
Leistungsmotivation	☐	☐	☐	☐	☐	☐
Freiwillige Fluktuation von Leistungsträgern	☐	☐	☐	☐	☐	☐
Absentismus	☐	☐	☐	☐	☐	☐
Kostenbewußtsein	☐	☐	☐	☐	☐	☐
Druck durch politische Interessengruppen	☐	☐	☐	☐	☐	☐
Gegenseitiges Vertrauen	☐	☐	☐	☐	☐	☐
Konflikte	☐	☐	☐	☐	☐	☐
Arbeitszufriedenheit	☐	☐	☐	☐	☐	☐
Arbeitsunfälle, Berufserkrankungen und Herzinfarkte	☐	☐	☐	☐	☐	☐
Auftreten von Familienkrisen	☐	☐	☐	☐	☐	☐

① besser ☐ konstant ③ schlechter	kurzfristig ① ② ③			längerfristig ① ② ③		
Betriebsklima und Arbeitsmoral	☐	☐	☐	☐	☐	☐
Identifikation und Loyalität	☐	☐	☐	☐	☐	☐
Intensität und Anbindung der strategischen Planung und Kontrolle	☐	☐	☐	☐	☐	☐
Informationsfluß	☐	☐	☐	☐	☐	☐
Teamwork	☐	☐	☐	☐	☐	☐
Qualität und Effizienz der Führung	☐	☐	☐	☐	☐	☐
Arbeitsproduktivität	☐	☐	☐	☐	☐	☐

34. Wie würden Sie die *Streßbelastung* der Arbeitnehmer während einzelner Abbauphasen beurteilen?

	normal	leicht erhöht	stark erhöht
Zwischen Bekanntwerden des Personalabbaus und der Betriebsvereinbarung	☐	☐	☐
Zwischen Betriebsvereinbarung und Bekanntgabe der ausscheidenden Arbeitnehmer	☐	☐	☐
Zwischen Bekanntgabe der ausscheidenden Arbeitnehmer und deren Ausscheiden	☐	☐	☐
Zwischen dem Ausscheiden der Arbeitnehmer und einer Neuausrichtung des Unternehmens (sofern es eine solche gab)	☐	☐	☐
Danach bzw. heute	☐	☐	☐

35. Was hätte Ihr Unternehmen beim Personalabbau *anders* machen sollen?

_____

_____

_____

_____

_____

_____

_____

_____

_____

Vielen Dank für Ihre Mitarbeit!

Anhang B3   Fragebogen 2: Mitarbeiterbefragung

B3.1   Angaben zu Forschungsdesign und Erhebungsinstrument

Der zur Erhebung verwendete, großteils standardisierte Fragebogen setzt sich aus fünf Frageblöcken zusammen und wird ergänzt durch einen Block 'Allgemeine Angaben':

- Die **Blöcke A und B** erheben in geschlossener Form eine Bewertung der gegenwärtigen Situation nach dem letzten Personalabbauprozeß – darauf wurde insbesondere im Begleitschreiben hingewiesen – unterteilt in Aspekte der Organisation und der Stimmung im Unternehmen. Im **Block C** wurde durch zwei offene Fragen nach Erwartungen bzw. Feedback an die Personalabteilung gefragt. Der **Block D** beschäftigt sich explizit mit den Folgen des Personalabbaus und in **Block E** wird ein möglicher Verlust von Wissen und Fähigkeiten thematisiert, mit der Möglichkeit durch Personalabbau verlorene Fähigkeiten zu benennen.

- Die allgemeinen Angaben enthalten neben demographischen Fragen (Alter, Geschlecht, Ausbildung und Abschluß, Dauer der Betriebszugehörigkeit, Vorerfahrung mit Personalabbau) sowie einem Block mit zusätzlichen Fragen an Führungskräfte auch einige sensible Einschätzungsfragen, die bewußt zwischen den allgemein für unproblematisch betrachteten, leicht beantwortbaren Fragen plaziert wurden.[15]

Ziel der Gestaltung des Fragebogens war es, den Zeitaufwand für die Befragten durch geschlossene Fragen sowie die Möglichkeit zu eigenen Ergänzungen auf wenige Minuten zu minimieren. Für die Bewertungsfragen wurde als einzige Skalierungsart eine fünfstufige unipolare Ratingskala[16] verwendet, die verbal mit den Begriffen 'trifft voll zu', 'trifft eher zu', 'teils/teils', 'trifft kaum zu' und 'trifft nicht zu' belegt ist. Zum einen erleichtert und vereinheitlicht dies die Beantwortung für die Befragten. Gleichzeitig wird in der Forschungspraxis davon ausgegangen, daß diese Skala metrisch interpretierbare Daten (Intervallskala) liefert und so den Anforderungen multivariater Analyseme-

---

[15]   So wurden insbesondere die beiden als äußerst sensibel eingeschätzten Fragen nach der Einschätzung über die individuelle Wahrscheinlichkeit, woanders Arbeit zu finden, sowie nach der Fluktuationsbereitschaft ("Haben Sie in letzter Zeit erwogen, das Unternehmen zu verlassen?") in den Block der allgemeinen Angaben gestellt. Zu Plazierungseffekten und anderen zu berücksichtigenden Kriterien der Fragebogenkonstruktion vgl. insbesondere SCHNELL u.a. (1993: 352 ff.).

[16]   Diese Skalen haben den Vorteil, daß – unter Berücksichtigung der jeweiligen Item-Vorzeichen – aus den Testwerten der Untersuchungsobjekte durch Division des Summenscores mit der Anzahl der eingehenden Items ein Gesamtskalenwert berechnet werden kann. Die Skalen entsprechen zwar grundsätzlich den Merkmalen von sog. "Likert-Skalen", erfüllen aber nicht deren sämtliche Konstruktionsvorschriften. Vgl. zur Skalenkonstruktion SCHNELL u.a. (1993: 202 ff.) oder BORTZ u. DÖRING (1995: 203 ff.).

thoden in der Auswertung genügt.[17] Die Frageformulierung ist auf die Zielgruppe der Befragung (Mitarbeiter aller Hierarchieebenen und Ausbildungsfächer) und das unternehmensspezifische Vokabular ausgerichtet. Zur Vermeidung von Monotonie wurden die Items in Frageblöcke zusammengefaßt und zufällig positiv und negativ formuliert.

Pretest

Nach einer intensiven Abstimmung des Fragebogens mit Mitarbeitern der Personalabteilung und des Betriebsrates wurden die inhaltliche Validität und Relevanz des Erhebungsinstruments abschließend durch einen Pretest bei fünf willkürlich ausgewählten Personen der Zielgruppe geprüft. Dabei erwies sich das Erhebungsinstrument als sowohl inhaltlich als auch methodisch gut geeignet.[18]

---

[17]   Vgl. zur Problematik der Messung in den Sozialwissenschaften zusammenfassend BORTZ (1993: 26 ff.).

[18]   Vgl. zu inhaltlichen und instrumentellen Voruntersuchungen BORTZ u. DÖRING (1995: 331 ff.) oder SCHNELL u.a. (1993: 357 ff.).

B3.2   Anschreiben und Fragebogen

Anschreiben zur Mitarbeiterbefragung (Institut für Personal- und Organisationsforschung)

Professor Dr. Rainer Marr
Allgemeine Betriebswirtschaftslehre, insbes. Entscheidungs-
und Organisationsforschung, Personalwirtschaft

UNIVERSITÄT DER BUNDESWEHR MÜNCHEN

Universität der Bundeswehr München, Fakultät WOW 1.1
Prof. Dr. R. Marr · D-85577 Neubiberg

FAKULTÄT FÜR WIRTSCHAFTS- UND
ORGANISATIONSWISSENSCHAFTEN

Institut für Personal- und
Organisationsforschung

Sehr geehrte Damen und Herren,

im Rahmen eines von mir geleiteten Forschungsprojektes führt das Institut für Personal- und Organisationsforschung der Universität der Bundeswehr München in Zusammenarbeit mit der Personalleitung und dem Betriebsrat bei der XXX eine Untersuchung der Folgewirkungen von Personalabbau durch.

Ziel unserer Untersuchung ist es, die Wirkungen sowie mögliche negative Begleiterscheinungen des letzten Personalabbauprozesses zu erfassen, so daß geeignete Maßnahmen eingeleitet werden können, um diesen Effekten entgegenzuwirken und dadurch die Wettbewerbsfähigkeit Ihres Unternehmens zu stärken sowie langfristig Beschäftigung zu sichern.

Die Beantwortung der Fragen nimmt etwa 5 bis 8 Minuten in Anspruch.

> Bitte schicken Sie den ausgefüllten Fragebogen in dem beigefügten Umschlag per Hauspost bis spätestens
>
> **27. Februar 1998 direkt an den Betriebsrat der XXX,**
>
> der ihn ungeöffnet an uns weiterleiten wird!

Die ausgefüllten Fragebögen werden ausschließlich durch das Institut für Personal- und Organisationsforschung ausgewertet. **Ihre Antworten bleiben vollkommen anonym.** Eine Auswertung der Daten auf Ebene einer Organisationseinheit erfolgt nur dann, wenn mindestens zehn Fragebögen daraus vorliegen. Somit ist ein Rückschluß auf einzelne Personen unmöglich.

Ihr Unternehmen erhält abschließend eine Kurzauswertung der zusammengefaßten Ergebnisse, so daß die von Ihnen geäußerten Ansichten und Einschätzungen zukünftig stärker berücksichtigt werden können. Einzelne Antworten werden nicht bekanntgegeben. Die Fragebögen werden nach Abschluß der Auswertung am Institut vernichtet.

Die Durchführung der Befragung obliegt meinen wissenschaftlichen Mitarbeitern Karin Steiner und Florian Schloderer, die Ihnen jederzeit gerne für Rückfragen zur Verfügung stehen (Tel. 089-6004 2185, E-Mail: Karin.Steiner@unibw-muenchen.de).

Wir danken Ihnen für Ihre Mitarbeit. Sie leisten damit einen wichtigen Beitrag zur Sicherung von Wettbewerbsfähigkeit und Beschäftigung in Ihrem Unternehmen.

Mit freundlichen Grüßen

R. Mar

Prof. Dr. Rainer Marr

Anschreiben zur Mitarbeiterbefragung (Personalleiter des Unternehmens)

(Anschreiben des Personalleiters)

Liebe Mitarbeiterinnen, liebe Mitarbeiter
Liebe Kolleginnen, liebe Kollegen

als Anlage zu diesem Schreiben finden Sie einen Fragebogen, der von Prof. Dr. R. Marr der Universität der Bundeswehr (vgl. hierzu die Rückseite dieses Schreibens) konzipiert wurde und ausgewertet wird.

Der Fragebogen dient dazu, wichtige Informationen über die Bedürfnisse der XXX-Mitarbeiter zu erhalten.

Die Personalleitung und die Personalreferenten der XXX sind an Ihren ehrlichen Meinungen und Ihren (Verbesserungs-)Vorschlägen für eine zukunfts- und mitarbeiterorientierte Personalpolitik interessiert.

Wir möchten Sie dazu auffordern, diese Möglichkeit einer Bewertung und einer Ideensammlung zu nutzen.

Je mehr Fragebögen zurückgeschickt und ausgewertet werden, umso zielgerichteter können konkrete Maßnahmen daraus abgeleitet werden. Indem Sie sich diese Zeit nehmen, helfen Sie mit, daß aus vergangenen Erfahrungen gelernt wird und daß wir die Bedürfnisse der Mitarbeiter, Ihre Bedürfnisse berücksichtigen können.

Vielen Dank für Ihre Teilnahme an der Mitarbeiterbefragung.

XXX

⇨ *Anmerkung zur ersten Frage im Fragebogen:*
   Wählen Sie bei der Beantwortung der Frage nach der Organisationseinheit, in welcher Sie tätig sind, bitte eine der in der folgenden Tabelle auf der rechten Seite genannten, fett markierten Kürzel:

Bereich	Angabe der Org.einheit im Fragebogen:
...	...
...	...

Fragebogen Seite 1

UNIVERSITÄT DER BUNDESWEHR MÜNCHEN
Institut für Personal- und Organisationsforschung
Prof. Dr. Rainer Marr

Sehr geehrte Damen und Herren,

bitte geben Sie an, in welcher **Organisationseinheit** Sie *momentan* vorwiegend tätig sind (vgl. Anschreiben): ....

Selbstverständlich werden Ihre Daten streng vertraulich und anonym behandelt. Bitte vertrauen Sie bei der Beurteilung Ihrem ersten Eindruck! Es gibt weder richtige noch falsche Antworten – uns interessiert Ihre Information und ehrliche Meinung. Wir haben die einzelnen Fragestellungen in Form von Aussagen so vorbereitet, daß Sie Ihre Antwort einfach durch Ankreuzen auf der jeweils nebenstehenden Skala zum Ausdruck bringen können.

A. Organisation

	trifft voll zu — trifft eher zu — teils/teils — trifft kaum zu — trifft nicht zu		trifft voll zu — trifft eher zu — teils/teils — trifft kaum zu — trifft nicht zu
Zuständigkeiten und Verantwortungsbereiche sind in meiner Abteilung klar abgegrenzt.	O—O—O—O—O	In unserem Unternehmen wird nicht langfristig geplant.	O—O—O—O—O
Ich kann meine Arbeit selbständig planen und einteilen.	O—O—O—O—O	Bei uns wird mehr an den Symptomen als an den Ursachen kuriert.	O—O—O—O—O
Bestimmte Arbeitsprozesse bei uns könnten wesentlich schneller durchgeführt werden.	O—O—O—O—O	unsere Abteilung ist gegenüber Veränderungen aufgeschlossen.	O—O—O—O—O
Die Chefs greifen neue Ideen von uns Mitarbeitern auf.	O—O—O—O—O	Ich habe das Gefühl, ständig kontrolliert und überwacht zu werden.	O—O—O—O—O
Bei uns wird viel Wert auf "Dienst nach Vorschrift" gelegt.	O—O—O—O—O	Unsere Abteilung kann wichtige Termine einhalten.	O—O—O—O—O
Probleme werden sachlich angegangen.	O—O—O—O—O	Unser Team arbeitet gut zusammen.	O—O—O—O—O
Wir haben klare Zielvorgaben von unseren Vorgesetzten.	O—O—O—O—O	In unserer Abteilung gilt die Devise "Aus Fehlern lernen".	O—O—O—O—O
Wir Mitarbeiter werden bei wichtigen Entscheidungen übergangen.	O—O—O—O—O	Die bereichsübergreifende Zusammenarbeit mit anderen Abteilungen ist gut	O—O—O—O—O
Ich kann meine Aufgaben nicht während der normalen Arbeitszeit erledigen.	O—O—O—O—O	In unserem Unternehmen gibt es freien Informationsfluß.	O—O—O—O—O
Erfolgsorientierung und wirtschaftliches Denken sind in meiner Abteilung stark ausgeprägt.	O—O—O—O—O	Ich habe ausreichend Möglichkeit, mich kreativ zu entfalten.	O—O—O—O—O
Weil überall gespart werden muß, kommt es zu Rivalitäten mit anderen Abteilungen.	O—O—O—O—O	Mitarbeitergespräche mit meinem Chef finden regelmäßig statt.	O—O—O—O—O

B. Stimmung im Unternehmen

	trifft voll zu — trifft eher zu — teils/teils — trifft kaum zu — trifft nicht zu		trifft voll zu — trifft eher zu — teils/teils — trifft kaum zu — trifft nicht zu
Das Betriebsklima und die Stimmung im Betrieb sind gut.	O—O—O—O—O	Die Probleme und Einstellungen von uns Mitarbeitern sind der Unternehmensleitung bekannt.	O—O—O—O—O
Ich bin zufrieden mit ...		Aus Mißtrauen werden wichtige Informationen nicht weitergegeben.	O—O—O—O—O
- meinem Unternehmen,	O—O—O—O—O		
- meiner Tätigkeit,	O—O—O—O—O	Ich setzte meine ganze Kraft für die Ziele des Unternehmens ein.	O—O—O—O—O
- meinem Vorgesetzten,	O—O—O—O—O		
- meinem Gehalt und Sozialleistungen,	O—O—O—O—O	Der Kunde genießt in unserem Unternehmen große Wertschätzung.	O—O—O—O—O
- meinen Aufstiegsmöglichkeiten.	O—O—O—O—O		
Ich habe Vertrauen ...		Bei uns im Unternehmen wird vieles stark politisiert (Machtkämpfe, Seilschaften etc.).	O—O—O—O—O
- zum Betriebsrat,	O—O—O—O—O		
- zu den Kollegen,	O—O—O—O—O	Der Umgang miteinander ist partnerschaftlich und rücksichtsvoll.	O—O—O—O—O
- zu den direkten Vorgesetzten,	O—O—O—O—O		
- zur Unternehmensleitung,	O—O—O—O—O	Meine Arbeit gibt mir die Möglichkeit, etwas zu lernen, was mir zukünftig noch nützlich sein wird.	O—O—O—O—O
- zur Konzernleitung.	O—O—O—O—O		
Ich kann mich mit meinem Unternehmen identifizieren.	O—O—O—O—O	Wir in unserer Abteilung halten zusammen.	O—O—O—O—O
Meine Arbeit ist stressig.	O—O—O—O—O		

C. Erwartungen an die Personalabteilung

In welchen Bereichen wünschen Sie sich ein stärkeres Engagement Ihrer Personalabteilung? ....

....

Sonstige Vorschläge/Feedback an die Personalabteilung: ....

....

Fragebogen Seite 2

© Institut für Personal- und Organisationsforschung   Prof. Dr. Rainer Marr

D. Folgen des Personalabbaus

	trifft voll zu	trifft eher zu	teils/ teils	trifft kaum zu	trifft nicht zu
In meinem Unternehmen muß Personal abgebaut werden ...					
· aufgrund der schlechten wirtschaftlichen Lage,	O	O	O	O	O
- aufgrund von Fehlern der Unternehmens- oder Konzernleitung,	O	O	O	O	O
· aufgrund von technologischem Fortschritt und Rationalisierungen.	O	O	O	O	O
Die Auswahl der abzubauenden Stellen erfolgt nach sachlichen Gesichtspunkten.	O	O	O	O	O
Trotz des Personalabbaus können wir schnell und wirksam auf Bedürfnisse der Kunden eingehen.	O	O	O	O	O

	trifft voll zu	trifft eher zu	teils/ teils	trifft kaum zu	trifft nicht zu
Durch den Personalabbau fühle ich mich stärker belastet, ...					
- weil sich die bestehende Arbeit auf weniger Mitarbeiter verteilt,	O	O	O	O	O
- weil erforderliche Fähigkeiten verloren gegangen sind,	O	O	O	O	O
- weil gewohnte Arbeitsabläufe empfindlich gestört sind.	O	O	O	O	O
Durch den Personalabbau ist die Produktivität gestiegen.	O	O	O	O	O
Meiner Meinung nach ist der Personalabbau vermeidbar.	O	O	O	O	O

E. Verlust von Wissen und Fähigkeiten

	trifft voll zu	trifft eher zu	teils/ teils	trifft kaum zu	trifft nicht zu
In meiner Abteilung kam es durch den Personalabbau zum Verlust von wichtigem Wissen und Fähigkeiten.	O	O	O	O	O
Der Verlust von Wissen und Fähigkeiten in meiner Abteilung wird verhindert durch					
- die Weitergabe von Wissen der ausscheidenden an die verbleibenden Mitarbeiter,	O	O	O	O	O
- systematische Weiterbildungsmaßnahmen,	O	O	O	O	O
- externes Wissen und Beratungsleistungen,	O	O	O	O	O
- die Errichtung der BST.	O	O	O	O	O

	trifft voll zu	trifft eher zu	teils/ teils	trifft kaum zu	trifft nicht zu
Die Errichtung der Beschäftigungs- und Qualifizierungsgesellschaft war meiner Meinung nach richtig.	O	O	O	O	O

Welche Fähigkeiten sind durch den Personalabbau Ihrer Meinung nach verlorengegangen?

....

....

F. Allgemeine Angaben

Die folgenden Fragen benötigen wir zu *statistischen* Zwecken. Die Informationen sind wichtig, um die Repräsentativität und Zuverlässigkeit der Befragungsergebnisse einschätzen zu können. Die Auswertung dieser Angaben durch das Institut für Personal- und Organisationsforschung erfolgt ausschließlich auf *aggregierter Basis*, so daß *keinerlei Rückschlüsse* auf Personen möglich sind.

Allgemeine Fragen an alle Mitarbeiter!

Alter	☐ < 30 Jahre	☐ 41-50 Jahre
	☐ 31-40 Jahre	☐ >51 Jahre
Geschlecht	☐ männlich	☐ weiblich

Unterhaltspflichtige **Familienangehörige**   ☐ nein ☐ ja

Ausbildungs- richtung	☐ technisch / naturwissenschaftlich
	☐ kaufmännisch / juristisch
	☐ sonstige
Abschluß	☐ berufl. Ausbildung / Lehre
	☐ Meister / Techniker etc.
	☐ Hochschulstudium

Dauer der **Betriebs** zugehörigkeit	☐ < 5 Jahre	☐ 10-20 Jahre
	☐ 5-10 Jahre	☐ >20 Jahre

Wie oft haben Sie während Ihrer Betriebszugehörigkeit den **Arbeitsplatz** gewechselt? .... Mal

Haben Sie persönliche **Vorerfahrung** mit Personalabbau?
☐ nein / ☐ ja   Wie oft?

Wie schätzen Sie Ihre Wahrscheinlichkeit ein, woanders **Arbeit** zu finden?   ☐ hoch ☐ mittel ☐ gering

Haben Sie in letzter Zeit erwogen, das Unternehmen zu **verlassen**?   ☐ häufig ☐ gelegentlich ☐ nie

Zusätzliche Fragen an Führungskräfte!

Führungs- ebene	☐ Unternehmensleitung, Geschäftsführung
	☐ XXX / 2. Führungsebene
	☐ XXX / 3. Führungsebene
	☐ Projektleiter

Haben Sie konkrete **Zielvorgaben** / Zielvereinbarungen?   ☐ nein ☐ ja

Wenn ja, sehen Sie sich in der Lage, diese zu **erreichen**?   ☐ voll ☐ teilweise ☐ nicht

Falls Sie **Personalverantwortung** haben: Für wieviele Mitarbeiter tragen Sie direkt Verantwortung?   ☐ bis 5 ☐ 6-20 ☐ 21-50 ☐ > 50

Wieviele **Mitarbeiter** sind in Ihrem Verantwortungsbereich seit Anfang 1997 ausgeschieden? .... / neu hinzugekommen? ....

Bitte **beurteilen** Sie im Hinblick auf *Ihren* Verantwortungsbereich ....

	sehr gut	gut	mäßig	schlecht	sehr schlecht
die allgemeine Stimmung,	O	O	O	O	O
das Vertrauensverhältnis zu Ihren Mitarbeitern,	O	O	O	O	O
die Produktivität,	O	O	O	O	O
die Innovationsbereitschaft,	O	O	O	O	O
den Transfer von Wissen und Fähigkeiten.	O	O	O	O	O

Vielen Dank für Ihre Mitarbeit!

Anhang C Statistische Anmerkungen und Kennzahlen

Zu den folgenden Angaben vgl. BORTZ (1993), BORTZ U. DÖRING (1995), BROSIUS U. BROSIUS (1995), BÜHL U. ZÖFEL (1998) sowie zur Vertiefung die statistische Grundlagenliteratur.

Anhang C1 Irrtumswahrscheinlichkeit p

→ Einsatz von Verfahren der Prüfstatistik zur Untersuchung, ob auftretende Mittelwertsunterschiede bzw. Korrelationen zufällig zustande gekommen sind. Geprüft wird dabei die Nullhypothese, daß die beobachteten Mittelwertsunterschiede bzw. Korrelationen zufällig zustande gekommen sind. Eine Verneinung der Nullhypothese impliziert, daß der Unterschied bzw. die Korrelation nicht zufällig zustande gekommen ist. Bei Ablehnung der Nullhypothese wird durch den Wert p die Irrtumswahrscheinlichkeit dargestellt, daß die Nullhypothese doch richtig gewesen wäre.

Signifikanzniveaus: (p = Irrtumswahrscheinlichkeit)

***	$p < 0,001$	höchst signifikant (Irrtumswahrscheinlichkeit < 0,1%)
**	$p < 0,01$	sehr signifikant (Irrtumswahrscheinlichkeit < 1%)
*	$p < 0,05$	signifikant (Irrtumswahrscheinlichkeit < 5%)
ns	$p \geq 0,05$	nicht signifikant (Irrtumswahrscheinlichkeit ≥ 5%)

Anhang C2 Statistische Testverfahren

Chi²-Anpassungstest

→ Nichtparametrischer Test zur Untersuchung der Anpassung der Verteilung einer Stichprobe an eine vorgegebene Verteilung in der Grundgesamtheit

→ Fragestellung der Untersuchung: Stimmen beobachtete und erwartete Häufigkeiten überein? Lassen sich auftretende Verteilungsunterschiede mit zufälligen Schwankungen erklären oder gibt es einen überzufälligen, signifikanten Unterschied?

U-Test nach Mann-Whitney

→ Nichtparametrischer Test zum Vergleich **zweier ordinalskalierter unabhängiger Stichproben**

→ Fragestellung der Untersuchung: Entstammen die Stichproben der gleichen Grundgesamtheit? Lassen sich Mittelwertsunterschiede mit zufälligen Schwankungen erklären oder gibt es einen überzufälligen oder signifikanten Unterschied?

H-Test nach Kruskal-Wallis

➜ Nichtparametrischer Test zum Vergleich von **mehr als zwei ordinalskalierten unabhängigen Stichproben** (Vergleich der mittleren Rangwerte)

➜ Fragestellung der Untersuchung: Entstammen die Stichproben der gleichen Grundgesamtheit? Lassen sich Mittelwertunterschiede mit zufälligen Schwankungen erklären oder gibt es einen überzufälligen oder signifikanten Unterschied?

Anhang C3   Korrelationskoeffizienten

➜ **Rangkorrelationskoeffizient nach Spearman und Kendall**:
nichtparametrischer Korrelationskoeffizient auf der Grundlage von Rängen anstelle
von aktuellen Werten (geeignet für ordinale oder nicht normalverteilte Variablen).

➜ Der Wertebereich des Koeffizienten r liegt zwischen −1 und +1 wobei ein größerer
Wert für einen stärkeren Zusammenhang steht.

➜ Das Vorzeichen gibt die Richtung des Zusammenhangs an.

➜ Zur verbalen Beschreibung der Größe des Betrages des Korrelationskoeffizienten
sind folgende Abstufungen üblich:

$0 < r < 0,2$	sehr geringe Korrelation
$0,2 < r < 0,5$	geringe Korrelation
$0,5 < r < 0,7$	mittlere Korrelation
$0,7 < r < 0,9$	hohe Korrelation
$0,9 < r < 1,0$	sehr hohe Korrelattion

Anhang D Details und Kennzahlen der Unternehmensbefragung

Anhang D1 Detaillierte Kennzahlen (Tabellen)

Erklärung der Darstellung bei Bewertungsfragen

Frage der Unternehmensbefragung								
		Block 1					**Block 2**	
(jeweilige Einzelitems)	trifft voll zu	trifft eher zu	teils/ teils	trifft kaum zu	trifft nicht zu	MW	V	N
(Angaben in Prozent, der häufigste Wert ist **hervorgehoben**)	(1)	(2)	(3)	(4)	(5)			
Item 1	20,0	**26,7**	16,2	16,2	21,0	2,9	2,1	105

Die Angaben zu den jeweiligen Einzelitems sind wie folgt dargestellt: Im **ersten Block** werden die *Häufigkeiten* in Prozent für die verschiedenen Antwortmöglichkeiten ('trifft voll zu', 'trifft eher zu', 'teils/teils', 'trifft kaum zu' und 'trifft nicht zu') dargestellt. (Bei Item 1 haben beispielsweise 20% der befragten Unternehmen angegeben, daß dieses Merkmal auf sie voll zutrifft, bei 26,7% der Unternehmen trifft es eher zu etc.); der häufigste Wert ist dabei jeweils grau hinterlegt dargestellt. Im **zweiten Block** sind *die statistischen Kennzahlen* aufgeführt: MW ist der jeweils verwendeten statistische Mittelwert (arithmetisches Mittel, Median, Modus etc.), V die Varianz und N die Größe der jeweiligen Teilstichprobe (Die Differenz zwischen N und der betrachteten Gesamtstichprobe von 155 untersuchten Unternehmen entspricht dem Anteil an Unternehmen, welche die jeweilige Teilfrage nicht beantwortet haben; ein hoher Anteil an Nicht-Antworten kann damit zusammenhängen, daß die Frage nicht verstanden wurde oder für nicht relevant betrachtet wurde.)

Frage II.14: Planungsgrundlage für den Umfang des Personalabbaus

"Auf welcher *Grundlage* wurde der Umfang des Personalabbaus festgelegt?" (Frage II.14)								
(Item) (Angaben in Prozent, der häufigste Wert ist **hervorgehoben**)	trifft voll zu (1)	trifft eher zu (2)	teils/ teils (3)	trifft kaum zu (4)	trifft nicht zu (5)	MW	V	N
Personalstärkerelation im Verhältnis zu anderen Unternehmen	17,1	21,6	17,1	18,0	**26,1**	3,1	2,1	111
Personalstärkerelation bezogen auf die Geschäftsfeldplanung	30,1	**31,7**	17,1	7,3	13,8	2,4	1,8	123
Personalkostenrelation im Verhältnis zu anderen Unternehmen	20,0	**26,7**	16,2	16,2	21,0	2,9	2,1	105
Personalkostenrelation bezogen auf die Wertschöpfung	37,1	**37,1**	12,9	4,3	8,6	2,1	1,5	116
Veränderte Aufgabenverteilungspläne	22,0	**38,0**	18,0	10,0	12,0	2,5	1,6	100

Frage III.15: Betroffenheit einzelner Arbeitnehmergruppen

"Inwieweit waren folgende Gruppen vom Personalabbau überdurchschnittlich betroffen?"

(1) aus- schließlich (4) durch- schnittlich (*gruppierter Median) (7) aus schließlich	Mittelwert*	Varianz	Stichprobe
(1) Arbeiter..... – .....Angestellte (7)	3,8	2,6	143
(1) Führungskräfte..... – .....Arbeitnehmer (7)	4,3	1,9	133
(1) Männer..... – .....Frauen (7)	3,7	1,3	143
(1) Deutsche..... – .....Ausländer (7)	3,6	1,5	138
Gelernte..... – ..... Ungelernte (7)	4,1	2,6	138
(1) Vollzeitkräfte..... – ..... Teilzeitkräfte[19] (7)	3,1	1,3	127

Frage III.17: Beschäftigungsreduzierende Maßnahmen

Übersicht über den Einsatz von Maßnahmen zur Reduzierung der Beschäftigungsverhältnisse bei den Arbeitnehmern und leitenden Angestellten nach Größenklassen. *Anzahl* gibt an, wie häufig eine Einzelmaßnahme in den Unternehmen der jeweiligen Größenklasse eingesetzt wurde; *Prozent* setzt dies in Bezug zur Größe der Teilstichprobe (z.B. haben 20 Prozent der Unternehmen der Größenklasse 1 eine Einstellungssperre verhängt).

Unternehmen der Größenklasse 1 (bis 50 Arbeitnehmer, Basis insg. 15 Unternehmen)	Arbeitnehmer		leitende Angestellte	
	Anzahl	Prozent	Anzahl	Prozent
Einstellungssperre	3	20,0	4	26,7
Natürliche Fluktuation	5	33,3	3	20,0
Kündigung von Leih- oder Zeitarbeitsverträgen	1	6,7	-	-
Nichtverlängerung befristeter Arbeitsverträge	2	13,3	1	6,7
Änderungskündigungen	2	13,3	2	13,3
Entlassung auf Zeit	-	-	-	-
Altersteilzeit	1	6,7	1	6,7
Sonstige Vorruhestandsregelungen	-	-	-	-
Abschluß von Aufhebungsverträgen	-	-	3	20,0
Einführung von Teilzeit	1	6,7	-	-
Betriebsbedingte Kündigung	7	46,7	2	13,3
Nichtübernahme von Auszubildenden	1	6,7	-	-

---

[19] Bei der Untersuchung der Betroffenheit von Vollzeit- und Teilzeitkräften wurden nur diejenigen Unternehmen berücksichtigt, die auch Teilzeitarbeit anbieten (Frage I.7-2).

Unternehmen der Größenklasse 2 (50 bis 500 Arbeitnehmer, Basis insg. 30 Unternehmen)	Arbeitnehmer		leitende Angestellte	
	Anzahl	Prozent	Anzahl	Prozent
Einstellungssperre	11	36,7	12	40,0
Natürliche Fluktuation	24	80,0	15	50,0
Kündigung von Leih- oder Zeitarbeitsverträgen	7	23,3	3	10,0
Nichtverlängerung befristeter Arbeitsverträge	18	60,0	4	13,3
Änderungskündigungen	11	36,7	4	13,3
Entlassung auf Zeit	1	3,3	-	-
Altersteilzeit	6	20,0	4	13,3
Sonstige Vorruhestandsregelungen	10	33,3	6	20,0
Abschluß von Aufhebungsverträgen	15	50,0	12	40,0
Einführung von Teilzeit	6	20,0	1	3,3
Betriebsbedingte Kündigung	17	56,7	7	23,3
Nichtübernahme von Auszubildenden	14	46,7	-	-

Unternehmen der Größenklasse 3 (500 bis 5000 Arbeitnehmer, Basis insg. 55 Unternehmen)	Arbeitnehmer		leitende Angestellte	
	Anzahl	Prozent	Anzahl	Prozent
Einstellungssperre	31	56,4	18	32,7
Natürliche Fluktuation	47	85,5	30	54,5
Kündigung von Leih- oder Zeitarbeitsverträgen	19	34,5	4	7,3
Nichtverlängerung befristeter Arbeitsverträge	38	69,1	4	7,3
Änderungskündigungen	20	36,4	8	14,5
Entlassung auf Zeit	2	3,6	-	-
Altersteilzeit	16	29,1	9	16,4
Sonstige Vorruhestandsregelungen	37	67,3	20	36,4
Abschluß von Aufhebungsverträgen	42	76,4	28	50,9
Einführung von Teilzeit	10	18,2	2	3,6
Betriebsbedingte Kündigung	26	47,3	18	32,7
Nichtübernahme von Auszubildenden	17	30,9	-	-

Unternehmen der Größenklasse 4 (über 5000 Arbeitnehmer, Basis insg. 55 Unternehmen)	Arbeitnehmer		leitende Angestellte	
	Anzahl	Prozent	Anzahl	Prozent
Einstellungssperre	37	67,3	20	36,4
Natürliche Fluktuation	53	96,4	44	80,0
Kündigung von Leih- oder Zeitarbeitsverträgen	25	45,5	2	3,6
Nichtverlängerung befristeter Arbeitsverträge	44	80,0	5	9,1
Änderungskündigungen	14	25,5	10	18,2
Entlassung auf Zeit	-	-	-	-
Altersteilzeit	27	49,1	22	40,0
Sonstige Vorruhestandsregelungen	48	87,3	41	74,5
Abschluß von Aufhebungsverträgen	44	80,0	33	60,0
Einführung von Teilzeit	28	50,9	4	7,3
Betriebsbedingte Kündigung	18	32,7	7	12,7
Nichtübernahme von Auszubildenden	24	43,6	-	-

Frage IV.21: Merkmale des Personalabbauprozesses

"Durch welche *Merkmale* kann der Prozeß des Personalabbaus gekennzeichnet werden?" (Frage IV.21)

(Item) (Angaben in Prozent, der häufigste Wert ist **hervorgehoben**)	trifft voll zu (1)	trifft eher zu (2)	teils/ teils (3)	trifft kaum zu (4)	trifft nicht zu (5)	MW	V	N
Umfassende Aufgabenanalyse und Personalplanung im voraus	31,1	**34,1**	19,3	8,9	6,7	2,3	1,4	135
Aufstellung eines Zeit- und Maßnahmenplans für den Abbauprozeß	**44,9**	31,9	11,6	8,7	2,9	1,9	1,2	138
Wahlmöglichkeit der einzelnen Arbeitnehmer zwischen verschiedenen Maßnahmen	9,9	22,9	**29,0**	19,8	18,3	3,1	1,6	131
Überbringung von schlechten Nachrichten durch den direkten Vorgesetzten	**32,8**	23,9	20,1	13,4	9,7	2,4	1,8	134
Offene Informations- und Kommunikationspolitik	**36,6**	33,1	21,1	5,6	3,5	2,1	1,1	142
Frühzeitige und umfassende Einbeziehung von Arbeitnehmern	**42,3**	35,0	13,9	5,1	3,6	1,9	1,1	137
Frühzeitige und umfassende Einbeziehung von Gewerkschaften	**30,7**	18,4	14,9	9,6	26,3	2,8	2,6	114
Frühzeitige und umfassende Einbeziehung von sonstigen externen Interessenten, wie Arbeitsämtern, Kommunen etc.	**27,4**	21,2	17,7	8,0	25,7	2,8	2,4	113
Auswechslung der Unternehmensleitung	5,9	5,1	13,6	9,3	**66,1**	4,2	1,5	118

Frage IV.23: Merkmale der Verhandlungen

"Welche *Merkmale* treffen für die Verhandlungen zwischen Unternehmensleitung und Betriebsrat zu?" (Frage IV.23)

(Item) (Angaben in Prozent, der häufigste Wert ist **hervorgehoben**)	trifft voll zu (1)	trifft eher zu (2)	teils/ teils (3)	trifft kaum zu (4)	trifft nicht zu (5)	MW	V	N
Unternehmensleitung und Betriebsrat waren um einen schnellen Interessenausgleich bemüht.	**41,6**	40,0	9,6	6,4	2,4	1,9	1,0	125
Sachargumente standen im Vordergrund.	34,6	**47,7**	8,5	6,2	3,1	2,0	1,0	130
Die Verhandlungsparteien verfolgten das Ziel der Beschäftigungssicherung.	**34,4**	33,6	22,7	7,0	2,3	2,1	1,1	128
Die Verhandlungsergebnisse des Sozialplans gingen über die rechtlichen Mindestanforderungen hinaus.	**47,7**	29,0	12,1	2,8	8,4	2,0	1,5	107
Im Sozialplan wurde großer Wert darauf gelegt, die ausgeschiedenen Arbeitnehmer am Arbeitsmarkt beschäftigungsfähig zu machen.	10,9	19,8	21,8	**28,7**	18,8	3,2	1,6	101
Der Abbau der Beschäftigtenzahl wäre kleiner gewesen, wenn die Arbeitnehmerseite mehr "Opfer" gebracht hätte.	7,3	10,0	10,0	21,8	**50,9**	4,0	1,7	110
Der Abbau der Beschäftigtenzahl wäre kleiner gewesen, wenn die rechtlichen Rahmenbedingungen mehr Handlungsspielraum ermöglicht hätten.	15,5	19,1	16,4	14,5	**34,5**	3,3	2,2	110

Frage IV.27: Neuanfang im Unternehmen

"Inwieweit kam es in Ihrem Unternehmen zu einem 'Neuanfang'?" (Frage IV.27)

(Item) (Angaben in Prozent, der häufigste Wert ist **hervorgehoben**)	trifft voll zu (1)	trifft eher zu (2)	teils/ teils (3)	trifft kaum zu (4)	trifft nicht zu (5)	MW	V	N
Das Ende des Abbaus ist den Arbeitnehmern durch ein spezielles Ereignis vermittelt worden (z.B. Strategie-Workshops.	5,0	15,7	18,2	11,6	**49,6**	3,9	1,7	121
Die Arbeitnehmer erwarten weiterhin einen Abbau von Personal.	13,6	**17,9**	30,7	17,9	20,0	3,1	1,7	140
Die Führung vermittelte erfolgreich eine neue Vision und bewirkte eine strategische Neuausrichtung des Unternehmens.	21,3	**34,6**	25,7	6,6	11,8	2,5	1,5	136
Im Zusammenhang mit dem Personalabbau gab es einen "Kulturwandel" im Unternehmen.	15,0	22,6	**30,1**	12,8	19,5	3,0	1,7	133
Im Unternehmen hat sich "Aufbruchsstimmung" verbreitet.	10,4	22,2	**37,0**	16,3	14,1	3,0	1,4	135
Bei den Arbeitnehmern haben sich unternehmerisches Denken und Handeln eingestellt.	6,4	19,3	**44,3**	19,3	10,7	3,1	1,1	140

Frage IV.28: Rolle externer Berater

"Welche Rolle haben externe Berater gespielt?" (Frage IV.28)

(Item) (Angaben in Prozent, der häufigste Wert ist **hervorgehoben**)	trifft voll zu (1)	trifft eher zu (2)	teils/ teils (3)	trifft kaum zu (4)	trifft nicht zu (5)	MW	V	N
Externe Berater haben zum Personalabbau geraten.	9,3	14,3	10,0	9,3	**57,1**	3,9	2,1	140
Externe Berater hatten einen großen Einfluß auf den Umfang des Abbaus.	8,0	8,0	9,5	10,2	**64,2**	4,1	1,8	137
Externe Berater hatten einen großen Einfluß auf die gewählten Maßnahmen.	2,2	9,7	6,0	10,4	**71,6**	4,4	1,2	134
Externe Berater haben den Abbauprozeß unterstützend begleitet.	7,3	7,3	5,8	10,9	**68,6**	4,3	1,6	137

Frage V.31: Verlust von Kernkompetenzen

"Welche Auswirkungen hatte der Personalabbau auf die Kernkompetenzen, von denen der Erfolg ihres Unternehmens maßgeblich abhängt?"
(Frage V.31)

(Item) (Angaben in Prozent, der häufigste Wert ist **hervorgehoben**)	trifft voll zu (1)	trifft eher zu (2)	teils/ teils (3)	trifft kaum zu (4)	trifft nicht zu (5)	MW	V	N
Dem Unternehmen sind Kernkompetenzen verloren gegangen.	1,4	9,0	16,6	26,2	**46,9**	4,1	1,1	145
Schuld am Verlust von Kernkompetenzen sidn die Kriterien der Sozialauswahl.	3,1	11,8	11,8	21,3	**52,0**	4,1	1,4	127
Das Wissen der Ausgeschiedenen ist dokumentiert und an die Verbliebenen weitergegeben worden.	9,9	28,9	**32,1**	14,1	14,8	3,0	1,4	142

Frage V.33: Folgewirkungen des Personalabbaus auf die Organisation und die verbleibenden Arbeitnehmer

Häufigkeiten in Prozent	kurzfristig			längerfristig		
	mehr	konstant	weniger	mehr	konstant	weniger
Zentralisierung wichtiger Entscheidungen	36,8	**39,8**	23,3	32,1	**36,6**	31,3
Kurzfristiges, krisenorientiertes Denken	**53,0**	31,3	15,7	34,1	**50,4**	15,4
Innovations- und Veränderungsbereitschaft	**64,1**	28,2	7,6	**68,8**	27,3	3,9
Leistungsmotivation	**50,4**	33,6	16,1	**53,0**	39,4	7,6
Freiwillige Fluktuation von Leistungsträgern	27,2	**39,7**	33,1	17,3	**52,0**	30,7
Absentismus	11,3	25,6	**63,2**	4,0	**48,8**	47,2
Kostenbewußtsein	**63,0**	32,6	4,3	**55,6**	39,8	4,5
Druck durch politische Interessengruppen	13,2	**51,8**	35,1	9,3	**56,5**	34,3
Gegenseitiges Vertrauen	11,5	**51,1**	37,4	24,0	**59,2**	16,8
Konflikte	34,4	**45,0**	20,6	17,1	**62,6**	20,3
Arbeitszufriedenheit	14,9	**45,5**	39,6	29,5	**57,4**	13,2
Arbeitsunfälle, Berufserkrankungen und Herzinfarkte	5,4	**68,2**	26,4	5,7	**68,9**	25,4
Auftreten von Familienkrisen	20,8	**60,4**	18,8	7,4	**73,7**	18,9
	besser	konstant	schlechter	besser	konstant	schlechter
Betriebsklima und Arbeitsmoral	20,3	35,7	**44,1**	40,9	**46,0**	13,1
Identifikation und Loyalität	16,4	**46,4**	37,1	35,6	**50,4**	14,1
Intensität und Anbindung der strategischen Planung und Kontrolle	41,0	**47,0**	11,9	44,2	**51,9**	3,9
Informationsfluß	40,6	**49,3**	10,1	42,4	**53,8**	3,8
Teamwork	46,8	**41,7**	11,5	**54,9**	42,9	2,3
Qualität und Effizienz der Führung	38,7	**50,4**	10,9	**51,1**	43,6	5,3
Arbeitsproduktivität	**57,7**	32,4	9,9	**74,3**	22,8	2,9

Statistische Kennzahlen	kurzfristig			längerfristig			
MW: gruppierter Median (1=mehr, 2=konstant, 3=weniger) V: Varianz / n: Größe der Teilstichprobe	MW[b]	V	n	MW[b]	V	n	Diffe-renz[c]
Zentralisierung wichtiger Entscheidungen[a]	**-0,18**	0,59	133	**-0,01**	0,64	131	-0,17
Kurzfristiges, krisenorientiertes Denken[a]	**-0,44**	0,55	134	**-0,22**	0,46	123	-0,22
Innovations- und Veränderungsbereitschaft	0,61	0,40	131	0,67	0,31	128	-0,06
Leistungsmotivation	0,41	0,55	137	0,49	0,40	132	-0,08
Freiwillige Fluktuation von Leistungsträgern[a]	0,08	0,60	136	0,16	0,47	127	-0,08
Absentismus[a]	0,58	0,48	133	0,45	0,33	125	**0,13**
Kostenbewußtsein	0,61	0,33	138	0,54	0,34	133	**0,07**
Druck durch politische Interessengruppen[a]	0,25	0,44	114	0,28	0,38	108	-0,03
Gegenseitiges Vertrauen	**-0,29**	0,42	131	0,09	0,41	125	-0,38
Konflikte[a]	**-0,17**	0,53	131	0,04	0,38	123	-0,21
Arbeitszufriedenheit	**-0,29**	0,49	134	0,19	0,40	129	-0,48

Statistische Kennzahlen MW: gruppierter Median (1=mehr, 2=konstant, 3=weniger) V: Varianz / n: Größe der Teilstichprobe	kurzfristig			längerfristig			Diffe-renz[c]
	MW[b]	V	n	MW[b]	V	n	
Arbeitsunfälle, Berufserkrankungen, Herzinfarkte[a]	0,22	0,28	129	0,21	0,28	122	**0,01**
Auftreten von Familienkrisen[a]	**-0,02**	0,40	101	0,13	0,25	95	-0,15
Betriebsklima und Arbeitsmoral	**-0,30**	0,59	143	0,32	0,47	137	-0,62
Identifikation und Loyalität	**-0,25**	0,50	140	0,25	0,45	135	-0,50
Intensität und Anbindung der strategischen Planung und Kontrolle	0,33	0,45	134	0,42	0,32	129	-0,09
Informationsfluß	0,34	0,42	138	0,40	0,32	132	-0,06
Teamwork	0,40	0,46	139	0,54	0,30	133	-0,14
Qualität und Effizienz der Führung	0,31	0,42	137	0,48	0,36	133	-0,17
Arbeitsproduktivität	0,53	0,45	142	0,73	0,27	136	-0,20

a   Die mit [a] gekennzeichneten Variablen sind ursprünglich negativ formuliert und wurden für die Übersicht umkodiert

b   Als Mittelwert wurde der gruppierte Median verwendet. Unter Berücksichtigung der Vorzeichen der einzelnen Items wurde der Mittelwert so umkodiert, daß mit dem Wert -1 eine starke Verschlechterung zum Ausdruck gebracht wird, der Wert 0 für Konstanz der Bewertung steht und der Wert +1 eine Verbesserung ausdrückt.

c   Die Differenz berechnet sich aus einem Vergleich der kurz- und längerfristigen Mittelwerte. Ein negatives Vorzeichen drückt eine stärkere Verschlechterung des kurzfristigen als der längerfristigen Bewertung aus. Das positive Vorzeichen gibt an, daß ein Merkmal längerfristig schlechter als kurzfristig beurteilt wurde.

Anhang D2   Ergebnisse der Faktorenanalysen

Frage II.12: Ursachen des Personalabbaus

Faktor*	Item (Frage II.12)	Faktorladung
Rationalisierung	Gestiegene Effizienz des Personaleinsatzes	0,806
	Automatisierung und technischer Fortschritt	0,799
Restrukturierung	Unternehmenszusammenschlüsse oder -übernahmen	0,820
	Standortverlagerungen oder -schließungen	0,735
	Abbau von Arbeitsreserven	-0,678
Unmittelbare Überlebenssicherung	Liquiditätsprobleme	0,813
	Rückgang von Subventionen oder öffentlichen Aufträgen	0,689
	Strukturkrise der Branche	0,612
Kurskorrektur	Planungs-, Entwicklungs- oder Managementfehler	0,717
	Rückläufige Nachfrage	0,582
	Wettbewerbsdruck	-0,435

*   Extraktionsmethode: Hauptkomponentenanalyse; Rotationsmethode: Varimax mit Kaiser-Normalisierung (Die Rotation ist in 6 Iterationen konvergiert).
Maß der Stichprobeneignung nach Kaiser-Meyer-Olkin: 0,5785
Erklärte Gesamtvarianz der vier Faktoren: 59,9 Prozent

Frage V.30: Ziele des Personalabbaus

Faktor*	Item (Frage II.12)	Faktorladung
klassische Kostenorientierung	Reduzierung der Personalkapazität	0,828
	Senkung der Personalkosten	0,762
Produktivitätsorientierung	Steigerung der Personalleistung / ZG	0,802
	Veränderung der Unternehmenskultur / ZG	0,759
	Abbau von Arbeitsreserven	-0,678
Veränderungsorientierung	Verjüngung der Belegschaftsstruktur / ZG	0,866
	Veränderung der Qualifikationsstruktur / ZG	0,696

* Extraktionsmethode: Hauptkomponentenanalyse; Rotationsmethode: Varimax mit Kaiser-Normalisierung (Die Rotation ist in 5 Iterationen konvergiert).
Maß der Stichprobeneignung nach Kaiser-Meyer-Olkin: 0,574
Erklärte Gesamtvarianz der drei Faktoren: 68,5 Prozent.

Anhang D3 Gestaltungsalternativen des Personalabbaus als Einflußfaktoren

Anhand der großzahligen Erhebung bei den befragten deutschen Unternehmen (**Unternehmensbefragung**) kann untersucht werden, ob und wieweit zwischen den in Kapitel 9 dargestellten Maßnahmen und Angeboten des Personalabbaus und dem Auftreten der verschiedenen Folgewirkungen (Kapitel 10.2) bzw. der Veränderung der Erfolgsgrößen (Kapitel 10.3) ein Zusammenhang besteht.

Für die Untersuchung der (linearen) Zusammenhänge wurden zum einen direkt erhobene (kurzfristigen) Folgewirkungen des Personalabbaus (Frage V.33) und zum anderen ausgewählte ökonomische und soziale Erfolgsgrößen berücksichtigt und auf signifikante Korrelationen mit dem Einsatz der Maßnahmen zur Reduzierung der Personalkapazität (vgl. Kapitel 9.1) und zur Prävention von Personalabbau (vgl. Kapitel 9.2) sowie dem Spektrum flankierender Angebote für ausscheidende und verbleibende Arbeitnehmer (vgl. Kapitel 9.3.1) untersucht (Fragen III.17, III.18, III.19 sowie IV.24 und IV.25; dabei sind nur Maßnahmen oder Angebote berücksichtigt, die für alle Arbeitnehmer angeboten werden).

Als **Zusammenhangsmaß** dient der Rangkorrelationskoeffizient nach Spearman; gezeigt werden nur Korrelationen, die mindestens auf dem Niveau von 0,05 (*) signifikant sind (Zur Interpretation der Kennzahlen vgl. Anhang D3.).

Die durchwegs eher geringen absoluten Werte der Korrelationskoeffizienten sind ein Zeichen für die große Komplexität des gesamten untersuchten Variablenspektrums. Scheinkorrelationen bzw. der Einfluß anderer Variablen können nicht ausgeschlossen werden. Kausale Aussagen ("Wenn ... , dann...") sind daraus nur eingeschränkt möglich und beruhen auf individueller Interpretation der Ergebnisse.

Interpretation der Tabellen:

- In den Tabellen werden jeweils alle **statistisch signifikanten Zusammenhänge** zu den Wirkungsvariablen dargestellt, wobei die Sternchen das Signifikanzniveau darstellen. Dabei ist zu berücksichtigen, daß insbesondere bei denjenigen Maßnahmen und Angeboten, die insgesamt eine sehr geringe Relevanz aufweisen, d.h. auch nur bei sehr wenigen Unternehmen überhaupt eingesetzt werden, die beobachteten Zusammenhänge teilweise nicht interpretierbar sind. Das gleiche gilt für diejenigen Wirkungen, die – sowohl in positiver als auch in negativer Ausprägung – nur bei einem geringen Teil der befragten Unternehmen auftreten. Wirkungsvariablen, für die ein Großteil der Unternehmen keine Veränderung feststellen konnte, sind in wesentlich geringerem Maß einer aktiven Gestaltung offen. Vgl. zur Relevanz der jeweiligen Maßnahmen und Wirkungen die entsprechenden Teilkapitel.

- Die (absolute) **Stärke des linearen Zusammenhangs** wird durch den Wert des Korrelationskoeffizienten dargestellt. Die Pfeile ↑ und ↓ geben die Richtung des linearen Zusammenhangs wieder: Ein ↑ steht dabei für einen **positiven linearen Zusammenhang**, d.h. durch den Einsatz der Maßnahme wird die jeweilige Folgewirkung positiv beeinflußt. Durch einen ↓ wird ein **negativer linearer Zusammenhang** dargestellt, d.h. der Einsatz der jeweiligen Maßnahme verschlechtert das Ergebnis der betrachteten Folgewirkung. Dabei sind die jeweiligen Vorzeichen der Items berücksichtigt (das Vorzeichen der Items wird durch die Symbole (+) und (-) in den Spaltenköpfen dargestellt): d.h. eine Maßnahme oder ein Angebot, welches beispielsweise geeignet ist, eine Zunahme von Absentismus (negativ formuliertes Item) zu verhindern, bekommt einen ↑.

- Bei der Gestaltung von **Arbeitsinhalten und Arbeitsbedingungen** werden zusätzlich die Wirkungen der verschiedenen Gestaltungsalternativen normativ vorbelegt: Eine Zunahme der Arbeitsmenge oder des Schwierigkeitsgrades der Arbeitsinhalte wird im folgenden als Belastung und damit negativ interpretiert; die Erweiterung von Handlungs- bzw. Entscheidungs- und Kontrollspielräumen sowie eine verstärkte Einbeziehung in Verbesserungsprozesse werden dagegen positiv bewertet. Diese Vorbelegung ist nicht unproblematisch, da eine Zunahme an Aufgaben bzw. eine Übernahme schwierigerer Aufgaben für bestimmte Mitarbeitergruppen durchaus als positive Herausforderung bzw. Weiterentwicklung verstanden werden kann. Im Kontext des Personalabbaus und vor allem in Abgrenzung zu den drei anderen Faktoren erscheint die negative Vorbelegung – die lediglich dazu dient, die beobachteten Zusammenhänge mit einem Vorzeichen bewerten zu können – aber durchaus sinnvoll. Bezogen auf den Zusammenhang zwischen Arbeitsmenge (-) und freiwilliger Fluktuation von Leistungsträgern bedeutet dies beispielsweise: Eine Zunahme der Arbeitsmenge steht in leichtem Zusammenhang ($r=0,216*$) zur Zunahme von freiwilliger Fluktuation und ist damit negativ zu bewerten.

D3.1   Einflußfaktoren auf Leistungsmotivation und Identifikation

Maßnahmen und Angebote, die dazu beitragen, die Leistungsmotivation sowie die Identifikation und Loyalität zu steigern (↑) bzw. die sich negativ auf diese beiden Merkmale auswirken (↓):

Maßnahme / Angebot	Leistungs-motivation (+)	Identifikation und Loyalität (+)
Personalabbau im engeren Sinn (Beschäftigungsverhältnisse und Arbeitszeit)		
Kündigung von Leih- oder Zeitarbeitsverträgen		↓ 0,196*
Sonstige Vorruhestandsregelungen		↓ 0,182*
Abschluß von Aufhebungsverträgen		↓ 0,175*
Unbezahlter Urlaub	↑ 0,185*	
Präventive Maßnahmen zur Vermeidung / Verminderung von Personalabbau		
Versetzung innerhalb des Betriebes		↓ 0,191*
Selbsterstellung vormals zugekaufter Leistungen	↑ 0,231**	
Flankierende Angebote für ausscheidende Arbeitnehmer		
Freiwillige Abfindungszahlung		↓ 0,208*
Weitergewährung freiwilliger Sozialleistungen		↓ 0,206*
Weiterbildungs- und Qualifizierungsmaßnahmen		↓ 0,286**
Outplacement-Beratung		↓ 0,209*
Kontaktbörsen / Interne Arbeitsmärkte		↓ 0,283**
Beschäftigungs- und Qualifizierungsgesellschaften		↓ 0,207*
Existenzgründungsunterstützung		↓ 0,177*
Gestaltung von Arbeitsinhalten und Arbeitsbedingungen		
Erweiterung des Handlungsspielraums (+)		↓ 0,185*
Erweiterung des Entscheidungs- und Kontrollspielraums (+)	↑ 0,247**	↑ 0,184*

- Ein statistisch signifikanter positiver Zusammenhang zur **Leistungsmotivation** kann lediglich hinsichtlich der – allerdings sehr selten ergriffenen – Maßnahmen *Gewährung von unbezahltem Urlaub* und *Selbsterstellung vormals zugekaufter Leistungen* beobachtet werden. Der größte Einfluß auf die Leistungsmotivation geht von einer *Erweiterung des Entscheidungs- und Kontrollspielraums* aus (r=+0,247**).

- Bezüglich der **Identifikation und Loyalität**, die sich kurzfristig besonders in größeren Unternehmen stark verschlechterte, konnten vor allem negative Einflußfaktoren beobachtet werden, wobei Zusammenhänge sowohl mit Maßnahmen des Personalabbaus im engeren Sinn, wie z.B. die *Kündigung von Leih- und Zeitarbeitsverträgen*, mit Maßnahmen zur Prävention von Personalabbau, z.B. *Versetzungen innerhalb des Betriebes,* als auch mit den flankierenden Angeboten für ausscheidende Arbeitnehmer beobachtbar sind. Das sich daraus ergebende Bild – auch Solidarmaßnahmen gegenüber ausscheidenden Arbeitnehmern tragen nicht dazu bei, die Identifikation und Loyalität der gesamten Belegschaft zu verbessern – kann möglicherweise dadurch erklärt werden, daß es speziell bei größeren Unternehmen, die eine besonders starke Verschlechterung der Identifikation und Loyalität in Kauf nehmen müssen, nicht gelingt, die Kriterien des Personalabbaus, wie z.B. Auswahl der Betroffen, angemessene Entschädigung etc., deutlich genug darzulegen, so daß es zu sog. 'Survivor Envy' der Verbleibenden gegenüber den ausscheidenden Arbeitnehmern kommt, die für den Verlust des Arbeitsplatzes großzügig entschädigt werden. Ein positiver Einfluß auf die Identifikation und Loyalität geht von der *Erweiterung des Entscheidungs- und Kontrollspielraums* aus; der Anstieg der *Anzahl unterschiedlicher Tätigkeiten* übt dagegen negativen Einfluß aus.

- Bezüglich der Merkmale **Absentismus** und **freiwillige Fluktuation von Leistungsträgern** können nur wenige statistisch signifikante Zusammenhänge mit einzelnen Maßnahmen und Angeboten des Personalabbaus festgestellt werden: Ein positiver Zusammenhang zur Senkung des Absentismus besteht zur Maßnahme *Altersteilzeit* (r=+0,206*). Während die *Kündigung von Leih- oder Zeitarbeitsverträgen* (r=-0,233**) sowie die *Förderung der natürlichen Fluktuation* (r=-0,177*) auch die ungewollte Fluktuation von Leistungsträgern begünstigen, haben *betriebsbedingte Kündigungen* einen gegenläufigen Effekt (r=+0,311**).

D3.2 Einflußfaktoren auf Absentismus und (ungewollte) Fluktuation

Maßnahmen und Angebote, die dazu beitragen, Absentismus sowie die freiwillige (ungewollte) Fluktuation von Leistungsträgern zu senken (↑) bzw. zu verstärken (↓):

Maßnahme / Angebot	Absentismus (-)	Fluktuation (-)
Personalabbau im engeren Sinn (Beschäftigungsverhältnisse und Arbeitszeit)		
Natürliche Fluktuation		↓ 0,177*
Kündigung von Leih- oder Zeitarbeitsverträgen		↓ 0,233**
Altersteilzeit	↑ 0,206*	
Betriebsbedingte Kündigung		↑ 0,311**
Gestaltung von Arbeitsinhalten und Arbeitsbedingungen		
Zunahme der Arbeitsmenge (-)		↓ 0,216*

D3.3 Einflußfaktoren auf das gegenseitige Vertrauen

Maßnahmen und Angebote, die dazu beitragen, das *gegenseitige Vertrauen* zu fördern (↑) bzw. die sich negativ auf das Vertrauen auswirken (↓):

Maßnahme / Angebot	gegenseitiges Vertrauen (+)
Personalabbau im engeren Sinn (Beschäftigungsverhältnisse und Arbeitszeit)	
Abschluß von Aufhebungsverträgen	↓ 0,198*
Präventive Maßnahmen (Vermeidung / Verminderung von Personalabbau)	
Versetzung innerhalb des Betriebes	↓ 0,194*
Betriebsübergreifende Versetzungen	↓ 0,231**
Flankierende Angebote für ausscheidende Arbeitnehmer	
Weitere Zuschußzahlungen	↓ 0,184*
Weiterbildungs- und Qualifizierungsmaßnahmen	↓ 0,191*
Outplacement-Beratung	↓ 0,232**
Kontaktbörsen / Interne Arbeitsmärkte	↓ 0,204*
Trennungsgespräche	↓ 0,184*

- Statistisch signifikante Zusammenhänge mit der beobachteten (kurzfristigen) Verschlechterung der gegenseitigen Vertrauensbeziehungen ergeben sich bezüglich des *Abschlusses von Aufhebungsverträgen, innerbetrieblicher und betriebsübergreifender Versetzungen* sowie durch verschiedene *flankierende Angebote für ausscheidenden Arbeitnehmer*.
- Bezüglich der eingesetzten Maßnahmen für verbleibende Arbeitnehmer können keine signifikanten Zusammenhänge identifiziert werden.

D3.4 Einflußfaktoren auf die Qualität und Effizienz der Führung

Maßnahmen und Angebote, die dazu beitragen, die *Qualität und Effizienz der Führung* zu steigern oder eine *Zunahme der Zentralisierung, wichtiger Entscheidungen* zu verringern (↑) bzw. die sich negativ auf diese Merkmale auswirken (↓):

Maßnahme / Angebot	Qualität und Effizienz der Führung (+)	Zentralisierung von Entscheidungen (-)
Personalabbau im engeren Sinn (Beschäftigungsverhältnisse und Arbeitszeit)		
Natürliche Fluktuation	↓ 0,195*	
Kurzarbeit		↑ 0,174*
Verkürzung der Betriebszeit	↑ 0,191*	
Flankierende Angebote für ausscheidende Arbeitnehmer		
Weitere Zuschußzahlungen	↓ 0,207*	
Gestaltung von Arbeitsinhalten und Arbeitsbedingungen		
Erweiterung des Entscheidungs- und Kontrollspielraums (+)	↑ 0,307**	

- Ein negativer Einfluß auf die Qualität der Führung geht von der Personalabbaumaßnahme *Nutzung der natürlichen Fluktuation* aus. Dies kann als eindeutiges Zeichen dafür gewertet werden, daß gerade höher qualifizierte Führungskräfte verstärkt das Unternehmen verlassen. Positiven Einfluß auf die Führungsqualität haben vor allem die *Erweiterung des Entscheidungs- und Kontrollspielraums* (r=+0,307**) sowie eine *Verkürzung der Betriebszeit*.
- Ein statistisch signifikanter Zusammenhang zur kurzfristigen Zunahme der Zentralisierung von Entscheidungen kann lediglich bezüglich der Einführung von *Kurzarbeit* beobachtet werden.

D3.5 Einflußfaktoren auf die Veränderung der Zusammenarbeit

Maßnahmen und Angebote, die dazu beitragen, das *Teamwork* und den *Informationsfluß* zu verbessern und eine *Zunahme an Konflikten* zu verhindern (↑) bzw. die sich negativ auf diese Merkmale auswirken (↓):

Maßnahme / Angebot	Teamwork (+)	Konflikte (-)	Informationsfluß (+)
Personalabbau im engeren Sinn (Beschäftigungsverhältnisse und Arbeitszeit)			
Einstellungssperre		↓ 0,189*	
Natürliche Fluktuation		↓ 0,261*	
Kündigung von Leih- oder Zeitarbeitsverträgen		↓ 0,186*	
Änderungskündigungen		↓ 0,173*	
Sonstige Vorruhestandsregelungen		↓ 0,250**	
Abschluß von Aufhebungsverträgen		↓ 0,283**	
Unbezahlter Urlaub	↓ 0,187*		
Arbeitszeitkonten	↑ 0,177*		
Präventive Maßnahmen zur Vermeidung / Verminderung von Personalabbau			
Versetzung innerhalb des Betriebes	↓ 0,180*		
Flankierende Angebote für ausscheidende Arbeitnehmer			
Freiwillige Abfindungszahlung	↓ 0,171*	↓ 0,250**	
Kontaktbörsen / Interne Arbeitsmärkte		↓ 0,199*	
Flankierende Angebote für verbleibende Arbeitnehmer			
Beschäftigungsgarantien	↑ 0,217*		
Weiterbildungs- und Qualifizierungsmaßnahmen		↓ 0,182*	
Maßnahmen zur Teamentwicklung	↑ 0,168*		
Einführung von Zielvereinbarungen		↓ 0,184*	
Freiwillige Sozialleistungen / Betriebl. Vergünstigungen			↑ 0,182*
Gestaltung von Arbeitsinhalten und Arbeitsbedingungen			
Zunahme der Arbeitsmenge (-)		↓ 0,185*	↓ 0,226*
Erweiterung des Entscheidungs- und Kontrollspielraums (+)	↑ 0,290**		
Mehr Einbeziehung in Verbesserungsprozesse (+)	↑ 0,341**		

- Maßnahmen und Angebote, die dazu beitragen, das **Teamwork** zu verbessern, sind die *Einführung von Arbeitszeitkonten, Beschäftigungsgarantien* sowie Maßnahmen zur *Teamentwicklung bei den verbleibenden Arbeitnehmern.* Ein positiver Zusammenhang besteht ebenfalls bezüglich der *Erweiterung des Entscheidungs- und Kontrollspielraums* und der stärkeren *Einbeziehung in Verbesserungsprozesse.* Eine negative Wirkung auf das Teamwork muß bei *Versetzungen innerhalb des Betriebes* sowie bei den Angeboten *unbezahlter Urlaub* sowie *freiwillige Abfindungszahlung für ausscheidende Arbeitnehmer* berücksichtigt werden.
- Die kurzfristige Verschlechterung des **Konfliktverhaltens** im Unternehmen kann u.a. auf *Maßnahmen des Personalabbaus im engeren Sinn* (Beendigung von Beschäftigungsverhältnissen und Änderungen der Arbeitszeit) zurückgeführt werden. Weitere negative Einflußfaktoren sind *freiwillige Abfindungszahlungen für ausscheidende Arbeitnehmer* und das Angebot von *Weiterbildungs- und Qualifizierungsmaßnahmen für verbleibende Arbeitnehmer* – beide können wohl durch einen gewissen 'Neidfaktor' erklärt werden. Der negative Einfluß der *Zunahme der Arbeitsmenge* sowie der *Einführung von Zielvereinbarungen* belegt dagegen einen Zusammenhang von Überlastung bzw. gestiegenen Anforderungen und der Zunahme von innerbetrieblichen Konflikten.

- Als statistisch nachweisbarer Einflußfaktor auf eine Veränderung des **Informationsflusses** fällt besonders das Merkmal *Zunahme der Arbeitsmenge* in Gewicht, wobei diesbezüglich ein gegenläufiger Zusammenhang zu beobachten ist (der Informationsfluß verschlechtert sich bei zunehmender Arbeitsbelastung).

D3.6   Einflußfaktoren auf die Veränderung des Betriebsklimas

Maßnahmen und Angebote, die dazu beitragen, das *Betriebsklima und Arbeitsmoral* zu verbessern und eine Zunahme des *Drucks durch spezielle Interessengruppen* zu verhindern (↑) bzw. die sich negativ auf diese Merkmale auswirken (↓):

Maßnahme / Angebot	Betriebsklima u. Arbeitsmoral (+)	Druck durch Interessengruppen (-)
Personalabbau im engeren Sinn (Beschäftigungsverhältnisse und Arbeitszeit)		
Natürliche Fluktuation	↓ 0,247**	↓ 0,263**
Altersteilzeit		↓ 0,223*
Sonstige Vorruhestandsregelungen	↓ 0,178*	↓ 0,309**
Abschluß von Aufhebungsverträgen	↓ 0,268**	
Einführung von Teilzeit		↓ 0,287**
Dauerhafte Kürzung der Regelarbeitszeit		↓ 0,196*
Präventive Maßnahmen zur Vermeidung / Verminderung von Personalabbau		
Versetzung innerhalb des Betriebes	↓ 0,266**	
Betriebsübergreifende Versetzungen		↓ 0,195*
Management- oder Mitarbeiter-Buy_Out	↓ 0,173*	
Flankierende Angebote für ausscheidende Arbeitnehmer		
Freiwillige Abfindungszahlung	↓ 0,256**	↓ 0,189*
Weitergewährung freiwilliger Sozialleistungen		↓ 0,303**
Weitere Zuschußzahlungen		↓ 0,222*
Weiterbildungs- und Qualifizierungsmaßnahmen	↓ 0,280**	↓ 0,238*
Outplacement-Beratung		↓ 0,205*
Kontaktbörsen / Interne Arbeitsmärkte	↓ 0,288**	↓ 0,281**
Beschäftigungs- und Qualifizierungsgesellschaften		↓ 0,191*
Existenzgründungsunterstützung	↓ 0,180*	
Flankierende Angebote für verbleibende Arbeitnehmer		
Beschäftigungsgarantien		↓ 0,259**
Maßnahmen zur Teamentwicklung	↓ 0,180*	↓ 0,204*
Gestaltung von Arbeitsinhalten und Arbeitsbedingungen		
Zunahme der Arbeitsmenge (-)		↓ 0,266*

- Die kurzfristige starke Verschlechterung von **Betriebsklima und Arbeitsmoral** kann u.a. auf *Maßnahmen des Personalabbaus im engeren Sinn* (Beendigung von Beschäftigungsverhältnissen und Änderungen der Arbeitszeit) zurückgeführt werden Ein besonders starker Zusammenhang ergibt sich hier bezüglich des Abschlusses von *Aufhebungsverträgen* (r=-0,268**) und der Nutzung der *natürlichen Fluktuation* (r=-0,247**). Auch *präventive Maßnahmen,* wie vor allem *innerbetriebliche*

Versetzungen, sowie Maßnahmen zur *Unterstützung ausscheidender Arbeitnehmer* stehen zum Teil in negativem Zusammenhang zum Betriebsklima.

- Ein ähnliches Bild ergibt sich bei der Analyse der Zusammenhänge zur Zunahme des **Drucks durch politische Interessengruppen,** der allerdings fast ausschließlich in größeren Unternehmen beobachtet werden kann. Markante negative Einflußfaktoren für eine Zunahmen des Drucks sind: *Vorruhestandsregelungen,* Einführung von *Teil-* oder *Altersteilzeit, natürliche Fluktuation, dauerhafte Kürzung der Regelarbeitszeit, betriebsübergreifende Versetzungen.* Auch das Spektrum der *flankierenden Angebote für ausscheidende Arbeitnehmer* steht weitgehend in negativem Zusammenhang zur Veränderung des Merkmals Druck, ebenso wie die *Zunahme der Arbeitsmenge.*

D3.7   Einflußfaktoren auf die Innovations- und Veränderungsbereitschaft

Maßnahmen und Angebote, die dazu beitragen, die Innovations- und Veränderungsbereitschaft sowie die Intensität und Anbindung der strategischen Planung und Kontrolle zu fördern und kurzfristiges, krisenorientiertes Denken zu unterbinden (⬆) bzw. die sich negativ auf diese Merkmale auswirken (⬇):

Maßnahme / Angebot	Innovations- u. Veränderungsbereitschaft (+)	Strategische Planung und Kontrolle (+)	kurzfristiges, krisenorientiertes Denken (-)
Personalabbau im engeren Sinn (Beschäftigungsverhältnisse und Arbeitszeit)			
Änderungskündigungen			⬇ 0,266**
Entlassung auf Zeit		⬆ 0,170*	
Sonstige Vorruhestandsregelungen	⬆ 0,208*		
Einführung von Teilzeit	⬆ 0,278**		
Betriebsbedingte Kündigung			⬇ 0,236**
Verkürzung der Betriebszeit		⬆ 0,183*	
Unbezahlter Urlaub	⬆ 0,188*		
Sonstige Flexibilisierung der Arbeitszeit	⬆ 0,199*	⬆ 0,191*	
Präventive Maßnahmen zur Vermeidung / Verminderung von Personalabbau			
Kürzung von freiwilligen Sozialleistungen / Vergünstigungen			⬇ 0,248**
Betriebsübergreifende Versetzungen	⬆ 0,198*	⬆ 0,175*	
Management- oder Mitarbeiter-Buy_Out	⬆ 0,230**		
Sonstiger Verkauf von Unternehmensteilen			⬇ 0,180*
Flankierende Angebote für ausscheidende Arbeitnehmer			
Weitergewährung freiwilliger Sozialleistungen	⬆ 0,321**		
Weitere Zuschußzahlungen	⬆ 0,203*		
Kontaktbörsen / Interne Arbeitsmärkte	⬆ 0,182*		
Flankierende Angebote für verbleibende Arbeitnehmer			
Beschäftigungsgarantien	⬆0,274**		
Einführung von Zielvereinbarungen	⬆ 0,204*	⬆ 0,180*	
Erhöhung der leistungsbezogenen / variablen Vergütung	⬆ 0,213*		⬇ 0,185*
Erfolgsbeteiligung / Kapitalbeteiligung	⬆ 0,179*		

Maßnahme / Angebot	Innovations- u. Verände- rungsbereit- schaft (+)	Strategische Planung und Kontrolle (+)	kurzfristiges, krisenorien- tiertes Den- ken (-)
Gestaltung von Arbeitsinhalten und Arbeitsbedingungen			
Zunahme der Arbeitsmenge (-)	↓ 0,189*		
Erweiterung des Entscheidungs- und Kontrollspiel- raums (+)		↑ 0,260**	
Mehr Einbeziehung in Verbesserungsprozesse (+)	↑ 0,291**	↑ 0,245**	

- Die Analyse der Korrelationen zwischen der bereits kurzfristig erheblichen Verbesserung der **Innovations- und Veränderungsbereitschaft** und den Maßnahmen und Angeboten des Personalabbaus ergab als interessante Einflußfaktoren unter anderem *Beschäftigungsgarantien*, Einführung von *Zielvereinbarungen, Erhöhung der leistungsbezogenen, variablen Vergütung, Erfolgs- und Kapitalbeteiligungen*. Bedeutsam ist auch der Einfluß einer verstärkten *Einbeziehung in Verbesserungsprozesse* (r=+0,291**). Maßnahmen des Personalabbaus, bei denen ein positiver Zusammenhang mit der Innovations- und Veränderungsbereitschaft zu verzeichnen ist, sind die *betriebsübergreifenden Versetzungen, Management- oder Mitarbeiter-Buyouts*, die Einführung von *Teilzeit, Flexibilisierungen der Arbeitszeit, sonstige Vorruhestandsregelungen* sowie die *Gewährung von unbezahltem Urlaub*.

- Positive Einflußfaktoren auf die **Verbesserung der strategischen Planung und Kontrolle** sind Verkürzungen der *Betriebszeit, Flexibilisierung der Arbeitszeit, betriebsübergreifende Versetzungen, die Einführung von Zielvereinbarungen und die Einbeziehung in Verbesserungsprozesse* sowie die *Erweiterung des Entscheidungs- und Kontrollspielraums*.

- Die **Zunahme von kurzfristigem, krisenorientiertem Denken** wird begünstigt durch den Einsatz von *betriebsbedingten Kündigungen* (r=-03-236**) und *Änderungskündigungen*. Auch der *Verkauf von Unternehmensteilen* oder die *Erhöhung der leistungsbezogenen, variablen Vergütung* zählen zu den verstärkenden Einflußfaktoren.

D3.8 Einflußfaktoren auf die Arbeitszufriedenheit

Maßnahmen und Angebote, die dazu beitragen, die Arbeitszufriedenheit zu verbessern und das Auftreten von Arbeitsunfällen und Berufskrankheiten oder Familienkrisen zu vermeiden (↑), bzw. die sich negativ auf diese Merkmale auswirken (↓).

Maßnahme / Angebot	Arbeitszufrie- denheit (+)	Arbeitsunfälle + Erkrankun- gen (-)	Auftreten v. Familien- krisen (-)
Personalabbau im engeren Sinn (Beschäftigungsverhältnisse und Arbeitszeit)			
Natürliche Fluktuation			↓ 0,205*
Abschluß von Aufhebungsverträgen	↓ 0,174*		↓ 0,256**
Dauerhafte Kürzung der Regelarbeitszeit		↓ 0,200*	
Präventive Maßnahmen zur Vermeidung / Verminderung von Personalabbau			
Betriebsübergreifende Versetzungen	↓ 0,264**		

Maßnahme / Angebot	Arbeitszufrie-denheit (+)	Arbeitsunfälle + Erkrankun-gen (-)	Auftreten v. Familien-krisen (-)
Interne oder externe Arbeitnehmerüberlassung			↓ 0,263**
Management- oder Mitarbeiter-Buy_Out			↓ 0,225*
Flankierende Angebote für ausscheidende Arbeitnehmer			
Freiwillige Abfindungszahlung		↓ 0,320**	↓ 0,341**
Weitergewährung freiwilliger Sozialleistungen		↓ 0,206*	
Weiterbildungs- und Qualifizierungsmaßnahmen	↓ 0,189*		↓ 0,264**
Outplacement-Beratung	↓ 0,206*		
Kontaktbörsen / Interne Arbeitsmärkte			↓ 0,196*
Trennungsgespräche			↓ 0,261**
Flankierende Angebote für verbleibende Arbeitnehmer			
Maßnahmen zur Teamentwicklung	↓ 0,287**		↓ 0,281**
Karriereberatung			↓ 0,311**
Personal- und Mitarbeitergespräche			↓ 0,243*
Einführung von Zielvereinbarungen			↓ 0,284**
Gestaltung von Arbeitsinhalten und Arbeitsbedingungen			
Zunahme der Arbeitsmenge (-)	↓ 0,234*		
Erweiterung des Handlungsspielraums			↓ 0,240*

- Als negative Einflußfaktoren auf die (kurzfristige) **Verschlechterung der Arbeitszufriedenheit** konnten in der Zusammenhangsanalyse folgende Maßnahmen identifiziert werden: *Abschluß von Aufhebungsverträgen, betriebsübergreifende Versetzungen* und *Zunahme der Arbeitsmenge*. Überraschenderweise steht auch der Einsatz von *Maßnahmen zur* Teamentwicklung bei den verbleibenden Arbeitnehmern bzw. *Weiterbildungs- und Qualifizierungsmaßnahmen* sowie *Outplacement-Beratung* bei den ausscheidenden Arbeitnehmern in negativem Zusammenhang zur Entwicklung der Arbeitszufriedenheit. Dies kann möglicherweise auf Verteilungskämpfe um als attraktiv empfundene Angebote oder auf eventuelle Neidgefühle der verbleibenden Arbeitnehmer hindeuten. Denkbar ist auch, daß die Maßnahmen zur Teamentwicklung falsch konzipiert oder zum falschen Zeitpunkt angeboten wurden, dahingehend, daß die verbleibenden Arbeitnehmer zuerst eine Stabilisierung der Situation bzw. ein eindeutiges Ende der mit Personalabbau verbundenen Unsicherheit benötigen.
- Bezüglich einer (kurzfristigen) Veränderung des Merkmals **gesundheitlichen Beeinträchtigungen**, wie Arbeitsunfälle, Berufserkrankungen und Herzinfarkte, konnten keine sinnvoll erklärbaren Zusammenhänge mit den gebräuchlichen Maßnahmen und Angeboten des Personalabbaus identifiziert werden. Interessant ist dabei z.B. auch, daß ein (statistisch signifikanter) Zusammenhang zur Gestaltung von Arbeitsinhalten und Arbeitsbedingungen nicht nachgewiesen werden kann.
- Negative Einflußfaktoren auf das (kurzfristig) leicht verstärkte **Auftreten von Familienkrisen** sind u.a. der *Abschluß von Aufhebungsverträgen* und die *Gewährung von freiwilligen Abfindungszahlungen, interne und externe Arbeitnehmerüberlassung* sowie das *Ausnutzen der natürlichen Fluktuation*. Während die befragten Personalverantwortlichen zwar eine *Erweiterung des Handlungsspielraums* als Einfluß-

faktor auf das Auftreten von Familienkrisen sehen, kann zwischen den übrigen Faktoren der Gestaltung der Arbeit und insbesondere zur *Zunahme der Arbeitsmenge* kein Zusammenhang beobachtet werden.

D3.9   Einflußfaktoren auf Arbeitsproduktivität und Kostenbewußtsein

Maßnahmen und Angebote, die dazu beitragen, die Arbeitsproduktivität und das Kostenbewußtsein zu verbessern (↑) bzw. die sich negativ auf diese Merkmale auswirken (↓).

Maßnahme / Angebot	Arbeits-produktivität (+)	Kosten-bewußtsein (+)
Personalabbau im engeren Sinn (Beschäftigungsverhältnisse und Arbeitszeit)		
Abschluß von Aufhebungsverträgen		↑ 0,184*
Einführung von Teilzeit		↑ 0,191*
Sonstige Flexibilisierung der Arbeitszeit	↑ 0,181*	↑ 0,224**
Präventive Maßnahmen zur Vermeidung / Verminderung von Personalabbau		
Betriebsübergreifende Versetzungen		↑ 0,235**
Interne oder externe Arbeitnehmerüberlassung		↑ 0,186*
Sonstiger Verkauf von Unternehmensteilen		↑ 0,206*
Flankierende Angebote für ausscheidende Arbeitnehmer		
Weitergewährung freiwilliger Sozialleistungen		↑ 0,180*
Beschäftigungs- und Qualifizierungsgesellschaften	↓ 0,181*	
Flankierende Angebote für verbleibende Arbeitnehmer		
Personal- und Mitarbeitergespräche		↑ 0,167*
Einführung von Zielvereinbarungen		↑ 0,292**
Freiwillige Sozialleistungen / Betriebl. Vergünstigungen		↑ 0,177*
Gestaltung von Arbeitsinhalten und Arbeitsbedingungen		
Zunahme der Arbeitsmenge (-)		↓ 0,177*
Erweiterung des Entscheidungs- und Kontrollspielraums	↑ 0,278**	↑ 0,245**
Mehr Einbeziehung in Verbesserungsprozesse		↑ 0,255*

■ Die Analyse der Korrelationen zwischen der bereits kurzfristig erheblichen Verbesserung der **Arbeitsproduktivität** und den Maßnahmen und Angeboten des Personalabbaus ergab als positive Einflußfaktoren *sonstige Flexibilisierung der Arbeitszeit* sowie eine *Erweiterung des Entscheidungs- und Kontrollspielraums*. Ein gegenläufiger Einfluß geht dagegen vom Einsatz von *Beschäftigungs- oder Qualifizierungsgesellschaften* aus, wobei zu berücksichtigen ist, daß dieser Maßnahme bisher äußerst geringe Bedeutung zukommt und sie nahezu ausschließlich von größeren Unternehmen eingesetzt wird.

■ Für die kurzfristige Verstärkung des **Kostenbewußtseins** kann in der Zusammenhangsanalyse eine ganze Reihe positiver Einflußfaktoren identifiziert werden. Darunter zählen u.a. die Einführung von Teilzeit und sonstige *Flexibilisierungen der Arbeitszeit, betriebsübergreifende Versetzungen* sowie *interne und externe Arbeitnehmerüberlassung*. Wichtige Maßnahmen aus dem Spektrum der flankierenden Angebote für verbleibende Arbeitnehmer sind die *Einführung von Zielvereinbarun-*

gen (r=+0,292**) sowie *Personal- und Mitarbeitergespräche*. Positiv wirken sich weiterhin die *Erweiterung der Entscheidungs- und Kontrollspielraums* sowie eine stärkere *Einbeziehung in Verbesserungsprozesse* aus; ein negativer Zusammenhang bestätigt sich dagegen bezüglich der *Zunahme der Arbeitsmenge*.

D3.10 Einflußfaktoren auf den Gesamterfolg des Unternehmens

Maßnahmen und Angebote, die dazu beitragen, operative Erfolgsgrößen, wie Gewinn, Betriebsergebnis etc., den Umsatz bzw. Markanteil oder den Unternehmenswert (Shareholder Value, Börsenkurs etc.) zu verbessern (↑) bzw. die sich negativ auf diese Merkmale auswirken (↓). Aufgrund des geringen Anteils an Unternehmen, die eine ausgewiesene Verschlechterung der erhobenen Erfolgsgrößen zu verzeichnen hatten, werden diese für die folgende Betrachtung ausgeblendet.[20]

Maßnahme / Angebot	operativer Erfolg	Umsatz / Markt- anteil	Unter- nehmens- wert
Personalabbau im engeren Sinn (Beschäftigungsverhältnisse und Arbeitszeit)			
Kündigung von Leih- oder Zeitarbeitsverträgen			↑ 0,238*
Änderungskündigungen			↑ 0,189*
Altersteilzeit			↑ 0,186*
Sonstige Vorruhestandsregelungen			↑ 0,422***
Abschluß von Aufhebungsverträgen			↑ 0,267**
Einführung von Teilzeit			↑ 0,285**
Abbau von Mehrarbeit			↑ 0,198*
Präventive Maßnahmen zur Vermeidung / Verminderung von Personalabbau			
Betriebsübergreifende Versetzungen	↑ 0,192*		
Aufgabenumverteilung aus anderen Unternehmens- bereichen		↑ 0,182*	
Management- oder Mitarbeiter-Buy_Out			↑ 0,188*
Sonstiger Verkauf von Unternehmensteilen		↑ 0,219*	↑ 0,263**
Flankierende Angebote für ausscheidende Arbeitnehmer			
Freiwillige Abfindungszahlung			↑ 0,249**
Weitergewährung freiwilliger Sozialleistungen			↑ 0,236*
Weiterbildungs- und Qualifizierungsmaßnahmen	↑ 0,199*		
Kontaktbörsen / Interne Arbeitsmärkte			↑ 0,285**
Flankierende Angebote für verbleibende Arbeitnehmer			
Beschäftigungsgarantien			↑ 0,195*
Weiterbildungs- und Qualifizierungsmaßnahmen			↑ 0,280**
Maßnahmen zur Teamentwicklung		↑ 0,235*	↑ 0,270**
Karriereberatung			↑ 0,189*
Personal- und Mitarbeitergespräche		↑ 0,218*	↑ 0,213*

---

[20]   D.h. in die Auswertung kommen nur Unternehmen, bei denen sich die Erfolgsgrößen verbessert haben bzw. unverändert geblieben sind.

Maßnahme / Angebot	operativer Erfolg	Umsatz / Marktanteil	Unternehmenswert
Einführung von Zielvereinbarungen			↑ 0,237*
Erfolgsbeteiligung / Kapitalbeteiligung		↑ 0,237**	
Gestaltung von Arbeitsinhalten und Arbeitsbedingungen			
Zunahme der Arbeitsmenge (-)	↑ 0,194*	↑ 0,185*	↑ 0,299**
Erweiterung des Handlungsspielraums			↑ 0,196*

- Bezüglich eines Zusammenhangs zwischen der Verbesserung des **operativen Erfolgs** und dem Einsatz von Maßnahmen des Personalabbaus können keine statistisch signifikanten Aussagen gemacht werden – mit Ausnahme der Maßnahme *betriebsübergreifende Versetzungen*, bei der eine leichte positive Korrelation zu beobachten ist. Ein geringe Korrelation kann auch mit der *Zunahme der Arbeitsmenge* verzeichnet werden (r=+0,194*).

- Ähnlich präsentiert sich das Bild der signifikanten Einflußfaktoren auf die **Entwicklung von Umsatz und Marktanteil**: Interessant ist hier vor allem der sehr signifikante Zusammenhang zu verschiedenen flankierenden Angeboten für verbleibende Arbeitnehmer, wie z.B. die *Einführung von Erfolgs- oder Kapitalbeteiligungen* (r=+0,237**), *Maßnahmen zur Teamentwicklung* sowie *Personal- und Mitarbeitergespräche*. Präventive Maßnahmen des Personalabbaus, die positiven Einfluß auf die Umsatzentwicklung ausüben, sind der *Verkauf von Unternehmensteilen* bzw. die *Aufgabenumverteilung aus anderen Unternehmensteilen*. Auch bezüglich einer *Zunahme der Arbeitsmenge* ist ein positiver Zusammenhang zu verzeichnen.

- Auch bezüglich der **Steigerung des Unternehmenswertes** ergeben sich einige interessante Zusammenhänge: Auffällig ist vor allem der zum Teil höchst signifikante Zusammenhang zu Maßnahmen des Personalabbaus i.e.S. (Beendigung von Beschäftigungsverhältnissen und Änderungen der Arbeitszeit), wie z.B. *sonstige Vorruhestandsregelungen* (r=+0,422***), *Einführung von Teilzeit* (r=0,285**), *Abschluß von Aufhebungsverträgen* oder *Kündigung von Leih- oder Zeitarbeitsverträgen*, sowie zu verschiedenen präventiven Maßnahmen zur Vermeidung bzw. Verminderung von Personalabbau, wie z.B. *Management- oder Mitarbeiter-Buyouts* oder ein *sonstiger Verkauf von Unternehmensteilen*. Ein positiver Einfluß geht auch von einer Reihe von flankierenden Angeboten für ausscheidende Arbeitnehmer, z.B. *freiwillige Abfindungszahlungen* oder *interne Arbeitsmärkte*, sowie für verbleibende Arbeitnehmer aus, wie z.B. *Maßnahmen zur Teamentwicklung* bzw. *Weiterbildungs- und Qualifizierungsmaßnahmen, Einführung von Zielvereinbarungen, Personal- und Mitarbeitergespräche* oder *Karriereberatung*. Ein wichtiger Faktor ist auch hier die *Zunahme der Arbeitsmenge* (r=+0,299**) sowie die *Erweiterung des Handlungsspielraums*.

Anhang D4   Angaben zu den offenen Fragen

Frage II.12: Sonstige Ursachen des Personalabbaus

- Kunden bekommen keine Finanzierungen
- Stillegung einer Fertigung durch Konzernentscheidung
- Überkapazität
- Shareholder Value
- Lohnnebenkosten
- Neubau, Rationalisierung
- Unwilligkeit d. AN zur selbständigen Weiterbildung
- Leistungsdefizit, abgelaufen A-Vertrag
- Fachliche Inkompetenz durch gestiegene Ausscheidung. Mangelnder Fortbildungs- wille
- Liberalisierung im Energiemarkt
- Leistungswechsel
- Kostendruck durch ausländische Arbeitnehmer
- Gesetzliche Maßnahmen (Gesundheitsreform)
- Restrukturierung / Synergien nutzen => mehr Produktivität
- Lohnkosten
- Business Reengineering
- Stillegung von Teilbereichen
- Weltweite Überkapazität
- Neue Holdingsstruktur
- Ausgliederungen
- Preisverfall
- Dollarkurs

Frage V.35: Änderungsbedarf beim Personalabbau (Abschlußfrage)

Offene Antworten auf die Frage **"Was hätte Ihr Unternehmen beim Personalabbau anders machen sollen?"** (Basis der Auswertung: 57 offene Angaben, die restlichen Befragten haben zu diesem Punkt keine Angaben gemacht.)

Kein Änderungsbedarf

Keine Änderungsbedarf beim Vorgehen wurde insgesamt 21 mal ausdrücklich betont ("Nichts", "Alles o.K.", "Wir waren erfolgreich" etc.). Interessante Statements (Wörtli- che Wiedergabe):

- Die Restrukturierung war ein voller Erfolg, der Geschäftsbereich ist wieder konkur- renzfähig. Im Wiederholungsfall keine grundlegenden Änderungen.
- Maßnahmen wurde sowohl vom Ablauf wie von der Kommunikation perfekt durch- geführt.
- Nichts - oder nur Kleinigkeiten wie andere Bezeichnung für den Abbauprozeß

Konkrete Änderungsvorschläge bezüglich der Maßnahmen des Personalabbaus:

- Arbeitszeitflexibilisierung besser nutzen
- Bei arbeitsrechtlicher Möglichkeit: Kündigung älterer, aber langgedienter Kräfte und Einstellung jüngerer, motivierter Kräfte
- Fluktuation noch stärker nutzen
- Teilzeitmodelle besser nutzen
- Die Übernahme aller in Probezeit befindlichen Neueinstellungen fortsetzen und nicht stoppen; dies hat einen erheblichen Vertrauensverlust nach innen und außen bewirkt.

Konkrete Änderungsvorschläge bezüglich des Personalabbauprozesses:

Auswahl der abzubauenden Mitarbeiter

- bessere Auswahl der abzubauenden Mitarbeiter
- Folgende Ist-Situation ist entstanden: Die Abteilung mit "schwachen" Vorgesetzten baut ab.
- Mehr Austrittsfälle im Bereich "Leistungsschwache Mitarbeiter"
- Mehr Personalabbau
- Viel mehr ungeeignete Arbeitnehmer in den Kreis des Personalabbaus einbeziehen.
- Weniger Wert auf Sozialauswahl legen.
- Wir hätten noch Gezielteres in Bezug auf leistungsunwillige oder -schwache Mitarbeiter formulieren sollen.

Planung und Durchführung des Personalabbauprozesses

- Analyse des wirklichen Personalbedarfs hätte erfolgen müssen.
- Bessere Koordination der Maßnahmen. Zügigerer Abschluß der Vorbereitung und zügigere Umsetzung.
- Die Konzernentscheidung zur Schließung aller Produktionsstätten des Unternehmens wurden in mehreren Teilschritten gefaßt und eine steigende Vertrauenskrise der Arbeitnehmer geschaffen.
- Früher beginnen.
- In verschiedenen Bereichen hätte der Personalabbau in 1-2 Schritten erfolgen sollen.
- Konsequent auf einmal erforderliche Personalabbaumaßnahmen umsetzen, statt in mehreren Schritten nach Bereichen => Es wären früher wieder "Ruhe" eingekehrt und Ängste verschwunden.
- Planung des Prozesses im Detail stark verbesserungswürdig
- Schneller durchziehen.
- Längerfristigere Planung
- Mehr "antizyklisches" Verhalten (z.B. Stärkung von F&E, Planungskapazität)
- Wir hätten früher und konsequenter damit beginnen sollen!
- Zeit lassen

Information und Kommunikation:

- Ausführlich Personalabbaumaßnahmen begründen und nachvollziehbar machen.
- Kommunikation der Ziele klarer, breiter gestreut
- Noch intensiver über Zielsetzungen und Anforderungen informieren.

- Offener kommunizieren
- Thema enttabuisieren
- Wir sind behutsam, aber mit Nachdruck und Konsequenz vorgegangen und waren immer offen gegenüber den angesprochenen Mitarbeitern; letzteres barg Gefahren, die man vielleicht hätte reduzieren können.

Mitwirkungsmöglichkeiten und Verhandlungen zwischen den Sozialpartnern:

- Die Arbeitnehmer sollten mehr in die Entscheidungsprozesse einbezogen werden.
- Die Arbeitnehmervertretung hätte rechtzeitiger in die Abbauplanung einbezogen werde können.
- Zukünftig werden wir verhindern, Transfersozialpläne zu entwickeln.

Veränderungen im Unternehmen:

- Änderung in der Führungsspitze einschließlich Konzentration der Führungsspannen.
- Die Führungskräfte sollten die Folgen ihrer Fehlhandlungen spüren müssen.
- Es gab ein Führungsproblem. Die Geschäftsleitung hätte schon früher ausgewechselt werden müssen (ca. 4-5 Jahre früher).
- Intensivere Begleitung durch Organisationsentwicklungsmaßnahmen
- Jüngere Vorgesetzte auf die Situation besser vorbereiten.
- Mehr Aufwand für Organisationsentwicklung und Begleitung der Veränderungsprozesse
- Mehr strategische Orientierung suchen und auf strategische Ziele ausrichten. Teamarbeit stärker fördern.
- Noch mehr neue Leute einstellen, um mehr externes Wissen reinzubringen. Mehr Leute austauschen.

Weitere Anmerkungen (wörtliche Wiedergabe):

- Der Personalabbau wurde in einem Schritt durch ein Benchmarking mit einem Schwesterwerk des eigenen Konzerns und eigenem Geschäftsbereich eingeleitet.
- Es gab keine andere Möglichkeit bedingt durch einen Umsatzrückgang von bis 25%.
- Wir hatten keine andere Wahl.
- Ich führe ein Handwerksunternehmen mit 8 Arbeitnehmern, wovon 1 Arbeitnehmer in gegenseitigem Einvernehmen - von mir initiiert - in einen anderen Betrieb gewechselt ist, der Arbeitskräftebedarf hatte.
- In Einzelfällen hätte man auf neue Marktanforderungen / Produktnachfrage schneller und mutiger reagieren sollen.
- Ihr Fragebogen war "furchtbar" - viel zu klein gedruckt!
- Bei mehr als 20.000 "Abgängen" reicht der Platz nicht aus.

Anhang E   Details und Kennzahlen der Mitarbeiterbefragung

→ Signifikante Unterschiede in der Bewertung der Wirkungen des Personalabbaus durch verschiedene Arbeitnehmergruppen. Geprüft wurde die Unterschiedlichkeit verschiedener Teilstichproben (z.B. Führungskräfte im Vergleich zu Nicht-Führungskräften oder Vergleich der vier untersuchten Altersgruppen etc.) hinsichtlich der jeweiligen Merkmale.

→ Frage: Lassen sich auftretende Mittelwertunterschiede mit zufälligen Schwankungen erklären oder gibt es einen überzufälligen, signifikanten Unterschied?

→ Testverfahren: U-Test nach Mann-Whitney für 2 unabhängige Teilstichproben bzw. H-Test nach Kruskal-Wallis für mehr als zwei unabhängige Teilstichproben (Vgl. hierzu auch Anhang D).

Anhang E5   Vergleich Führungskräfte / Nicht-Führungskräfte

Ein Vergleich der soziodemographischen Merkmale der Führungskräfte mit Nicht-Führungskräften ergab folgende signifikante Unterschiede:
(Fragestellung: Unterscheidet sich die Gruppe der Führungskräfte (FK) hinsichtlich einzelner Persönlichkeitsmerkmale signifikant von der Gruppe der Nicht-Führungskräfte (NFK). Testverfahren: χ^2-Test für nominalskalierte Daten (vgl. Anhang D2)

- Der Anteil weiblicher Führungskräfte (2 %) ist signifikant (**) niedriger als der Frauenanteil bei den Nicht-Führungskräften (11%).
- Führungskräfte sind signifikant (*) jünger als Nicht-Führungskräfte.
- Die Führungskräfte haben signifikant (***) öfter (83 %) unterhaltspflichtige Familienangehörige als die Nicht-Führungskräfte (57 %).
- Der Anteil der Führungskräfte mit Hochschulstudium (89%) ist signifikant (***) größer als der Anteil der Nicht-Führungskräfte (64%).
- Führungskräfte haben signifikant (*) öfter den Arbeitsplatz gewechselt.
- Nicht-Führungskräfte haben signifikant (*) öfter (69 %) keine persönliche Vorerfahrung mit Personalabbau gegenüber Führungskräften (56 %).

Bei der Bewertung der Items in der Mitarbeiterbefragung ergaben sich folgende signifi-kanten Unterschiede zwischen Führungskräften (FK) und Nicht-Führungskräften (NFK):

Items (in Reihenfolge des Fragebogens) FK: Führungskräfte / NFK: Nicht-Führungskräfte	SN (a)	Vergleich Mittelwerte (b)	
		FK 30,3%	NFK 69,7%
"Zuständigkeiten und Verantwortungsbereiche sind in meiner Abteilung klar abgegrenzt."		2,31	2,43
"Ich kann meine Arbeit selbständig planen und einteilen."	***	1,70	2,11
"Bestimmte Arbeitsprozesse bei uns könnten wesentlich schneller durchge-führt werden."		3,64	3,62
"Die Chefs greifen neue Ideen von uns Mitarbeitern auf."	**	2,44	2,81
"Bei uns wird viel Wert auf "Dienst nach Vorschrift" gelegt."		2,01	2,24
"Probleme werden sachlich angegangen."		2,27	2,48
"Wir haben klare Zielvorgaben von unseren Vorgesetzten."		2,70	2,91
"Wir Mitarbeiter werden bei wichtigen Entscheidungen übergangen."	*	2,98	3,28
"Ich kann meine Aufgaben nicht während der normalen Arbeitszeit erledigen."	***	3,36	2,85
"Erfolgsorientierung und wirtschaftliches Denken sind in meiner Abteilung stark ausgeprägt."	***	2,47	2,91
"Weil überall gespart werden muß, kommt es zu Rivalitäten mit anderen Abtei-lungen."		2,64	2,55
"In unserem Unternehmen wird nicht langfristig geplant."		3,46	3,56
"Bei uns wird mehr an den Symptomen als an den Ursachen kuriert."		3,81	3,96
"Unsere Abteilung ist gegenüber Veränderungen aufgeschlossen."	**	2,14	2,53
"Ich habe das Gefühl, ständig kontrolliert und überwacht zu werden."	*	1,66	1,92
"Unsere Abteilung kann wichtige Termine einhalten."		2,43	2,65
"Unser Team arbeitet gut zusammen."	*	1,96	2,25
"In unserer Abteilung gilt die Devise "Aus Fehlern lernen"."	*	2,40	2,67
"Die bereichsübergreifende Zusammenarbeit mit anderen Abteilungen ist gut."		2,59	2,66
"In unserem Unternehmen gibt es freien Informationsfluß."	***	2,99	3,40
"Ich habe ausreichend Möglichkeit, mich kreativ zu entfalten."	***	2,22	2,70
"Mitarbeitergespräche mit meinem Chef finden regelmäßig statt."	**	2,81	3,36
"Das Betriebsklima und die Stimmung im Betrieb sind gut."		3,53	3,48
"Ich bin zufrieden mit meinem Unternehmen."		3,07	3,16
"Ich bin zufrieden mit meiner Tätigkeit."	**	1,84	2,17
"Ich bin zufrieden mit meinen Vorgesetzten."	**	2,20	2,57
"Ich bin zufrieden mit meinem Gehalt und Sozialleistungen."		2,82	2,89
"Ich bin zufrieden mit meinen Aufstiegsmöglichkeiten."	***	3,00	3,48
"Ich habe Vertrauen zum Betriebsrat."		3,04	2,82
"Ich habe Vertrauen zu den Kollegen."		2,25	2,27
"Ich habe Vertrauen zu den direkten Vorgesetzten."	***	2,14	2,57
"Ich habe Vertrauen zur Unternehmensleitung."	**	3,18	3,57
"Ich habe Vertrauen zur Konzernleitung."	*	3,60	3,88
"Ich kann mich mit meinem Unternehmen identifizieren."	**	2,55	2,93
"Meine Arbeit ist stressig."	**	3,92	3,55
"Die Probleme und Einstellungen von uns Mitarbeitern sind der Unterneh-mensleitung bekannt."		3,39	3,58

Items (in Reihenfolge des Fragebogens) FK: Führungskräfte / NFK: Nicht-Führungskräfte	SN (a)	Vergleich Mittelwerte (b)	
		FK 30,3%	NFK 69,7%
"Aus Mißtrauen werden wichtige Informationen nicht weitergegeben."		3,09	3,18
"Ich setzte meine ganze Kraft für die Ziele des Unternehmens ein."	*	1,63	1,88
"Der Kunde genießt in unserem Unternehmen große Wertschätzung."		2,79	2,67
"Bei uns im Unternehmen wird vieles stark politisiert (Machtkämpfe, Seilschaften etc.)."		3,84	3,96
"Der Umgang miteinander ist partnerschaftlich und rücksichtsvoll."		2,83	2,86
"Meine Arbeit gibt mir die Möglichkeit, etwas zu lernen, was mir zukünftig noch nützlich sein wird. "	**	2,24	2,58
"Wir in unserer Abteilung halten zusammen."		2,24	2,43
"In meinem Unternehmen muß Personal abgebaut werden aufgrund der schlechten wirtschaftlichen Lage."	**	1,96	2,38
"In meinem Unternehmen muß Personal abgebaut werden aufgrund von Fehlern der Unternehmens- oder Konzernleitung."		2,42	2,31
"In meinem Unternehmen muß Personal abgebaut werden aufgrund von technologischem Fortschritt und Rationalisierungen."		3,76	3,74
"Die Auswahl der abzubauenden Stellen erfolgt nach sachlichen Gesichtspunkten."		3,15	3,38
"Trotz des Personalabbaus können wir schnell und wirksam auf Bedürfnisse der Kunden eingehen."		3,95	3,86
"Durch den Personalabbau fühle ich mich stärker belastet, weil sich die bestehende Arbeit auf weniger Mitarbeiter verteilt."		4,19	3,96
"Durch den Personalabbau fühle ich mich stärker belastet, weil erforderliche Fähigkeiten verloren gegangen sind."	*	4,11	3,77
"Durch den Personalabbau fühle ich mich stärker belastet, weil gewohnte Arbeitsabläufe empfindlich gestört sind."		3,37	3,25
"Durch den Personalabbau ist die Produktivität gestiegen."	*	3,72	4,00
"Meiner Meinung nach ist der Personalabbau vermeidbar."	***	2,45	3,12
"In meiner Abteilung kam es durch den Personalabbau zum Verlust von wichtigem Wissen und Fähigkeiten."		3,40	3,20
"Der Verlust von Wissen und Fähigkeiten in meiner Abteilung wird verhindert durch die Weitergabe von Wissen der ausscheidenden an die verbleibenden Mitarbeiter."		3,23	3,31
"Der Verlust von Wissen und Fähigkeiten in meiner Abteilung wird verhindert durch systematische Weiterbildungsmaßnahmen."		3,38	3,49
"Der Verlust von Wissen und Fähigkeiten in meiner Abteilung wird verhindert durch externes Wissen und Beratungsleistungen."	*	3,55	3,83
"Der Verlust von Wissen und Fähigkeiten in meiner Abteilung wird verhindert durch die Errichtung der Beschäftigungs- und Qualifizierungsgesellschaft."		4,15	4,18
"Die Errichtung der Beschäftigungs- und Qualifizierungsgesellschaft war meiner Meinung nach richtig."	*	2,16	2,52

(a) SN: Signifikanzniveau; Testverfahren: U-Test nach Mann-Whitney (vgl. Anhang D1)

(b) Der Mittelwert (arithmetisches Mittel) wurde aus umkodierten Daten ermittelt. (Bestmögliche Bewertung =1, Indifferenz =3, schlechtestmögliche Bewertung =5). Zur Beurteilung der Ursachenattribution erfolgte keine Umkodierung der Werte: Der Wert 1 steht für eine hohe Zustimmung zur Relevanz der jeweiligen Ursache, der Wert 3 für Indifferenz und der Wert 5 für eine Bewertung 'trifft nicht zu'.

Anhang E6   Vergleich 'Abbau' / 'Kein-Abbau'

Bei der Bewertung der Items in Fragebogen 1 ergaben sich folgende signifikanten Unterschiede hinsichtlich der Vergleichsgruppen 'Abbau' und 'Kein-Abbau':

Items (in Reihenfolge des Fragebogens) A: Gruppe 'Abbau' (95 Arbeitnehmer) K-A: Gruppe 'Kein-Abbau' (78 Arbeitnehmer) / Gesamt n=173	SN (a)	Vergleich Mittelwerte (b) A 54,9%	K-A 45,1%
"Zuständigkeiten und Verantwortungsbereiche sind in meiner Abteilung klar abgegrenzt."		2,5	2,3
"Ich kann meine Arbeit selbständig planen und einteilen."		2,0	2,1
"Bestimmte Arbeitsprozesse bei uns könnten wesentlich schneller durchgeführt werden."		3,7	3,8
"Die Chefs greifen neue Ideen von uns Mitarbeitern auf."		2,8	2,9
"Bei uns wird viel Wert auf "Dienst nach Vorschrift" gelegt."	***	2,5	1,9
"Probleme werden sachlich angegangen."		2,5	2,3
"Wir haben klare Zielvorgaben von unseren Vorgesetzten."		3,0	2,7
"Wir Mitarbeiter werden bei wichtigen Entscheidungen übergangen."		3,2	3,4
"Ich kann meine Aufgaben nicht während der normalen Arbeitszeit erledigen."		3,1	2,8
"Erfolgsorientierung und wirtschaftliches Denken sind in meiner Abteilung stark ausgeprägt."		2,9	2,8
"Weil überall gespart werden muß, kommt es zu Rivalitäten mit and. Abteilungen."		2,6	2,4
"In unserem Unternehmen wird nicht langfristig geplant."		3,6	3,6
"Bei uns wird mehr an den Symptomen als an den Ursachen kuriert."		3,9	3,8
"Unsere Abteilung ist gegenüber Veränderungen aufgeschlossen."		2,4	2,5
"Ich habe das Gefühl, ständig kontrolliert und überwacht zu werden."		1,9	1,8
"Unsere Abteilung kann wichtige Termine einhalten."		2,7	2,7
"Unser Team arbeitet gut zusammen."		2,3	2,2
"In unserer Abteilung gilt die Devise "Aus Fehlern lernen"."		2,6	2,7
"Die bereichsübergreifende Zusammenarbeit mit anderen Abteilungen ist gut."		2,8	2,6
"In unserem Unternehmen gibt es freien Informationsfluß."		3,4	3,3
"Ich habe ausreichend Möglichkeit, mich kreativ zu entfalten."		2,6	2,7
"Mitarbeitergespräche mit meinem Chef finden regelmäßig statt."		3,2	3,4
"Das Betriebsklima und die Stimmung im Betrieb sind gut."		3,5	3,3
"Ich bin zufrieden mit meinem Unternehmen."		3,0	3,1
"Ich bin zufrieden mit meiner Tätigkeit."		2,1	2,1
"Ich bin zufrieden mit meinen Vorgesetzten."		2,7	2,4
"Ich bin zufrieden mit meinem Gehalt und Sozialleistungen."		2,8	2,7
"Ich bin zufrieden mit meinen Aufstiegsmöglichkeiten."		3,4	3,2
"Ich habe Vertrauen zum Betriebsrat."		2,9	3,0
"Ich habe Vertrauen zu den Kollegen."		2,4	2,2
"Ich habe Vertrauen zu den direkten Vorgesetzten."		2,6	2,4
"Ich habe Vertrauen zur Unternehmensleitung."		3,4	3,6
"Ich habe Vertrauen zur Konzernleitung."	**	3,6	4,0
"Ich kann mich mit meinem Unternehmen identifizieren."		2,7	2,9
"Meine Arbeit ist stressig."		3,6	3,6
"Die Probleme und Einstellungen von uns Mitarbeitern sind der Unternehmensleitung bekannt."		3,6	3,5

Items (in Reihenfolge des Fragebogens) A: Gruppe 'Abbau' (95 Arbeitnehmer) K-A: Gruppe 'Kein-Abbau' (78 Arbeitnehmer) / Gesamt n=173	SN (a)	Vergleich Mittelwerte (b)	
		A 54,9%	K-A 45,1%
"Aus Mißtrauen werden wichtige Informationen nicht weitergegeben."		3,1	3,0
"Ich setzte meine ganze Kraft für die Ziele des Unternehmens ein."	*	1,7	2,0
"Der Kunde genießt in unserem Unternehmen große Wertschätzung."		2,8	2,7
"Bei uns im Unternehmen wird vieles stark politisiert (Machtkämpfe, Seilschaften etc.)."		3,9	3,8
"Der Umgang miteinander ist partnerschaftlich und rücksichtsvoll."		3,0	2,8
"Meine Arbeit gibt mir die Möglichkeit, etwas zu lernen, was mir zukünftig noch nützlich sein wird. "		2,5	2,6
"Wir in unserer Abteilung halten zusammen."		2,6	2,4
"In meinem Unternehmen muß Personal abgebaut werden aufgrund der schlechten wirtschaftlichen Lage."	*	2,1	2,5
"In meinem Unternehmen muß Personal abgebaut werden aufgrund von Fehlern der Unternehmens- oder Konzernleitung."		2,5	2,3
"In meinem Unternehmen muß Personal abgebaut werden aufgrund von technologischem Fortschritt und Rationalisierungen."		3,7	3,7
"Die Auswahl der abzubauenden Stellen erfolgt nach sachlichen Gesichtspunkten."		3,1	3,3
"Trotz des Personalabbaus können wir schnell und wirksam auf Bedürfnisse der Kunden eingehen."	*	3,7	4,0
"Durch den Personalabbau fühle ich mich stärker belastet, weil sich die bestehende Arbeit auf weniger Mitarbeiter verteilt."		3,9	4,0
"Durch den Personalabbau fühle ich mich stärker belastet, weil erforderliche Fähigkeiten verloren gegangen sind."	*	3,6	3,9
"Durch den Personalabbau fühle ich mich stärker belastet, weil gewohnte Arbeitsabläufe empfindlich gestört sind."		3,2	3,2
"Durch den Personalabbau ist die Produktivität gestiegen."	**	3,7	4,2
"Meiner Meinung nach ist der Personalabbau vermeidbar."	***	2,6	3,2
"In meiner Abteilung kam es durch den Personalabbau zum Verlust von wichtigem Wissen und Fähigkeiten."		2,9	3,1
"Der Verlust von Wissen und Fähigkeiten in meiner Abteilung wird verhindert durch die Weitergabe von Wissen der ausscheidenden an die verbleibenden Mitarbeiter."		3,3	3,3
"Der Verlust von Wissen und Fähigkeiten in meiner Abteilung wird verhindert durch systematische Weiterbildungsmaßnahmen."		3,2	3,6
"Der Verlust von Wissen und Fähigkeiten in meiner Abteilung wird verhindert durch externes Wissen und Beratungsleistungen."		3,7	3,9
"Der Verlust von Wissen und Fähigkeiten in meiner Abteilung wird verhindert durch die Errichtung der Beschäftigungs- und Qualifizierungsgesellschaft."		4,3	4,2
"Die Errichtung der Beschäftigungs- und Qualifizierungsgesellschaft war meiner Meinung nach richtig."		2,5	2,3

(a) SN: Signifikanzniveau; Testverfahren: U-Test nach Mann-Whitney (vgl. Anhang D1)

(b) Der Mittelwert (arithmetisches Mittel) wurde aus umkodierten Daten ermittelt. (Bestmögliche Bewertung =1, Indifferenz =3, schlechtestmögliche Bewertung =5). Zur Beurteilung der Ursachenattribution erfolgte keine Umkodierung der Werte: Der Wert 1 steht für eine hohe Zustimmung zur Relevanz der jeweiligen Ursache, der Wert 3 für Indifferenz und der Wert 5 für eine Bewertung 'trifft nicht zu'.